Adolph Kohut

Ludwig Feuerbach
Sein Leben und seine Werke

SEVERUS

Kohut, Adolph: Ludwig Feuerbach. Sein Leben und seine Werke
Hamburg, SEVERUS Verlag 2013
Nachdruck der Originalausgabe von 1909

ISBN: 978-3-86347-524-6
Druck: SEVERUS Verlag, Hamburg, 2013

Der SEVERUS Verlag ist ein Imprint der Diplomica Verlag GmbH.

Bibliografische Information der Deutschen Nationalbibliothek:
Die Deutsche Nationalbibliothek verzeichnet diese Publikation in der Deutschen Nationalbibliografie; detaillierte bibliografische Daten sind im Internet über http://dnb.d-nb.de abrufbar.

© **SEVERUS Verlag**
http://www.severus-verlag.de, Hamburg 2013
Printed in Germany
Alle Rechte vorbehalten.

Der SEVERUS Verlag übernimmt keine juristische Verantwortung oder irgendeine Haftung für evtl. fehlerhafte Angaben und deren Folgen.

Ludwig Feuerbach
Sein Leben und seine Werke

Nach den besten, zuverlässigsten und
zum Teil neuen Quellen geschildert

von

Dr. Adolph Kohut

Mit ungedruckten Briefen
von Ludwig Feuerbach und Anselm Ritter von Feuerbach

Zehn Original-Illustrationen, sowie ein ungedruckter
faksimilierter Album-Ausspruch Ludwig Feuerbachs wurden dem Buche beigegeben

Ludwig Feuerbach.

Vorwort.

Wir besitzen über Ludwig Feuerbach, einen der größten deutschen Denker des 19. Jahrhunderts, den bahnbrechenden Religionsphilosophen, Ethiker und Metaphysiker, den ausgezeichneten Schriftsteller und edlen Menschen, bisher keine auch nur einigermaßen erschöpfende Lebensbeschreibung, die dem Forscher sowohl wie der Persönlichkeit gerecht würde. Allerdings haben Karl Grün, C. N. Starcke, Wilhelm Bolin und mehrere andere sehr wertvolle Beiträge zu einzelnen Epochen seines Daseins veröffentlicht, ebenso haben Friedrich Jodl, Friedrich Ueberweg, Friedrich Gramzow und andere in ihren Abrissen der Geschichte der neueren Philosophie manche recht wünschenswerte Ausführungen über die Grundzüge der Feuerbachschen Religionsphilosophie uns geboten, aber auf sein Leben, Dichten und Trachten und die eigenartige Individualität des kühnen Weltweisen und wahrhaft antiken Charakters, wie sie sich auch in seinem Briefwechsel kundgibt, ist von den Feuerbach-Forschern nur in geringem Maße Rücksicht genommen worden.

Leider ist auch anläßlich des 100. Geburtstages des berühmten Mannes (28. Juli 1904) die von mir und der großen Feuerbach-Gemeinde überhaupt in der ganzen Kulturwelt schon längst sehnlichst erwartete, ausführliche und der überragenden Bedeutung desselben entsprechende Biographie nicht erschienen, obschon, wie wir in dem 10. Kapitel dieses Werkes lesen können, in allen Kreisen der Gebildeten nicht nur in Deutschland sondern auch im Ausland des mächtigen Fackelträgers der Wahrheit und der Geistesfreiheit in Wort und Schrift in ehrendster, ja zuweilen begeisterter Weise gedacht wurde.

Wenn ich nun versuche, diese Lücke mit der vorliegenden Schrift auszufüllen, so geschieht es deshalb, weil ich es erstens als

Pflicht des Biographen betrachte, dem Verfasser des „Wesen des Christentums", des „Wesen der Religion" und anderer grundlegenden Werke gegenüber eine Ehrenschuld abzutragen, und weil ich zweitens in der Lage war, nicht allein das gesamte einschlägige, recht weitschichtige und vielfach sehr zerstreute bzw. schwer zugängliche Material über Feuerbach bestens zu benutzen, sondern auch so manches Neue und Ungedruckte, was die weitesten Kreise interessieren dürfte, herbeizuschaffen.

Nachdem nun 37 Jahre seit dem Ableben Feuerbachs verstrichen sind, haben sich auch die vielen Vorurteile, die Jahrzehnte hindurch gegen ihn im Schwange waren, gelegt, und wir sind nun imstande, objektiv über den Denker und Menschen zu urteilen. Von der Parteien Haß und Gunst verwirrt, schwankte lange sein Charakterbild in der Geschichte der menschlichen Kultur. Das moderne Geschlecht aber ist unbefangen genug, um ohne Voreingenommenheit, ohne Überschwenglichkeit, aber auch ohne Verunglimpfungen die Stellung zu kennzeichnen, die er im geistigen Leben des deutschen Volkes im 19. Jahrhundert einnimmt. Endlich ist die Zeit gekommen, die einer der eifrigsten Jünger Feuerbachs vor etwa anderthalb Jahrzehnten als bevorstehend prophezeit hat: „Unsere Bildung ist endlich so weit gediehen, daß Feuerbach die Würdigung gewährt werden kann, welche ihm zu Lebzeiten und viele Jahre danach versagt geblieben war. Weil er der eigenen Zeit so weit vorangeschritten war, gelangte die spätere zur Anerkennung von ihm auf dem Wege der Geschichtschreibung; ihr liegt es ob, darauf hinzuweisen, wieviel man noch von ihm zu lernen hat."

Wie schon erwähnt, ist alles gedruckte Material von und über Feuerbach auf das gewissenhafteste von mir verwertet worden. Zugrunde gelegt wurde vor allem die noch bei Lebzeiten des Verfassers in 10 Bänden erschienene Gesamtausgabe seiner Werke (1846—1866), sowie die von Wilhelm Bolin und Friedrich Jodl jetzt bewerkstelligte Neuherausgabe der sämtlichen Werke, von denen bisher sieben Bände veröffentlicht wurden. Nicht minder wurde der gesamte Briefwechsel und der Nachlaß Feuerbachs auf das gründlichste durchgearbeitet, wobei namentlich die von Wilhelm Bolin 1904 in 2 Bänden herausgegebenen „Ausgewählten Briefe von und an Ludwig Feuerbach" mir sehr gute Dienste leisteten. Ich darf wohl behaupten, daß die hier von mir edierten neuen und handschriftlichen Mitteilungen, bzw. ungedruckten Briefe des Philosophen und seines Vaters, des Kriminalisten Anselm Feuerbach, aus der Handschriften-Abteilung der Berliner K. Bibliothek allen Verehrern und Freunden derselben willkommen sein werden.

Herzlich danken muß ich der einzigen Tochter Ludwig Feuerbachs, Fräulein Eleonore Feuerbach, durch deren Liebenswürdigkeit ich in die Lage versetzt worden bin, ein vorzügliches Bild ihrer Mutter Bertha Löwe, ihrer Großmutter Minna (Wilhelmine) Tröster und auch ihr eigenes hier darbieten zu können. Meinem — leider inzwischen — verstorbenen Freunde, dem Hofrat Professor Dr. Konrad Beyer, habe ich nicht allein eine vorzügliche Photographie Feuerbachs, sondern auch einen ungedruckten, höchst interessanten faksimilierten Ausspruch zu verdanken, der unseren Lesern gewiß gleichfalls von Wert sein wird. Fräulein Julie Stadler, eine Cousine Eleonore Feuerbachs, stellte mir die Bilder Anselm Ritter von Feuerbachs, Friedrich Feuerbachs, Anselm Feuerbachs, des Malers, und eine Illustration des Schlosses Bruckberg, wo Ludwig Feuerbach mit seiner Familie so lange lebte und wirkte, sowie ihre handschriftlichen Erinnerungen an ihn und die Familie Feuerbachs zur Verfügung.

Fritz Zadow, der Nürnberger Kunstbildhauer, übermittelte mir das von ihm modellierte Reliefbildnis Ludwig Feuerbachs am Feuerbachhause am Rechenberg in liebenswürdigster Weise, zur Benutzung für mein Werk überlassend.

Das vorliegende Werk ist nicht allein für den Philosophen bzw. Fachgelehrten, sondern auch für den Laien geschrieben. Mein Bestreben ging dahin, ein klares, lückenloses Bild von dem Erdenwallen, dem Denken und Fühlen, der Lebens- und Weltanschauung und der unsterblichen Ideenwelt des epochemachenden Religionsphilosophen zu geben. Auch der schlichte Mann aus dem Volke soll daraus Erbauung und Belehrung schöpfen und darin einen unentbehrlichen Wegweiser finden, um ihn in jenes großartige geistige Reich zu führen, das sich in den literarischen Schöpfungen des bisher leider noch immer nicht nach seinem vollen Verdienst gewürdigten Weltweisen offenbart.

Möchte „Ludwig Feuerbach, Sein Leben und seine Werke" ein Scherflein dazu beitragen, den Zeitgenossen es zum Bewußtsein zu bringen, daß Ludwig Feuerbach noch keineswegs eine abgetane Größe, eine philosophische Reliquie, ein überwundener Standpunkt ist, vielmehr noch in den Annalen der Literatur- und Geistesgeschichte des deutschen Volks fortlebt, als ein Mann der Gegenwart, der, seiner Zeit voraneilend, auf religionsphilosophischem, ethischem und metaphysischem Gebiete grundlegende Geistestaten vollbracht hat, die noch unsere Nachkommen beeinflussen werden, und deren Wert und Bedeutung gerade unser heutiges Geschlecht sehr wohl anzuerkennen und zu schätzen vermag.

Die im zehnten Kapitel registrierten Kundgebungen anläßlich des 100. Geburtstages Ludwig Feuerbachs in verschiedenen deutschen Städten und die Berichte über pietätvolle Ehrungen durch Anbringung von Gedenktafeln, Errichtung von Reliefbildern usw. sind die besten Belege für diese Behauptung, indem sie Zeugnis davon ablegen, daß der Geist Feuerbachs noch keineswegs gestorben ist, daß er sich vielmehr von Generation zu Generation immer wieder erneuert, und daß noch kommende Jahrhunderte davon Kunde geben werden, daß das Streben nach Wahrheit und nach Gedanken-, Glaubens- und Gewissensfreiheit stets den Adel der menschlichen Natur ausmachen wird.

Schöneberg bei Berlin, 15. Mai 1909.

Dr. Adolph Kohut.

Inhaltsverzeichnis.

Erstes Kapitel.

Ludwig Feuerbachs Eltern: Paul Johann Anselm Ritter von Feuerbach, sein Leben, seine Werke und sein Einfluß auf seinen Sohn Ludwig. Seine Mutter: Wilhelmine Tröster. — Ludwigs Brüder. — Seine Gymnasial- und Studienzeit. — Student der Theologie in Halle und der Philosophie in Berlin. — Aus der Kutte gesprungen. — Konflikt mit dem Vater. — Ludwigs Briefe aus Berlin und sein Urteil über die Berliner Gesellschaft und das Berliner Salonleben. — Beziehungen zu Hegel. — Zweifel an der Unfehlbarkeit des Hegelschen Systems. — Student in Erlangen . S. 1—51

Zweites Kapitel.

Ludwig Feuerbachs Doktor-Dissertation in Erlangen. — Seine Kritik darüber an Professor G. C. A. Harless. — Brief an Hegel. — Privatdozent in Erlangen. — Philosophische Vorlesungen. — Satirisch-theologische Distichen. — Seine anonyme Schrift: „Gedanken über Tod und Unsterblichkeit." — Ausfälle darin gegen Christus, Religion und Unsterblichkeit. — Das Unsterblichkeits-Problem. — „Nachträgliche Belege und Bemerkungen" Feuerbachs. — Die Todesgedanken. — Das Ende seiner akademischen Laufbahn. — Übersiedlung nach Frankfurt a. M. — Reisepläne nach Paris. — Der Tod des Vaters. — Intime Freundschaft mit Christian Kapp. — Aphorismen. — „Abälard und Heloise, oder der Schriftsteller und der Mensch." — Feuerbachs Humor. — Geschichte der neueren Philosophie von Bacon bis Spinoza. — Sein Urteil über Spinoza, Hobbes, Gassendi, Carthesius, Jakob Böhme, Nikolaus Malebranche und Arnold Geulincx. — Urteile der Zeitgenossen über die „Geschichte der neueren Philosophie". — Briefe des Juristen Eduard Gans und des preußischen Kultusministers von Altenstein an Ludwig Feuerbach. — Einladung zur Mitarbeiterschaft an den „Berliner Jahrbüchern". — Die „Berliner Sozietät für wissenschaftliche Kritik". — Neue Vorlesungen an der Erlanger Universität von 1835—1837. — Gesuch an den Erlanger Senat um eine Professur; wegen der „Todesgedanken" abgeschlagen. — Eingabe an den Geheimrat J. Schulze in Berlin wegen Anstellung an einer preußischen Universität. — Pierre Bayle, ein Beitrag zur Geschichte der Philosophie der Menschheit . . . S. 52—123

Drittes Kapitel.

Bekanntschaft mit Bertha Loewe. — Ihre Persönlichkeit. — Verlobung mit ihr. — Briefe Feuerbachs an sie aus seiner Bräutigamszeit. — Heirat und Übersiedlung nach Schloß Bruckberg. — Schilderung seines Lebens daselbst. — Seine Denkungsart und sein Charakter. — Das dortige Naturidyll. — Eifrige naturwissenschaftliche Studien: Anthropologie, Anatomie, Botanik, Geologie und Geognosie. — Bekehrungsversuche seines Bruders Eduard und deren Abfertigung durch Ludwig . . . . S. 124—151

Viertes Kapitel.

Feuerbachs Beziehungen zu Arnold Ruge und dessen „Halleschen Jahrbüchern". — Mitarbeiterschaft an denselben. — Plan einer freien Akademie für Dresden. — Gescheitertes Projekt. — Verbindungen mit dem Verlagsbuchhändler Otto Wigand. — Darstellung und Kritik der Leibnizschen Philosophie. — Die Würdigung von Leibniz. — Gutachten Christian Kapps über Feuerbach an den Ministerialrat von Stengel in Heidelberg . S. 152—167

Fünftes Kapitel.

Ernst-philosophische und satirische Kämpfe gegen das christlich-orthodoxe Lehrgebäude. — Das „Wesen des Christentums". — Erbitterte Gegenschriften von E. Müller, Max Stirner, Julius Schaller, Emil August von Schaden, Rudolf Haym u. a. — Karl Marx über „Das Wesen des Christentums". — Begeisterte Anhänger. — Das „Wesen der Religion". — Vorlesungen über das „Wesen der Religion". — Analyse derselben. — Zur Theogonie und Unsterblichkeit. — Feuerbach als Ethiker. — Seine angebliche Unmoral. — Seine Religionsphilosophie und Metaphysik. — Sein Haß gegen die Dunkelmänner . . . . S. 168—207

Sechstes Kapitel.

Reisen Feuerbachs nach Süddeutschland 1848—1849. — Beteiligung an dem demokratischen Kongreß zu Frankfurt a. M. — Adresse der Frankfurter Studenten wegen Annahme eines Mandats als Abgeordneter. — Ludwig Bamberger. — Gottfried Keller. — Vorlesungen vor den Heidelberger Studenten über „Das Wesen der Religion". — Analyse der Vorlesungen. — Sehnsucht nach Bruckberg. — Rückkehr dahin. — Besuch seitens intimer Freunde in Bruckberg. — Totgesagt. — Beziehungen zu

Jakob Moleschott. — Feuerbach über ihn. — Feuerbachs geflügeltes Wort: „Der Mensch ist, was er ißt." — Einfluß Feuerbachs auf Jakob Moleschott. — Briefwechsel zwischen beiden . . . . S. 208—250

Siebentes Kapitel.

Ludwig Feuerbach und Amerika. — Seine Sehnsucht dahin. — Urteile über den fünften Weltteil. — Auswanderungspläne. — Amerikanische Freunde, Verehrer und Gönner. — Amerikanische Besuche. — Beziehungen zu Wilhelm Bolin, Konrad Haag, Ferdinand Lassalle, Ludwig Pfau, David Friedrich Strauß und Konrad Deubler. — Briefwechsel mit einigen derselben. — Äußerungen Feuerbachs über sein Seelenleben in Zeitschriften. — Besuch bei Deubler. — Georg und Emma Herwegh. — Briefwechsel mit ihnen. — Ausweisung aus Leipzig . . . . S. 251—313

Achtes Kapitel.

Leben in Bruckberg. — Bankerott der Porzellanfabrik. — Finanzielle Katastrophen. — Feuerbachs Klagen und sein Ringen mit den Schicksalsmächten. — Übersiedlung nach Rechenberg bei Nürnberg. — Traurige Wohnungs- und ökonomische Verhältnisse. — Frau Sorge. — Pater Ildephons Müller. — Eduard Brockhaus, Julius Duboc, Karl Grün u. a. — Erinnerungen Julius Dubocs an Ludwig Feuerbach. — Reise nach Berlin. — Urteile über diese Stadt. — Selbstbekenntnisse. — Feuerbachs Ansichten über die Frauenemanzipation . . . . S. 314—342

Neuntes Kapitel.

Die Sonne geht zur Neige. — Wiederholte Schlaganfälle. — Feuerbachs letzte Lebensjahre. — Sein Tod. — Seine Bestattung. — Reden an seiner Gruft. — Gedichte auf ihn. — Seine Bilder und Büsten. — Sein Denkmal auf dem Johannisfriedhof zu Nürnberg. — Persönliche Erinnerungen an ihn von Julie Stadler. — Persönliche Erinnerungen an ihn von A. Rau. — Ludwig Feuerbach und sein Bruder Fritz. — Briefwechsel zwischen beiden. — Tod Bertha Feuerbachs und Nekrolog auf sie von Karl Grün. — Ein Gedicht auf sie von Julie Stadler . . . . S. 343—379

Zehntes Kapitel.

100. Geburtstag Feuerbachs. — Preßurteile über ihn. — Vorträge und Reden anläßlich des Säkulartages Feuerbachs. — Professor Dr. August Döring und Professor Dr. Friedrich Jodl über Feuerbach als Denker und Schriftsteller. — Anbringung einer Gedenktafel und eines Bildes an seinem Sterbehaus. — Die Errichtung eines Feuerbach-Denkmals in Nürnberg. —

Ehrungen für Feuerbach in seinem Geburtsort Landshut. — Widerwärtige Streitigkeiten in der Stadtvertretung Nürnbergs. — Stellung der Freisinnigen und Sozialdemokraten zu Feuerbach. — Schmähungen eines klerikalen Blattes. — Prof. Dr. H. Molenaars Agitation für ein Feuerbach-Denkmal. — Literarische Feiern des Säkulartages in Deutschland und Frankreich. — Ein französisches Werk von Professor A. Levy über die Feuerbachsche Philosophie. — Friedrich Jodls Abhandlung über L. Feuerbach . . . . S. 380—400

Elftes Kapitel.

Ludwig Feuerbachs Philosophie. — Weder Materialist noch Sensualist. — Der Religions- und Moralphilosoph. — Zerstörer der Einheit von Glauben und Wissen. — Seine Menschheitsgedanken. — Wirkung der religionsgeschichtlichen Entwicklung. — Ludwig Feuerbach und David Friedrich Strauß. — Glaube und Liebe. — Moral und Sittlichkeit. — Freiheit und Sittlichkeit. — Feuerbach kein Systematiker. — Der Humanist in ihm. — Kein Religionsfeind. — Über die Liebe. — Feuerbachs Einfluß und Einwirkung . . . . S. 401—437

Verzeichnis der Illustrationen.

Ludwig Feuerbach . . . . Titelbild
Anselm Ritter von Feuerbach . . . . S. 3
Wilhelmine Feuerbach geb. Tröster . . . . „ 27
Bertha Feuerbach geb. Löwe . . . . „ 125
Eleonore Feuerbach . . . . „ 149
Schloß Bruckberg . . . . „ 261
Ungedruckter faksimilierter Ausspruch Ludwig Feuerbachs . . . . „ 353
Maler Anselm Feuerbach . . . . „ 365
Friedrich Feuerbach . . . . „ 371
Reliefbild Ludwig Feuerbachs . . . . „ 385
Büste Ludwig Feuerbachs . . . . „ 395

Erstes Kapitel.

Ludwig Feuerbachs Eltern: Paul Johann Anselm Ritter von Feuerbach, sein Leben, seine Werke und sein Einfluß auf seinen Sohn Ludwig. Seine Mutter: Wilhelmine Tröster. — Ludwigs Brüder. — Seine Gymnasial- und Studienzeit. — Student der Theologie in Halle und der Philosophie in Berlin. — Aus der Kutte gesprungen. — Konflikt mit dem Vater. — Ludwigs Briefe aus Berlin und sein Urteil über die Berliner Gesellschaft und das Berliner Salonleben. — Beziehungen zu Hegel. — Zweifel an der Unfehlbarkeit des Hegelschen Systems. — Student in Erlangen.

Von der Erblichkeit der Begabung und des Genies legt **Ludwig Feuerbach** ein beredtes Zeugnis ab. Sein Vater, der berühmte deutsche Kriminalist **Paul Johann Anselm Feuerbach**, der 1808 geadelt wurde und in der Geschichte der Rechtswissenschaft als **Ritter von Feuerbach** fortlebt, war bekanntlich einer der hervorragendsten Rechtsforscher und Rechtslehrer in der ersten Hälfte des vorigen Jahrhunderts. Als Jurist, Schriftsteller und akademischer Lehrer entfaltete er jahrzehntelang eine ebenso anregende wie bahnbrechende, fruchtbare Tätigkeit, aber auch als philosophischer Redner machte er sich rühmlichst bekannt. Es ist unleugbar, daß sein Sohn **Ludwig Andreas**, der sich jedoch als Schriftsteller stets nur Ludwig nannte, in hohem Grade von dem forschenden und grübelnden, juridischen Denker beeinflußt wurde. Wenn wir den geistigen Entwicklungsgang Ludwig Feuerbachs begreifen wollen, müssen wir auch seines Vaters eingehender gedenken, zumal der Sohn ihm stets mit größter Liebe und Treue ergeben und er von den 5 Söhnen des Kriminalisten derjenige war, der das Leben und Wirken von Anselm Ritter von Feuerbach aus dessen ungedruckten Briefen, Tagebüchern, Vorträgen und Denkschriften veröffentlicht hat — ein Werk von bleibendem Wert, das für die Geistes- und Kulturgeschichte Deutschlands in der ersten Hälfte des 19. Jahrhunderts von außerordentlicher Bedeutung ist.

Paul Johann Anselm Feuerbach — geboren am 14. November 1775 in Hainichen bei Jena und gestorben am 29. Mai 1833 in Frankfurt a. M. — wurde in seiner Vaterstadt, wo sein Vater Advokat war, erzogen. Er glaubte sich anfangs durchaus nicht zum Juristen bestimmt, vielmehr meinte er, daß die Philosophie sein eigentlicher Lebensberuf sei; so studierte er denn dieselbe seit 1792 in Jena, wo er namentlich durch den Kantianer Reinhold aus Wien mächtig angeregt wurde. Er promovierte sogar in der philosophischen Fakultät. Nur die Achtung vor seinem Vater, eine frühzeitige Heirat — er hatte sich 1797 mit Wilhelmine Tröster aus Dornburg vermählt —, die Sorge für die Gattin und den Erstgeborenen, Anselm, den späteren Archäologen — geboren 9. September 1798 und gestorben 8. September 1851 als Professor der klassischen Philologie in Freiburg —, trieben ihn zur Jurisprudenz, zu Amt und Einnahme. Die Juristerei war ihm zuwider, aber er mußte sie schließlich lieb gewinnen.

Paul Johann Anselm war ein flotter Bruder Studio, der die Freuden des Lebens mit vollen Zügen genoß und für Liebe und Freundschaft ein überaus empfängliches Herz hatte. Besonders zog ihn das „Ewig-Weibliche" an, und er liebte mit der ganzen Schwärmerei und dem ganzen Überschwang der Jugend in der Zeit der Herrschaft von „Werthers Leiden". So schreibt er einmal an seinen Jugendfreund Bayer in Frankfurt a. M. anläßlich seines Jenenser Aufenthalts betreffs seiner geliebten Marianne, von der er lange nichts gehört hatte, das folgende: „Schon drei Briefe schrieb ich ihr, alle mit meinen Tränen benetzt und meinen Seufzern begleitet, alle mit innigster Wehmut aus der vollen Quelle meines Schmerzens geschrieben, und ach! noch keine Antwort! keine Zeile von ihr! Ach Gott! gewiß! gewiß! mein An-

Anselm Ritter von Feuerbach.

denken ist bei ihr verschwunden, das Fünkchen Liebe ganz verloschen, nicht einer Zeile will sie mich würdigen. Himmel! ich opferte mein Vaterland ihrer Liebe auf, ging mutig durch ihre Liebe gestärkt den augenscheinlichsten Gefahren entgegen; ich tat keinen Tritt, ohne ihr die heißesten Tränen zu weinen, und nun, nun wird sie mich vergessen! nun soll ich durch die unglücklich werden, welcher ich mutig mein Leben dahingeben konnte! Freund! anfangs, als ich in mein liebes Jena kam, ward durch den Taumel der Freuden, worin ich mich befand, der Schmerz ein wenig erstickt, die Hoffnung zu ihrer Liebe immer mehr angefacht, und nun ist sie ganz verschwunden! nun wächst der Schmerz immer mehr und mehr zu! Warum konnte ich doch von der Hand der Räuber verschont bleiben? Warum raubte mir Gott durch ihre Hand nicht mein Leben, das ich bald mit Schande, von Verzweiflung gezwungen, dahingeben werde? Hätte mich der Dolch der Räuber durchbohrt, den ich befürchtete und den mir Gott zu meinem Unglück abwandte, so hätte doch wenigstens nicht Schande mein Grab gedeckt! Ich bin jetzt in der größten Desperation und hätte mich schon längst getötet, wenn nicht die lieben Freunde, die mich beglücken, und die abscheuliche angestrengte Arbeit diesen rabenschwarzen, schrecklichen, schauervollen Gedanken verscheuchten. Doch, wenn ich nicht bald Briefe von ihr, nicht Beweise von ihrer Liebe erhalte, dann, Freund! dann sage ich Dir zum voraus das Lebewohl, dann bin ich nicht mehr! dann soll mein Blut eben den Platz benetzen, der vor wenigen Wochen von dem Blute eines Livländers rauchte! Bester, bester Freund, o! gehe hin zu meiner Geliebten, o flehe zu ihr in meinem Namen, bitte für Deinen Freund, Deinen sonst unglücklichen Freund, um Erhörung, stelle ihr meine äußerste Verzweiflung vor, oder zeig' ihr diesen Brief, der von meiner Verzweiflung ein redender Beweis ist. Ist es gewiß, daß ich keine Erhörung zu hoffen habe, nun so sei's! So will ich ... Aber nie werde ich ihr fluchen, ewig sie segnen, und dann noch segnen, wenn ich meine Augen schließe, wenn ihre Liebe mich gemordet hat."

Schon dieser glühende Ausbruch der Liebesleidenschaft des Vaters Ludwigs beweist, daß er, wie überhaupt alle Feuerbäche, ein Feuerbach in des Wortes eigentlichster Bedeutung war. Mit Recht nannte die „schöne Seele" Elisa von der Recke, die Schwester der letzten Herzogin von Kurland, Dorothea's, den Vater Anselm „Vesuvius", und so unterzeichnet sich auch dieser in Briefen an die Freundin.

In seiner Jugendzeit hatte der spätere Kriminalist ganz Ludwig Feuerbachsche Anflüge. Man vergleiche nur die Einfälle, Bemerkungen und Exzerpte des Jünglings, die in den Jahren 1793—1795 entstanden sind. Wir lesen dort unter anderem:

„Die Kraft des Menschen ist beschränkt, aber die Menschheit vermag alles. —

Wunder können kein Beweis sein, daß eine Offenbarung von Gott ist. Denn kann nicht auch der Teufel Wunder tun? kann nicht Gott diesem zulassen, daß er die Ordnung der Natur unterbreche? —

Die Manitu (Fetische, Götter der Wilden), von denen de Brosses spricht und welche Vogel für platonische Urbilder hält, scheinen mir nichts weiter zu bedeuten, als die Ursache des Daseins von einer Art Gattung von Dingen. Die Menschen bemerkten die Ähnlichkeit verschiedener Individuen, ihr schon entwickelter Verstand hat sich schon zu Begriffen, von einzelnen Individuen zu Arten erhoben. Sie fragten sich also wohl, woher denn diese Ähnlichkeit unter den verschiedenen Dingen? woher kommt die Einstimmung unter den mannigfaltigen? — Von einer unsichtbaren Ursache, welche diese Art erschafft, die ihr diese gemeinschaftliche Form aufdrückt. Von der Einheit in den mannigfaltigen, also wurden diese Wilden auf einen Urheber einer Art geführt...."

Wer das Tagebuch Anselm Feuerbachs aus seiner Jugendzeit liest, wird bald erkennen, daß er es mit einem hervorragenden Denker zu tun hat, der über Welt und Leben, das menschliche Herz und all seine Regungen usw. lange nachgedacht und sich sein eigenes philosophisches System gebildet hat. Als zwanzigjähriger Jüngling gibt er eine Charakteristik von sich selbst, die von hohem Reiz ist. „Von Natur", so sagt er darin unter anderem, „habe ich einen großen Hang zu allen Arten des Lasters, aber mein Wille und meine Vernunft zügeln die Leidenschaft. Durch mein Gewissen genieße ich eine Seligkeit, die mir kein äußeres Glück gewähren kann. Seitdem ich mich selbst achten gelernt habe, schwinden mir all die kleinlichen Sorgen um Genuß und Erdenglück. Ehrgeiz und Ruhmbegierde machen einen hervorstechenden Zug in meinem Charakter aus. Von Welt und Nachwelt gepriesen zu werden, dünkt mir das größte Erdenglück. Oft wünsche ich Gelegenheit zu haben, mein Leben im Vollbringen großer Taten selbst qualvollen Martern hinzugeben, um nur in den Jahrbüchern der Menschheit als großer Mann zu glänzen. Ich trage ein Ideal von Gelehrsamkeit und Verdienst in mir herum, dem ich nahezukommen mich bemühe, das ich aber wohl nie erreichen werde. Dieses Ideal, dieses Streben nach ihm und das Bewußtsein meiner großen Entfernung von ihm ist die einzige Quelle meines Unglücks, ist ein Wurm, der quälend an meinem Herzen nagt. So sehr ich auch ehrgeizig bin, so trachte ich doch nicht nach dem Lobe derer, die mich umgeben, und suche keine Befriedigung meines Ehrgeizes in dem Beifall, den mir engere Zirkel darbringen. Mein Blick ist auf das Ganze, auf die Welt gerichtet. Von daher muß das Lob kommen, wenn meine Ehrbegierde gesättigt werden soll. Im Tempel der Unsterblichkeit will ich prangen, dies ist mein höchster Wunsch, dies ist das einzige Ziel all meines Bestrebens. Ich bin nicht stolz, wie man glaubt. Niemand kann eine geringere Meinung von sich und seinem Werte haben, als ich von mir. Aber ich habe ein rauhes und starres Wesen, ich gerate leicht in Hitze und Zorn, wenn mir in Dingen, die ich genau durchdacht habe, widersprochen wird, besonders aber, wenn ich Verachtung in dem Betragen anderer wahrnehme oder doch wahrzunehmen glaube, und man, ohne genau meine Gründe anzuhören, absprechend über meine Behauptung urteilt. Ich gerate dann so sehr in Hitze, daß ich mich kaum enthalten kann, mit tödlichen Waffen auf meinen Gegner loszugehen. Dies bestimmt wohl meine Freunde zu diesem Urteil."

Anselm Feuerbach bearbeitete bereits als Student die Theorien Kants, Lockes und Humes. Seine spätere Wirksamkeit als Universitätslehrer, Kriminalist und Schriftsteller kann ich als bekannt voraussetzen. Nachdem er sich durch seine „Untersuchung über das Verbrechen des Hochverrats" (Erfurt 1798) ehrenvoll als Kriminalist bekannt machte, habilitierte er sich als Privatdozent in Jena, wo er nach drei Jahren die außerordentliche Professur der Rechte und bald darauf die ordentliche Professur des Lehnrechts erhielt. 1802 folgte er einem Rufe nach Kiel und zwei Jahre darauf nach Landshut, wo er den Auftrag bekam, den Entwurf zu einem bayrischen Strafgesetzbuch auszuarbeiten. Bereits 1806 wirkte er epochemachend auf dem Gebiete der Strafrechtspflege, indem er durch seinen Entwurf zur Abschaffung der Folter den ersten Schritt zur Beseitigung der Mißbräuche in der bayrischen Kriminaljustiz tat. Einen weiteren Schritt auf dem Wege der Verbesserung der Rechtspflege unternahm er in seinem berühmten, 1813 erschienenen Werke: „Strafgesetzbuch für das Königreich Bayern", das nicht allein in seinem engeren Vaterlande, sondern auch in Sachsen-Weimar, Württemberg, Oldenburg und anderen Staaten als Gesetzbuch angenommen wurde. Mit scharfem Geiste deckte er die unhaltbaren philosophischen Schlußforderungen im Kriminalrechte auf und nötigte die deutschen Regierungen, neue, den Anforderungen der Zeit entsprechende Gesetzbücher herauszugeben.

Im Gegensatze zur Kantschen Theorie von der Strafe bezeichnet er in seinen zahlreichen juridischen Werken als Zweck der Strafe die Abschreckung. Die Abschreckungstheorie wurde seitdem Feuerbachsche Theorie genannt. Durch seine Sammlung „Merkwürdiger Kriminalrechtsfälle" wurde zuerst in Deutschland einer tieferen psychologischen Behandlung solcher Fälle Bahn gebrochen. Großes Aufsehen erregte er bekanntlich durch seine Schrift über „Kaspar Hauser, Beispiel eines Verbrechens am Seelenleben des Menschen" (Ansbach 1832), als er mit rücksichtsloser Kühnheit und Wahrheitsliebe das Kaspar Hausersche Verbrechen enthüllte und die Missetäter vor das Forum der öffentlichen Meinung zitierte. Bei der Wiederherstellung der deutschen Unabhängigkeit nach dem Sturze Napoleons I. betätigte er seinen patriotischen Sinn durch mehrere Schriften, unter anderem durch die: „Über deutsche Freiheit und Vertretung deutscher Völker durch Landstände" (Leipzig 1814).

Wie sein Sohn Ludwig Feuerbach als Universitätslehrer, wie wir sehen werden, vielfach heftigen Anfeindungen ausgesetzt war und mit den Mächten des Neides und der Eifersucht zu kämpfen hatte, so erging es auch dem Vater im Beginn seiner akademischen Tätigkeit. Die Kränkungen, die er seitens der Fakultät und seiner vorgesetzten Behörde in Jena erdulden mußte, veranlaßten ihn, einem Rufe nach Kiel zu folgen. In diesem Sinne schrieb er einmal an seinen Vater aus der Zeit seiner Dozententätigkeit in Jena, 26. November 1801: „Jena ist ein Nest voll Intrigen: Wer bürgt mir also für die Gewißheit, daß ich bei einer nächsten Vakanz einrücke? ich müßte also nach einem Orte trachten, wo mich der Staat belohnt für die Dienste, die ich ihm leiste, und mich in den Stand setzt, ungehindert und ohne Sorge für die Zukunft, den Wissenschaften, meiner zärtlich geliebten Familie und mir zu leben. Auch gestehe ich gern dem Vater, daß beleidigte Ehre und die gewisse Überzeugung, daß mich die Herzöge nicht gern verlieren, daß mein Abgang ihnen empfindlich schadet und daß ich mir dadurch selbst die schönste Satisfaktion geben kann, meinen Entschluß beschleunigt haben."

Seine Erbitterung erkennt man auch aus einem bisher ungedruckten Briefe — der sich in der Handschriftenabteilung der Berliner Königlichen Bibliothek befindet —, dessen Adressat nicht genannt, der aber wahrscheinlich an den Universitätskurator gerichtet ist, worin der Privatdozent ihm seinen Dank dafür ausspricht, daß er lediglich durch dessen Protektion zum ordentlichen Honorarprofessor ernannt worden sei. Das Schreiben lautet also:

„Hochwohlgeborener,
Hochzuverehrender Herr Geheimrat!

Ew. Hochwohlgeboren sage ich meinen untertänigsten Dank für dero Verwendung zu einem ordentlichen honorairen Professeur der Rechte. Ich bin überzeugt, hauptsächlich deren hoher Gewogenheit diese Ehrenstelle verdanken zu müssen. Sie mildert einigermaßen das für mich so demütigende Urteil, welches stillschweigend bei meiner Übergehung in Ansehung der ordentlichen Fakultätsstelle über mich ausgesprochen worden ist. Nehmen Ew. Hochwohlgeboren daher meinen innigsten und ungeheuchelten Dank; nehmen Dieselben zugleich die Versicherung, daß ich unter jeder Voraussetzung auf dem Wege der Ehre fortgehen werde, den ich bisher, wie ich selbst wohl sagen darf, noch nicht verlassen habe, und daß solange mir noch das Glück vergönnt sein wird, die Stelle eines Lehrers hier zu bekleiden, ich mich unermüdet bestreben werde, das Wohl einer Akademie zu befördern, wo ich durch allgemeine Liebe einen so reichen Lohn empfangen. Den Dank für mein redliches Bemühen hier zurückzulassen und das Bewußtsein treu erfüllter Pflichten mit mir hinwegzutragen — das ist der Preis, um den ich jetzt mit meinen besten Kräften ringe, und wodurch ich wohl am tätigsten meinen Dank für die mir erwiesene Ehre erweisen kann.

Der ich in der tiefsten Hochachtung und Verehrung ersterbe
Ew. Hochwohlgeboren
untertänigster
Paul Johann Anselm Feuerbach.

Jena, 20. November 1801."

Paul Johann Anselm heiratete wider den Willen seines Vaters, und es machte ihn unglücklich, daß der alte Herr mit dieser Ehe nicht einverstanden war. Den ersten Sohn, den ihm die Gattin schenkte, ließ er ihm und seiner Gönnerin, der Gräfin Josephine Pachler, zu Ehren Joseph Anselm taufen. Ich habe schon erwähnt, daß dieser Bruder Ludwig Feuerbachs und der älteste Sohn Anselms als Archäolog bekannt wurde; besonders durch sein Werk: „Der vatikanische Apollo" (Nürnberg 1833) erwarb er sich einen geachteten Namen. Der zweite Sohn Anselms, Karl Wilhelm — geboren 30. Mai 1800 in Jena und gestorben 12. März 1834 als Professor der Mathematik am Gymnasium zu Erlangen —, war ein mathematisches Genie ersten Ranges. Er ist durch verschiedene mathematische Entdeckungen bekannt geworden. Nach ihm heißt z. B. der Kreis, welcher durch die Mittelpunkte der Seiten des Dreiecks und zugleich durch die Fußpunkte der Höhen geht, der Feuerbachsche Kreis. Der dritte Sohn, der Rechtsgelehrte Eduard August — geboren 1. Januar 1803 und gestorben 25. April 1843 als ordentlicher Professor zu Erlangen —, erbte die juridische Begabung seines Vaters. Man weiß, daß er auf dem Gebiete des germanischen Rechts Hervorragendes leistete.

Als vierter Sohn wurde nun Ludwig Andreas Feuerbach, unser Philosoph, am 28. Juli 1804 in Landshut geboren, während der jüngste, der fünfte, Fritz — geboren 29. September 1806 in Landshut und gestorben 24. Januar 1880 in Nürnberg —, als Philosoph sich der Richtung seines Bruders Ludwig zuwandte, um nach seiner eigenen Äußerung „zu predigen, was dieser lehrte."

Eine der drei Schwestern der fünf genialen Brüder, Helene, wurde durch eine unglückliche Ehe mit dem Baron Dobeneck schwer geprüft und verfiel nach der friedlichen Scheidung von ihm in Nervenleiden und Seelenzerrüttung.

Mit großer Zärtlichkeit hing der alte Feuerbach, der es schließlich durch seine außerordentliche Tüchtigkeit, seinen rastlosen Fleiß und seine glänzenden Leistungen auf dem Gebiete der Kriminalrechtspflege zu hohen Ehren und Staatsanstellungen brachte — er wurde u. a. Kgl. bayr. Wirkl. Staatsrat und Appellationsgerichts-Präsident —, an seinen Kindern und suchte deren Laufbahn, soweit es in seinen Kräften stand, zu ebnen. Bezeichnend hierfür ist der nachstehende, bisher ungedruckte Brief Feuerbachs (in der Radowitzschen Sammlung der Berliner Kgl. Bibliothek) an seinen ältesten Sohn Anselm, betreffs der schon genannten berühmtesten Schrift des letzteren: „Der vatikanische Apollo", für welche der Verfasser lange keinen Verleger finden konnte: „Die Angelegenheit Deines Apollo, lieber Sohn, habe ich mit meinen besten Kräften, mit Treue und Eifer besorgt und wünschte nur, daß meine Bemühungen besseren Erfolg gehabt hätten. Ich schrieb deshalb umständlich an meinen Freund Hitzig in Berlin und verband damit das Gesuch um einen Verleger für eine meiner neuesten Arbeiten, namens „Kaspar Hauser usw.", eine Schrift von nicht bloß allgemein menschlichem, sondern auch vielseitigem wissenschaftlichem Interesse. Hitzig bot unsere Sachen der Reihe nach allen Buchhändlern Berlins an. Allein die Zeiten sind von der Art, alles höhere wissenschaftliche und überhaupt geistige Interesse ist so tief gesunken und in politischen Blättlein und Zeitungsinteressen untergegangen, alle Buchhandlungen sind teils wegen Furcht vor Kriegen und Revolutionen, teils wegen geringer Aussicht auf Absatz so sehr entmutigt, irgend etwas zu unternehmen, daß unter allen Berliner Buchhändlern kein einziger sich fand, welcher, selbst ohne Honorar, den Verlag Deines herrlichen „Apoll" übernehmen möchte. Auch zu meinem Opusculum hat sich nur ein einziger bereit finden lassen, aber auch nur unter solchen Klauseln, die mir alle Lust benommen haben, mit ihm zu entrieren, so daß ich mich genötigt sah, dasselbe einem hiesigen Buchhändler (Dollfuß) um ein Spottgeld zu überlassen. Ich lege dir den Originalbrief Hitzigs, der zugleich die Antworten der Buchhändler in Abschrift enthält, hier bei. Hitzigs Rat:

„Es ist kein Mensch noch Gott da,
Der helfen kann, als Cotta"

wirst Du selbst erwägen. Am ehesten glückt es Dir wohl noch mit Winter in Heidelberg, der Dir, wie mir scheint, nicht für immer, sondern nur für jetzt abgeschrieben hat. Du solltest, wenn die Badensche Ständeversammlung vorüber ist, selbst mit ihm sprechen, natürlich aber nichts davon sagen, daß Du das Werk vergebens anderen angeboten hast. Ich selbst kann in dieser Beziehung nichts mehr für Dich tun; denn in dem, was die Berliner gesagt haben, höre ich im voraus alle übrigen. Im schlimmsten Falle mußt Du in Geduld Dich fassen. Bisher hat die Zeit auf Dich gewartet, jetzt ist es leider an Dich gekommen, auf die Zeit zu warten. Sollten wir Frieden behalten und die Stürme sich legen, so werden doch endlich die Geister des Futters und Häcksels überdrüssig werden und wieder Geschmack an edlerer Seelenkost gewinnen.

Von Deiner Schwester Helene, die öfter schreibt, hören wir nichts als von ihrem Glück. Sie ist indes so überglücklich, ihre

Lage so überaus glänzend, daß ich fürchte, ihr Glück ist zu groß, als daß sie es ertragen könnte.

Dein treuer Vater

Anselm Feuerbach.

Ansbach, den 16. Dezember 1831."

In unseren Tagen, da in weiten Schichten der Bevölkerung, gelegentlich veranlaßt durch auffallende, mit dem Volksbewußtsein zuweilen in schroffem Widerspruch stehende Urteile des einen oder anderen Gerichtshofes, die Justizpflege bedauerlicherweise vielfachen Angriffen ausgesetzt ist, dürfte es vielleicht nicht unangebracht sein, diesen großen Richter aus dem Reiche der Schatten heraufzubeschwören, der zu einer Zeit, als die Reaktion in Europa schrankenlos wütete, sich über die hohe Würde des Richteramtes in ergreifender und unvergänglicher Weise ausgesprochen hat. Denn Anselm Ritter von Feuerbach hat sich nicht allein als theoretischer Jurist, sondern auch als praktischer Richter als einer der Größten unter den Jüngern der Themis aller Zeiten hervorgetan. In seiner Wirksamkeit zuerst als zweiter Präsident des Appellationsgerichts in Bamberg und später als erster Präsident des Appellationsgerichts für den Rezatkreis in Ansbach hat er sich durch seine Unparteilichkeit, Unbestechlichkeit, die heilige Liebe zur Wahrheit und sein humanes, liebenswürdiges, konziliantes Wesen in der Rechtspflege ein Denkmal für alle Zeiten gesetzt. Am 21. April 1817 hielt nun Feuerbach bei Gelegenheit seiner Einführung als Chefpräsident des letztgenannten Appellationsgerichts seine Antrittsrede über die hohe Würde des Richteramtes. Die Rede ist wohl kaum bekannt geworden, verdient es aber wahrlich, urbi et orbi verkündet zu werden. Ich verdanke die Kenntnis dieses so bedeutsamen Schriftstückes einer Verwandten des großen Mannes, der in Groß-Lichterfelde bei Berlin lebenden Julie Stadler, einer Dame, die schon bei so manchem Anlaß Beweise ihrer Pietät gegeben, womit sie das Andenken des gewaltigen Kriminalisten und seiner berühmten Söhne hochzuhalten bemüht war.

Diese Antrittsrede hat folgenden Wortlaut:

„Indem ich in dieser mir feierlichen Stunde zum erstenmal in Ihre Mitte trete, fühle ich das Innerste meines Gemüts von der Größe des Berufs durchdrungen, für welchen wir in diesem Tempel der Gerechtigkeit vereinigt sind.

Gerechtigkeit: ein Name, auszusprechen mit jenem Gefühle der Ehrfurcht, womit allein das Höchste und Heiligste von sterblichen Lippen genannt werden darf! — Sie, die Staatengründerin, die alles Erhaltende, die Beschützerin des menschlichen Geschlechtes und alles dessen, was der Menschen Lust an Wahrem, Gutem und Nützlichem erstreben und erlangen mag! Sie, als innere Tugend die erste, ohne die keine andere zu denken ist; als Ordnerin der äußeren Verhältnisse des Lebens die höchste, ehrwürdigste Gewalt, welcher alles andere sich dienend unterordnen, auf welche alles übrige als bloßes Mittel auf seinen letzten Zweck sich beziehen muß, durch welche alles Haben und Besitzen, jede andere Anstalt, jede noch so glänzende Einrichtung, deren sich Staaten und Völker rühmen mögen, gleichsam erst geweiht und geheiligt werden muß, wenn nicht all diese Herrlichkeit als ein halbwesenloses Gut erst im Staube liegen und dann selbst in Staub zerfallen soll!

Ob es zu den Aufgaben der Regierung eines Staates gehöre, das vorzugsweise genannte öffentliche Wohl durch positive Anstalten zu gründen, zu fördern und durch besondere Behörden von oben herab zu verwalten, wird von vielen Denkern geleugnet, welche dafür halten, das öffentliche Wohl sei nur in den einzelnen, werde also von denen, die es zunächst angeht, am besten erkannt, am sichersten besorgt, am allertreuesten verwaltet. Den glücklichen Mustervölkern der alten Welt waren ebensowohl Polizeien als Verwaltungsbehörden im Sinne der neuen Zeiten gänzlich unbekannt. Und noch vor unsern Augen steht das erste, von allen andern neidenswerte Volk unter den Völkern Europens, der Brite, ohne alle vom Staat angeordnete Verwaltungsbehörden, ja sogar fast ohne alle eigentliche Staatsbeamten, bloß durch die Kraft des bürgerlichen Gemeinsinns, auf einer Höhe des Wohlstandes, innerer Größe und Herrlichkeit, welche noch kein anderer Staat auf seine Weise auch nur von fern zu erreichen vermocht hat. — Aber das anerkannt Eine, Allgemeine und Notwendige, ohne welches keinerlei Gemeinschaft unter den Menschen möglich, kein bürgerlicher Verein selbst nicht in bloßer Einbildung zu denken ist; die Hoheit, womit, noch ehe Staaten wurden, die Natur schon ihren ersten König, den Hausvater, ausgerüstet; das heilige Band, welches den in der Wüste schweifenden Beduinen unter seinem Emir, den freien Bürger unter seinen Fürsten und Obrigkeiten, selbst den morgenländischen Untertan-Knecht unter seinem Gewaltherrscher zu Pflicht und Gehorsam einigt; die Gottheit, welche Manus Gesetz dem Indier als die große Freundin nennt, die den Menschen von der Wiege bis zum Scheiterhaufen geleite und ihn bewache, wenn alle andern Wächter schlafen; die höchste Pflicht, zu welcher selbst der bluttriefende Timur sich bekannte, welche gegen die Seinen edel, treu erfüllt zu haben er von sich selbst als den höchsten Beweis seiner Regentenweisheit rühmte: dieses Eine und Allgemeine, bei dessen Namen an der Themse wie am Niger und am Ganges jede Brust sich erweitert und jeder Geist sich erhebt — ist die Gerechtigkeit und jene Gewalt, durch welche sie besteht und geltend wird.

 Die Zwecke, welche das sogenannte Staatswohl bestimmt, sind gleich den Mitteln zu demselben nach Ort und Zeit verschieden — veränderlich, verwandelbar, je nachdem die Umstände sich gestalten, welche zu lenken nicht in des Menschen Hand gegeben ist. Die eigentlich verwaltende Staatsregierung ist eine

Barke, ausgesetzt auf die reißend vorwärts strömenden, stets bewegten Fluten des Lebens. Sie muß auf oder ab, wie die Wellen steigen oder sinken, rechts oder links, wie die Winde kommen und wechseln. Hochgepriesen und bewundert wird daher mit Recht der edle Steurer, der mit fester Hand das Schiffchen immer glücklich über den Wogen hält und sicheren Blickes durch Untiefen und Klippen führt. Wir, die wir nur der Gerechtigkeit dienen, haben auf keine Bewunderung zu rechnen: allein eben hierin ruht unsere eigentümliche Würde. Auf fester Erde sind die Säulen unseres Tempels gebaut; wir haben nichts zu erringen, nichts zu erschaffen; wir haben nur zu schützen und uns anvertraute Heiligtümer zu bewahren; was uns zu unserer Bestimmung führt, ist nicht jene das Zufällige beachtende, nach allen Richtungen um sich her blickende forschende Klugheit, von welcher die Staatsverwaltung notwendig geleitet wird, sondern allein jener einfache Sinn, der nirgendshin als hinauf zum Gesetz und von da zur Tat herunterblickt; jene Rechtlichkeit der Gesinnung, welche unbefangen als Recht ausspricht, was sie als das Rechte erkennt; und dann jener tapfere Mut des Willens, welcher mit seinem unter keinem Einfluß ermattenden, durch keine Gewalt zu beugenden, starken Arm die Wage der Gerechtigkeit stets im sicheren Gleichgewicht hält. Die Gerechtigkeit, obgleich mannigfaltig in ihren Formen, verschieden in ihren Gegenständen nach Ort und Zeit, ist gleichwohl an und für sich überall nur eine und dieselbe, gleich in ihren Forderungen wie in ihren Pflichten. Mögen ihr Gewand, ihr Schmuck, dieses oder jenes ihrer Attribute sich verändern: sie selbst besteht mitten unter dem ewig Veränderlichen der Erscheinungen. Darum eben ist sie die Grundlage jeden Staates, der Schlußstein, der dessen Mauern hält, die Hauptsäule, die sein Gewölbe trägt. Solange noch diese Tragwerke unversehrt auf festem Grunde aufrecht stehen (wären gleich die übrigen Beiwerke schadhaft oder nur leichtweg hingefertigt), so lange ist dennoch das Gebäude eines Staates noch wohlbestellt, und wenigstens keine Gefahr, daß dasselbe ohne größere äußere Gewalt, bloß wegen eigener Gebrechen, morsch in sich selbst zusammensinkt. Wo das Herz noch in kräftiger Gesundheit schlägt (und das Herz des Staatskörpers ist Gerechtigkeit), da kann von der Quelle des Lebens heraus die Krankheit äußerer, minder edler Teile noch sehr leicht, wohl gar von selbst, sich heilen. Aber wenn der Krebs schon am Herzen nagt; wenn (um nicht dieses Gleichnis fortzusetzen) die Herrschaft des Unrechtes oder des Unverstandes bis in das Heiligtum der Gerechtigkeit gedrungen ist; wenn der Geist der Rechts- und Wahrheitsliebe aus den Gerichtssälen entwichen, wenn das edle, durch den Gedanken an die Größe und Heiligkeit des Berufes emporgetragene Selbstbewußtsein in dem Gemüte der Richter erstorben, wenn nichts als der wandelnde Leichnam einer in kalter Gleichgültigkeit sich bewegenden Lohn- und Fronmaschine zurückgeblieben, wenn wohl gar jener rücksichtslose rechtliche Sinn (ohne welchen kein Richter sein Amt würdig trägt) der Feilheit, der Leidenschaft, der zaghaften Höfelei und gefällig schleichenden Wohldienerei gewichen ist: — dann, dann erst ist der Grund des Staatsgebäudes untergraben, dann sind die Tragsäulen gebrochen, dann bedarf es nur eines leichten Erdstoßes, und der schimmernde Prunkpalast stürzt in Trümmer.

Dieses sind meine, der Seele Innerstes durchdringenden Überzeugungen von der Heiligkeit des Rechtes und des Richteramtes hoher Würde. Die Grundsätze habe ich unter allen Verhältnissen meines Lebens in Wort und Tat behauptet: sie im Geist und Herzen trete ich in Ihre Mitte. Daß mein Wille nie von dem Gesetze abfallen werde, welches ich selbst in jenen Überzeugungen über mich ausgesprochen habe: dieses weiß ich, und beteure es, indem ich hiermit feierlichst meines Eides mich erinnere. Daß meine beschränkte Kraft nicht immer die Größe meiner Pflichten und Vorsätze erreichen möge: — diese Besorgnis allein ist es, welche mich demütigend niederschlägt. Doch! ich blicke um mich her auf die Männer, die in diesem hohen Gerichtshofe um mich versammelt sind, und dieser Blick gibt mir wieder erhebenden Mut in dem Gedanken, daß mit gleichgesinnten Männern selbst das Größte leicht zu vollbringen ist! Ich kannte und ehrte die meisten von Ihnen, noch ehe mein Auge Sie gesehen; wir haben in gleichem Geiste für gleichen Zweck gewirkt, noch ehe das Band eines gemeinschaftlichen Amtes uns so eng vereinigt hat.

Erlauben Sie mir noch einige Worte, welche mein besonderes Verhältnis zu meinen Berufszwecken zunächst berühren.

Als die erste Pflicht, welche die Gerechtigkeit ihren Pflegern auferlegt, achte ich die gründliche, reifliche Überlegung, welche dem Gewissen für die Wahrheit und Rechtlichkeit der Entscheidung bürgt. Als zweite Pflicht achte ich, daß der Rechtsuchende sein Recht so viel als möglich in der kürzesten Zeit erlange. Ein verspäteter Rechtsgewinn ist öfters so schlimm, oft verderblicher als ein zeitiger Rechtsverlust. Aber alle Ordnung des Rechts wird verkehrt, wenn nicht die zweite Pflicht durch die erste sich beschränkt. Nicht zögern ist Richterpflicht; aber ebenso gewiß: nicht eilen; denn Eile übereilt sich, und ein eilfertiger Rechtsspruch ist sehr oft nur ein eilendes Unrecht. Daß auch künftig niemand diesen hohen Gerichtshof einer Verletzung oder Vernachlässigung der einen oder andern dieser mit einigem Schein des Rechts zeihen dürfte: dafür bürgt mir Sinn und Geist der Männer, welchen hinfort anzugehören mein schönstes Glück, meine höchste Ehre ist. Und daß dieser Geist hier nicht sterbe noch ermatte: darüber will ich wachen mit Ernst, mit Treue und Liebe. Aber wie ich dieses meinem Könige, unserem allergnädigsten Herrn, gelobe, versichere ich zugleich Ihnen, allen insgesamt und jedem von Ihnen insbesondere, in Ausübung meiner Amtspflicht jene Humanität und Achtung zu üben, wozu ein jedes wohlgeartetes Gemüt gegen ehrwürdige Mitglieder eines hohen Gerichtshofes sich verpflichtet erkennen muß. Von der Würde des mir anvertrauten Amtes werde ich nie etwas vergeben; aber auch nie hoffe ich zu vergessen, daß ich unter Ihnen, meine hoch zu verehrenden Amtsgenossen, nur der erste unter meinesgleichen bin."

Hier noch ein Wort über die Beziehungen Anselm Ritter von Feuerbachs zu der schon erwähnten Elisa v. der Recke.

Zu den sogenannten „schönen Seelen", die in der zweiten Hälfte des achtzehnten und in der ersten Hälfte des neunzehnten Jahrhunderts im Mittelpunkte des geistigen Verkehrs in Deutschland standen und durch ihre Persönlichkeit, ihren freundschaftlichen Verkehr, ihre rege Korrespondenz und ihre Schriften einen heutzutage kaum erklärlichen Einfluß auf ihre Zeitgenossen ausübten, gehörte auch Elisa von der Recke, die Tochter des Reichsgrafen Friedrich von Medem, geboren 20. Mai 1754 auf Schönburg in Kurland, und gestorben 13. April 1833 in Dresden. Sie hatte alle Requisiten, die sie zu einem sensitiven, nervösen, sentimentalen, schwärmerischen und mystischen Medium stempelten: eine interessante, elegante und vornehme Erscheinung, lebhafte, sprechende Augen, ein anmutiges Lächeln um die Lippen, ausgesprochene dichterische und schriftstellerische Begabung, ungeheure Begeisterungsfähigkeit, nicht allein für die sogenannten „Ritter von Geist", sondern auch für die dii minorum gentium in der Literatur und vor allem — eine unglückliche Ehe. Besonders die letzte; denn ihr Gatte, der Freiherr Magnus von der Recke, ein kurländischer Edelmann und Gutsbesitzer, mit dem sie sich 1771 verheiratete, hatte kein Verständnis für die „Sentiments" seiner überschwenglichen, exzentrischen und immer in höheren Regionen lebenden Gattin, infolgedessen die Ehe schon nach einem fünfjährigen Bestande getrennt wurde. Anläßlich des Todes ihrer einzigen Tochter und ihres innigst geliebten Bruders verfiel sie immer mehr in religiöse Schwärmerei, welche durch den internationalen Schwindler Grafen Cagliostro — der aber nichts war als ein gewissenloser sizilianischer Abenteurer mit dem schlicht bürgerlichen Namen Josef Balsamo —, den sie 1779 am Hofe ihrer Schwester Dorothea, der Gemahlin des letzten Herzogs von Kurland Peter Biron, kennen lernte, noch gesteigert wurde.

Es hat wohl keine zweite deutsche „schöne Seele" jener Zeit gegeben, die so überschwenglich gefeiert worden wäre, wie diese „erstklassige" Belletristin, die nicht weniger als sechsundzwanzig Schriften verfaßte, die teils geistliche Lieder, teils Abhandlungen zur Geschichte des Aberglaubens und der Aufklärung, teils Reiseschilderungen, Biographien und Erzählungen und teils Briefe enthalten. Besonderes Aufsehen erregten ihre Enthüllungen über den schon genannten Cagliostro, über dessen gemeingefährliches Tun und Treiben ihr im Jahre 1784 auf einer Reise nach Karlsbad, als sie unter anderem mit Männern wie Spalding, Nikolai, Bürger und den beiden Grafen Stolberg bekannt geworden war, die Augen aufgingen. Die betreffende Schrift betitelt sich: „Nachricht von des berüchtigten Cagliostro Aufenthalt in Mitau im Jahre 1779 und dessen magische Operationen." (Berlin und Stettin 1787.) Sehr stark gelesen wurde auch ihr in vier Bänden erschienenes „Tagebuch einer Reise durch einen Teil Deutschlands und durch Italien in den Jahren 1804—1806" (Berlin 1815 bis 1817), sowie ihre von Hiller publizierten „Gebete und Lieder" (Leipzig 1783), die von ihrem Seelenfreund, dem Dichter Tiedge, herausgegebenen „Gedichte" (Halle 1806) und ihre „Geistlichen Lieder, Gebete und religiöse Betrachtungen" (Leipzig 1833).

Elisa von der Recke war überdies eine der fleißigsten Briefschreiberinnen, die die Literatur verzeichnet. Sie stand mit den namhaftesten deutschen Dichtern, Schriftstellern, Denkern, Gelehrten, Kanzelrednern, Tonkünstlern usw. ihrer Zeit in schriftlichem Verkehr; aus der Fülle der Namen nenne ich hier nur Christian

Friedrich Neander, Johann Joachim Spalding, Moses Mendelssohn, Friedrich Nikolai, die beiden Grafen Stolberg, Johann Joachim Bode, Gottlieb Naumann, Johann Friedrich Reichardt, Friedrich Leopold von Göcking, Gleim, Klopstock, Herder, Johann Adam Hiller, Wieland, Bürger, Campe, Tiedge, Claudius und Anselm Ritter von Feuerbach. Ebenso führte sie einen reichen und anregenden schriftlichen Gedankenaustausch mit ihren Freundinnen, wie z. B. der Schriftstellerin Sophie Becker, die sie 1784—1786 auf deren Reisen durch Deutschland begleitete, der Natur- und Volksdichterin Karschin, der Frau von Stein, Mademoiselle Stoltz und vor allem mit ihrer Gönnerin, der Kaiserin Katharina II. von Rußland, und anderen mehr.

Nicht ohne Grund übte Elisa von der Recke auf Männer und Frauen eine magische Anziehungskraft aus, denn sie war in der Tat eine seltene Frau, die sich durch glänzende körperliche und seelische Züge auszeichnete. Ihr gebührt das Verdienst, daß sie eine der ersten deutschen Frauen war, die in Wort und Schrift viel für eine höhere Stellung und die Heranbildung des weiblichen Geschlechts getan und daß sie ähnlich wie Frau von Staël in Frankreich durch Reisen, durch Besuche bedeutender Menschen und durch Schriften darüber die Frauenbewegung in mächtiger Weise in Fluß gebracht hat. Wer immer eine Geschichte der Empfindsamkeit und des Mystizismus, aber auch der Aufklärung und des Rationalismus in Deutschland vor einem Jahrhundert zu schreiben unternimmt, wird nicht umhin können, auch dieser „schönen Seele" eingehend zu gedenken. Ihr gebührt ferner der Ruhm, jahrzehntelang als wohltätige Fee für die Armen und Notleidenden, die Unglücklichen und die an Geist, Körper und Seele Gebrochenen unendlich viel Gutes getan zu haben. Wo immer sie erschien, wurde sie von den Enterbten der Vorsehung wie ein höheres Wesen gefeiert, denn sie brachte jedem eine Gabe mit und spendete stets mit vollen Händen. Als sie im Alter endlich, ihr rastloses Wanderdasein aufgebend, Dresden zu ihrem dauernden Aufenthalt wählte, wo sie die letzten vierzehn Jahre ihres Lebens verbrachte, bildete ihr Haus den Sammelplatz der geistig hervorragenden Einwohner oder Besucher von Elb-Athen. Einer ihrer Zeitgenossen schildert die Matrone mit den Worten: „Eine hohe, zarte Weiblichkeit, erleuchtet von klarem, mildem Geiste, erwärmt von dem Gefühl der Freundschaft, beseelt von einer Güte, die keine Enttäuschung zu schwächen vermochte, zeichnete sie aus. ¸Diese reiche Hülle der Anmut und Liebe umgab einen männlichen Willen, der das als wahr erkannte Ziel beharrlich erstrebte und mit entschiedenen Abneigungen gegen alles Widerwärtige erfüllt war. Die Aufgabe des Lebens, das Irdische durch das Überirdische zu läutern, die Gefahren des Berufes durch die gegebenen Mittel und Kräfte gewissenhaft auszufüllen und die Form der Gesellschaft durch die sittliche Harmonie eines höheren Daseins zu veredeln: dies bezeichnete die Gesamtsumme der stillen Wirksamkeit der edlen Frau. An allem, was Wahrheit und Vernunft in der staatlichen und kirchlichen, wie in der reinen geistigen Entwicklung der Gesellschaft betraf, nahm sie innigen Anteil."

Für ihren schlichten Sinn spricht auch ihr letzter Wunsch, der dahin ging, daß man sie ganz einfach bestatten und ohne Sarg in die Erde senken sollte. Es heißt darüber in ihrem Testament: „Meine Beerdigung sei durchaus prunklos, still und ohne Glockengeläute. Mein Herz litt nur gar zu sehr, wenn die Sterbeglocke den Tod meiner Freunde verkündete, und ich wünsche selbst noch im Tode, den Kummer meiner zurückgebliebenen Freunde zu vermindern. Ohne Sarg werde mein Körper acht Fuß tief in der Erde zur Ruhe gebracht, und meine Gruft decke nur ein Rasenstück."

Einer der eifrigsten Verehrer der ebenso schönen wie geistreichen Frau war nun Anselm Ritter von Feuerbach.

Er hatte sie in Karlsbad, wo sie in Gesellschaft ihres intimen Seelenfreundes Tiedge zum Kurgebrauch sich aufhielt, 1815 kennen gelernt und stand seitdem mit ihr in eifrigem Briefwechsel. Leider sind uns ihre an ihn gerichteten Briefe verloren gegangen, und wir besitzen nur seine Zuschriften an sie, doch auch daraus erkennt man die große Verehrung und Sympathie, welche der gefeierte Jurist für die „schöne Seele" hegte. Daß er vor ihren geistigen Fähigkeiten einen großen Respekt haben mußte, bekunden so manche seiner Auslassungen. Als sie ihm im genannten Jahre, um ihn in seinen körperlichen Schmerzen zu trösten, auf die glückliche Vergangenheit verweist, die ihm eine solche Fülle des Behagens und der Zufriedenheit gebracht habe, schreibt er ihr unter dem 29. August unter anderem: „Auch ich, vortreffliche, edle Elise, möchte nicht aus Lethes Quelle trinken, auch ich möchte niemals die Vergangenheit in ihre Wellen tauchen, denn auch ich trage in meinem inneren Herzen manch geliebtes Bild. Aber dies ist nicht die Frage, sondern, ob der Hungernde satt wird, wenn er sich erinnert, daß er vor Jahren sich satt gegessen hat? der Bettelarme reich, wenn er an seinen Reichtum denkt, den ihm die Vergangenheit aufgehoben hat? Der Garten der Erinnerung ist ja wohl schön, da stehen ja die Denkbilder der genossenen Freuden, da wandeln die Geister der geliebten, von uns entfernten Freunde, da blühen noch bleich, doch lieblich die Rosen der glücklichen Liebe, deren Gegenstand unseren Armen, doch nicht den Herzen verloren ist. Aber nur dem mit der Gegenwart Zufriedenen ist es vergönnt, die Blumen in dem Garten der Erinnerung zu brechen, nicht dem, der auf Dornen liegt, der in dürrer Einöde unter den Gluten der südlichen Mittagsonne verschmachtet." In demselben Briefe nennt er sie einen weiblichen Engel voll Anmut und Würde, Güte und Hoheit, deren Briefe ihn unendlich beglücken. Seitdem er ihre Zuschriften empfange, sei er ein ganz anderer Mensch. „Mir wurde" — so schreibt er ihr wörtlich — „so hell da oben, so fröhlich und leicht auf der linken Brustseite, sogar meine Schmerzen in der Hand gönnen mir Ruhe, und ich sprang wie ein kleines Kind, zu dem der heilige Christ gekommen, den Brief lesend und wieder lesend, immer im Zimmer herum. Gibt es auf dieser Welt eine Seligkeit, so ist sie im Bewußtsein, die Achtung hochachtungswerter Seelen, die Liebe liebenswürdiger Menschen zu besitzen und in diesem Gefühl ist mir der Himmel auf dieser Erde geworden: doch in einem Punkt, edle Elise, urteilen Sie ungünstiger von mir, als ich von mir selbst: 1. tue und sage nichts, was Dir von Rechts wegen, nach den Gesetzen des Staates, in dem Du lebst, und nach den allgemeinen Gesetzen bürgerlicher Ordnung zum Nachteil sein kann, übrigens: tue, rede wahr! scheue niemand; 2. gegen edle, rechtliche, gute Menschen, also gegen gütige Leute, sei mild, bescheiden, demütig; gegen arme Sünder, die feig sind, sei mutig, trotzig, keck; 3. überlege kalt, aber führe leidenschaftlich aus, und spiele (wenn es gilt!) nicht kleines Spiel, sondern immer — va banque! — Mit diesen und einigen anderen Maximen bin ich seither durch die Welt gekommen, bin ich aus einem blutarmen Teufelchen eines Königs Geheimer Rat und Präsident geworden, habe ich mich acht Jahre [lang in den allergefährlichsten Zeiten auf dem Glatteise neben einem Throne aufrecht erhalten. Und selbst, als ich fallen sollte, mußten sie mir erst ein Faulbett unterbreiten; und — wenn ich nur wollte! Doch ich will nicht, hier will ich nichts weiter als — auf dem Faulbett schlafen, bis ich neu gestärkt unter besserem Himmel an Ihrer Seite wieder auferstehen kann! „Was der verständige Mensch will, das kann er, und wenn er sagt, ich kann nicht, so will er nicht recht!" Also muß man Fichtes berühmten Denkspruch übersetzen, und dann liegt, meine ich, ein recht großer, wahrer Sinn in dem Spruch. Ich habe nun ein für allemal den recht ernstlichen Willen, neben und mit Elisa und mit Tiedge zu leben, und will wieder ein Mensch unter Menschen sein, und nun möchte ich doch sehen, ob jener Spruch sich nicht bewähren soll!"

Man muß unwillkürlich lächeln, wenn man liest, wie der wohlbestallte Professor und ernste Königlich bayrische Wirkliche Staatsrat und Appellationsgerichtspräsident gewaltig sentimental wird, wenn er an seine Elise schreibt. Hier nur ein Pröbchen: „Mit meiner Seele lebe ich nicht hier, sondern bei Ihnen; alle meine Gedanken sind an Sie gerichtet, und da ist es denn ganz natürlich, daß die Gedanken Worte suchen und selbst die schmerzreiche Hand nach der Feder greift, um dem Drängen und Treiben darinnen etwas Luft zu machen. Da wende ich denn gern meine Worte in die Entfernung, dahin, wo meines Herzens Heimat ist und suche dort, was mir die Nähe und die unglückliche Gegenwart versagt: Teilnahme, Freundschaft und Liebe: Möchte keines der Übel, deren Sie in Ihren Briefen gedenken, Sie bis dahin begleitet haben, möchte Ihr Körper immer so kräftig und gesund sein wie Ihr edler Geist und Ihr edles Herz! Diese Wünsche sind so innig, so wahr und aufrichtig, als mein Dank für Ihre wahrhaft mütterliche Teilnahme an mir, für all die heiligen Worte der Freundschaft, womit Sie mich beglückt, für die vielen tröstenden Ermunterungen, womit Sie kräftig meinen Glauben, meinen hoffenden Mut wieder aufgerichtet haben. Ihre Briefe werden nicht wie Briefe gelesen, **sondern wie das Evangelium eines himmlischen Friedensboten.** Sie liegen alle ihrer Ordnung nach hier auf meinem Schreibtisch, und so oft der böse Geist über mich kommt und mir wilde Gedanken in die Seele sagt, oder mit schwermütiger Sehnsucht nach vergangenem Glück mir alle schmerzlichen Empfindungen des Herzens aufwühlt, und glühende Tränen in mein Auge zieht, dann gehe ich hin und lese, und küsse diese Blätter und dann ist mir, als habe ein Engel mit mir geredet."

Die Briefe Feuerbachs an Elisa von der Recke sind auch dadurch in hohem Grade bemerkenswert, daß sie eine Fülle politischer Mitteilungen enthalten und von der rühmlichen nationalen Gesinnung des Kriminalisten Zeugnis ablegen. Er gibt sich in denselben in seiner ganzen bajuvarischen Derbheit und mit rücksichtslosester Offenheit. Als ein amüsantes Pröbchen daraus mag hier nur der nachstehende Passus ein Plätzchen finden: „Wenn Böttiger von Bayern sagt, man scheint hier vom Satan besessen, so läßt sich nur ähnliches von Preußen sagen. Doch der Unterschied ist dieser, daß bei uns der Satan sich nur zu zeigen brauchte, um ganz friedlich und unangefochten sein Reich in Besitz zu nehmen, während er dort nicht so leichtes Spiel haben wird, sondern auf harte Kämpfe sich wird gefaßt machen müssen. Hier jauchzt schon der Geist des Bösen, der Finsternis und der Knechtschaft seinem Bruder im Norden freundlichen Willkomm zu und bietet ihm zu Schutz und Trutz die schwarze Krallenpfote! Worauf sich dieses alles bezieht, wird Ihnen an Ort und Stelle kein Rätsel sein. Die Schrift des Geh. Rat Schmalz über geheime politische Gesellschaften, welche ihm schon beim König von Württemberg den Zivilverdienstorden erworben hat, ist weiter nichts als Ankündigung der Pläne einer aristokratischen Partei, welche des Despotismus bedarf, um den Geist des Rechts und rechtlicher Freiheit wieder in die alten Ketten zu legen. Dazu ist denn ein Gespenst, das man dem Fürsten drohend entgegenführt, das ihn überall geheime Gesellschaften, in jedem hellen Kopf einen Tugendbündler, in jedem Freunde verfassungsmäßiger Volksrechte einen Schwärmer und Empörer sehen läßt — ein ganz vortreffliches Werkzeug. Daß so etwas aus Berlin kommen würde, hätte man nicht erwarten sollen! Ebenso befremdend sind die Versuche gewisser Herren mit der Religion, wovon mehrere auffallende Zeitungsnachrichten Meldung tun. — Denn sei wie ihm wolle, in Preußen ist schon des Lichts zu viel, als daß es einigen gelingen könnte, ihren

Zweifel darüber zu stillen. Dort geben die Schlechten ihre Worte, weil andere alle reden dürfen; bei uns sprechen die Verworfenen, weil jedem Besseren durch den schmähenden Despotismus die Gabe der Sprache genommen ist. Ein Sumpf, den kein Lüftchen bewegt, der erstickenden Qualm aushaucht, in welchem nur Kröten, Molche und Schlangen behaglich frei ihre Glieder strecken; — ein Leichnam, welcher die Luft verpestet, an dem nichts Lebendiges ist, als die Gewürme, die ihn verzehren; — ein Zuchthaus, in welchem ehrliche Leute an Ketten liegen und Spitzbuben die Kerkermeister sind: das sind so ungefähr die passenden Bilder für den Zustand der Dinge, welche ich aus sinnlicher Anschauung kenne. Die Allemanniten treiben ihr Wesen rüstig fort; sie sind die lauteste, sie sind die einzige Stimme, welche hier laut wird. Wehe jedem, der es wagen wollte, öffentlich diesem Unwesen die Spitze zu bieten, oder nur gegen diese privilegierten Pasquillanten seine Privatlehre zu verteidigen!"

Entzückt war Anselm von Feuerbach auch von der literarischen Tätigkeit seiner Freundin. Besonders charakteristisch ist das Urteil gerade des Kriminalisten über Elisa von der Reckes erwähntes Buch über Cagliostro, das dem Schwindler die Larve vom Antlitz riß. Feuerbach schreibt darüber an die Verfasserin:

„Ihre Schrift über Cagliostro habe ich sogleich mit der größten Teilnahme zu meiner innigsten Freude durchgelesen, und diese Schrift würde meine Hochachtung gegen Sie noch vermehrt haben, wenn die Verehrung, die ich für Sie fühle, noch einer Steigerung fähig gewesen wäre. Das Ungeheuer des Irrtums, das über Sie gekommen war, hatte Ihr eigenes edles Herz geboren, aber nur einem sehr gesunden, äußerst kräftigen Verstande konnte gelingen, die Schlange, die schon in vielfachen Windungen ihn umstrickt und zusammengeschnürt hatte, wieder von sich abzustreifen und dann zu erwürgen. Cagliostro und sein Bruder Stark haben überdies mich auf manche Erscheinungen der Gegenwart

Wilhelmine Feuerbach,
geb. Tröster.

nach einer gewissen Richtung hin ganz besonders aufmerksam gemacht."

Er wird nicht müde, immer und immer seinem Danke gegen sie Ausdruck zu geben, weil sie in vielen kritischen Lagen seines Lebens ihm mit Rat und Tat helfend beigestanden und sich allezeit als sein guter Genius bewährt hat. Aus der Fülle dieser seiner Auslassungen mag hier zum Schluß nur noch der nachstehende Passus, der gleichzeitig in großen Zügen ein Charakterbild der seltenen Frau entwirft, mitgeteilt werden: „Den Dank für alle Freundschaft und Liebe, welche Sie, innigst verehrte Freundin, mir durch Wort und Tat ununterbrochen bewiesen, muß ich wohl in meinem Herzen behalten. Er läßt sich nicht so aussprechen, wie ich ihn fühle, und noch weniger vermag ich es Ihnen zu vergelten. Die innige Teilnahme an meinem Schicksal, die bedächtige Sorgfalt, womit Ihre Freundschaft über mich wacht, die gewissenhafte Pünktlichkeit, womit Sie sich meiner Wünsche annehmen — diese Wunder in unserer Welt des Eigennutzes, des Kaltsinnes und der Hinterlist haben mich innigst gerührt. Und wenn ich mir erst noch hinzudachte, daß Sie, meine hochverehrte, edle Freundin, Ihre umständlichen Briefe vielleicht in Augenblicken körperlicher Leiden niedergeschrieben und Worte, die mich beruhigten, erhoben und erfreuten, mit eignen Schmerzen bezahlt haben!"

Wir haben im Vorhergehenden eine kurze Skizze des Lebens und Wirkens und der Denkungsart des Kriminalisten gegeben, aber auch der schon genannten Mutter Ludwigs, einer Frau Minna (Wilhelmine) Tröster aus Dornburg bei Jena — geboren 4. Januar 1774 —, muß ein Wort der Charakteristik gewidmet werden. Sie war eine bildschöne Frau, die es meisterhaft verstand, das Heim ihres Mannes zu einem außerordentlich gemütlichen zu gestalten. Ihr wirtschaftlicher Sinn wird von ihrem Gatten wiederholt rühmend anerkannt und ebenso auch der Umstand, daß sie ihren acht Kindern eine ausgezeichnete Erziehung zu teil werden ließ. Die Briefe, die Ludwig als Gymnasiast und als Student an die Mutter schrieb und worin er ihr stets sein ganzes Herz ausschüttete, lassen erkennen, daß sie auch geistig eine bedeutende Frau war. Wie sehr sie von ihm geliebt wurde, ersehen wir u. a. aus einer Zuschrift des Heidelberger Bruder Studio vom Jahre 1823. Dort entschuldigt er sich wegen seines langen Stillschweigens und fügt die Worte hinzu: „O möge ich Dich nur nicht dadurch erzürnt haben, da ich jetzt immer mehr in der Fremde einsehe, daß der Mensch keine Ursache zu klagen habe, wenn er nur von einem treuen Mutterherzen geliebt wird, schlage ihm auch sonst keines anderen Menschen Herz warm und liebevoll entgegen, und daß man eine Welt entbehren kann, aber keine Mutter!"

Der Präsident Feuerbach — ein Protestant — bestimmte seinen Sohn Ludwig zur Theologie. Er erhielt seit 1817 seine Jugendbildung in Ansbach, wo er sich mit Eifer den Gymnasialarbeiten hingab. Aufs Ernste und Ideale von Haus und vom Vater aus angelegt, hatte er ein gläubiges Gemüt und suchte sich durch denkendes Lesen, besonders der Bibel, mit dem Inhalt des protestantischen Glaubens bekannt zu machen. Schon auf dem Gymnasium, als einer seiner Lehrer Religionsphilosophisches vorbrachte, horchte der Jüngling hoch auf.[1]) Später drückte er sich darüber so aus: „Die erste während meiner Jugendperiode, ungefähr im 15. oder 16. Lebensjahre, mit Entschiedenheit hervortretende Richtung galt nicht der Wissenschaft oder gar Philosophie, sondern der Religion. Diese religiöse Richtung entstand aber in mir nicht durch den Religions- resp. Konfirmandenunterricht, der mich vielmehr, was ich noch recht gut weiß, ganz gleichgültig gelassen hatte, oder durch sonstige äußere religiöse Ein-

---

[1]) Nach einer handschriftlichen Bemerkung zu „Hegel" im Nachlasse; vgl. auch „Ludwig Feuerbachs philosophische Charakterentwicklung" von Karl Grün, Bd. I, S. 10.

flüsse, sondern rein aus mir selbst durch das Bedürfnis nach einem Etwas, das mir weder meine Umgebung, noch der Gymnasialunterricht gab. Infolge dieser Richtung machte ich mir dann die Religion zum Ziel und Beruf meines Lebens und bestimmte mich zu einem — Theologen. Aber was ich einst werden sollte, das wollte ich jetzt schon sein. Ich beschäftigte mich daher schon als Gymnasiast eifrig mit der Bibel, als der Grundlage der christlichen Theologie. Ich hatte so, um des Hebräischen Meister zu werden, mir auch nicht mit dem Gymnasialunterricht für künftige Theologen genügen lassen, sondern zugleich bei einem Rabbi noch Privatstunden genommen. 1820 absolvierte ich das Gymnasium, blieb aber noch im elterlichen Hause, um für mich zu studieren. In dieser Zeit studierte und exzerpierte ich Gibbons Verfall des römischen Reiches, Mosheims Kirchengeschichte, Herders Briefe über das theologische Studium, Eichhorns Einleitung in das A. und N. Testament und eine theologische Kirchengeschichte des 16. Jahrhunderts. Ich machte auch in dieser Zeit Luthers und Hamanns Bekanntschaft."

Charakteristisch für seine damalige Denkweise sind die folgenden Worte von Opitz, welche er am Schluß der Gymnasialzeit in sein Album schrieb: „Wer die Begier weltlicher Sachen ablegt und an dasjenige denkt, was nicht sterblich ist, der liegt so fest zu Anker, daß ihn kein Sturm und Ungewitter zum mindesten bewegt."[1]) In dem von ihm fleißig gelesenen bedeutsamen Werke Johann Gottfried v. Herders: „Briefe über das Studium der Theologie" war es besonders das praktische Element im Herderschen Christentum, die Menschenliebe, die seinem Geist und Gemüt zusagte und schon in dem blutjungen Theologen den späteren radikalen Religionsphilosophen vorahnen ließ. Man vergleiche nur die folgenden Exzerpte des angehenden Studierenden der Theologie: „Sobald

---

[1]) „Leben und Geist Ludwig Feuerbachs" von Dr. C. Beyer, Leipzig, 1873, Seite 7.

das Christentum schlaffe Gewohnheit, vererbtes Gut oder gar fürchterliches und doch müßiges Landgesetz, kurz, Leibes- und Seelenzwang ward, blieb's kein Christentum mehr. Dies beruht nur auf Tat und Überzeugung, auf Geist und Wahrheit..... Über die Göttlichkeit dieser heiligen Schrift metaphysizieren sie so wenig als möglich. Der Modus davon ist keine Sache des Disputs ... Tatsache ist der Grund alles Göttlichen der Religion und dieser kann nur in Geschichte dargestellt, ja sie muß selbst fortgehend lebendige Geschichte werden. Geschichte ist also der Grund der Bibel, die Wurzel und der Stamm des Baumes, aus dem die Lehren wie Äste ausgehen, an welchem die Blüten wie Blüten und Früchte wachsen."

Der „Rabbi", bei dem der junge Ludwig Feuerbach die schon erwähnten Privatstunden im Hebräischen genommen hatte, hieß Wassermann; er war der Vater des späteren Kirchenrats Rabbiner Dr. Wassermann in Stuttgart. Über diesen Lehrer Ludwig Feuerbachs im Hebräischen erfahren wir näheres aus einem Briefe, den der Vater unseres Denkers an seine Freundin Elisa von der Recke am 29. März 1823 gerichtet hat. Dort heißt es unter anderem:

„Für das Geschenk mit des edlen Friedländers[1]) neuestem Werkchen, das ich demnächst in meinem Nutzen verwenden werde, danke ich herzlichst. Seltsam, dasselbe war kaum angekommen, als ein Kandidat des hiesigen Rabbineramtes, ein im Geiste Friedländers gebildeter Jude, hoher Verehrer Ihres Freundes, meine Protektion gegen die Kabalen eines talmudisch-gläubigen Schullehrers bei hiesiger Judengemeinde anrief. Ich machte ihn sogleich mit Friedländers neuester Schrift bekannt, auf welche er sehr begierig war. Wir haben hier mehrere Juden dieser Art, denen ich mehrmals schon äußerte: Ihr Glaube sei echteres Christentum als dasjenige, welches Katholiken und Lutheraner bekennen."

---

[1]) Es ist David Friedländer, der Aufklärungsschriftsteller, gemeint.

Durch diesen Unterricht bei dem Genannten wurde der junge Gymnasiast auch mit dessen Sohn bekannt, und aus dieser Bekanntschaft entwickelte sich eine innige Freundschaft, die bis zum Ableben des großen Denkers währte und sich bei vielen Anlässen betätigte. Bekanntlich war Kirchenrat Wassermann ein Schüler Ludwig Uhlands, ein feiner Romanschriftsteller und überhaupt ein geistig hervorragender Mann von wahrhaft freisinniger Weltanschauung. Auch als Causeur erfreute er sich großen Rufes. So erzählt er unter anderem einen äußerst liebenswürdigen Zug aus dem Leben Ludwig Feuerbachs. Als dieser eines Tages mit einer hebräischen Aufgabe nicht zurecht kommen konnte, half ihm der Sohn seines Lehrers die Schwierigkeiten bewältigen. Zum Dank dafür erbot sich jener, dem Judenknaben lateinischen Unterricht zu erteilen. Der Vorschlag wurde angenommen und machte in Ansbach ein gewisses Aufsehen, da der junge Rabbinerssohn der erste Jude war, der dort das Lateinische erlernte. Wenn er zu seinem jungen Lehrer ging, ward er oft von Gassenbuben angefallen und geprügelt. Eines Tages erkrankte der so mißhandelte Judenknabe an den Folgen erhaltener Schläge und bekam das Nervenfieber, welches dazumal für ansteckend galt. Keiner von den Schul- und Glaubensgenossen des Rabbinersohnes wagte den Kranken zu besuchen. Nur Feuerbach, wiewohl von Ansteckungsfurcht nicht frei, fand sich bei ihm ein, weil er, wie er es ausdrücklich sagte, für seine Pflicht hielt, zu kommen. Dieser Unterricht seitens Ludwig Feuerbachs hat mehrere Jahre gedauert und soll hierüber ein von ihm dem Schüler ausgestelltes Zeugnis noch vorhanden sein.[1])

Später, als Feuerbach von Ostern 1824 bis April 1826 in Berlin studierte, verkehrte er mit Vorliebe in den gastfreundlichen Häusern David Friedländers und anderer jüdischer Familien.

---

[1]) Vgl. Ludwig Feuerbach, sein Wirken und seine Zeitgenossen. Von Wilhelm Bolin. Stuttgart 1891, Seite 312 ff.

Dort lernte er das jüdische Leben und Denken aus eigener Anschauung und nicht durch unklare Parteibrillen kennen.

1823 ging Ludwig nach Heidelberg, um dort Theologie zu studieren und Geistlicher zu werden. Frömmigkeit und Glaube waren immer noch in seiner Seele, der aus dem Augustinus betete und fastete, woraus sich sein späterer Ausspruch erklärt: „Die Theologie hat mir den Magen verdorben!" Fleißig besuchte er die theologischen Kollegien, und Vater Anselm war mit dem jungen Kandidaten der Gottesgelahrtheit sehr zufrieden. Er schrieb ihm am 26. Juni 1823: „Je ernster Du es mit den Wissenschaften meinst, je früher Du eindringst, je höher Du aufwärts strebst, desto zufriedener und froher wirst Du werden. Aber der Weg in die Höhe ist ziemlich rauh und steil. Es bedarf der Geduld und des Mutes." Als jedoch Ludwig die wichtigsten Kollegien gehört hatte, fing er an, mit sich in Zwiespalt zu geraten. Seine Lehrer befriedigten ihn nicht. Von dem berühmten H. P. G. Paulus, dem Haupt des theologischen Rationalismus, z. B. schrieb er, daß er ihm nicht eine gehaltvolle und gediegene Seite abgewinnen könnte, die ihn würdig machte, von jemand gehört zu werden, der noch ein Auge habe, das sehe, ein Herz, das fühle, einen Kopf, der denke, und noch einen Sinn, welcher nur das Wahre wolle und suche und nur im Element des Wahren seine Existenz habe und sich nicht von Lug und Trug an der Nase herumführen lasse. Sein Kollegium sei weiter nichts als ein Spinngewebe von Sophismen, „die er mit dem Schleimauswurf eines mißratenen Scharfsinns zusammenleime". Der einzige unter den Professoren, der ihn einigermaßen befriedigte, war Karl Daub — der spätere Kirchenrat —, bei dem er Dogmatik hörte. Durch dessen Vorlesungen wurde er für die Philosophie Hegels gewonnen. Immer mehr kam ihm nun zum Bewußtsein, daß er zum Theologen verdorben sei und daß nur die Philosophie ihn glücklich machen könne. Nur drei Semester hielt er es in Heidelberg aus, das seinen Wissensdrang nicht befriedigen konnte. In einem Briefe vom 8. Januar 1824 an seinen Vater spricht er die innige Bitte aus, Heidelberg verlassen und nach Berlin übersiedeln zu dürfen. Berlin sei der zweckmäßigste und geeignetste Ort für seine weitere theologische und allgemeine Geistesbildung. „Du weißt schon aus meinen früheren Briefen," heißt es da, „daß Daub hier der einzige Mann ist, der mich ganz befriedigt .... Der einzige Philosoph hier ist Erhard, aber dieser ist ein Philosoph dem Namen, aber nicht der Tat nach .... Wo kann ich wohl eine bessere Exegese und Kirchengeschichte hören, als jene, die der große Schleiermacher, und diese, die der bekannte und geschätzte Neander vorträgt? ... Die Philosophie ist in Berlin wahrhaftig auch in anderen Händen als hier. Abgesehen davon, daß ich selbst von ganzem Herzen wünsche, in das Studium der Philosophie eingeführt zu werden, so ist es ja auch von der Regierung vorgeschrieben, philosophische Kollegien zu besuchen, und wenn es einmal sein muß, so ist es gewiß besser, wahre, nicht bloß sogenannte philosophische Kollegien zu besuchen, damit man nicht an einen leeren Namen ohne Inhalt seine Zeit verschwende." Während in Heidelberg unter vielen fruchtlosen Gesträuchen und Dornen nur ein einziger Baum stehe, von dem man die Früchte der Erkenntnis und Wissenschaft pflücken könne, sei in Berlin ein ganzer Garten voll blühender Bäume, die den müden Wanderer, der nach geistiger Erquickung schmachte, in ihren kühlen Schatten aufnehmen und mit ihren Früchten laben.

Die Besorgnisse der Eltern, daß er in der Großstadt allerlei Allotria treiben und auf Abwege geraten könnte, sucht er durch das Argument zu zerstreuen, daß er, wie sie doch wissen, kein Freund von rauschenden Vergnügungen sei, ganz abgesehen davon, daß Veranlassungen zur Liederlichkeit es überall gebe, die brauche man nicht erst in Berlin zu suchen. Er gelobt die größte Enthaltsamkeit und den beharrlichsten Fleiß, so daß er den Netzen der Verführung werde entgehen können. Welche kühne Sprache führt doch der 19jährige, wenn er von seinem bevorstehenden Domizil in Berlin mit den Worten schreibt: „Der Teufel quartiert sich nicht bloß an Höfen, sondern auch in Städtchen und Dörfern ein; aber der Mensch, der etwas anderes im Herzen und Sinne trägt, als das gemeine Leben und Streben, wird auch mitten durch die Hölle unbeschadet gehen; was sie ihm abzwingt, ist bloß höhnender Spott über sie. Dort wie hier wird mein enges einsames Stübchen die große und weite Welt sein, in der ich mich bewege und ein liebender Charon mich aus dem Lande der fröhlichen Lebendigen in das stille Totenreich der Bücher übersetzen; dort wie hier werde ich mein armes trocknes Abendbrot allein für mich verzehren, statt in durstigen Gesellschaften zu schwelgen, und kaltes Wasser wird mein sprudelnder, feuriger Champagner sein; dort wie hier wird die Streusandbüchse das Füllhorn meiner vielen und großen Lustbarkeiten, und die Tinte der Burgunder, wenigstens für meine Feder, sein."

Mit großem Widerstreben gab endlich der alte Feuerbach seine Einwilligung zum Domizilwechsel seines Sohnes. Als Ludwig jene Mekkafahrt unternahm, hatte er die Theologie bereits überwunden. Es war, wie er später sagte, etwas in seinem Wesen aufgegangen, was noch nicht in sein Bewußtsein trat. Er stand mit seinem Wesen bereits als Novize im Vorhof des Isistempels, während sein Bewußtsein noch in Palästina weilte. Schon nach 4 Wochen schrieb er seinem Vater, daß er bereits infolge der wenigen Vorlesungen, die er bei Hegel hörte, klar durchschaut und in seiner Notwendigkeit erkannt habe, was ihm bei Daub noch dunkel und unverständlich oder wenigstens unbegründet erschienen sei. Nur was als Zunder in ihm glimmte, das sehe er bereits in hellen Flammen auflodern. Es sei übrigens ganz natürlich und in der Ordnung, daß, wenn man durch einen Mann wie Daub vorbereitet und im Denken geübt, mit einem inneren Seelenzuge nach der tieferen Einsicht in den Urgrund aller Dinge zu Hegel komme, man dann schon in wenigen Stunden den mächtigen Einfluß seiner tieferen Gedankenfülle verspüre. Werde doch selbst derselbe Felsblock, den das schwache Herabtröpfeln einer Dachrinne viele Jahrhunderte hindurch nicht erweichend durchdringe, schnell von der reißenden Flut eines Stromes aus roher Gestalt zu einem schönen Becken gewölbt! Hegel sei in seinen Vorlesungen bei weitem nicht so undeutlich wie in seinen Schriften, vielmehr klar und leicht verständlich, denn er nehme sehr viel Rücksicht auf die Stufe der Fassungskraft und Vorstellungen, auf der seine meisten Zuhörer stehen.

Feuerbach Vater mußte schließlich einsehen, daß sein hochbegabter Sohn für die Staatstheologie für immer verloren sei. Lange zauderte Ludwig, dem Vater von seinem Entschluß, der Gottesgelahrtheit Ade zu sagen und sich ganz und gar der Philosophie zuzuwenden, Kunde zu geben, aber endlich mußte der Rubikon überschritten werden, selbst auf die Gefahr hin, den alten Anselm, der in seinem praktischen Sinn von der Philosophie als Brotstudium nichts wissen wollte, aufs tiefste zu erzürnen. Im Jahre 1825 ermannte er sich endlich und berichtete von der seelischen Umwandlung, die in ihm vorgegangen sei, in einem seiner bezeichnendsten Briefe, der von dem Adel seiner Gesinnung und dem selbständigen Charakter dieses Philosophen schon als Jüngling, der stets nur nach Wahrheit strebte und keine anderen Nebenabsichten kannte, ein glänzendes Zeugnis ablegt.

„Die Theologie" — heißt es in diesem Briefe wörtlich — „kann ich nicht mehr studieren. Vater, laß Deinen Sohn gewähren; wo die innere Möglichkeit gebricht, halten nicht mehr die Baustützen und Balken anderer Rücksichten, Reflexionen und äußerlichen Gründe. Speisen, die das zartere Alter nähren, sind den geprüfteren Naturen unverdaulich. Sie ist für mich eine verwelkte, schöne Blume, eine abgestreifte Puppenhülle, eine überstiegene Bildungsstufe, eine verschwundene, formgebende Bestimmung meines Daseins, deren Andenken jedoch noch segensreich fortwirken wird in der Nachwelt meiner neubegonnenen Lebensweise. Ein ganz anderes Verhältnis, sozusagen gesetzliche und berechtigte Hindernisse treten allerdings ein, wenn ich voreilig, mutwillig, aus blinder Willkür, eigensinnigen Launen und Einfällen, die Theologie zum Fenster hinausschmisse, etwa mit dem nachdonnernden Urteilsspruch: „Sie gefällt mir eben nicht!" Da man dann freilich besser täte, wenn man das Modejournal, als die Bibel in die Hand nehme. Ein großer Unterschied ist, ob der, welcher am Tore des öden Hauses das Tor zuwirft, oder der es mühsam durchbrochen, spricht: „Hier haben wir keine bleibende Stätte." Aber ich kann getrost sagen, ich habe in der Theologie gelebt, gewohnt, gefühlt, gedacht, ich saß an jenen Quellen, wo sie ewig verjüngt, als schöne Nymphe mir emporstieg, aber auch an Brandstätten, wo sie wie eine Hexe zu einem verrunzelten, verkrüppelten, verschrumpften Apfelschnitt eindorrte; ich konnte frohjauchzen und jubeln mit dem Sänger David. Winter, Frühling, Sommer und Herbst brachte mir der Wechsel seiner tiefen Empfindungen, den Menschen gab mir die Lieblichkeit seiner Hirtenlieder, den Gott die Erhabenheit seiner Preisgesänge; jammern mit Jeremias über den Untergang der Gott geweihten Stadt, zürnen und dräuen mit Ezechiel dem verruchten Volke, Flüche mit Donner und Blitz, wie von Cherubinen getragen, auf seine Härte schleudern; mit den Jüngern durch das heilige Land wandern, an den Lippen des Herrn hangend, den Honig seiner Lehre einsaugen: — ich habe in ihr gelebt. Aber jetzt befriedigt sie mich nicht mehr, sie gibt mir nicht, was ich fordere, was ich brauche, nicht mein tägliches Brot, nicht die notwendigsten Viktualien meines Geistes; dem Armen reichte sie am Kreuze noch statt des ersehnten Trunkes kühlen Wassers einen Essigschwamm. Palästina ist mir zu eng. Ich muß, ich muß in die weite Welt, und diese trägt bloß der Philosoph auf seinen Schultern. Von Morgen nach Abend zieht die Geschichte des Menschengeschlechts; aus dem jugendlichen schönen Reiz des Morgenlandes trete ich zurück in mich in den tiefen Ernst, in die gereifte, männliche Besonnenheit germanischer Philosophie. Sollte ich bei der Theologie mein Verbleiben haben, so würde aus einem Freien ein Sklave, wider Überzeugung und Einsicht, wider die eigene Befriedigung meiner selbst, wider Interesse, Lust und Neigung mich in ihre Bande schlagen; ich müßte gehen ohne Beine, atmen, ohne Luft zu haben, sie ist mir abgestorben und ich ihr. Der Mensch kann alles, sagt man; jawohl — auch eine Tote zur Braut nehmen; und wie wollte ich denn ihr bleiches Leichentuch als Brautzelt über mich spannen, oder zu den schwellenden Segeln meines zerbrochenen Schiffes nehmen! Zerfressene Knochen sollten die Krücken eines kranken Herzens, die durchlöcherte, ausgehöhlte Brust eines Totengerippes sollte die Krippe meines Bethlehems sein! Der Modergeruch, der süße Weihrauch, den ich dem Herrn opferte! Mich wieder in die Theologie zurückweisen, hieße einen unsterblich gewordenen Geist in die einmal abgelegte sterbliche Hülle wieder zurückwerfen; denn die Philosophie reicht mir die goldenen Äpfel der Unsterblichkeit und gewährt mir den Genuß ewiger Seligkeit, Gegenwart, Gleichheit mit mir selbst! Ich will reich, unendlich reich werden, und sie ist eine unerschöpfliche Fundgrube; glücklich und zufrieden in mir — wo kann das anders sein, als dort, wo das Kinder- und Weibergeplärre, Ächzen und Krächzen des gemeinen Lebens und Treibens schweigt! Ich bin wie eine hab- und herrschsüchtige Seele, die alles, aber nicht als empirisches Aggregat, sondern als systematische Totalität an sich reißen und verzehren will; unbegrenzt, unbedingt ist mein Verlangen: ich will die Natur an mein Herz drücken, vor deren Tiefe der feige Theolog zurückbebt, deren Sinn der Physiker mißdeutet, deren Erlösung allein der Philosoph vollendet. Den Menschen, aber den ganzen Menschen; nicht ihn, wie der Arzt auf dem Krankenlager oder in der Anatomie, wie der Jurist im Staate oder im Zuchthause, der Kameralist als Bäcker oder Bierbrauer. Mit den alles durchdringenden und durchlaufenden Wurzelfasern der Gedanken will ich reichen und mich ausdehnen bis an die Enden der Welt; Gott und sie, dieses schöne Geschwisterpaar, aus deren vergrabenen Grundfesten und nächtlich verborgenen Sitzen emporgehoben, um das Sonnenrad der Philosophie kreisen und freudig entfalten sehen zu einem blüte- und früchtevollen Baume des Lebens! — Vater! wende nicht zürnend Deinen Blick weg von Deinem Sohne, weigere nicht Deine Bestimmung, laß mich freudig einziehen in das neue Land, das ich im Schweiß meines Angesichts mir erorbert, in dem ich etwas zu leisten das Vertrauen, mich befriedigt oder beruhigt zu finden, die sicherste Gewißheit habe. Teile mit mir die Freuden über die Stiftung eines neuen Reiches in mir, über mein neues Leben und den Untergang einer Welt, die so stiefmütterlich für mich sorgte, daß sie mir keinen andern Ausweg gelassen hatte, als mich gramvoll in mir selbst zu verzehren, und das wohltuende Gefühl, den **Händen der schmutzigen Pfaffen entronnen zu sein, und Geister wie Aristoteles, Spinoza, Kant und Hegel zu meinen Freunden zu haben.**"

In diesem Sinne schrieb er auch an seinen Bruder Eduard: „Ich habe die Theologie gegen die Philosophie aufgegeben. Extra philosophiam nulla salus. Der Mensch befriedigt nur da andere, wo er sich selbst befriedigt, leistet nur da etwas, wo er zu leisten das Vertrauen hat. Ich bin auch bereits hier in Berlin unendlich im Denken gegen früher fortgeschritten. Nirgends kommt man aber auch rascher vorwärts als im Denken. Einmal seinen Schranken entlassen, ist der Gedanke ein Strom, der uns unaufhaltsam weiter mit sich fortreißt."

Nahezu zwei Jahrzehnte sollten verstreichen, bis unser Denker das philosophische Programm, welches er in dem angeführten Briefe an seinen Vater aufgestellt hat, zur Ausführung bringen konnte, nämlich die Natur, vor deren Tiefe der feige Theologe zurückbebt, und mit ihr den Menschen, aber den ganzen Menschen ans Herz zu drücken. Es hat wohl wenig Philosophen in alter und neuer Zeit gegeben, die schon in frühester Jugend, gleich beim Betreten ihrer Laufbahn als Denker, über Ziele und Richtungen, die sie einschlagen sollten, so klar und scharf dachten als Ludwig Feuerbach!

Nur schwer konnte sich der alte Anselm über den Entschluß seines Sohnes, der so gründlich aus der Kutte gesprungen war, beruhigen. Er spricht in seinem Briefe vom 20. April 1825 davon, daß er fast glauben müsse, schleunige Anstalten zur Wiederherstellung von Ludwigs geistiger Gesundheit treffen zu sollen, so arg habe die Tollheit in dem jungen Philosophen, in dessen verkehrten, verzerrten und durcheinander gewirrten Bildern gerast. Er schilt auf den jugendlichen Dünkel seines Sohnes und erinnert daran, daß auch er, Anselm, als Jüngling sich selbst überlassen, von keinem Vater gewarnt, auf demselben Wege sich verirrt, daß er die Berufswissenschaft, für welche er die Universität betreten hatte, verachtend aufgegeben und mehrere Jahre auf dem bodenlosen Grunde der Philosophie nach Schätzen der Wahrheit vergebens gegraben. Endlich aber, noch zur rechten Zeit enttäuscht, die im philosophischen Hochmut weggeworfene Jurisprudenz wehmütig vom Boden aufgehoben und nachdem er als Philosoph an Geist und Magen gedarbt nur mit ihr und durch sie zuerst Brot, dann Ruhm und endlich Ämter und Würden sich erworben habe.

Auf den Wunsch des Vaters mußte er mit dessen intimen Freunden in Berlin, speziell dem Geh. Ob.-Finanzrat **Dürr** und dem Kriminalrat und Schriftsteller **Eduard Hitzig**, fleißig verkehren, und zweifellos werden diese praktisch und nüchtern denkenden hohen Beamten ihrem Freunde über das Leben, das Dichten und Trachten des jungen Philosophen oft berichtet haben. Mit den beiden Genannten stand der alte Feuerbach in regem Briefwechsel, und die von Ludwig in seinem schon genannten Werk über das Leben und Wirken seines Vaters abgedruckten Zuschriften desselben an Hitzig sind von hohem Interesse und beweisen die Intimität des Gedankenaustausches zwischen den beiden großen Juristen.

Auch ich bin in der glücklichen Lage, aus der Handschriftenabteilung der Berliner kgl. Bibliothek zwei sehr bedeutsame, bisher ungedruckte Briefe Anselm Ritter v. Feuerbachs an Hitzig mitzuteilen, und ist es nur zu bedauern, daß beide leider Fragment geblieben sind. Dieselben lauten:

„Ansbach, 2. Sept. 1827.

Nach den neuesten öffentlichen Nachrichten soll die öffentlich-mündliche Rechtsprechung in den Rheinprovinzen beibehalten werden. Ist dieses begründet? Wo einmal solche an sich schönen Institute bestehen, sollte man sie bestehen lassen, aber wie ihre Gebrechen heilen, die nicht in ihrer Natur liegen, sondern ihnen von außen beigebracht sind? Es ist gar nicht zu leugnen, daß die öffentlich-mündliche Justiz, von Hause aus eine gar schöne, kräftige, gutgesittete Dame, in Paris gar sehr verdorben worden ist, durch die Unzucht, welche der Reihe nach der Jakobinismus und der monarchische Despotismus Napoleons mit ihr getrieben hat, und nicht nur sehr arge Krankheiten bekommen, sondern auch, um sich einheimisch zu machen, eine Menge altgallischer Sitten, die sie uns Deutschen jetzt billig zum Ekel machen, angenommen hat. Es bedarf indessen meines geringen Dafürhaltens aber nicht der Gabe eines Wunderdoktors, sie zu reinigen und allen Deutschen wert zu machen."

„Ansbach, 28. Dez. 1831.

Sogar an ‚Caspar Hauser' findet man nichts Interessantes mehr, seitdem er aufgehört hat, Gegenstand der gemeinen Neugierde zu sein! Als ich für meine Schrift über Caspar Hauser einen Verleger gegen ein nicht unbedeutendes Honorar suchte, hatte ich nur das Interesse Caspar Hausers im Auge, für den ich das Honorar bestimmt hatte. Seitdem ist diese Fürsorge wegen unerwarteter, wie durch einen Deus ex machina daher gezauberten Hilfe überflüssig geworden. Graf Stanhope, Pair von England, welcher seit verwichenem Sommer dem Unglücklichen sich als Wohltäter erwiesen hat, hat sich aus höchst menschlicher Teilnahme an dem liebenswürdigen Jünglingskinde entschlossen, denselben ganz zu übernehmen und als Pflegevater für ihn zu sorgen. Lord Stanhope hat sich durch förmliche gerichtliche Urkunde dazu verpflichtet. Infolgedessen lebt Caspar jetzt in Ansbach, wo er auf Kosten des edlen Lord bei einem hiesigen Lehrer erzogen wird. Nächsten Sommer wird Caspar zu ihm nach England gebracht, wenn nicht die Untersuchung, in welcher neue Lichter auftauchen, dessen längeren Aufenthalt auf dem Kontinent notwendig machen sollte. Auch ist es der Lord, welcher bedeutende Summen uns zur Verfügung gestellt hat, um jede auch noch so leise Spur zu verfolgen. Da nun für Caspar auf jede Weise gesorgt ist, so bedarf es der kleinen Unterstützung nicht mehr, die ich ihm durch mein Werkchen zugedacht hatte. Ich lasse es daher nunmehr hier verlegen und drucken, damit die merkwürdige, in ihrer Art ganz einzige Erscheinung, welche Caspar darbietet, wenigstens einer künftigen Zeit, die über solche Gegenstände zu denken weder Zeit noch Lust bekommt, erhalten werde.

Bei Ihnen im Norden geht es politisch still, bei uns so politisch lärmend zu, daß beiden Extremen wohl das juste milieu zu wünschen wäre; welche Zeit gekommen, ist wohl klar, doch ge-

hört das auch zu den verderbenbringenden Eigenschaften dieser Zeit, daß sie für allzu viele unsichtbar ist.
Mit den bekannten Gesinnungen stets der Ihrige

Feuerbach."

Bei Hitzig verbrachte der junge Studierende der Philosophie so manchen vergnügten Abend. Für das Berliner Salonleben in den zwanziger Jahren des vorigen Jahrhunderts ist die Schilderung, die Ludwig Feuerbach von einem solchen ästhetischen Tee gibt, von besonderem Reiz. Wir finden sie in einem seiner Briefe vom 24. Mai 1824, wo es u. a. nicht ohne Ironie heißt: „Zum ersten Male zu einem großen Berliner Tee eingeladen zu werden, ist keine Kleinigkeit, zumal da weit und breit die Ansprüche bekannt sind, die an einen gemacht werden, der in diese Mysterien treten will, nämlich daß er sei Poet, Schriftsteller, Künstler, Philosoph, kurz in allem Stümper; aber ich bin bekanntermaßen weiter nichts als ein armer Theolog; und wollte daher, um in einem Berliner Tee doch vernünftig aufzutreten, mir vorher aus der Leihbibliothek einige Romane, Almanache oder Journale holen, damit ich einige poetische, hohe, bombastische Phrasen und Worte in petto hätte, die dann von Zeit zu Zeit wie süße Lindenblüten herabfielen unter den sanften Zephirshauchen einer Teetasse, sanft gerötet von der Morgenröte Beifall äußernder Damenlippen, und sich spiegelnd in dem blauen Himmelsgewölbe poetisch verzückter Augen; aber wenn ich auch wirklich, wie ich erst wollte, solche Anstalten und Präparationen getroffen hätte, um auf der Eselsbrücke poetischer Ausdrücke die brausenden Blüten des Tees glücklich zu passieren, so wäre es doch umsonst gewesen, denn Hitzig ist ein höchst einfacher, schlichter und gebildeter Mann, wie auch der ganze Kreis, der damals versammelt war und zum Teil aus bekannten Männern bestand, wie z. B. von Chamisso, der mit Kotzebue die Welt umsegelte."

An Hitzig ist auch ein höchst bedeutsamer Brief des jungen Ludwig gerichtet, worin er dem treuen Freunde des Vaters und dem wohlwollenden Gönner sein Herz ausschüttet und die Gründe auseinandersetzt, die ihn veranlaßten, die Theologie zu fliehen und zur Fahne der Philosophie zu schwören. Es heißt dort u. a.[1]):

„Schon in Heidelberg, da sie mir nicht gewährte, was ich suchte, ward meine Liebe zu ihr schwach und immer schwächer, bis ich sie endlich gänzlich verlor. Schon von dorther schrieb ich öfter Briefe an meinen Vater voll der bittersten Satire, wo nicht über sie, doch über die verschiedenen Arten und Weisen, wie sie gehandhabt wird. Wenn ich aber nun im Gegenteil das volle klare Bewußtsein, die bestimmteste Gewißheit, ja die Erfahrung an mir selbst habe, in ¦der Philosophie zu finden, was ich suche, nämlich seelenvolle Befriedigung meiner in mir selbst, wenn ich den unwiderstehlichsten Drang zu ihr habe, mein ganzes Dichten und Trachten, Sehnen und Wünschen zu ihr hinstrebt, warum sollte ich mich ihr nicht widmen dürfen? Wer an ein bestimmtes besonderes System sich anhängt, um in ihm etwa ein in dunkler Ferne aufgestelltes träumerisches Ziel zu erreichen, mag zusehen, wie es ihm geht; wen aber das reine Denken als solches, die Philosophie überhaupt, sei es griechische oder germanische, fesselt oder begeistert, bei dem hat es gute Wege. Was endlich noch den Punkt betrifft, ob ich in ihr wohl etwas leisten und ihrer Forderung an mich entsprechen werde, so bürgt mir meine große Lust und Neigung zu ihr dafür, nam ignoti nulla cupido,[2]) was sich insbesondere auf die Philosophie anwenden läßt; denn wer sie versteht, dem schmeckt sie anfangs schmerzlich bitter und herbe; wer verständnislos sie nur benippt, wendet sich bald von ihr weg mit Ekel, von diesem, wie er es nennt,

---

[1]) Vgl. Ausgewählte Briefe von und an Ludwig Feuerbach. Von Wilhelm Bolin; Leipzig 1904, Bd. I, S. 247 ff.
[2]) „Den Unwissenden treibt kein Verlangen", nämlich nach Erkenntnis.

widerlichen, satanisch hochmütigen, vornehm und vernünftig klingenden Unsinn. Die entschiedenste, bestimmteste Neigung zur Philosophie ist auch die Bürgschaft für die Fähigkeit zu ihr. Hier liegen sie nun vor Ihnen, hochzuverehrender Herr Kriminalrat, in nackter Prosa meine Gründe, Meinungen und Ansichten über diese mir so wichtige Materie. Ich übergebe sie Ihrem Urteil, und es steht daher in Ihrem Belieben, ob und wie Sie selbige meinem Vater mitteilen mögen."

Wenn man dem jungen Bruder Studio Glauben schenken darf, so war er im Gegensatz zu seinem cher papa ein wahrer Musterknabe, denn er berichtet nach Hause, daß an der Berliner Universität an Trinkgelage, Duelle usw. gar nicht zu denken sei. Auf keiner anderen Universität herrsche solch allgemeiner Fleiß, solcher Sinn für etwas Höheres als bloße Studentengeschichten, solches Streben nach Wissenschaft, solche Ruhe und Stille wie in der Hauptstadt Preußens. Wahre Kneipen seien andere Universitäten gegen das Berliner Arbeitshaus. „Die Wissenschaft, die hier in der höchsten Blüte steht und ihr inneres verhältnisvolles Wesen dem der Lust hat aufs genügendste erschließt, nimmt mich so in Anspruch, daß ich für nichts anderes leben, denken und nichts anderes betreiben mag, als sie, und die Gelegenheit, mich wissenschaftlich auszubilden, recht zu benützen strebe. Denn es kommt die Nacht, da niemand wirken kann. Mein ganzes Leben ist daher auf die Stube beschränkt und in ihre vier Mauern eingeengt; mein Weg erstreckt sich nicht weiter als in das Kollegiengebäude und in eine Speiseanstalt, wo Kommen, Essen und Fortgehen ein Akt ist."

Wahrhaft rührend ist es, wenn wir lesen, welchen Entbehrungen der junge Berliner Studiosus, dem der Vater, der, mit Glücksgütern nicht gesegnet, bekanntlich für eine zahlreiche Familie zu sorgen hatte, nur einen verhältnismäßig geringfügigen Wechsel zur Verfügung stellen konnte, ausgesetzt war.

In beweglichen Worten klagt er darüber, daß er auf die unschuldigsten und unbedeutendsten Erholungen, denen zu huldigen auch der ängstliche Moralpedant sich kein Gewissen mache, verzichten müsse. „Mein Morgen- und Abendessen ist trockenes, dürres Brot und mein Mittagessen besteht aus einer Portion Fleisch und Gemüse, das in einer Restauration nach Berliner Art, d. h. kraft- und saftlos, gekocht ist." Wahrlich, wenn man in einer Stadt wie Berlin lebe, wo einem selbst der selige, stärkende Blick auf eine schöne Gegend versagt sei, wo man die Natur nicht etwa bloß aus dem Gesichte, sondern auch aus dem Herzen verliere und sich nie gedrungen fühle zu dem Ausspruch: „O, wunderschön ist Gottes Erde" und so fern von den Seinigen und allen auch geringen Erheiterungen sei, wo man die Beschränkungen seiner physischen Existenz auf die äußerste Spitze treibe, so werde es einem schwül ums Herz! Sein einziger Wunsch sei, die Kraft zum rastlosen Studium zu behalten, und das könne er nur durch einige Erleichterungen seines armen äußeren Lebens. „Wenn ich nur dazu etwas habe, daß ich den bei meinem vielen Sitzen unentbehrlichen Kaffee trinken und hier und da etwas besser zur Nacht essen kann."

Diese Winke mit dem Zaunpfahl verstand übrigens der Vater sofort, denn er unterließ es nicht, ihm jeweilig Zulagen zu seinem Wechsel zu übermitteln. So einmal eine Anweisung auf 100 Gulden mit der Begründung, daß er auch von anderen Orten her erfahren habe, wie teuer es in Berlin zu leben sei. Alles in allem bekam Ludwig 800 Gulden jährlich, was in Anbetracht dessen, daß er viel für Bücher ausgeben und davon auch die Kollegiengelder bestreiten mußte, nicht als sonderlich reichlich bemessen genannt werden kann.

Obschon Ludwig Feuerbach in Berlin keiner studentischen Verbindung und keiner Burschenschaft angehörte und sich überhaupt am politischen Leben gar nicht beteiligte, ausschließlich seinen philosophischen und literarischen Studien lebend, war er doch als „Ausländer" und als angebliches Mitglied eines Geheimbundes den damals üppig blühenden demagogischen Spionriechern verdächtig und der Gegenstand von allerlei Schikanen und Verfolgungen. Er wurde längere Zeit polizeilich beobachtet, vor dem Polizeipräsidenten und dem akademischen Disziplinargericht einigen hochnotpeinlichen Verhören unterworfen und ähnlichen Drangsalierungen ausgesetzt. Doch verschwieg er alle diese Unannehmlichkeiten dem Vater gegenüber, um ihn nicht unnütz zu beunruhigen. Erst als die Angelegenheit zugunsten Ludwigs entschieden wurde, berichtete er darüber nach Hause. Man kann sich denken, daß der alte Anselm, dem jede Verfolgung eines Menschen aus politischen oder konfessionellen Gründen in der tiefsten Seele zuwider war und dem die individuelle Freiheit über alles ging, aufs tiefste empört war, als er von seinem Sohne Kunde von den Schereien erhielt, denen dieser seitens der Späher ausgesetzt war. Er schreibt ihm darüber unter dem 15. August 1824: „Was ist das für eine Zeit, wo ein Jüngling, sei er auch noch so brav, lebe er auch noch so unschuldig, bloß auf sich und seine Wissenschaft zurückgezogen, zeige er auch besiegelte öffentliche Urkunden über sein rechtliches, untadelhaftes, sogar musterhaftes Betragen vor, — gleichwohl noch durch alles dieses gegen die Anfechtungen und Verfolgungen der Späher nicht gesichert ist? Du verdienst übrigens meinen Dank, daß Du edelmütig genug gesinnt warst, um dem Vater, dessen Haupt ohnedies durch mancherlei schwere Lasten niedergedrückt ist, von jener, man darf wohl sagen unerhörten Vorfallenheit nicht eher etwas mitzuteilen, bis sich zu Deinem Vorteil aufgeklärt hatte, was freilich schon von Anfang an klar genug war. Was Du unterdessen magst ausgestanden haben, begreife ich wohl und beklage Dich von Grund meines Herzens. Suche jetzt die Kränkung, welche Dir widerfahren, so gut als möglich zu vergessen und lasse sie Dir nur dazu dienen, um Dich in Deinen guten Vorsätzen zu bestärken. Daß diese nie wanken werden, traue ich Dir vollkommen zu. Du hast die Annehmlichkeiten der Wissenschaften gekostet und hast an Dir den Ernst des Lebens erfahren. Und dieses ist wahrlich gerade jetzt in seinem Ernste so finster, daß derjenige halb toll sein müßte, dem es einfiele, sich mit ihm einen Spaß machen zu wollen."

Von den Berliner Universitätslehrern übte keiner einen so tiefen und nachhaltigen Eindruck auf ihn aus, wie der damals vergötterte Hegel, jener philosophische Zauberkünstler, der es verstanden hat, Jahrzehnte hindurch die ringenden, strebenden und unabhängigen Geister magisch anzuziehen. Die geschlossene Einheit, die wunderbare Architektonik und das feste Gefüge des Hegelschen Gedankenbaues faszinierten auch Feuerbach und machten ihn lange Zeit zum eifrigen Hegelianer.

Hegel war ein Mann so recht für den bedürftigen, „zerrissenen" Feuerbach.

Karl Grün[1]) kennzeichnet treffend den Meister mit den Worten: „Gravitätisch steif, das wandelnde Gedankenskelett mit der Negation des Fleisches und Blutes, aber unfehlbar in der Struktur bis auf das kleinste Knöchlein, bis auf das os intermaxillare, fest bewußt, apodiktisch überzeugt, folglich überzeugend, die Welt aus dem Gedanken schaffend, wie Jehovah am 1. Tage, alle Dinge erklärend, mit Notwendigkeit setzend, nichts draußen lassend, jede Antinomie durch den dialektischen Schluß zur Nomie, zur Gesetzmäßigkeit beugend und hereinschlingend; anwendbar auf jegliches Ding im Himmel und auf Erden und unter der Erde, dabei grundgütig herablassend gegen die ‚Vorstellung', die er in den mannigfachsten Wendungen als dem ‚Begriff' adäquat nachwies, vorbehaltlich des begrifflichen Stempels; durchaus kurativ

---

[1]) Ludwig Feuerbach in seinem Briefwechsel und Nachlaß, Bd. I, S. 15.

gegen Zweifel und Zerrissenheit, den Menschen mit sich selbst, mit der Welt — freilich immer und alles im ‚Gedanken' — versöhnend, ihn zuletzt einführend in den ‚absoluten Geist', dem aus dem Kelche des ganzen Wesenreiches jubelnd die Unendlichkeit entgegenschäumt."

Feuerbach selbst äußert sich über diese seine Berliner Periode an seinen Freund L. Noack im Jahre 1846:[1]) „Ich ging nach Berlin, um Hegel, aber zugleich auch die namhaftesten dortigen Theologen zu hören. Die Universität Berlin betrat ich in einem höchst zerrissenen, unglücklichen, unentschiedenen Zustand; ich fühlte bereits die spätere Zwietracht zwischen Philosophie und Theologie, die Notwendigkeit, daß man entweder die Philosophie der Theologie oder die Theologie der Philosophie opfern müsse. Ich entschied mich für die Philosophie. — Ich hörte Schleiermacher und Neander, aber ich konnte es nur eine kurze Zeit bei ihnen aushalten. Der theologische Mischmasch von Freiheit und Unabhängigkeit, Vernunft und Glaube waren meiner Wahrheit, d. h. Einheit, Entschiedenheit, Unbedingtheit, verlangenden Seele bis den Tod zuwider. Zwei Jahre hörte ich Hegel."

Als er sich von seinem verehrten Meister verabschiedete, sagte er das bezeichnende Wort: „Jetzt gehe ich Naturwissenschaft studieren", und in späteren Jahren schrieb er die folgende, micht minder charakteristische Bemerkung über seinen Abschied von Hegel nieder: „Schon in Berlin nahm ich eigentlich Abschied von der spekulativen Philosophie. Meine Worte, mit denen ich von Hegel Abschied nahm, waren ungefähr: ‚Zwei Jahre habe ich Sie nun gehört, zwei Jahre ungeteilt Ihrer Philosophie gewidmet. Nun habe ich aber das Bedürfnis, mich in das direkte Gegenteil zu stürzen. Ich studiere nun Anatomie.' Leider setzten häusliche Mißverhältnisse diesem Vorhaben Hindernisse entgegen

---

[1]) Handschriftlich, mitgeteilt von Karl Grün a. a. O., Seite 15 ff.

und warfen mich wieder zurück auf mich und das bloße Denken, ob ich gleich ein Jahr später Physiologie und Anatomie, aber nur allgemein, hörte."[1])

Allerdings regten sich bald in der Seele des jungen Mannes Zweifel gegen die Unfehlbarkeit des Hegelschen Systems. Schon in seinen Fragmenten „Zur Charakteristik meines philosophischen curriculum vitae"[2]) — geschrieben in den Jahren von 1827 bis 1828 — gibt er denselben Ausdruck. Namentlich die für ihn immer im Vordergrunde stehende Frage nach dem Verhältnisse zwischen Theologie und Philosophie oder vielmehr nach den zureichenden und gerechtfertigten Gründen für die Religion wurde von Hegel nicht beantwortet, der immer wieder die Theologie bloß rationalisierte, statt sie kritisch zu prüfen.[3])

Er wirft dort folgende Fragen auf: Wie verhält sich die Philosophie zur Religion? — Hegel dringt sehr auf die Übereinstimmung der Philosophie mit der Religion, namentlich mit den Lehren der christlichen; gleichwohl faßt er die Religion nie als eine Stufe des Geistes auf. Die bestehenden Religionen entfalten allerdings unzählig viel Widerliches und mit der Wahrheit Unverträgliches, aber sollte die Religion selbst nicht allgemeiner gefaßt und die Übereinstimmung der Philosophie mit ihr nur in die Anerkennung und Rechtfertigung bestimmter Lehren gesetzt werden? Gibt es keine andere Übereinstimmung?

Wie verhält sich die Hegelsche Philosophie zur Gegenwart und Zukunft? Ist sie nicht die vergangene Welt als Gedankenwelt? Ist sie mehr als eine Erinnerung der Menschheit an das, was sie war, aber nicht mehr ist?

---

[1]) Nachgelassene Aphorismen.
[2]) Ludwig Feuerbachs sämtliche Werke, II. Band, Leipzig 1846, Seite 380 ff.
[3]) Vgl.: Moderne Philosophen, Porträts und Charakteristiken von Dr. M. Kronenberg, München 1899, Seite 156.

Wie verhält sich das Denken zum Sein, wie die Logik zur Natur? Ist der Übergang von jener zu dieser begründet? Wo ist die Notwendigkeit, wo das Prinzip dieses Überganges? Wir sehen wohl innerhalb der Logik einfache Bestimmungen, wie Sein, Nichts, Etwas, Anderes, Endliches, Unendliches, Wesen, Erscheinung, ineinander übergehen und sich aufheben, aber sie sind an sich selbst abstrakte, einseitige negative Bestimmungen; allein, wie kann denn die Idee als die für diese Bestimmungen zusammenfassende Totalität in gleichen Kategorien mit eben diesen ihren endlichen Bestimmungen gesetzt werden? Die Notwendigkeit des logischen Fortganges ist die eigene Negativität der logischen Bestimmungen. Wie ist denn nun aber das Negative in der absoluten, vollkommenen Idee, daß sie nur noch im Elemente des Denkens ist? Woher weißt du nun aber, daß es noch ein anderes Element gibt? Aus der Logik? Nimmermehr; denn eben die Logik weiß das selbst nur von sich, nur vom Denken. Also wird das andere der Logik nicht aus der Logik, nicht logisch, sondern unlogisch deduziert, d. h. die Logik geht nur deswegen in die Natur über, weil das denkende Subjekt außer der Logik ein unmittelbares Dasein, eine Natur vorfindet und vermöge seines unmittelbaren, d. i. natürlichen, Standpunktes dieselbe anzuerkennen gezwungen ist. Gäbe es keine Natur, nimmermehr brächte die unbefleckte Jungfer Logik eine aus sich hervor.

Noch mißtrauischer machten ihn die mannigfachen Vermittelungsversuche verschiedener Hegelianer, alle jene damals emporschießenden Systeme spekulativer Theologie, in denen, wie Feuerbach sie später einmal gut charakterisiert, „christliche und moderne Elemente zu einer Wurstmasse zusammengerührt werden, in der die orthodoxe Kirchenlehre das Fleisch, die Schleiermachersche Theologie den Speck und die Hegelsche Philosophie das Gewürz abgibt".[1])

---

[1]) Kronenberg a. a. O.

Feuerbach war königlich bayrischer Stipendiar, und so mußte er noch ein Jahr auf einer bayrischen Universität zubringen, um dort seine Studien abzuschließen. Er erwählte dazu die Hochschule von Erlangen. Hier beschäftigte er sich vor allem mit Naturwissenschaften, speziell mit Anatomie, Botanik und Physiologie, und diese Studien übten auf seine philosophische Entwicklung eine sehr befruchtende Wirkung aus. Aus ihnen erwuchs und befestigte sich bei ihm zuerst die empirisch-naturalistische, aller Metaphysik abgewandte Gedankenrichtung, die er fortan nur noch weiter entwickelte, aber nicht mehr aufgab.

Nachdem er das Universitätsstudium in Erlangen zum Abschluß gebracht, kehrte er ins Vaterhaus zurück, um dort in aller Ruhe seine Doktor-Dissertation zu beenden. Über den damals noch an den deutschen Hochschulen existierenden Zopf, die Promotionsschrift in lateinischer Sprache abzufassen, mokierte sich unser Philosoph nicht wenig. So schreibt er in einem Briefe vom Dezember 1828 an seinen Bruder Eduard: „Mein Latein wird den eingebildeten Ohren geschmackvoller Philologen wie die barbarische und einförmige Trommelmusik amerikanischer Wildenstämme vorkommen; doch man kann nicht zwei Herren zugleich dienen, den Geschmäckern der Philologen und den Gedanken, welches zwei widersprechende Dinge sein mögen."

Zweites Kapitel.

Ludwig Feuerbachs Doktor-Dissertation in Erlangen. — Seine Kritik darüber an Professor G. C. A. Harless. — Brief an Hegel. — Privatdozent in Erlangen. — Philosophische Vorlesungen. — Satirisch-theologische Distichen. — Seine anonyme Schrift: „Gedanken über Tod und Unsterblichkeit." — Ausfälle darin gegen Christus, Religion und Unsterblichkeit. — Das Unsterblichkeits-Problem. — „Nachträgliche Belege und Bemerkungen" Feuerbachs. — Die Todesgedanken. — Das Ende seiner akademischen Laufbahn. — Übersiedlung nach Frankfurt a. M. — Reisepläne nach Paris. — Der Tod des Vaters. — Intime Freundschaft mit Christian Kapp. — Aphorismen. — „Abälard und Heloise, oder der Schriftsteller und der Mensch." — Feuerbachs Humor. — Geschichte der neueren Philosophie von Bacon bis Spinoza. — Sein Urteil über Spinoza, Hobbes, Gassendi, Carthesius, Jakob Böhme, Nikolaus Malebranche und Arnold Geulincx. — Urteile der Zeitgenossen über die „Geschichte der neueren Philosophie". — Briefe des Juristen Eduard Gans und des preußischen Kultusministers von Altenstein an Ludwig Feuerbach. — Einladung zur Mitarbeiterschaft an den „Berliner Jahrbüchern". — Die „Berliner Sozietät für wissenschaftliche Kritik". — Neue Vorlesungen an der Erlanger Universität von 1835—1837. — Gesuch an den Erlanger Senat um eine Professur; wegen der „Todesgedanken" abgeschlagen. — Eingabe an den Geheimrat J. Schulze in Berlin wegen Anstellung an einer preußischen Universität. — Pierre Bayle, ein Beitrag zur Geschichte der Philosophie der Menschheit.

Die Dissertation Feuerbachs betitelt sich:

„De Ratione,

una, universali, infinita."

(Von der einen, allgemeinen, unendlichen Vernunft.),

und promovierte er mit derselben in Erlangen im Sommer 1828. Diese, „eine allgemeine unendliche Vernunft", ist wesentlich die Hegelsche „Tätigkeit des Allgemeinen". Der Verfasser erklärt, man müsse sich skeptisch gegen das subjektive Denken verhalten, dabei bemerkend, daß die Skeptiker, die das Denken überhaupt für nichtsnutzig erklären, selbst an die Grenze der Philosophie streifen, weil sie die Subjektivität, die Vernunft, als die „universelle Substanz der Individuen" indirekt anerkennen. Feuerbach betrachtet zuerst den reinen Gedanken, dann den sich-selbst denkenden Gedanken, getrennt von der Erkenntnis, endlich die Einheit des Gedankens und des Gedachten — die Erkenntnis.[1]) Das Denken geht durch alle einzelnen hindurch und bleibt untrennbar von sich selbst. Im Denken bin ich alle Menschen; wenn ich denke, so bin ich nicht allgemein eine Person, die an sich besonders ist, sondern einfach allgemein, ohne irgend eine Einschränkung und Ausnahme. Wollt ihr die absolute Gleichheit der Menschen euch vor Augen stellen, so braucht ihr nicht zu den Begräbnisstätten zu wandeln, die Gebeine und Kadaver zu betrachten, die Blicke zum Himmel zu erheben, denn dieser Tod, diese Gleichheit und jenes jenseitige Leben, welches alle Unterschiede aufheben soll, ist nicht weit von euch entfernt, es ist dies nämlich zur Hand im Denken; das auch ist die unendliche Form; es faßt unendliche und unzählige Dinge in sich. Das Bewußtsein verschlingt alles wie die Zeit; es ist nicht Etwas, sondern die unendliche Form, eher Nichts als Etwas; bei aller Verschiedenheit der aufgenommenen Dinge bleibt es sich selbst gleich und kongruent; würde es selbst verschieden, so könnte es sich der Verschiedenheit nicht bewußt sein. Die Differenz der Unterscheidung ist die Quelle aller Erkenntnis und ihre erste Bedingung. Das unendliche Individuum verschafft sich schließlich auch unendlichen Inhalt: das Erkennen des Unendlichen; dieses ist nicht das quantitative Unendliche, sondern das in sich geschlossene, die Monade, das Atom des Giordano Bruno „De triplici minimo et mensura". Das Kleinste ist zugleich das Größte, überall Gegenwärtige, die Monas ist als Zahl das eine oder das Atom ist alle

---

[1]) Vgl. Die Analyse der Dissertation in „Ludwig Feuerbachs philosophische Charakterentwicklung", Bd. I, S. 207 ff.

und alles. Das Unendliche ist nichts als das gegenwärtige Zentrum, der unendliche Körper das Atom, die unendliche Fläche der Punkt. Außer Monas gibt es nichts; denn die Körper sind für nichts außer dem Atom, die Fläche ist für nichts außer dem Punkt zu erachten.

Steht Ludwig Feuerbach in dieser seiner Promotionsschrift noch auf dem Hegelschen Standpunkt, so zeigt er auch schon darin die Klaue des Löwen, nämlich das Bestreben, seine eigenen philosophischen Wege zu gehen, indem er die Lehre aufstellt, daß von der Vernunft keine allgemeinen Begriffe sich abstrahieren und als Gattungen fixieren lassen, sie sei vielmehr unablöslich von sich, die Gattung ihrer selbst und reine Einheit mit sich selbst; ihr Wesen sei ihr Dasein, ihr Dasein ihr Wesen. Jede Wahrheit sei die ganze Wahrheit; die Schranken unserer Vernunft seien ihr Wesen; hätten wir eine beschränkte Vernunft, so könnten wir weder über die Grenzen hinaus, noch hätten wir einen Begriff von ihnen.

Vor der Promotion sandte Feuerbach seine Schrift an den Theologen Professor G. C. A. Harleß in Erlangen, der ihm versprochen hatte, ihm bei seiner Disputation zu opponieren. In diesem seinem Briefe gibt er zugleich eine Kritik seiner Arbeit, die einerseits von seiner unbestechlichen Wahrheitsliebe und seiner klaren geistigen Selbsterkenntnis, aber zugleich auch davon Zeugnis ablegt, daß Feuerbach keineswegs gewillt war, sein philosophisches Denken hinter den Scheffel zu stellen. Es heißt in diesem für die Beurteilung der Philosophie wie des Charakters des Verfassers zugleich bemerkenswerten Zuschrift u. a.: „Ich bin mir wohl bewußt der Unvollkommenheit, der vielen Fehler und einzelnen Mängel meiner Dissertation, Mängel, die teils in der allgemeinen Schranke, die jedes Individuum sich selbst ist, teils in den besonderen Schranken einer Dissertation ihren Grund haben; und ich kann mir daher nur in der Überzeugung von der Wahrheit des hauptsächlichsten

Inhaltes derselben und in dem Bewußtsein, daß sie aus einem Leben in der Philosophie hervorgegangen, im ganzen wenigstens auch den Geist tieferer Spekulation atmet, die Freiheit verzeihen, Sie, einen anerkannt in der Philosophie und der ganzen Geschichte der Menschheit bewanderten, in jeder Beziehung erkenntnisreichen Mann, zu meinem Opponenten gewählt zu haben. Ungeachtet dieser Überzeugung und dieses Bewußtseins, übergebe ich nur mit Schüchternheit Ihnen meine Arbeit, anerkennend die gerechte Forderung, daß nur das Vollkommene existieren soll, nur das Ewige wert ist, in die Zeit zu treten, nur das aus der geheimen und verborgenen Werkstätte des einsamen Individuums an das Licht der Welt gebracht werden soll, was das Licht vertragen kann und desselben würdig ist, und fern von der Schamlosigkeit mancher Neueren, die keinen Anstand zu nehmen glauben, auch den andern, auch der Welt müsse daran gelegen sein, zu wissen, daß sie sind; auch in der Geisterwelt gelte dasselbe Recht wie in der natürlichen, wo das Widerlichste neben dem Herrlichsten gleichen Anspruch auf selbständiges Dasein hat. Übrigens bin ich, abgesehen von den vielen Unvollkommenheiten und selbst vielleicht den Irrtümern, die sich in meiner Arbeit finden, doch von der Wahrheit des hauptsächlichsten Inhaltes, wie gesagt, überzeugt, und zwar so sehr, daß ich, wenn ich anders etwas Positives geleistet habe, nur dies geleistet zu haben glaube: einen Schein, eine Täuschung des sinnlichen Bewußtseins vernichtet und einen Irrtum aufgedeckt zu haben, der nur in einer Zeit aufkommen konnte, wo das einzelne Individuum für sich selbst als Absolutes, als Unendliches galt, und ihm das Allgemeine daher als ein Attribut, das Denken als eine Kraft, als eine Kunstfertigkeit und Geschicklichkeit beigelegt wurde. Denn bei den Alten, um nur dies flüchtig zu berühren, wo überhaupt nicht die unmittelbare Persönlichkeit, nicht die wirkliche, sondern nur die geschaute, gedachte, durch die Kunst vermittelte Individualität galt, galt und gab es sozusagen gar keine individuelle Seele; die Seele galt für das Absolute, Allgemeine, als Gott selbst, Animus Deus est, wie bei den Indern Brahma das reine Denken, das Anschauen, die Weisheit, die Seele heißt."

Von Ansbach aus übersandte Feuerbach seine Promotionsschrift seinem Meister Hegel.[1]) In seinem vom 22. November 1828 datierten Schreiben spricht er aufs neue seine Verehrung und Dankbarkeit für seinen Lehrer aus, betont aber auch hier schon seinen in vielen Fragen, namentlich in bezug auf die Religionsphilosophie, abweichenden Standpunkt von dem des Berliner Denkers. Er schicke ihm die Dissertation, so sagt er in der Einleitung zu seiner umfangreichen Zuschrift, nicht aus dem Grunde, weil er ihr einen besonderen Wert beilege oder sich gar einbilde, daß sie an und für sich für Hegels Geist Interesse habe, sondern nur deswegen, weil er, der Verfasser, zu ihm in dem besonderen Verhältnis eines unmittelbaren Schülers stehe, der zwei Jahre lang in Berlin seinen Vorlesungen beigewohnt habe. Er möchte ihm nur seine persönliche Hochachtung und Verehrung bezeugen, die er ihm als seinem Lehrer schuldig sei und auch mit Freuden als seine Pflicht anerkenne. Allein eben dieses besondere Verhältnis eines unmittelbaren Schülers erzeuge auch die Schüchternheit in ihm, mit welcher er ihm seine Arbeit überreiche. „Denn' so schreibt er wörtlich, „wenn die wahre Hochachtung und Verehrung seines Lehrers der Schüler nicht durch äußerliche Handlungen oder Worte und Empfindungen, sondern nur durch seine Werke bezeugt und ausdrückt, so kann er ihm dieses nur durch Werke, die im Geiste seines Lehrers gearbeitet und seiner als eines Schülers würdig sind und die Forderungen erfüllen, die man an ihn als einen unmittelbaren Schüler macht. Aber eben in meinem Werke, wenn anders dieses Na-

---

[1]) Die Originalhandschrift des Briefes befindet sich in der Handschriften-Abteilung der Berliner Kgl. Bibliothek.

mens meine Dissertation würdig ist, erkenne ich selbst nur zu gut das Mangelhafte, das Ungenügende, das Korrupte, das Verwerfliche, als daß ich es vielmehr nicht für ein selbst den Forderungen, die ich selbst nur an mich mache, als den, der zwei Jahre Ihren bildenden und lehrreichen Unterricht genossen hat, nicht entsprechendes Werk halten sollte." Wenn er dennoch ihm die Promotionsschrift zusende, so erkläre sich das zumeist durch das Bewußtsein, daß sie im ganzen und allgemeinen einen spekulativen Geist atme, daß sie das Ergebnis eines Studiums sei, das in einer lebendigen, sozusagen wesentlichen, nicht formellen, die Seele, die eigene Produktiv- und Selbstkraft in sich fassenden und aufnehmenden freien Aneignung und Einbildung der Ideen oder Begriffe bestehe, die den Inhalt der Werke und mündlichen Vorträge Hegels ausmachen. Sowie ferner durch das Bewußtsein, daß die durch Hegel in ihm erzeugten oder geweckten und in dessen Philosophie ausgesprochenen Ideen nicht oben im allgemeinen oder dem Sinnlichen und der Erscheinung sich halten, sondern schaffend in ihm, dem Verfasser, fortwirken. Sozusagen aus dem Himmel ihrer farblosen Reinheit, ihrer unbefleckten Helle, Seligkeit und Einheit mit sich selber zu einer das Besondere durchdringenden, in und an der Erscheinung die Erscheinung aufhebenden und bewältigenden Anschauung sich hinuntersenken und gestalten. Auch diese seine Dissertation trage, wenigstens im allgemeinen, und wenngleich auf eine höchst unvollkommene, noch ganz rohe und fehlerhafte, das Abstrakte nicht vermeidende Weise, doch eine Spur von einer Art des Philosophierens an sich, welche man die Verwirklichung und Verweltlichung der Idee, die Ensarkosis oder Inkarnation des reinen Logos nennen könnte.

Feuerbach erklärt in seinem Briefe, daß er fest davon überzeugt sei, daß jene Art des Philosophierens, die noch unabgelöst, unbefreit von ihm selbst in dieser seiner Arbeit nur hineinschimmere und nur noch als Werden in seinem Innern vorhanden, im Geiste selbst der neueren oder neuesten Philosophie begründet sei und aus ihm selbst hervorgehe. Dieser dränge dahin, die Schranken einer Schule zu durchbrechen und allgemeine, weltgeschichtliche, offenbare Anschauung zu werden. Es gelte jetzt sozusagen ein Reich zu stiften, das Reich der Idee, des sich in allem Dasein schauenden und seiner selbst bewußten Gedankens, damit die Idee wirklich sei und herrsche und ein Licht in allem und durch alles leuchte. Begeistert ruft er aus: „Es wird und muß endlich zu einer Alleinherrschaft der Vernunft kommen. Tausendjährige Formen und Anschauungsweisen, die von der ersten natürlichen Schöpfung an durch die ganze Geschichte hindurch als Grundlage sich durchziehen, müssen, da die Erkenntnis ihrer Nichtigkeit und Endlichkeit gekommen, wenn auch noch nicht offenbar geworden ist, verschwinden, und alles . wird Idee und Vernunft werden. Es gilt jetzt einen neuen Grund der Dinge, eine neue Geschichte, eine zweite Schöpfung, wo nicht mehr die Zeit drüber und draußen der Gedanken, sondern die Vernunft die allgemeine Anschauungsform der Dinge wird. ... Es kommt jetzt nicht auf eine Entwicklung der Begriffe in der Form ihrer Allgemeinheit, in ihrer abgezogenen Reinheit und ihrem abgeschlossenen Insichsein, sondern darauf an, die bisherigen weltgeschichtlichen Anschauungsweisen von Zeit, Tod, Diesseits, Jenseits, Ich, Individuum, Person und der außer der Endlichkeit im Absoluten und als absolut angeschauten Person, nämlich Gott usw., in welchen der Grund der bisherigen Geschichte und auch die Quelle des Systems der christlichen sowohl orthodoxen als rationalistischen Vorstellungen enthalten ist, wahrhaft zu vernichten, in den Grund der Wahrheit zu bohren. Es gilt, in ihre Stelle als unmittelbar gegenwärtige, weltbestimmende Anschauung die Erkenntnisse einrücken zu lassen, die sich in der neuern Philosophie als ein Reich des An-sich und Jenseits, in der Form der nackten Wahrheit und Allgemeinheit, entwickelt finden. Das Christentum könne deswegen nicht als die vollkommene und absolute Religion gefaßt werden, diese könne nur das Reich der Wirklichkeit der Idee und der daseienden Vernunft sein. Das Christentum sei nichts anderes, als die Religion des reinen Selbsts, der Person als des feinen Geistes, der ist überhaupt, und ist damit nur der Gegensatz der alten Welt. Welche Bedeutung hat z. B. die Natur in dieser Religion? welche geist- und gedankenlose Stellung hat sie in ihr? und doch ist eben diese Geist- und Gedankenlosigkeit eine der Grundsäulen derselben. Ja unbegriffen, geheimnisvoll, unaufgenommen in die Einheit des göttlichen Wesens liegt sie da, so daß nur die Person (nicht die Natur, die Welt, der Geist) ihre Erlösung feiert, welche eben ihre Erkenntnis wäre. Die Vernunft ist daher im Christentum wohl noch nicht erlöst."

Erst 1837, als Ludwig Feuerbach mit Arnold Ruge und den Halleschen Jahrbüchern, später „Deutschen Jahrbüchern", wie wir erzählen werden, in Verbindung trat, vollzog sich sein radikaler Bruch mit der Hegelschen Philosophie, die er in Naturalismus umwandelte, doch war er objektiv und gerecht genug, seinen Meister noch in der zwei Jahre darauf erschienenen Schrift „Über Philosophie und Christentum" gegen die „fanatischen Verketzerer aller Vernunfttätigkeit" in Schutz zu nehmen; aber schon in der im selben Jahre erschienenen Schrift: „Zur Kritik der Hegelschen Philosophie" erklärt er alle Spekulationen, die über die Natur und den Menschen hinausgehen wollen, mit dürren Worten für „Eitelkeit", den absoluten Geist für eine „Schöpfung des subjektiven Menschengeistes", und in der Rückkehr zur Natur findet er die einzige „Quelle des Heils". In seiner spöttisch-satirischen Weise bemerkt er dort, daß Hegels Geist, den er früher so sehr angestaunt habe, ein entomologischer, d. h. ein solcher sei, der nur in einem Leibe mit vielen hervorstechenden Gliedern, mit tiefen Ein- und Abschnitten sein entsprechendes Lokal finde. Die Hegelsche Methode rühme sich, den Gang der

Natur zu gehen, allerdings ahme sie die Natur nach, aber es fehle der Kopie an dem Leben des Originals; wohl habe die Natur den Menschen zum Herrn der Tiere gemacht, aber sie habe ihm nicht nur Hände gegeben, um die Tiere zu bändigen, sondern auch Augen und Ohren, um die Tiere zu bewundern. Die Selbständigkeit, die die grausame Hand dem Tiere raube, geben ihm die mitleidigen Augen und Ohren wieder zurück. Er faßt seine polemischen Ansichten gegen den Berliner Philosophen in die Schlußworte zusammen[1]): „Hegel hat die natürlichen Gründe und Ursachen, die Fundamente der genetisch-kritischen Philosophie auf die Seite gesetzt. Aus dem Extrem eines hyper-kritischen Subjektivismus sind wir mit der absoluten Philosophie in das System eines unkritischen Objektivismus gestürzt. Oberflächlich waren freilich die früheren Natur- und psychologischen Erklärungsweisen, aber nur weil man in der Psychologie nicht die Logik, in der Physik nicht die Metaphysik, in der Natur nicht die Vernunft erkannte. Wird dagegen die Natur wahrhaft erfaßt, erfaßt als die gegenständliche Vernunft, so ist sie der einzige Kanon ebenso der Philosophie wie der Kunst. Das Höchste der Kunst ist die menschliche Gestalt — Gestalt nicht nur im engsten Sinne, sondern auch im Sinne der Poesie —, das Höchste der Philosophie das menschliche Wesen.... Das menschliche Wesen ist nicht mehr ein besonderes, subjektives, sondern ein universales Wesen, denn der Mensch hat das Universum zum Gegenstand seines Erkenntnistriebes; aber nur ein kosmopolitisches Wesen kann den Kosmos zu seinem Gegenstande machen. Simile simili gaudet. Die Sterne sind zwar keine Gegenstände einer unmittelbaren sinnlichen Anschauung, aber die Hauptsache wissen wir, nämlich die, daß sie denselben Gesetzen wie wir parieren. Eitelkeit ist daher alle Spekulation, die über die Natur und den Menschen

---

[1]) Ludwig Feuerbachs sämtliche Werke, Bd. II, S. 230.

hinaus will, so eitel als die Kunst, die uns etwas Höheres geben will, als die menschliche Gestalt, aber dafür uns nur Fratzen gibt. . . . Die Philosophie ist die Wissenschaft der Wirklichkeit in ihrer Wahrheit und Totalität; aber der Inbegriff der Wirklichkeit ist die Natur (Natur im universalsten Sinne des Wortes). Die tiefsten Geheimnisse liegen in den einfachsten natürlichen Dingen, die der jenseits schmachtende phantastische Spekulant mit Füßen tritt. Die Rückkehr zur Natur ist allein die Quelle des Heils. Falsch ist es, die Natur im Widerspruch mit der ethischen Freiheit zu fassen. Die Natur hat nicht bloß die gemeine Werkstatt des Magens, sie hat auch den Tempel des Gehirns gebaut; sie hat uns nicht nur eine Zunge gegeben mit Papillen, die den Darmzotten entsprechen, sondern auch Ohren, die nur die Harmonie der Töne, und Augen, die nur das himmlische, selbstlose Wesen des Lichts entzückt. Die Natur sträubt sich nur gegen die phantastische Freiheit, aber der vernünftigen Freiheit widerspricht sie nicht. Jedes Glas Wein, das wir zuviel trinken, ist ein sehr parteiischer und selbst peripatetischer Beweis, daß der Servilismus der Leidenschaft das Blut empört, ein Beweis, daß die griechische σωφροσύνη ganz im Sinne der Natur ist. Der Grundsatz der Stoiker, sage der Stoiker, der rigorosen Stoiker, dieser Vogelscheuchen der christlichen Moralisten, war bekanntlich: „τὸ ὁμολογουμένως τῇ φύσει ζῆν".

Die Dissertation gefiel dem alten Feuerbach ausnehmend. Er äußerte sich darüber in einem Briefe vom Dezember 1828 an seinen ältesten Sohn Anselm, der damals am Gymnasium zu Speier angestellt war u. a.: „Seine kleine Schrift verrät einen großen Denker, und da er zugleich die Gabe der Sprache und eine geläufige Zunge nebst einer mehr als hinreichenden Portion philosophischer Dreistigkeit und kühlen Selbstvertrauens besitzt, so zweifle ich nicht, daß er mit drei Professoribus philosophiae zu Erlangen bald fertig werden und dann auch sein

Glück machen wird." Ja, fertig ist wohl Ludwig Feuerbach mit den „Professoribus philosophiae" geworden, aber sein Glück im landläufigen Sinne hatte er nicht gemacht, weder damals, noch später!

Da Vater Anselm darauf drang, daß sein Sohn in den Hafen einer soliden Existenz einlaufe, mußte sich Ludwig Feuerbach nolens volens dazu entschließen, sich an einer Universität zu habilitieren, um durch die akademische Laufbahn eine Brotstelle zu erwerben und so sich materielle Unabhängigkeit zu sichern. Leider erging es ihm jedoch, wie so vielen anderen unabhängig denkenden, freimütigen und rücksichtslos die Wahrheit suchenden Dozenten vor und nach ihm, die es nicht verstanden haben, ihren Rücken zu krümmen, Verbeugungen nach oben und unten zu machen und ihre Meinungen und Überzeugungen zu verheimlichen. Als er sich noch im selben Jahre in Erlangen, wo er promoviert hatte, als Privatdozent für Philosophie niederließ, trug er sich mit der Hoffnung, daß sein ehrliches Streben, sein redlicher Fleiß, vor allem aber die Fülle seines Wissens und sein scharfsinniger Geist Requisiten sein würden, die ihm den üblichen Weg zum außerordentlichen, beziehungsweise ordentlichen Professor ebnen werden, zumal er als geborener Bayer auf Förderung und Protektion von oben her mit Fug und Recht rechnen durfte. Er vergaß dabei zu bedenken, daß in dem erzklerikalen und ultramontanen Lande ein Häretiker wie er, der mit dem offiziellen dogmatischen Christentum so wenig Federlesens machte und die Sonde der Kritik an die überlieferte Religion anzulegen wagte, von den Machthabern scheel angesehen werden mußte und von ihnen nicht die geringste Hilfe und Aufmunterung in seiner Karriere erwarten konnte! Dieser edle, selbstlose, das Wahre und Gute stets anstrebende Mann war eben Zeit seines Lebens ein Idealist, oder besser gesagt — um ein Wort Napoleons I. zu gebrauchen — ein „Ideolog", der die selbstsüchtige, nur ihre eigenen Interessen verfolgende, kurzsichtige und gehässige Welt lediglich nach sich selbst beurteilte.

Der junge Dozent las zu Erlangen zunächst über **Cartesius und Spinoza**, dann Logik und Metaphysik, richtiger Logik als Metaphysik, und endlich über Geschichte der neueren Philosophie. Wenn man die Hefte Feuerbachs, die seine Vorlesungen von 1829—32 skizzieren, durchblättert, merkt man nur zu deutlich, daß der ursprüngliche Hegelianer sich von Jahr zu Jahr immer mehr häutete und mit seinem Lehrer schnurstraks in Widerspruch kam. Von dem ursprünglich orthodoxen Jünger des Berliner Staatsphilosophen, der den famosen Grundsatz aufgestellt hat, daß alles Existierende vernünftig sei, und dadurch als entschiedener Champion der bestehenden Weltordnung sich gebärdete, wurde mit der Zeit ein entschiedener Vertreter der materialistischen Richtung in der Naturwissenschaft und Philosophie, und zwar schon zu einer Zeit, als die Naturwissenschaft noch in heftigem Gärungsprozeß begriffen war, der erst in den letzten Jahrzehnten einen klärenden relativen Abschluß erhalten hat. Nicht sogleich, aber allmählich drängte sich ihm die Einsicht auf, daß die Hegelsche, vorweltliche Existenz der „absoluten Idee", die „Präexistenz der logischen Kategorie", ehe denn die Welt war, phantastische Vorstellungen ohne realen Grund seien und daß die stoffliche, sinnlich-wahrnehmbare Welt, zu der wir selbst gehören, das einzig Wirkliche und unser Bewußtsein und Denken, so übersinnlich es auch scheine, das Erzeugnis eines stofflichen körperlichen Organs, des Gehirns, sei. Doch würde man irren, wollte man ihn mit den Materialisten par excellence, die ausschließlich den Stoff vergöttern, wie z. B. Karl Vogt und Jakob Moleschott, in einen Topf werfen. Jener Materialismus, den diese Herren lehren, war nicht nach seinem Geschmack. In diesem Sinne sagt er einmal: „Der Materialismus ist für mich die Grundlage des Gebäudes des menschlichen Wesens und Wissens; aber er ist für mich nicht, was er für den Physiologen, den Naturforscher im engern Sinn, z. B. Moleschott, ist, und zwar notwendig von ihrem Standpunkt und Beruf aus ist, das Gebäude selbst. Rückwärts stimme ich den Materialisten vollkommen bei, aber nicht vorwärts."

Was Feuerbach himmelhoch über die gewöhnlichen Materialisten mit ihrem Fetischdienst des Stoffes emporhebt, ist seine Ethik, sein Idealismus, sein Glaube an den Fortschritt der Menschheit. Das ethische Moment schlug bei ihm schon früh durch. Durchaus unpantheistisch, antispinozistisch und zugleich unhegelisch ist die Umkehrung des Satzes: „Jede Bestimmung ist nicht sowohl Verneinung als Bejahung." Die Liebe wird ihm zum Endlich-Unendlichen; die Unsterblichkeit existiert für ihn nur noch im Geiste, nicht in der Psyche. Schon in Erlangen ist ihm das Christentum das Wesen des allgemeinen nationalitätslosen Menschen. Der Mensch ist für ihn ein Produkt der Geschichte, und die Welt ruht auf drei Polen: Potentia, Sapientia und Amor (Macht, Weisheit und Liebe). Welch ketzerische Ansichten äußert er schon in diesen Kollegienheften über das Wesen der Gottheit, von der er u. a. sagt: „Die Natur ist entstanden, hat ein Prinzip über sich und vor sich voraus. Dieses Prinzip ist Gott, Geist, oder wie es heißen soll. Gott aber machte nicht die Natur, sondern er wurde selbst sein Werk; damit anderes bestände und würde, mußte er selbst ein anderes werden, d. i. Natur. Gott erniedrigte und entäußerte sich zur Natur. Aber dieser entäußerte und in seiner Entäußerung ins Dasein getretene Gott äußerte im Verlust seiner Gottheit, seiner wesentlichen Unendlichkeit, sich zunächst nur in der schlichten Unendlichkeit, als bloßes rastloses Streben nach Unendlichkeit, und dies ist eben die quantitative, die nur im Streben, nicht in Wirklichkeit, Affirmation der Unendlichkeit ist. Die Produkte dieses Strebens sind die Sterne." Auch behauptet er mit Anschluß an die ausgesprochenen Ansichten, daß die alten Naturreligionen zu ihrer

Zeit wahr gewesen seien, und die die Sterne Anbetenden, die Parsisten usw., hätten recht gehabt.

In der Erlanger Dozentenzeit, gleichsam in der Sturm- und Drangperiode Feuerbachs, entstanden auch seine satirisch-theologischen Distichen, die noch vielleicht markanter, als er es in der Prosa getan, seine Stellung dem dogmatischen Christentum gegenüber präzisieren. Sie tragen die Spuren des geistigen Befreiungskampfes und der allmählich sich herstellenden inneren Überlegenheit des Philosophen über die Theologie. Man wird diese witzigen und graziösen Stachelreime des Verfassers gewiß noch jetzt mit Interesse lesen. Seien aus der Fülle derselben nur die nachstehenden hier hervorgehoben:

An die biblischen Stabilisten.

Ist seit Christi Geburt der Mensch nicht älter geworden,
Und mit den Jahren zugleich weiter auch nun an Verstand?
Soll er noch finden Genuß am Kinderschnuller der Bibel,
Und zum Mann gereift saugen die kraftlose Milch?
Glaubt ihr denn, daß vorlängst ist ausgesogen der Bibel
Von der christlichen Welt aller genießbare Saft?
Wurde denn nicht, was zuerst Wort war, zur christlichen Welt
dann?
Ist uns zu Fleisch und Brot längst nicht geronnen der Saft?

Torheit des Pietismus.

Ach! Jahrhunderte währt nun bereits des Christentums Predigt,
Daß ihm aller Gehalt endlich gedroschen ist aus.
Nur Strohhalme daher sind noch die erhabenen Säulen,
Drauf der Tempel sich stützt unserer Orthodoxie.
Drob mit geneigetem Haupt auf ihrer Vergangenheit Grabmal
Ruhet, die Fackel gesenkt, trauernd die Theologie.
Gleichwohl will der Frömmler noch jetzt aus kernlosem Strohhalm,

Selbst nicht bei Kern und Verstand, backen ernährendes Brot;
Will mit altem Papier, mit abgetragenen Lumpen
Dämmen des Weltlaufs Strom, stopfen die Wunden der Zeit.
Kinderpantoffeln, die längst durchtreten vom Fuße des Knaben,
Will anmessen sogar wieder dem Manne der Tor,
Mit Wachskerzen erleuchten die Welt, mit vergoldeten Nüssen
Unterhalten den Mann, schrecken ihn mit dem Popanz.

Christlicher Staat.

Was ist das Christentum jetzt? Nur der Paß ins Land der
Philister,
Um polizeigemäß sicher zu essen sein Brot.

Christliche Brotwissenschaft.

Brot zu essen, jawohl, das gewährt uns der christliche Gott noch;
Aber gibt er uns denn immer zum Denken noch Stoff?

Roß und Esel.

„Glaube! Der Glaube geleitet allein dich über die Berge
Dieser gefährlichen Welt sicheren Schrittes dahin."
Sicherer als das Roß, das heroische, geht nur der Esel;
Sieg' als Esel du nur; ich fall' gerne als Held.

Die Tortur des Glaubens.

Weshalb kostet so viel Arbeit und Mühe der Glaube?
Weil er dem Menschen nimmt, was nur zum Menschen ihn macht.

Wahres Prinzip.

Wahre Religion ist gebaut auf das Wahre, das Gute
In der Menschennatur, nicht auf der Sünde Morast.

Der Vogel im Freien sieht alles anders an, als der Vogel
im Käfig.
Rätsel findest du nur im Käfig der Gottesgelahrtheit;
Geh' in die offene Welt: dann sind dir alle gelöst.

Das nutzlose Jenseits.
Nimmer wird dir ersetzt jenseits, was hier du gelitten.
Sage, was hilft dir ein Mahl, fühlest du den Hunger nicht mehr?

Probates Schönheitsmittel.
Schön ist das Jenseits; jawohl! Jedoch nur im Lichte der Hoffnung;
In der Entfernung allein nimmt es so lockend sich aus.

Die Alliance zwischen Medizin und Theologie.
Unsere Geistlichkeit und Arzneikunst helfen zusammen:
Fehler, begangen vom Arzt, machet der Geistliche gut.
Leistete dies Medizin, daß der Mensch nicht stürbe zur Unzeit,
Sondern der Ordnung gemäß, welche bestimmt die Natur,
Nicht verlangte der Mensch alsdann nach dem Leben noch Leben,
Und es verschwände der Grund unserer Theologie.

An die Überflüssigen.
Hört es, ihr Seelsorger! Allein Leibsorger wir brauchen;
Selbst schon hilft sich der Geist, Ärzte bedarf nur der Leib.

Die menschliche Unsterblichkeit.
Leben begehrst du vom Tod? O! Strebe doch lieber nur danach,
Daß die Menschheit dereinst dein noch mit Liebe gedenkt.

Die Metaphysika des Todes.
Dein Gott ist nur dein eigenes Ich,
Geputzt, geschmücket säuberlich.

Erst bringst du dich in einen Schweiß,
Dem Herzen wird ein bißchen heiß;
Das Selbst im Schweiß sich transpirieret
Und von sich selbst sich separieret,
Und dieses ausgeschiedne Ich
Zum Gott fürs Selbst bestimmet sich.
Es macht das Ich sich zum Objekt,
Das ist der Komödie Subjekt.

Er (der Pietist) setzt im Jenseits sich zur Ruh',
Und sieht dem Weltlauf lächelnd zu,
Das lebend, frei vom Todeskampf,
An seines eignen Selbstes Dampf,
Der oben in der Himmelsferne
Verdichtet sich zu einem Kerne,
Und annimmt der Person Gestalt —
Das Selbst ist einzig der Gehalt.

Das Hegeltum.

„An den Begriff"

Wesen ist nur der Begriff, d. h. das Gerippe vom Menschen
Hat mehr Realität als der lebendige Mensch.
Fleisch und Geblüt ist nichts als überflüssiges Beiwerk,
Selber das Leben ist nur Zusatz zur Knochensubstanz.
Drum wird auch der Begriff nie Fleisch und Blut bei den Jüngern,
Wie der Knochen hinein, geht er auch wieder heraus.

Die philosophische Dogmatik.

Sieh nur die Vettel Dogmatik, die längst beim Teufel wir glaubten,
Wie sie sich konserviert, wie ihr Busen so voll!
Ach! Es ist nur elastischer Watt philosophischer Floskeln —
Laß dich nicht täuschen, o Freund — was ihr den Busen so schwellt!

"Gedanken eines Denkers über Tod und Unsterblichkeit." 69

Ludwig Feuerbach hatte als Privatdozent kein Glück; ganz abgesehen davon, daß er nicht zum Redner geboren und daß die oratorische Begabung nicht die stärkste Seite seines Genius war, konnte er für seine kritischen, reformierenden und umstürzlerischen Ideen bei denen auf kein Verständnis rechnen, welche ganz im Bann der Hegelschen oder Schellingschen Philosophie standen — der Naturphilosoph Schelling hatte kurz vorher ebenfalls in Erlangen gelehrt. Die wenigen Zuhörer, die er infolge seiner Genialität gewann, wurden ihm schließlich, wie er erzählt, von der pietistischen Partei abspenstig gemacht. Es ist daher begreiflich, daß er schon 1831 sich nach einer erledigten Gymnasiallehrerstelle in Frankfurt a. M. umsah, wiewohl vergeblich.[1])

Die Karriere verdarb sich der junge Privatdozent 1830 ganz und gar durch die Herausgabe seiner Schrift: „Gedanken eines Denkers über Tod und Unsterblichkeit."[2]) Obwohl dieses bedeutsame Werk anonym erschien, war der Verfasser bald bekannt geworden und die Dunkelmänner schrieen Zeter und Mordio über dieses freisinnige und freimütige Buch, worin sich bei Feuerbach unter dem übermächtigen Einfluß Hegels nicht allein die Wendung von der Theologie zur Philosophie endgültig vollzog, sondern auch die Fortbildung zum Radikalismus hinsichtlich der religiösen Weltansicht sich klar erkennen ließ. Wie der alte Anselm es alsbald prophezeit hatte, bildete das grundstürzende Buch bei allen seinen Versuchen, in den nächsten Jahren eine Anstellung an einer Universität zu erlangen, ein unübersteigbares Hindernis, nicht allein in Bayern, sondern auch in ganz Deutschland, das sich im Zeitalter der vollsten Reaktion befand, und wo der Lehrer der Philosophie ein gehorsamer Diener, ja der Büttel

---

[1]) Vgl. „Ludwig Feuerbach, sein Wirken und seine Zeitgenossen", von Wilhelm Bolin, Stuttgart 1891, Seite 16; handschriftlicher Brief an Friedrich Feuerbach, den jüngsten Bruder des Philosophen.
[2]) Nürnberg bei Johann Adam Stein, 1830.

der Theologie sein mußte. Die Schrift erschien der Behörde so staatsgefährlich, daß sie sogar polizeilich konfisziert wurde, was natürlich nur dazu beitrug, daß dieselbe noch mehr gelesen wurde.

Selbst die besten Freunde des Hauses Feuerbach, wie z. B. Christoph August Tiedge, der Dichter der „Urania", die dem jungen Dozenten wohlwollten, schlugen über die Kühnheit des radikalen Denkers die Hände über dem Kopfe zusammen und mißbilligten das Vorgehen desselben gegen die bisherigen Überlieferungen und die positive Kirchlichkeit. So schrieb z. B. Tiedge ganz im Sinne des alten Anselm am 31. November 1831 an den Verfasser u. a.: „Es ist mir vollkommen klar, daß Ihre ganze Schrift einen großen, zum Teil feurigen Hymnus auf die Vernichtung vernünftiger Individualität enthält, der nur die Fortdauer der Gattung zuläßt. Ich begreife, daß ein junger geistvoller Mann, der das große, obgleich ungewisse Kapitel seines Lebens vor sich liegen hat, mit einer gewissen Gleichgültigkeit die endliche Auflösung seiner Existenz und den materiellen Übergang in andere Formen, in kunstreiche und scharfsinnige Begriffe und poetische Betrachtungen setzt und in der durch ihn bereicherten Begrenzung seines Daseins sich gefallen kann. Sehr viele Ihrer Leser hingegen werden wahrscheinlich Ihre Darstellung scharfsinnig, aber trostlos finden. Auch fürchte ich, daß Ihr System Ihnen bei Ihrem Fortkommen in der von Ihnen eingeschlagenen Laufbahn böse Hindernisse veranlassen wird."

Sehen wir uns nun diese „Gedanken eines Denkers über Tod und Unsterblichkeit"[1]) etwas genauer an.

Der Verfasser nennt hier eine Religion, die sich ein Jenseits als Ziel setze, einen Rückschritt und erklärt den Glauben an die

---

[1]) Das Werk ist im Jahre 1903 von Friedrich Jodl aufs neue herausgegeben worden und bildet den ersten Band der neuen Ausgabe von Ludwig Feuerbachs sämtlichen Werken.

Unsterblichkeit psychologisch. Mit dem Aufgebot seines ganzen Scharfsinns und seiner in der Schule Hegels geschärften Dialektik sucht er die Unmöglichkeit der Unsterblichkeit des Individuums zu beweisen. Mit scharfer Satire sagt er in der Einleitung zu seinen „Todesgedanken", indem er die Unsterblichkeitsidee lediglich auf die Eitelkeit des einzelnen Individuums zurückführt[1]): „Wie in dem untersten Grunde seiner Seele allein das Subjekt sein Objekt ist, so sieht er außer sich auch überall nur Subjektives, Einzelnes; indem so alles wahrhaft Wirkliche und Wesenhafte, aller Geist aus dem Leben, der Natur- und Weltgeschichte verschwunden, alles massakriert ist, so pflanzt das Individuum auf den Trümmern der zerstörten Welt die Fahne des Propheten auf, das heilige Sandschak-Scherif des Glaubens an das gelobte Jenseits. Auf den Ruinen des gegenwärtigen Lebens, in dem es nichts sieht, erwacht in ihm zugleich das Gefühl und das Bewußtsein seines eigenen innerlichen Nichts, und in dem Gefühl dieses zweifachen Nichts entquillt ihm gleich einem Scipio auf den Trümmern von Karthago die barmherzige Tränenperle und Seifenblase der zukünftigen Welt; über die Kluft, die zwischen dem gegenwärtigen Leben, wie es in Wahrheit ist, und seiner Anschauung von ihm liegt, über die Poren und Lücken seiner Seele baut es die Eselsbrücke der Zukunft. Nachdem es die Fruchtbäume, die Rosen und Lilien der gegenwärtigen Welt verwelken ließ, Gras und Korn abgesichelt, die ganze Welt in ein saftloses Stoppelfeld verwandelt hat, so entsproßt ihm noch zu guter Letzt in dem leeren Gefühl seiner Leerheit und dem kraftlosen Bewußtsein seiner Eitelkeit als ein schwacher Schein und mattes Traumbild des lebendigen frischen Blumenflors die charakterlose, farbenverbleichte Herbstzeitlose der Unsterblichkeit." Mit den schärfsten Waffen greift er darin die positive Theologie an, die

---

[1]) a. a. O. Seite 9 ff.

die Unsterblichkeit als das Grunddogma der Religion aufgestellt habe, die Pfaffen gleichfalls maßloser Eitelkeit zeihend. In derselben Einleitung ruft er höhnisch aus[1]): „Sieh nur unsere frommen Theologen, unsere Pietisten, Mystiker oder wie sie sonst noch heißen, an, siehe, was das Individuum sich zermartert und zerbeißt! Wohl wird der nicht auf den Grund Schauende bewundernd dastehen, wenn er jene Leute sprechen hört von eigener Nichtigkeit, von Demut, von Sterben in Christo und wenn er sieht, mit welchen geist- und herzverzerrenden Bewegungen sie sich ihr Bestes, die Vernunft, ausbeißen; aber in welchen Affekt wird sich wohl seine Bewunderung verkehren, wenn er erkannt hat, was das ist, was aus dieser Selbstzerknackung herauskommt! Dieses ist aber nichts anderes als der süße Kern ihrer lieben Unsterblichkeit selbst." Die Individuen, so führt Feuerbach aus, erkennen nur deswegen einen Gott über sich an, um an ihm einen unendlichen Raum zu besitzen, in dem sie ihre beschränkte, besondere, erbärmliche Individualität ohne Störung, ohne gegenseitige Beeinträchtigung und Beeinschränkung, die im wirklichen Leben unvermeidlich sei, bis in alle Ewigkeit hin ausdehnen und breitschlagen können; ihr Gott sei nichts als die Atmosphäre, in der die Individuen gleich luftigen, aus der Erde aufsteigenden Gasarten, ungehemmt in ihrer interessanten Verschiedenheit voneinander, sich ausbreiten können. Mit schneidendem Sarkasmus sucht er den theologischen Irrwahn seiner Zeitgenossen betreffs der Unsterblichkeit zu zerstören, denselben satirisch mit den Worten bezeichnend[2]): „Sollte es Dir unglaublich sein, daß wirklich aus dem Sterben und Vergehen dieser Leute nichts weiter wieder heraus- und hervorkommt als das nämliche Individuum, so denke eben nur an den natürlichen Tod; ist doch selbst

---

[1]) a. a. O. Seite 12 ff.
[2]) a. a. O. Seite 13 ff.

Der Unsterblichkeitsgedanke, eine gläubige Erfindung des Menschen. 73

dieser für jene Leute nur der Platz hinter dem Theater der Welt, wo die Kleider gewechselt werden! Hören sie doch selbst in dieser furchtbar-ernsten Posaunenstimme des Weltgerichts nichts weiter als das banale Schnetteredeng des Postillons, der für die Poststation der künftigen Lebensweise frische Pferde bestellt! Ach, was muß doch das für ein himmlischer Genuß sein, befreit von der Erdenlast, d. h. der Vernunft, in der Atmosphäre des höheren Seins sich selbst auszudünsten und gleich einem leichten luftigen Schneewölkchen über dem dumpfen Vernunftkreis des irdischen Daseins dahinzuschweben! Ach, welche Wonne wird das sein, welcher Genuß, an seine einst begangenen Sünden nun zurückzudenken, das saure Leben der Geschichte und Vernunft gleich einem Schwank hinter sich zu haben und nun so von Ewigkeit zu Ewigkeit an sich selbst zu zullen und zu schnullen!"

Die ganze Tendenz der Schrift bezeichnet trefflich das Lichtenbergsche Motto, welches der Verfasser an die Spitze seiner Arbeit gestellt hat: „Glaube an einen Gott und an eine Unsterblichkeit der Seele sind nötig, weil so viele Tausende unglücklich werden würden, wenn diese Grundsäulen erschüttert werden würden. Soll aber dieses das Kriterium der Unantastbarkeit sein, werden wir statt zwei Säulen bald wieder eine ganze Kolonnade haben .... Es stellen sich hier alle die Plackereien ein, die überall mit dem Stehenbleiben auf halbem Wege verbunden sind ..... Daß die Seele nach dem Tode übrig bleibe, ist gewiß erst geglaubt und dann bewiesen worden ..... Der oft unüberlegten Achtung gegen alte Gesetze, alte Gebräuche und alte Religion hat man alles Übel in der Welt zu danken." Feuerbach sucht nun in seiner Schrift zu beweisen, daß der Unsterblichkeitsgedanke nur eine gläubige Erfindung des Menschen sei, und indem er die ethische Bedeutung, den spekulativen, physischen, geistigen und psychologischen Grund des Todes analysiert, weist er den Unsterblichkeitsglauben in das Reich der Fabel. Er schließt seine

Ausführungen mit den geistreichen Worten[1]): „Der Mensch hat mit der ersten entscheidenden Schrift, sei sie auch noch so fehlerhaft und unvollkommen, dem Wesen nach alle seine späteren noch so vollkommenen Schriften geschrieben. Ein scharfsichtiger Geist entdeckt in ihr alle die Eigenschaften, die in den späteren nur klarer und herrlicher ans Licht treten und daher hier erst den Augen der Stumpfsinnigen auffallen. Die erste Schrift ist ein kühner Grundsatz, den alle späteren Schriften nur als Folgesätze und Beweise nachfolgen. Glücklich ist der, dem es vergönnt ist, die Konsequenzen seiner Grundsätze selbst auszuspinnen. Aber es ist nicht notwendig. Nein! die gehalt- und geistreichsten Schriften sind gerade die, welche zwar den Stoff zu unerschöpflichen Konsequenzen enthalten, aber sie nicht selbst aussprechen. Solch ein Buch ist auch das Leben. Es ist nicht notwendig, daß wir alle Konsequenzen unserer Talente entwickeln, es genügt, es ist der Zweck des Lebens erreicht, wenn wir nur die hauptsächlichsten Grund- und Vordersätze ausgesprochen haben. Welch ein eitles, überflüssiges und nichtswürdiges Ding ist daher das Jenseits, wo der gehaltvolle und in sich vollendete Aphorismus unseres Lebens in den Brei einer christlichen Predigt oder Demonstration von der Unsterblichkeit der Seele bis in alle Ewigkeit hin in seine doch schon hier zwar kurz und unpopulär, aber eben deswegen geistvoll ausgesprochenen Konsequenzen ausgetreten werden soll!"[2])

Das Unsterblichkeitsproblem beschäftigte Feuerbach auch in seinen späteren Werken, so z. B. im „Wesen des Christentums" (1841), im „Wesen der Religion" (1845), in „Die Unsterblichkeitsfrage vom Standpunkt der Anthropologie" (1846) und in seinem letzten Werk: „Gott, Tod, Unsterblichkeit" (1866). Ich bemerke

---

[1]) a. a. O. Seite 189 ff.
[2]) „Ludwig Feuerbachs sämtliche Werke." Neu herausgegeben von Wilhelm Bolin und Friedrich Jodl. Stuttgart 1903. Bd. I, S. 189 ff.

hier zugleich, daß er im Jahre 1847 einen Kommentar zu den „Todesgedanken", unter dem Titel „Über meine Gedanken vom Tod und Unsterblichkeit", herausgab, worin er sich mit den Gegnern dieser Schrift auseinandersetzte, zugleich das dogmatische Christentum aufs schärfste bekämpfend. Besonders interessant ist diese polemische Arbeit durch den reichhaltigen kulturhistorischen Stoff, den der Verfasser aufgestapelt hat und aus dem er seine logischen Schlüsse zieht.

Gegen den Vorwurf der Negativität, den seine Feinde gegen seine Erstlingsschrift erhoben, verteidigte er sich durch folgendes Argument:

Eine im Geiste der spekulativen Philosophie gegen die Unsterblichkeit geschriebene Schrift müsse notwendig eine negative, ungenügende, dem Menschen widersprechende sein, denn sie betrachte die Unsterblichkeitsfrage als eine Frage an sich, ohne Beziehung auf den Menschen. Sie bejahe oder verneine sie aus allgemeinen spekulativen Gründen und gebe eben deswegen dem Menschen keine vollständige Erklärung und Befriedigung. Es bleibe immer etwas im Menschen übrig, was wider die Unsterblichkeit spreche, wenn sie von der spekulativen Philosophie bejaht, und ebenso für die Unsterblichkeit spreche, wenn sie von ihr verneint werde.

Amüsant ist es, wie Feuerbach in seinen „nachträglichen Bemerkungen und Belegen" zu seinem Erstlingswerk die Christen mit ihren eigenen Waffen zu schlagen bestrebt ist. Er zitiert unter anderem einen Ausspruch der alten Christen, also lautend: „Die Gelegenheit, das ewige Leben zu erwerben, hat Gott dem Menschen nur in diesem Leben gegeben; höchst flüchtig ist dieses Leben und doch wird in ihm das ewige Leben erworben oder verloren; höchst erbärmlich ist dieses Leben und doch wird in ihm die ewige Seligkeit erworben oder verloren." An diesen Ausspruch knüpft er nun die folgende Bemerkung: „Dieses Leben bestimmt also bis in alle Ewigkeit hin die Beschaffenheit des anderen Lebens; war dieses Leben ein schlechtes, so ist es auch das künftige, war dieses Leben ein gutes, so ist es auch jenes. Dieses Leben hat daher in Wahrheit keine vorübergehende, sondern ewige Bedeutung; ich habe hier ein für allemal gelebt, denn meine wesentliche Qualität ändert sich nicht. Das Jenseits ist nur das Echo des Diesseits. So haben wir auch im alten Christentum die Bestätigung dafür, daß das andere Leben zuletzt nur dieses Leben ist, aber vorgestellt ohne Ende."

Anknüpfend an das Wort Luthers, der da sagt, daß alle Tiere dahinsterben nicht aus Gottes Zorn und Ungnade, sondern nach der Natur und göttlichen Ordnung, dem Menschen zugute, daß aber der Menschen Tod aus Gottes Zorn und Ungnade komme, meint Feuerbach, daß diese Vorstellung des Christentums ein augenfälliger Beweis dafür sei, daß das Wesen des Christentums nichts anderes sei als ein un- und übernatürlicher supranaturalistischer Egoismus. Der Tod der Tiere habe nichts auf sich, sei ganz in der Ordnung, aber der Tod des Menschen sei eine Ausnahme von der Regel, er widerspreche der natürlichen Ordnung, weil er dem Egoismus des Menschen widerspreche, wenigstens des Menschen, der sich in seiner Einbildung für ein übernatürliches, außerweltliches Leben halte, folglich für ein Leben, das nicht sterben solle, mit dem der Tod sich nicht zusammenreimen lasse.

Die Leute, welche den Leib sterben, aber den Geist unsterblich sein lassen, stehen, so meint Feuerbach, auf dem Standpunkt der Russen, die noch zur Zeit Peters des Großen glaubten, daß nur die Zaren und Bojaren in den Himmel kommen würden. Der Bojar oder Zar sei der Geist, der Untertan oder gemeine Russe der Leib; aber diese Majestät des Geistes existiere nur in der Einbildung der Menschen und ihrer Unwissenheit über ihr wahres Wesen. „Der Russe" — sagt der Verfasser wörtlich — „weiß nichts davon, daß der Zar nicht des Zaren, sondern des Russen wegen, der Mensch nicht des Staates, sondern der Staat des Menschen wegen da ist, daß die Majestät nur deswegen heilig gesprochen wird, damit Leben, Person und Eigentum des gemeinen Russen heilig sei, daß der Glanz der Majestät also kein eigenes, sondern erborgtes, abgeleitetes Licht ist. So weiß der Spiritualist nichts davon, daß der Mensch nicht des Geistes, sondern der Geist des Menschen wegen da ist, daß das sinnliche Wesen nicht ein Attribut oder gar Anhängsel des Geistes, sondern der Geist ein Attribut des sinnlichen Wesens ist, daß nur ein sinnliches Wesen das Bedürfnis des Denkens empfindet, die Sinnlichkeit also der Grund, die Voraussetzung der Vernunft, des Geistes ist — aber eine Voraussetzung, die sich nicht, wie die der Hegelschen Dialektik, als eine sichtlich scheinbare, transitorische erweist, sondern eine bleibende Wahrheit ist."

Feuerbach war anfangs trotz seiner schlimmen Erfahrungen, die er mit seinen „Todesgedanken" machte, noch optimistisch und sah sich wiederholt nach einer Professur an einer deutschen Universität um, schließlich sah er aber ein, wie erfolglos alles war, und gab nun 1832 seine gesamte akademische Lehrtätigkeit auf. Nach dreijähriger Dozententätigkeit mußte er sich denn endlich davon überzeugen, daß in Bayern unter den damaligen Verhältnissen für ihn keine Aussicht vorhanden war, eine außerordentliche Professur zu erhalten, um sich eine, wenn auch noch so bescheidene, materielle Existenz zu begründen.

Im Frühjahr 1832 übersiedelte er nach Frankfurt a. M., wo eine jüngere wohlhabende Schwester seines Vaters lebte, um sich dort in der französischen Sprache zu vervollkommnen und eine Anstellung am Gymnasium zu erhalten. Von dort aus trug er seinem Vater die Bitte vor, nach Paris, seit der Julirevolution das Dorado aller freiheitlich gesinnten und der begabtesten deutschen Männer jener Zeit, wo ein Heinrich Heine, ein Ludwig Börne und viele andere mit den deutschen Zuständen unzufriedene Dichter und Schriftsteller lebten und eine fruchtbare Tätigkeit entfalteten, reisen zu dürfen, wo sein jüngster Bruder zu seiner Ausbildung sich bereits befand; doch erklärte Anselm von Feuerbach, daß er den Wünschen seines Sohnes erst dann nahetreten könne, wenn dieser jüngste der Feuerbäche, Friedrich, versorgt sei; und doch waren die Ansprüche, die der Privatdozent der Philosophie a. D. an das Portemonnaie seines Vaters stellte, wahrlich bescheiden genug. Er erbat nichts als nur das Reisegeld und 40 Gulden monatlich, bis es ihm in der Hauptstadt Frankreichs gelingen werde, die Stelle eines Sprachmeisters zu erlangen! In Frankfurt studierte Feuerbach fleißig die französische Sprache und Literatur, so manchen brauchbaren Stoff sammelnd, um ihn später verwerten zu können. Vergebens rieten ihm sein Vater Anselm und sein Bruder Eduard, wieder nach Erlangen zurückzukehren und dort aufs neue die akademische Karriere aufzunehmen und sich in alles zu fügen, „worein sich jeder jetzt fügen müsse". Er wies ein solches Ansinnen mit Entschiedenheit zurück, mit der ganzen Zähigkeit seiner eisernen Natur daran festhaltend, daß es ihm schließlich doch gelingen werde, das Pariser Ziel, das er sich vorgesetzt, zu erreichen. In diesem Sinne schrieb er an seinen Bruder Eduard am 28. September 1832: „Ich betrachte noch immer Paris als den angenehmsten Ort und alles übrige nur als Mittel, diesen Zweck zu erreichen. Ich werde daher auch alle mir nur möglichen Wege einschlagen, um mich dort unterzubringen. Bereits habe ich daher die Kühnheit gehabt, mich geradezu mit meinem Anliegen an Cousin zu wenden, bis jetzt habe ich aber noch keine Antwort: Hätte ich die Zuversicht, zu einer Anstellung in Erlangen zu gelangen, so hätte ich doch so viel Resignation, mich dort begraben zu lassen, aber wo ist diese? Übrigens ist die Welt groß und wird gewiß irgendwo, sei es in Deutschland oder Frankreich oder gar Amerika, sich ein Plätzchen finden, das mich den Verlust einer Bettelexistenz in Erlangen nicht bereuen läßt."

Als er schließlich aus Mangel an Geld seine Pariser Pläne zu seinem tiefen Kummer aufgeben mußte, sah er sich nach einer Redakteurstelle an einer politischen Zeitung im Preußischen um, doch kam er bald davon ab, denn er mochte die abratenden Gründe, die sein Bruder Eduard geltend machte, als wahr erkannt haben. „Abgesehen davon," so heißt es in einem Briefe Eduards vom 31. Oktober 1832, „daß Du die dazu erforderlichen Eigenschaften (Mäßigkeit, Klugheit und Umsicht) nicht besitzest und dich gewiß in kurzem in eine Menge für Dich und uns verdrießlicher Händel verflochten sehen würdest — so würdest Du überdies dadurch gänzlich aus aller wissenschaftlichen Bahn herausgeworfen. Kein Geschäft würde Dich so in Anspruch nehmen und von aller wissenschaftlichen ernsten Tätigkeit abziehen, als dieses. Im Vergleiche mit diesem halte ich Stundengeben oder Hofmeister sein für eine goldene Beschäftigung."

Nun wurde eine Übersiedelung nach Zürich erwogen, wo sich Ludwig Feuerbach als Privatdozent der Philosophie niederlassen sollte, aber auch gegen diesen Plan machte die Familie allerlei Bedenken geltend; erstens sei die Masse der nach Zürich zuströmenden, nach Brot hungernden Philosophen Legion. Zweitens würde der radikale Philosoph den Züricher Scholarchen und Theologen, die eine orthodoxe Philosophie verlangten, wenig zusagen und sie in ihm einen Spinozisten und Atheisten wittern.

Am 29. Mai 1833 starb Anselm Ritter von Feuerbach, und dieser Tod des großen Kriminalisten erschütterte Ludwig aufs tiefste. Über das Verhältnis zwischen Vater und Sohn in den letzten Wochen vor dem Ableben des alten Feuerbach gibt Ludwig in einem Briefe an seinen Bruder Friedrich, geschrieben am Todestage des alten Herrn, Nachricht. Wir ersehen daraus, daß in den letzten Wochen vor dem Ableben Anselms zwischen den beiden kongenialen Geistern eine Aussöhnung und Verständigung stattgefunden hat. Wir lesen dort unter anderem: „Noch acht Tage vor seiner Abreise — nach Frankfurt a. M. — war ich drei Wochen hier in Ansbach gewesen. Obgleich der Vater auch während dieser Zeit meistens bettlägerig war, so war er doch in den Vormittagsstunden, ein paarmal auch des Abends, recht rege, munter und teilnehmend an den Dingen, die die Welt und Literatur bewegen, und ich war in diesen Stunden so glücklich, mit ihm Momente der innigsten gegenseitigen Verständigung zu verleben. Immer gegenwärtig, unverletzlich wird in unserer Liebe unser bester Vater fortleben, aber es ist jetzt auch unsere Pflicht, öffentlich zu beweisen, wie heilig uns sein Andenken. Besinnt Euch auf ein würdiges Mittel, aber es muß bald geschehen. Eine Todesanzeige in einer Zeitung auf die gewöhnliche Manier haben wir nicht gemacht, das Mittel ist zu trivial, zu tädiös! Ein literarisches Denkmal seiner Lebensbeschreibung, wozugehörige Papiere sich in Menge hier finden!"

In Frankfurt a. M. hatte sich Ludwig Feuerbach nicht allein mit Studien über die französische Literatur beschäftigt, sondern auch so manche Vorarbeiten zu seinen späteren philosophischen Werken unternommen und überdies eine rege Korrespondenz mit zahlreichen namhaften Persönlichkeiten seiner Zeit entfaltet. Zu seinen intimsten Freunden gehörte u. a. Christian Kapp — geboren 18. März 1798 in Bayreuth und gestorben 31. Dezember 1874 in Heidelberg —, von 1822—36 außerordentlicher Professor der Philosophie in Erlangen, später freisinniges Mitglied der badischen Kammer und des deutschen Parlaments, gleichfalls ein Jünger Hegels und, ohne ein charakterloser Eklektiker zu sein, in sich alle philosophischen Anschauungen der alten und neuen Zeit vereinend. In religiös-philosophischen Fragen standen beide vielfach auf demselben Standpunkte, wie dies das 1843 anonym erschienene Pamphlet Christian Kapps „Schelling und die Offenbarung" beweist, worin er sich als ein ebenso scharfsinniger wie erbarmungsloser Gegner bewährt. Auch hat Feuerbach 1839 seinem Freunde Kapp anonym eine ebenso bedeutsame wie sympathische und anregende Schrift gewidmet unter dem Titel: „Dr. Christian Kapp und seine literarischen Leistungen".[1]) Dort sagt unter anderem der sonst unerbittliche Kritiker, der nie schmeichelte und dessen Feder nie freundschaftliche Rücksichten leiteten, von den Schriften Kapps: „Die Bedeutung derselben liegt in dem Geiste, in dem Sinne, aus dem sie hervorgegangen, in dem nur auf das Große gerichteten, in dem von jeder Beschränktheit und Einseitigkeit freien, universellen, mit wahrer Riesenkraft alles umfassenden, auch die größten scheinbar unvereinbarenden Gegensätze in sich überwindenden und zusammenbindenden Geist und Sinn, der Kapps Wesen konstituiert. Die hohe sittliche Energie Fichtes hat sich in Kapp, einem seiner wärmsten Verehrer, verbunden mit dem (relativ im Gegensatz zum Fichteschen Idealismus) objektiv-wissenschaftlichen Geiste der Erkenntnis, der sich am vollendetsten in Hegel verwirklicht. Fichtes Kraft lebt in Kapp, aber es ist nicht mehr die bloße Kraft des Willens im Trotz gegen die Außenwelt, im Widerspruch mit der theoretischen Vernunft, sondern die Kraft des Willens ist in ihm die Erkenntnis selbst. Erst in Kapp ist der Begriff der Hegelschen Philosophie zugleich zur Fichteschen Willensenergie geworden, oder auch umgekehrt, die Fichtesche Willensenergie zum Begriff gekommen: Kapp gebührt das Verdienst, zuerst unter allen jüngeren Denkern die erhabene Bestimmung der Wissenschaft, die Bedeutung derselben als einer weltreformierenden Macht, als der wahre Heilquell der siechen Gegenwart, als ein wahrhaft wissenschaftlicher Prophet — ein Prädikat, das Kapp auch noch in vieler anderer Bestimmung gebührt — verkündet zu haben. Die Blüten der

---

[1]) Vgl. Ludwig Feuerbachs sämtliche Werke, Bd. II, S. 53—166.

Weltgeschichte", heißt es in seinem ‚Christus und die Weltgeschichte', „sind der Staat, für die realisierte Idee der Sittlichkeit und die Wissenschaft, für das Bewußtsein Gottes in der Form des freien Selbstbewußtseins, des sich selbst begreifenden Wissens."

Keinem seiner Jugendfreunde gegenüber schüttet Feuerbach so sehr sein Herz aus, wie in den Briefen an den treuen Kollegen und Genossen, und ist diese Korrespondenz ein sehr wichtiger Beitrag zur Lebens- und Geistesgeschichte Ludwig Feuerbachs.[1])

Wir ersehen nun aus einem Briefe Feuerbachs an Kapp vom 22. Mai 1832, daß er sich in Frankfurt a. M. sehr wohl fühlte, allerdings nicht in der Hauptstadt selbst, wohl aber in deren Vororten. Wenn er ein Mann wäre, so schreibt er, der von seinem Vermögen leben könnte, so würde er seine Wohnung in einem der schönen Land- oder Fürstenhäuser Frankfurts aufschlagen, deren es dort eine Menge gebe, geeignet zum stillen Studium, zur Gesundung und Erholung, und deren Preis für eine ganze Familie auf das ganze Jahr auf 300—400 Gulden sich belaufe und immer mehr im Sinken sei. Sehr viele Familien von hohem Stande lebten dort auf die einfachste, eingeschränkteste und zurückgezogenste Weise von der Welt. Für wissenschaftliche Männer sei der Umgang zwar sehr beschränkt, aber an der Seite einer solchen Frau, wie sie Kapp besitze, würde er keinen bedürfen.

Auch diesem teilnehmenden Freunde zeigt Ludwig Feuerbach den Tod des Vaters mit den Worten an: „Die Zeitungen werden Ihnen zwar schon längst die Trauerbotschaft überbracht haben, aber solche teilnehmenden Freunde, wie Sie und Ihre werte Frau Gemahlin uns sind, müssen und sollen auch noch besonders aus dem Munde derer vernehmen, die sie am schwersten und schmerz-

---

[1]) Vgl. Briefwechsel zwischen Ludwig Feuerbach und Christian Kapp. 1832—1848. Herausgegeben und eingeleitet von August Kapp, Leipzig 1876.

lichsten betrifft. Daß der Verlust unseres guten Vaters mancherlei Veränderungen für uns zur Folge haben wird, können Sie sich denken. Was meine Wenigkeit betrifft, so wird es mit beschleunigender Kraft auf meine Pläne und Entschlüsse wirken."
Nach dem Tode des Vaters ließ sich Feuerbach in Ansbach nieder, von wo er verschiedene neue Versuche machte, um eine erträgliche materielle Existenz sich zu gründen. Es wurden ihm z. B. mehrere Hofmeisterstellen angeboten, aber sie waren ihm in finanzieller Beziehung zu schlecht.

Sein sehnlichster Wunsch wäre es gewesen, in Paris eine — Hauslehrerstelle zu erhalten, aber auch diese seine Aussichten verwirklichten sich nicht. Seine Schwester Helene gab sich alle Mühe, seinen diesbezüglichen Plänen Vorschub zu leisten, aber vergebens! Wie sehr er selbst nach diesem Strohhalm griff, erkennt man aus einem Briefe von ihm an seine Schwester Helene von Dobeneck am Anfang des Jahres 1833.[1]) Dort schreibt ihr der Bruder u. a.:

„Wie erwünscht wäre mir ein Posten wie der, zu dem Du mich bereits empfohlen hast! Ich gestehe es, die Stelle eines Erziehers in Deutschland oder eine solche, die aus mir einen maître de plaisir oder einen ersten Kammerdiener oder sonst dergleichen machen würde, oder mich gänzlich mir selbst, meinen Studien, meiner Seelenneigung, in der ich meine Bestimmung erkenne, entziehen sollte, zu übernehmen, könnte ich nicht über mich bringen; aber eine in Paris, eine, die mir die Mittel läßt oder gar in die Hand gibt, an meiner Selbstausbildung tätig fortzuarbeiten, mir Kenntnisse, Anschauungen, Erfahrungen zu verschaffen und mir so viel Zeit wenigstens läßt, sie par occasion meiner lieben Wissenschaft zu ihrem Nutz und Heil heimlich in die Tasche zu stecken, — nichts vollkommener mir! Ich habe zwar einen Hang zur Meditation, d. h. ich will das

---

[1]) Ausgewählte Briefe von und an Ludwig Feuerbach, Bd. I, S. 263.

Wirken für andere nicht von dem Wirken für mich abtrennen, ich will anderen nur so nützen, daß ich mir zugleich selbst nütze, d. h. die Ausbildung meines Geistes, die Entwicklung meiner wenigen Anlagen ist mein Lebenszweck, der aber notwendig — so weise ist die Weltordnung —, wenn er erreicht wird, von selbst auch anderen zugute kommt. Ich habe aber ebenso einen Hang zur Mitteilung und überhaupt zum praktischen Leben, wenn es sich nicht zu sehr in absolute Geistlosigkeit, in Mechanismus und mir überhaupt absolut zuwidere Sphären verliert. Die vorherrschende, alles überwiegende Neigung in mir ist, wie mein Leben beweist, die zum Studieren, zur Bildung des Geistes, und mit dieser ist unwillkürlich verbunden die Neigung zur Ordnung, zu einem geregelten und einfachen Leben. So viel werde ich mir zutrauen dürfen, daß wenigstens der Anlage nach in mir die erforderlichen Eigenschaften sind, um den Beruf eines Erziehers in der Weise, wie er an dem fraglichen Posten nötig ist, zu erfüllen, daß sie nur der gehörigen Verhältnisse bedürfen, um zur Erscheinung und Wirklichkeit zu kommen — — Also: abgesehen von äußeren, vorteilhaften Bedingungen, eine Stelle mit der Bedingung, die ich angegeben, übernehme ich gerne, sehr gerne und halte mich, den ich besser kenne als ein anderer, auch mit den nötigen Eigenschaften ausgestattet, sie so zu verwalten, wie es sich gehört. Übrigens habe ich wenig Hoffnung diesen Posten zu bekommen. Warum? Faute d'amis, faute de Mécènes, faute de protecteurs. Wenn der Kundschafter nicht an die rechte, lautere Quelle kommt, so wird es schlecht mit der Rekommandation aussehen. Ich stehe im Geruch, ein gräßlicher Freigeist, ein Atheist, ja, noch nicht genug — erschrick nicht! — der leibhaftige Antichrist selbst zu sein und was weiß ich noch alles. Und so ein Gerücht würde hinreichen, mir Tür und Riegel zu verschließen, um so mehr da, nach meinen geringen Kenntnissen, die vielgerühmte Sympathie der Franzosen für die Deutschen auch darin sich jetzt äußert, daß der moderne Tartufe, der sich von dem des Molière dadurch unterscheidet, daß er sich selbst erst etwas vorheuchelt, ehe er anderen vorheuchelt, auch bei ihnen auf dem Theaterbrett ist."

Zu jener Zeit arbeitete er an verschiedenen literarischen Zeitschriften, wie derjenigen seines Freundes Kapp, wenn auch nur mit Widerstreben, mit, denn er hatte, wie er es in einem Briefe an den Genannten vom 23. März 1834 ausdrücklich ausspricht,[1]) eine auf den höchsten Grad gesteigerte Antipathie gegen alles Zeitungswesen, indem er bemerkt: „Wie die genialen Menschen ihren eigenen Weg gehen, so auch die Wissenschaft und ihre Wirkungen. Die Heerstraßen der Zeitungen sind nicht ihre Wege: Es ist besser, wenngleich kostspieliger, mit Extrapost, als mit dem Eilwagen oder mit dem Ordinären zu fahren." Wenn er auch nur bescheidene Honorare erhielt, so genügten diese doch, um die anspruchslosen Anforderungen, die er an das Leben stellte, zu befriedigen.

Eine der geistreichsten, feinsinnigsten und reizvollsten Schriften, die er um jene Zeit verfaßte und von der er einige Proben in Kapps Journal veröffentlichte, war diejenige über „Bücher und Schriftsteller", die er als einen „Beitrag zur Metaphysik der Seele", aber eine höchst sonderbare, bezeichnet. Dieselbe erschien später — im Jahre 1834 — unter dem Titel „Der Schriftsteller und der Mensch"; eine Reihe humoristisch-philosophischer Aphorismen.[2]) Stärker noch als der spekulative Gedanke tritt in diesen „Aphorismen" die grimmige Satire eines Denkers hervor, dem die unumwundene Aufrichtigkeit und Wahrhaftigkeit seiner Ideen so üble Früchte getragen hatte. Wir kennen keinen deutschen Philosophen, der über das Verhältnis zum Geiste Beißenderes gesagt

---

[1]) Briefwechsel usw., S. 45.
[2]) Vgl. Ludwig Feuerbachs sämtliche Werke, herausgegeben von Wilhelm Bolin u. Friedrich Jodl, Bd. I, S. 263—366.

hätte als er. Am Schluß der schon erwähnten Bemerkungen zu den „Gedanken über Tod und Unsterblichkeit" hat er sich über die Entstehungsgeschichte seiner Schrift, die mit seinen „Todesgedanken" in ursächlichem Zusammenhange steht, des weiteren ausgesprochen, indem er auf die Frage, die manche hätten aufwerfen können, wie diese „humoristisch-philosophischen Aphorismen" zu den „Gedanken über oder wider Tod und Unsterblichkeit" passen, die Antwort gibt, daß ihm schon damals der Gedanke vorgeschwebt habe, die Unsterblichkeit zu widerlegen, aber auf positive, indirekte, unmerkbare Weise, so also, daß die Widerlegung nur die Nebensache und die Verneinung der alten christlichen Unsterblichkeit im Himmel zugleich die Bejahung einer anderen, dem wirklichen Wesen der Erde treubleibenden Unsterblichkeit wäre. Der Sinn der Schrift: „Der Schriftsteller und der Mensch" sei, wie Feuerbach ausführt, dieser: „Ihr wollt, meine Herren! eine Unsterblichkeit; aber eine geistige, eine solche, wo Ihr nicht mehr esset und trinket, nicht mehr den Bedürfnissen des Körpers unterworfen seid. Ich selbst stimme Euch bei, ich will nicht immer essen und trinken, ich habe noch andere Bedürfnisse. Aber ich sehe nur nicht ein, warum Ihr dieses geistige Sein erst nach dem Tode erwartet. Dieses Sein steht Euch schon hier zu Gebote. Der Denker als Denker, der Dichter als Dichter ißt und trinkt nichts; er ist ein rein geistiges Wesen; im Schreiben trennt sich, wie im Tode, die Seele vom Leibe, der Geist von der Materie. Ist Euch aber diese geistvolle Unsterblichkeit zu abstrakt, zu dürftig, wollt Ihr eine korpulente, massive Unsterblichkeit? nun! so verlaßt den Tempel der Musen und begebt Euch in das Kankenzimmer des Somnambulismus oder die Rumpelkammer des Gespensterglaubens. Ein schlechter Schriftsteller ist der, der eine andere Fortdauer verlangt, als die schriftliche, die geistige; der von seiner geistigen Tätigkeit und Wirksamkeit seine Seele abtrennt und für sie noch eine besondere Privat-Unsterblichkeit zurückbehält; ein Taugenichts überhaupt der, der nicht in dem, was er tut und treibt, seinen Himmel findet. Der schlechte Schriftsteller ist daher nichts anderes, als die Personifikation der schlechten, geistlosen Unsterblichkeit, deren Frucht der Geisterhimmel oder das Gespensterreich, der gute Schriftsteller nicht anderes als die Personifikation der wahren geistreichen Unsterblichkeit, deren Frucht die Künste und Wissenschaften sind. Nur wer die Schrift in diesem Sinne liest, in welchem sie nichts anderes als gleichsam eine dramatische Definition von der wahren, der tatkräftigen, energischen Unsterblichkeit ist, kann sie gehörig anfassen und beurteilen."

Diese humoristisch-philosophischen Aphorismen enthalten köstliche Bemerkungen über die ideale und reale Ansicht, die man vom Leben überhaupt und somit von allem, was auf dem Gebiete des Lebens vorkommt, fassen und befolgen kann. Literatur, Gelehrtheit, Tun und Treiben, Schriftstellerei, Politik aber werden als die Hebel geistiger Kultur dargestellt.

Manche dieser Aussprüche haben inhaltlich wie formell einen bleibenden Wert. Mag aus der Fülle derselben hier nur einiges zugleich als Probe der großen schriftstellerischen Virtuosität des Denkers mitgeteilt werden:

Es geht uns mit den Büchern, wie mit den Menschen. Wir machen zwar viele Bekanntschaften, aber wenige erwählen wir zu unsern Freunden, unsern vertrauten Lebensgefährten.

Bekannte kommen und gehen, Freunde nicht. Bücher, die wir zu unsern Freunden machen, werden uns nie zum Ekel. Sie nützen sich durch den Gebrauch nicht ab; sie reproduzieren sich immer von neuem, wie das Leben; ihr Genuß ist unerschöpflich.

Es geht den Büchern, wie den Jungfrauen. Gerade die besten, die würdigsten bleiben oft am längsten sitzen. Aber endlich kommt doch noch einer, der sie erkennt und aus dem Dunkel der Verborgenheit an das Licht eines schönen Wirkungskreises hervorzieht.

Die Schrift ist eine wichtige, bescheidene, einfache, stille, von der Welt zurückgezogene Jungfrau, deren hoher Wert und Schönheit nur von sehr wenigen, ja wohl sehr wenigen, gefühlt und erkannt wird. Das Leben ist zwar auch eine liebenswürdige Jungfrau, aber ein bißchen zu sinnlicher Natur, zu glanz- und gefallsüchtig. Darum fesselt sie auch so leicht den unerfahrenen Jüngling und den durch sinnliche Eindrücke bestimmbaren Menschen, während ihre Schwester nur den gereiften Mann, den denkenden Menschen anzieht.

Das schriftliche Wort ist ein armer Teufel, der sich nur durch eigene Kraft durch die Welt schlägt, während das mündliche oder lebendige Wort durch die Rekommandation Ihro Durchlaucht der Frau Fürstin Phantasie und ihrer Kammerdiener, der Augen und Ohren, sich zu den mächtigsten Ämtern emporschwingt.

Ach! ein wunderschönes Kind ist das Leben, ein Kind, kaum achtzehn Jahre alt. Wer könnte es uns verargen, wenn wir von seiner durch das magische Licht des Jugendreizes verherrlichten Schönheit schon beim ersten Anblick so hingerissen werden, daß wir auf der Stelle vor ihm zu Füßen fallen und ewige Liebe bis zum Tode ihm schwören? Die Schrift hingegen ist eine Jungfrau, die schon hoch in den Zwanzigern ist; sie hat schon viel verloren, so schön sie auch noch ist; sie steht allein da, verlassen von den treulosen Freunden der Jugendreize; sie hat keine Fürsprecherin mehr, als sich selbst; aber um so heller leuchtet der Himmel ihres inneren bleibenden Wertes dem Kenner in die Augen.

Das Leben muß wie ein kostbarer Wein mit gehörigen Unterbrechungen Schluck für Schluck genossen werden. Auch der beste Wein verliert für uns allen Reiz, wir wissen ihn nicht mehr zu schätzen, wenn wir ihn wie Wasser hinunterschütten.

Die Bücher sind einsame Kapellen, die der Mensch in den wild-romantischen Gegenden des Lebens auf den höchsten und schönsten Standpunkten errichtet, und auf seinen Wanderungen nicht bloß der Aussicht wegen, sondern hauptsächlich deswegen besucht, um sich in ihnen von den Zerstreuungen des Lebens zu sammeln und seinen Gedanken auf ein anderes Sein, als nur das sinnliche, zu richten.

Das Buch ist ein Herbarium. Von den Spezies, die in der Natur existieren, nehmen wir zwar ein Individuum auf, aber wir suchen uns immer nur die besten, schönsten, vollendetsten Exemplare aus; die übrigen lassen wir draußen im Freien stehen, dem gemeinsamen Lose der Vergänglichkeit preisgegeben.

Wer nicht erkennt und an sich selbst erfährt, daß auch das Wissen ein Leben ist, und zwar das andere Leben des Menschen, wer nicht zu seinem eigenen Leben das Leben anderer Menschen rechnet, der ist ein wahrer Kaspar Hauser in der Welt; er findet sich elternlos in sie wie in eine Wüste ausgesetzt; er kommt sich selbst vor wie ein Pilz, der über Nacht aufgeschossen ist; sein Dasein ist ihm ein Rätsel, und er muß daher, um es sich einigermaßen, wenigstens der Einbildung nach, aufzulösen und von dem geheimen Grausen loszukommen, womit ihn die Einöde seines Lebens erfüllt, zu dem erklecklichen Postulate der Zukunft seine Zuflucht nehmen. Der paradoxe Aphorismus unseres Lebens verliert nur seine fragmentarische Bedeutung, bekommt erst Sinn und Verstand, wenn er im Zusammenhange mit dem großen Texte der Vergangenheit gelesen wird.

Diese humoristisch-philosophischen Aphorismen, denen der Verfasser den absonderlichen Titel „Abaelard und Heloise" gab[1]), nannte er selbst einen „Geniestreich". Auch ich möchte diesen Ausdruck gebrauchen, aber in einem anderen Sinne. Ludwig Feuerbach bekundete durch diese Schrift, daß er ein berufener, auserwählter und gottbegnadeter Schriftsteller war, der die Sprache meisterhaft handhabte und goldene Gedankenfrüchte in silbernen Schalen einer klassischen Prosa dem deutschen Publikum darzubieten wußte. Bei allem Ernst in allen Fragen des Lebens, der Natur, der Welt, der Menschheit und des eigenen Herzens, eine solche Fülle des Humors, der graziös-ironischen Einfälle und der lustigsten und witzigsten Anekdoten! Über die humoristische Seite im Genius unseres Philosophen, die nicht allein in diesem Werke zutage tritt, sondern die sich durch alle seine Schriften wie ein roter Faden hindurchzieht, äußert er sich selbst in der Vorrede zu „Abaelard und Heloise" mit den Worten: „Witz, Phantasie, Humor kommen in dieser Schrift nur insofern in Betracht und haben für den Verfasser überhaupt Wert, als sie einer höheren Macht, als sie selber sind, dienen — der Wahrheit und dem Gedanken, durch welche sie sich allein den Sterblichen in unzweideutigem Lichte offenbart. Sehr häufig sind freilich Witz und Phantasie da, wo sie nicht in ihrem eigentlichen Elemente, dem der Poesie, sind, nur „glänzende Laster", nur Lückenbüßer des Gedankens. Etwas anderes ist es dagegen, wo sie die Früchte der Erkenntnis sind, denen nur die innere Reife den reizenden Farbenschmuck der Schönheit aufgedrängt hat; wo das Feuer der Sinnlichkeit nicht die Glut der Begierde ist, die den ersehnten Gegenstand in täuschenden Bildern vergebens zu erfassen strebt, sondern die Glut des vollendeten Genusses; wo die Phantasie die Geliebte des Gedankens ist, die die selige Gewißheit, daß sie sein, daß er ihr Wesen ist, dem Geliebten in freudetrunkenen Blicken

---

[1]) Ludwig Feuerbachs sämtliche Werke, Bd. III, S. 149—159.

entgegenstrahlt. Mit anderen Worten und Bildern: Hier ist die Phantasie selbst nur eine Phantasie, ist der Witz selbst nur ein Witz, hier sind sie nichts weiter, als der sich selbst erregende und klar und durchschauende Gedanke, der sich freiwillig zum Bilde entäußert, der sich anders ausdrücken könnte, wenn er wollte, der nur aus tiefer Ironie unter der Maske des Scherzes und Bildes den bitteren Ernst der Wahrheit verbirgt. Ein wesentliches Attribut des Gedankens, der sich so ausdrückt, ist aber der Humor, der jedoch hier keine andere Bedeutung hat als die, daß er der Privatdozent der Philosophie ist."

Noch vor Erscheinen von „Abaelard und Heloise" wandte sich Ludwig Feuerbach dem Studium der Geschichte der Philosophie zu, und sein im Jahre 1833 veröffentlichtes Werk „Geschichte der neueren Philosophie von Bacon bis Spinoza"[1]) erregte nicht allein die Beachtung des Lesepublikums, sondern auch die der Fachphilosophen, durch die klassische Schärfe der Charakteristik und den Kampf der Vernunft gegen die Theologie, sowie des Wissens gegen den Glauben. In seinen philosophisch-historischen Schriften sagt er selbst, daß er nur seine eigenen Ansichten unter fremdem Namen ausspricht.[2]) Und so verleugnet der Verfasser auch hier seine selbständigen und unabhängigen, philosophischen Ideen nicht. So polemisiert er z. B. gegen Spinoza, gegen den er den Vorwurf erhebt, daß er den toten, erstarrten Pantheismus vertrete, dabei bemerkend: „Nicht Deus sine Natura, sondern aut Deus, aut Natura ist die Parole der Wahrheit. Wo Gott mit der Natur oder umgekehrt die Natur mit Gott identifiziert oder konfundiert wird, da ist weder Gott oder Natur, sondern ein mystisches, amphibolisches Zwitterding."[3])

---

[1]) Ludwig Feuerbachs sämtliche Werke, Bd. IV.
[2]) Ludwig Feuerbachs sämtliche Werke, Bd. IV, S. 392.
[3]) Gesammelte Werke, Bd. I, S. 9, u. Bd. II. Vgl. auch Ludwig Feuerbach von C. N. Starcke, S. 39.

Die große Bedeutung Spinozas für die Ethik und den reinen, nur nach Wahrheit und Erkenntnis strebenden Genius dieses Pantheisten, der seinem eigenen Charakter so kongenial war, würdigt er aber mit großer Wärme. Er verteidigt ihn gegen den so oft erhobenen Vorwurf, daß er ein Atheist, ein Pantheist im gewöhnlichen, abgeschmackten Sinne sei, das Unendliche mit dem Endlichen identifiziere, verwechsle und das Endliche zum Unendlichen mache. Diese Vorwürfe seien grundlos, denn keiner habe mehr Existenz, mehr Realität, mehr Macht Gott eingeräumt, als gerade Spinoza und keiner noch Gott so erhaben, so frei, so objektiv, so gereinigt von allen Endlichkeiten, Realitäten und Menschlichkeiten gemacht, als gerade er. Als Ethiker ist unserem Feuerbach der große Amsterdamer Denker eine besonders verehrungswürdige Erscheinung, und er ist entrüstet über die theologischen Heuchler, die Spinoza beschuldigen, daß er die Grundsätze der Moral vernichtet habe. Es sei allerdings richtig, daß die Unterschiede von Gut und Böse bei ihm nur endliche Unterschiede seien, und daß die Idee des Guten und der moralischen Vollkommenheit, da sie keine Bestimmung der Substanz sei, keine an und für sich seiende, d. h. keine substantielle, also keine wahre Realität in sich habe. Das Gute und Böse sei nichts Wirkliches in den Dingen an und für sich selbst, sondern drücke nur relative Begriffe aus, die wir aus der Vergleichung der Dinge untereinander bilden; aber die Folgerung, daß es nach Spinoza keinen Unterschied zwischen guten und schlechten Menschen gebe, und daß es daher einerlei sei, ob einer gut oder böse, sei ebenso absurd als die Folgerung, die man aus Spinozas Grundsatz der Einheit gezogen habe, nämlich, daß nach ihm kein Unterschied sei zwischen Mensch und Bestie und Pflanze, weil alle Dinge pêle-mêle nur ein Ding seien. Wenn auch die Philosophie Spinozas die Freiheit des Willens aufhebe, denn der einzelne Willensakt werde nur von einer bestimmten Ursache zum

Handeln bestimmt, diese wieder von einer anderen und so fort, so gebe sie uns dafür ein höheres Gut, nämlich die Freiheit der Intelligenz, und lehre uns, daß unser höchstes Gut allein in der Erkenntnis bestehe, daß nur das Eine übel und böse sei, was unserer Erkenntnis schade, und daß nur das Eine wahrhaftes Gut sei, was sie fördere. „Verderbliche Grundsätze kann die Philosophie des Spinoza" — sagt Ludwig Feuerbach wörtlich —[1]) „nur entweder für den ganz gemeinen Haufen enthalten, der bloß aus Furcht vor Strafe und Aussicht auf Lohn, aus Gewinnsucht Gutes tut, oder für die, die solche Sache wie: das Gute und Böse ist nichts in den Dingen an sich Wirkliches, d. i. nach Spinoza nichts Absolutes, von der Idee und Anschauung der Substanz als Folgen für sich absondern und so, indem sie außer dem Standpunkt der Spinozistischen Philosophie stehen, aus dem beschränkten Kämmerchen ihres Verstandes, in dem engen dunklen Talgrund ihres um sein Dasein, seine Sündenkapazität und Imputationsfähigkeit bekümmerten Selbstes weit aus der Ferne her das Ungeheuer der Substanz, wie eine allzermalmende Lawine, die Unterschiede von gut und bös vernichten sehen und weiter auch gar nichts sehen, als daß sie diese nur als endliche Unterschiede setzt, also für alle die, für welche überhaupt keine Philosophie, geschweige die des Spinoza, Dasein und Realität hat."

In scharfsinniger Weise beleuchtet er die geschichtliche Bedeutung und Würde Spinozas, die er hauptsächlich darin findet, daß der holländische Denker im Gegensatz zur christlichen Religion und Philosophie die Natur vergöttere und diese zum Gott und Ursprung des Menschen mache, während das Christentum das menschliche Wesen zum Gott und Ursprung der Natur erhebe. Der Tractatus theolog. politicus sei deswegen eine der wichtigsten Schriften Spinozas, weil er hier diesen Gegensatz aufs schärfste

---

[1]) Ludwig Feuerbachs sämtliche Werke, Bd. IV, S. 377 ff.

hervorhebe. Der praktische Zweck dieser Schrift sei, die Notwendigkeit und Heilsamkeit vollkommener religiöser und philosophischer Gedankenfreiheit zu beweisen und den Despotismus des Geistes zu bekämpfen, denn dort werde, wie er sage, am gewalttätigsten regiert, wo nicht jeder die Freiheit habe zu sagen und zu lehren, was er denke, wo selbst die Meinungen, zu denen jeder ein unveräußerliches Recht habe, als Verbrechen gelten. Die Verschiedenheit der Menschen zeige sich nirgends so auffallend, als in ihren Meinungen, namentlich den religiösen, über das, was den einen zur Ehrfurcht, den anderen zum Lachen stimme. Es sei daher dem Urteil eines jeden zu überlassen, was er glauben wolle, wofern ihn nur sein Glaube zu guten Werken bewege, denn der Staat habe sich nicht um die Meinungen, die sich ja seiner Macht entziehen, sondern nur um die Handlungen der Menschen zu bekümmern. Der Glaube, die Religion, die Theologie habe überhaupt keine theoretische Bedeutung, Wahrheit und Gültigkeit. Ihr Wert und Beruf sei einzig ein praktischer, sei vor allem, den Menschen, die nicht durch Vernunft bestimmt werden, zum Gehorsam, zur Tugend und zur Glückseligkeit zu bringen. Es sei daher eine Torheit, tiefe Geheimnisse und Erkenntnisse geistiger und natürlicher Dinge in der Religion zu suchen. **Wahrheit sei nicht die Sache der Religion, sondern der Philosophie. Philosophie und Theologie haben daher gar nichts miteinander gemein.**[1]) Feuerbach schließt seine Betrachtungen über den Gottesbegriff Spinozas, zugleich die Licht- und Schattenseiten der Spinozistischen Philosophie, sowie deren Widersprüche scharf hervorhebend, mit den Worten: „Das Geheimnis, der wahre Sinn der Spinozistischen Philosophie ist die Natur; aber die Natur ist ihm nicht als Natur, das sinnliche, antitheologische Wesen der Natur ist ihm

---

[1]) Vgl. Tractatus theolog. politicus, Kap. 2, 14, 18 u. 20.

nur ein abgezogenes, metaphysisches, theologisches Wesen — als Gott Gegenstand. Spinoza hebt in der Natur Gott auf, aber er hebt auch wieder umgekehrt die Natur in Gott auf. Er verwirft den Dualismus von Gott und Natur: Die Wirkungen der Natur, nicht die Wunder, sind Wirkungen Gottes. Aber gleichwohl bleibt doch Gott als ein von der Natur unterschiedenes Wesen zugrunde liegen, so daß Gott die Bedeutung des Subjektes, die Natur nur die des Prädikates hat. . . . Die Aufhebung der Gemütlichkeit, der Gütigkeit und Gerechtigkeit, der Übernatürlichkeit, der Ungebundenheit, der Wundertätigkeit, kurz, der Menschlichkeit Gottes ist die Aufhebung Gottes selbst. Ein Gott, der keine Wunder tut, keine von den Naturwirkungen unterschiedenen Wirkungen hervorbringt, sich also nicht als ein von der Natur unterschiedenes Wesen erweist, ist in der Tat kein Gott. Aber Spinoza wollte kein Atheist sein und konnte es auch auf seinem Standpunkt und in seiner Zeit nicht sein. Er macht also die Verneinung Gottes zur Bejahung Gottes, das Wesen der Natur zum Wesen Gottes. Ist aber Gott kein besonderes, persönliches, von der Natur und dem Menschen unterschiedenes Wesen, so ist er ein ganz überflüssiges Wesen — denn nur in dem Unterschied liegt der Grund und die Notwendigkeit eines Wesens — und der Gebrauch des Wortes: Gott, mit dem sich immer die Vorstellung eines besonderen, unterschiedenen Wesens verbindet, ein störender, verwirrender Mißbrauch. „Gott ist ein ausgedehntes Wesen." Warum? weil die Ausdehnung Wesenheit, Wirklichkeit, Vollkommenheit ausdrückt. Wozu machst du also die Ausdehnung und das mit ihr verbundene Denken zu Attributen oder Prädikaten eines Wesens, das dir eben durch diese Prädikate nur als etwas Wesenhaftes, Seiendes, Wirkliches gegeben ist? Hast du nicht ebensoviel Wahrheit, Wesenheit, Vollkommenheit ohne Gott, als mit Gott? Ist er etwas anderes als ein Name? und zwar ein Name, mit dem du nur deine eigene Unbestimmtheit, Unklarheit und Unfreiheit ausdrückst? Warum willst du als Naturalist noch Theist und als Theist zugleich Naturalist sein? Weg mit diesem Widerspruch!"[1])

Nicht nur in seiner Geschichte der neuen Philosophie, sondern auch in vielen anderen Werken, beschäftigt sich Feuerbach wiederholt mit dem großen Pantheisten. Eine gründliche Erörterung der eigentlichen Moralphilosophie und der Ethik Spinozas gibt der Verfasser in den gelehrten Anmerkungen zu seinem „Leibniz", welches 1836 erschienene Werk uns noch eingehender beschäftigen wird.

In seinen Wanderungen durch die philosophische Geschichte der neuen Zeit lenkten neben Spinoza noch andere Charakterköpfe, wie die von Bacon, Hobbes, Gassendi, Cartesius, Jakob Böhme, Nikolaus Malebranche und Arnold Geulincx, die Aufmerksamkeit unseres Philosophen auf sich, und die ebenso scharfsinnige, wie den Nagel auf den Kopf treffende Charakteristik, die er von dem philosophischen und wissenschaftlichen Wesen und dem Charakter dieser Männer gibt, legt nicht allein von seinem umfassenden Wissen und seiner außerordentlichen Denkkraft, sondern auch von seiner ehrlichen und wahrhaftigen Untersuchungsmethode ein rühmliches Zeugnis ab. Als eine wahre Perle philosophischer Anschauungs- und Darstellungsweise kann man namentlich das Kapitel über Bacon bezeichnen; es ist dies um so interessanter, als die dort wiederholt ausgesprochene Meinung Feuerbachs, daß man nicht zween Herren dienen, d. h., daß derjenige, der nach Wahrheit und Erkenntnis strebe und suche, kein Staatsdiener sein könne, durch das eigene Beispiel des Erlanger Philosophen drastisch genug illustriert wird. Der Urfehler, den Bacon in seinem Leben begangen, so meint Feuerbach, habe darin bestanden, daß dieser englische Hof- und Staatsmann, der plötzlich von der Höhe

---

[1]) Ludwig Feuerbachs sämtliche Werke, Bd. IV, S. 391 ff.

seiner Macht herabgestürzt wurde und seine öffentliche Tätigkeit in unwürdiger Weise beschließen mußte, der schmeichlerischen Sirenenstimme der äußerlichen Notwendigkeit mehr Gehör gegeben habe, als der Stimme seines Genius und seines Talentes, indem er dem Studium der Natur und Philosophie, zu dem er sich berufen gefühlt, sich nicht ausschließlich widmete, sondern, sich in das Getümmel des Hof- und Staatslebens stürzend, die Einheit seines Geistes zerstört habe. „Der echte Denker" — so lauten die schönen Worte Feuerbachs[1] —, „der echt wissenschaftliche Mensch dient nur der Menschheit, indem er zugleich der Wahrheit dient. Er hält die Erkenntnis für das höchste Gut, für das wahrhaft Nützliche; ihre Förderung ist sein praktischer Lebenszweck; jede Stunde, die er nicht dem Dienste der Erkenntnis widmet, betrachtet er daher als einen Lebensverlust. Wenn einer wirklich sich berufen fühlt, produktiv, und zwar nicht in einer besonderen Sphäre des Wissens, sondern in der Wissenschaft überhaupt, zu sein, Großes und Ewiges in ihr zu leisten, wenn er solche umfassende Universalpläne wie Bacon hat, wenn er sich bestrebt, neue Prinzipien zu finden und noch dazu ein Wissen zu fördern und zu treiben, das eine unendliche Ausdehnung in die Breite und Weite erfordert, wenn er in sich den Trieb hat, die Wissenschaft selbst als solche zum Zweck und Ziel seines Lebens zu machen, so ist die Wissenschaft seine Seele, sein Mittelpunkt, die wissenschaftliche Tätigkeit die ihm angemessene Sphäre; er ist außer ihr außer sich, in der Irre und Fremde, und läßt er sich durch irgend was für äußere Reize und Motive verführen, sich in ein von der Wissenschaft abziehendes, entgegengesetztes Element zu begeben, so hat er den ersten und wahren Grund zu seinen späteren Mißgriffen und Fehltritten gelegt, er hat eine Sünde gegen den heiligen Geist begangen, denn er hat das der

---

[1] Ludwig Feuerbachs sämtliche Werke, Bd. IV, S. 28 ff.

Wissenschaft allein rechtmäßig zukommende Geistesvermögen ihr, wenn auch nicht entzogen, doch ihren Anteil geschmälert, er hat einen Ehebruch begangen, indem er seine Liebe, die er allein seiner gesetzmäßigen Gattin, der Wissenschaft, zuwenden sollte, an die Welt verschwendet. Gerecht, ja, man könnte sagen, notwendig war daher auch der schmähliche Sturz Bacons, denn durch diesen Sturz büßte er eben seinen ersten Sündenfall für den Abfall von dem wahren Beruf seiner Intelligenz und kehrte er wieder in sein ursprüngliches Wesen zurück."

Bacons Verdienst sei die physische und erfahrungsmäßige Behandlung der Natur, doch protestiert Feuerbach dagegen, daß der englische Philosoph und Naturforscher als ausschließlicher, absoluter Empiriker betrachtet werde. Sagt doch selbst Bacon: Die frühere Induktion sei von den sinnlichen und besonderen Dingen im Fluge zu dem Allgemeinsten aufgestiegen und erst von da zu den mittleren Sätzen herabgekommen. Seine Induktion dagegen erhebe sich allmählich vom Besonderen zum Allgemeinen. Das ganze zweite Buch des Novum Organum aber handle von der Abkürzung der Induktion durch „bevorzugte Instanzen". So sei die Induktion nicht schlechthin Empirie, sondern philosophische Empirie: zum Allgemeinen hinauf und zum Experiment herab.

Einen geradezu klassischen Beweis seiner Objektivität, womit er selbst an philosophische Individualitäten, die seiner Grundanschauung antipathisch waren, herantrat, bietet Feuerbach in seiner Würdigung der Bedeutung des Mystikers und Theosophen Jakob Böhme für die Geschichte der Philosophie. Wenn er auch die willkürliche, bodenlose und oft unsinnige und abgeschmackte Phantastik Böhmes aufs entschiedenste verurteilt und sich über die durch keine Einwürfe der Empirie in dem Glauben an ihre Allwissenheit gestörte göttliche und in sich selige Unwissenheit lustig macht, so ist er doch nicht blind gegen die Vorzüge des Böhmeschen Genius. Den Grund des magischen Reizes, den der

Görlitzer Schuster auf viele Gemüter ausübt, findet er in erster Linie darin, daß vielen Leuten das Licht, das durch trübe Glasscheiben in die Stube eines Schusters fällt, viel lieber ist, als dasjenige, das in einen Dom durch buntbemalte Fenster dringt. „Wie überhaupt im ganzen der Mensch nur glücklich ist innerhalb der Beschränkung, so gibt es natürlich viele Menschen, die sich wohler, heimischer fühlen in einer beschränkten, engen Schusterwohnung, als in den großen, weiten Tempeln und Hallen der reinen Philosophie; denn mit dem Raum erweitert sich auch die Aussicht und verliert sich der einzelne in dieser Erweiterung aus dem Gesichte, sieht sich als einen Punkt im ganzen verschwinden; in einem engen Raum aber da findet sich der Mensch zu Hause, wird auf sich gedrängt, verliert sein beschränktes Dasein nicht aus dem Auge und hat alles, was er ist und hat, in einem praktischen Kompendium kurz und gut beieinander."

Diese seine Geschichte der neueren Philosophie wurde von vielen hervorragenden Geistern jener Zeit mit großem Beifall begrüßt. Zu diesen gehörte z. B. der berühmte Berliner Jurist **Eduard Gans**, ein Freund des alten Anselm, dem der Verfasser den ersten Teil seines Werkes übersandt hatte. Gans dankte ihm in einer Zuschrift vom 11. Oktober 1833 aufs wärmste. Es heißt darin u. a.: „Der Eindruck, den das Werk auf mich gemacht hat, ist sehr erfreulich gewesen, und ich kann Ihnen meine Genugtuung nicht schildern, daß doch endlich die Geschichte der Philosophie, eine ihrer wichtigsten und bedeutendsten Seiten, in solche Hände gefallen ist, die mit der Bewegung des spekulativen Geistes vertraut nicht genötigt sind, eine bloß äußerliche Aufzählung der Lehren ohne Selbstverständnis zu geben. Begierig bin ich nun auf die Fortsetzung dieser Geschichte."

Auch der preußische Kultusminister **von Altenstein**, dem Feuerbach gleichfalls seine Arbeit zugeschickt hatte, in der stillen Hoffnung, dadurch den Minister zu veranlassen, ihm eine Professur an irgend einer preußischen Universität anzubieten, war von dieser literarischen Gabe sehr eingenommen. In seinem Dankbrief vom 13. Oktober 1833 hebt er hervor, daß er von dem Werke mit lebhaftem Interesse Kenntnis genommen habe, das sich durch gründliche Benutzung der Quellen, sorgfältige Entwicklung der einzelnen philosophischen Systeme, einsichtiges Hervorheben der ihnen zugrunde liegenden Gedanken, zweckmäßige Auswahl der Belegstellen und auch eine im ganzen angemessene Darstellung vorteilhaft auszeichne. In demselben Schreiben wünscht der „Minister des Geistes" dem Verfasser einen glücklichen Fortgang in seinen weiteren wissenschaftlichen Bestrebungen und versichert ihn seiner vorzüglichen Hochachtung — das war aber auch alles. Einen so geistreichen, scharfsinnigen und vielseitigen Forscher auf dem Gebiete der Philosophie nach einer preußischen Hochschule zu berufen, fiel Seiner Exzellenz nicht im Traume ein!

Durch Eduard Gans wurde auch die damals in Berlin in wissenschaftlichen Kreisen sehr angesehene „Societät für wissenschaftliche Kritik" auf Feuerbach aufmerksam, und sie veranlaßte nicht allein eine Rezension seines Buches in ihren Jahrbüchern durch Professor Dr. Erdmann, sondern lud auch den Verfasser zur eifrigen Mitarbeiterschaft an den von ihr herausgegebenen und zu jener Zeit sehr einflußreichen „Berliner Jahrbüchern" ein. Diese Einladung hatte folgenden Wortlaut:

„Die von Euer Hochwohlgeboren im Verlauf des vorigen Jahres herausgegebene ‚Geschichte der Philosophie der neueren Zeit von Bacon bis Spinoza' hat bei allen Freunden dieser Wissenschaft so gerechten Beifall gefunden, daß die hiesige ‚Societät für wissenschaftliche Kritik' den lebhaften Wunsch hegt, Sie unter die Zahl ihrer Mitarbeiter zu den Jahrbüchern rechnen und dann und wann von Ihnen einen Beitrag zu dieser von ihr herausgegebenen Zeitschrift entgegennehmen zu können. Indem ich mich, erhaltenem Auftrage gemäß, beehre, Sie von diesem Wunsche der Societät in Kenntnis zu setzen, erlaube ich mir zugleich, Sie in Betracht der Tendenz unserer Zuschrift, sowie in Ansehung der aus dem Ganzen notwendig resultierenden, äußeren Beschaffenheit der einzelnen Rezensionen auf die bisher erschienenen Jahrgänge zu verweisen und nur noch die Bemerkung hinzuzufügen, daß bei Werken von geringerer Bedeutung weniger eine ausführliche Darstellung der Einzelheiten, als vielmehr eine kurzgefaßte, summarische Angabe der etwa vorhandenen wissenschaftlichen Ergebnisse wünschenswert erscheinen würde. Eine gedrängte Relation ist in solchen Fällen um so mehr notwendig, da bei dem beschränkten Raum unserer Zeitschrift so mannigfache Interessen zur Sprache gebracht werden müssen. In der Hoffnung einer geneigten Zustimmung zu dem Ihnen gemachten Vorschlage stellt Ihnen die gedachte Societät in Ermangelung größerer Werke, die noch nicht zur Beurteilung verteilt wären, folgende beide neu erschienenen Schriften zu einer Anzeige im Umfange von einigen Druckspalten hiermit ganz ergebenst in Antrag: Kuhn, Jakobi und die Philosophie seiner Zeit. Mainz 1834. Rosenkranz, Sendschreiben über die Hegelsche Philosophie an den Professor Bachmann. Königsberg 1834. — Auch würde es der Societät sehr erwünscht sein, wenn Sie Veranlassung finden sollten, aus dem Kreise Ihrer literarischen Interessen einige neue Werke in Vorschlag zu bringen, die Sie in unseren Jahrbüchern zu beurteilen sich geneigt fühlten.

Mit Vergnügen ergreife ich die Gelegenheit, Ihnen meine besondere Hochachtung auszudrücken und verharre
Euer Hochwohlgeboren ergebenster Diener
L. v. Henning, Professor."

War auch dabei an Honorar nicht viel zu verdienen, so erfreute ihn doch diese ihm von Berlin zuteil gewordene Aufmunterung in hohem Grade. Während er in Erlangen sich isoliert fühlte und ihm von seiten der Zunft- und Fachgenossen nur

Neid und Mißgunst entgegengebracht wurde, begegnete man ihm, dem „Ausländer", in der Hauptstadt der Intelligenz mit Wohlwollen und Anerkennung. In seinem Briefe an Kapp gibt er seiner Befriedigung über diesen Umstand in lebhafter Weise Ausdruck, daran sogar schwärmerische Hoffnungen für eine eventuelle akademische Lehrtätigkeit in Preußen knüpfend. So heißt es in einer seiner Zuschriften an Kapp vom 16. Mai 1834: „Von der Berliner Societät für wissenschaftliche Kritik erhielt ich heute die Einladung, Anteil zu nehmen. Die Einladung nahm ich an. Es ist doch eines der achtbarsten, wo nicht das achtbarste wissenschaftliche Institut für seine Zeit. Vor einigen Tagen war Hitzig hier, der von der guten Aufnahme meines Buches in Berlin mit mir sprach und sagte, wenn ich nicht gerade in Berlin dozieren wolle, sondern in Bonn, so dürfe ich nur meinen Wunsch äußern, er würde mir ohne Bedenken gewährt und ich könne auf Beförderung dann rechnen. Dieser Tage schreibe ich daher Altenstein, Bonn schlage ich vor. Bonn — und Erlangen! Ein Leben, wie ich es bisher führte, taugt in der Länge nicht für einen Menschen in meinen Jahren."

Er, der freisinnige, freiheitliche und kühne protestantische Denker, fühlte sich zeitlebens in dem erzklerikalen Erlangen nicht allein während seiner Dozententätigkeit, sondern auch später, wenn er nur besuchsweise sich dort einige Zeit aufhielt, namenlos unglücklich, und er wird nicht müde, bald in beweglichen Worten, bald in Ausdrücken der Entrüstung und Empörung seinem Seelenschmerz Ausdruck zu geben und die dortigen ungeheuerlichen Zustände zu geißeln. Aus der Fülle seiner diesbezüglichen Auslassungen zu jener Zeit sowohl wie auch aus späteren Perioden mögen zur Illustration des hier Gesagten nur einige Auszüge aus seinen Briefen an den treuen Freund Kapp mitgeteilt werden.

Von Bruckberg aus schreibt er ihm am 1. August 1834, als er wieder einmal sechs Wochen lang in Erlangen zugebracht hatte, voll Verzweiflung und Erbitterung: „Mit welchen Empfindungen ging ich an Ihrer ehemaligen Wohnung vorüber! Keine Worte finde ich, Ihnen den Skandal dieser Universität, die Dreistigkeit, Schamlosigkeit, Unwissenheit der virorum obscurorum neuer Zeit protestantischer Theologie zu schildern! Theologisch-satirische, wie Epistolae obscurorum virorum und dergleichen Waffen sind jetzt nicht mehr nötig, denn alles, was der bitterste, übertriebenste Spott und die schmutzigste Verachtung über sie aussprechen kann, das sagen und tun sie jetzt selbst, bekennen es sogar als ihr eigenes Wesen."[1])

Als Kapp eine Berufung nach Heidelberg erhielt, gratulierte ihm sein Freund zu diesem Wechsel des Domizils, ihn glücklich preisend, daß er den bayrischen Staub von den Füßen geschüttelt habe. Aus Nürnberg den 3. Februar 1835 schreibt er ihm: „Preisen Sie sich glücklich, daß Sie bayrischer Quiescent sind. Bei uns ist allein, wenigstens auf unseren Universitäten, die Affenschande noch in Aktivität. Von mehreren Studenten wurde ich aufgefordert, zu lesen, aber ich erklärte ihnen, an einer Universität wie diese, wo nicht einmal das wissenschaftliche Wort freigegeben ist, lese ich, solange ich Privatdozent bin, nicht. Aber eben die gesunde und wissenschaftliche Vernunft sollte hier, der armen Studenten willen, in Amt und Brot sein, denn nur die Vernunft, die in Amt und Brot ist, wirkt auf die Menschen, denn Vernunft an und für sich selber, ohne diese Akkreditive, ist unmächtig. Übrigens sind diese Übel keine Provinzialismen. Der Christianismus bricht noch einmal mit aller Barbarei über Europa herein, um endlich doch die Menschen zur Vernunft zu bringen. Wir werden noch schöne Dinge erleben."[2])

Was er in einem Briefe aus Bruckberg vom 1. November

---

[1]) Briefwechsel zwischen Ludwig Feuerbach und Christian Kapp, Seite 50.
[2]) a. a. O. Seite 61.

1837 äußert, gehört wohl mit zu dem Schärfsten, was er über und gegen die Universitätsprofessoren gesagt hat. Es heißt da u. a.: „Ich habe einen tiefbegründeten Abscheu gegen das Kastenwesen und anderes Unwesen der Universitäten. Wie einst von freien Männern, nicht von den Universitäten, der freie wissenschaftliche Geist ausging, so auch jetzt. Wie verächtlich haben sich nicht die deutschen Universitäten gegen Strauß benommen, den Mann, der endlich ein freies und offenes Wort, ein Wort an der Zeit gesprochen! Unsere Theologen sind dumm und boshaft wie die Bestien. Und sagen Sie mir, wo herrschen diese Bestien nicht? Nur die Berücksichtigung der beschränkten Mittel, die mir in meinem gegenwärtigen Stande zu Gebote stehen und so hemmend der Ausführung meiner Projekte und Arbeiten im Wege stehen, nur diese Rücksicht könnte mir die Versetzung an eine Universität in einem wünschenswerten Licht erscheinen lassen. Aber im wesentlichen passe ich — oder ich kenne mich nicht mehr — nirgends hin als in die Einsamkeit. Ein être spécifique, ein être d'un genre tout-à-fait différent, ein sujet intraitable, ein sujet, das sich nicht klassifizieren läßt, ein solches paradoxes Individuum muß auch ein genre de vie tout-à-fait différent führen. Und wenn ich nun ein solches genre, was meiner Natur entspricht, opfere, sollte dann der Segen ausbleiben, sollte dann das von Übel sein? Soll denn die Lüge immer glücklicher sein als die Wahrheit? Nur einen freien unvermittelten Lauf betrachte ich als den Lauf des Schicksals, der Notwendigkeit."

Und schließlich noch ein Wort von ihm aus dem Jahre 1840. Auf das Beispiel der großen Philosophen Cartesius, Bacon, Leibniz, Jakob Böhme, Spinoza und Bayle hinweisend, meint er, diese alle seien Philosophen, aber keine Professoren der Philosophie gewesen. „Cartesius brachte es zu nichts im Leben, Bacon betrauerte die Zeit seines Staatsdienstes als verlorene Zeit, Jakob Böhme war Schuster, Leibniz ein Freiherr, Spinoza schlug aus weisen Gründen die so ehrenvoll angetragene Professur der Heidelberger Universität aus. Bayle nannte sein Professorenamt: ‚ein fardeau importable'. O trauriges Los der Philosophie, wenn du dich nur noch auf dem Katheder am Leben erhalten kannst! Trauriges Zeichen der Zeit und ihrer Geschöpfe, die nur durch ein triviales Los einer trivialen Not entgehen können! Glücklicher Kapp, der Du nur aus jocus Professor bist! Aber wehe dem, der, invita Minerva, aus dem freien Reiche des Ingeniums in den Käfig der Fakultät geht und sich noch bedanken muß für die Gastfreundschaft, daß man ihm in einem Gefängnis Brot und Obdach darreicht. Wer sich einmal in die Katgederschlamperei hineinbegiebt, der muß sich auch gefallen lassen, wenn man ihn mit dem übrigen Schlamp identifiziert."[1])

Nur einmal noch machte Feuerbach trotz seines inneren Widerstrebens, ja seines Ekels gegen die Universitätsverhältnisse in Erlangen, von seinen Freunden und Brüdern dazu gedrängt und wohl auch auf Versprechungen bauend, die aber nicht gehalten wurden, den Versuch, an der Erlanger Universität aufs neue Vorlesungen zu halten und so die akademische Laufbahn fortzusetzen, bis ihm doch schließlich das Gnadenbrot einer außerordentlichen Professur zu teil werden würde. Es geschah dies in den Jahren 1835—37; aber auch diesmal wurden seine Hoffnungen aufs schmählichste getäuscht. Wieder war es die ominöse Schrift „Gedanken über Tod und Unsterblichkeit", die die philosophischen Theologen und die theologischen Philosophen der Erlanger Fakultät gegen den ihnen verhaßten Privatdozenten ausspielten. Da dieselbe, wie wir wissen, anonym erschienen war, hätte vielleicht eine Ableugnung der Verfasserschaft oder doch eine Desavouierung der dort ausgesprochenen Ansichten für Feuerbach eine Hintertreppe gebildet, um sich ins Extraordinarium

---

[1]) a. a. O. Seite 105 ff.

hineinzuschleichen. Aber begreiflicherweise verschmähte er in seinem geraden, offenen, ehrlichen, echt deutschen Sinn eine solche Hintertreppenpolitik. Allerdings reichte er im September 1836 an den Senat der Erlanger Universität ein Bittgesuch ein, ihn als Kandidaten für das Lehramt der Philosophie beim Ministerium zu empfehlen; aber als der Prorektor Engelhardt an ihn das Ansinnen stellte, sich über die Autorschaft des genannten verfemten Werks zu äußern, damit Feuerbach durch eine etwaige Verleugnung desselben die Steine des Anstoßes aus dem Wege räume, gab er auf den betreffenden Brief gar keine Antwort. Dieses Schriftstück, das aufs neue bestätigt, daß der kleinliche, unversöhnliche Geist der Erlanger Fakultät lediglich daran schuld war, daß die Universitätslaufbahn des genialen Philosophen in die Brüche ging, hatte folgenden Wortlaut:

„Erlangen, den 12. Sept. 1836.

Wohlgeborener Herr Doktor! Ich habe seit einigen Tagen in betreff Ihres letzten bei dem Kön. Senate eingereichten Gesuches an Euer Wohlgeboren schreiben wollen, war aber bis jetzt dadurch abgehalten, daß Herr Dr. Hunger mir Hoffnung gemacht hatte, mir Ihre bestimmte Adresse verschaffen zu können. Da ihm dies bis jetzt nicht möglich gewesen ist, so will ich es nicht länger verschieben, Sie zu benachrichtigen, daß einer kräftigen Empfehlung Ihres erwähnten Gesuches nur die von einigen Seiten geäußerte Vermutung entgegenstehe, daß die im Jahre 1830 bei Stein in Nürnberg erschienene Schrift ‚Gedanken über Tod und Unsterblichkeit' nicht ohne Ihre Mitarbeit erschienen sei.

Ich bitte Sie, verehrter Herr Doktor, mich in den Stand zu setzen, den Ungrund dieser Vermutungen nachzuweisen, und füge die Versicherung meiner vorzüglichen Hochachtung bei. Euer Wohlgeboren gehorsamster D. Engelhardt, d. Z. Prorektor."

Das Stillschweigen des Adressaten legten begreiflicherweise seine Feinde in der Fakultät als Zustimmung zu der „Vermutung" seiner Verfasserschaft aus — und sein Gesuch wurde verworfen.

Später verdroß es ihn mächtig, daß er den Brief ignoriert hatte, statt dem Prorektor bzw. dem Senat gründlich seine Meinung zu sagen! Er gibt seinem Unmut darüber in einem Briefe an seinen Bruder Eduard Ausdruck, wo es u. a. heißt: „Es reut mich, daß ich die erste Antwort auf die ergangene Aufforderung, die anonyme Schrift betreffend, nicht abgeschickt habe. Sie war die allein passende! Ärgere Dich aber nicht über das Volk, laß sie als nichtige Schatten an Dir vorüberschleichen. Die boshaften Esel glauben mir Böses zu tun, und tun mir nur Gutes. Sie handeln nur in meinem eigenen Interesse. Ich passe einmal nicht nach Erlangen. Ich würde nur meine Zeit und Kraft dort verschleudern, zerstreuen. Die Vorlesungen lohnten doch nicht die Opfer!"

Nunmehr stand sein Entschluß fest, sich ausschließlich dem schriftstellerischen Beruf zu widmen und dadurch sein Brot zu verdienen. Ohne Unzufriedenheit über das ihm widerfahrene Mißgeschick zu äußern, schreibt er vielmehr einmal von Ansbach aus: „Jeder ist der Schmied seines Schicksals. Auch ich habe den Boden gefunden, der mir zuträglich ist, und ihn gefunden, seitdem ich den Dozentenstand mit dem Stand eines bloßen Privatmannes, dem mir wenigstens in dieser Zeit allein zusagenden Stand, vertauschte." Das Scheitern seiner Pläne auf eine akademische Wirksamkeit und Stellung betrachtete er seitdem als eine Befreiung von einer Richtung äußeren Strebens, die seiner ganzen Natur widersprach. Sein beschaulicher Sinn paßte in der Tat nicht für die Öffentlichkeit. Der Mann der Wahrheit, dem jede Lüge, jedes Paktieren mit den Mächten der Finsternis, der Bosheit und der hohlen Phrasen von Grund aus zuwider war, der Mann, der den charakteristischen Ausspruch getan: „Ich möchte lieber ein Teufel im Bunde mit der Wahrheit, als ein Engel im

Bunde mit der Lüge sein", konnte unmöglich eine amtliche Lehrtätigkeit ausüben, wo es darauf ankam, goldene Rücksichten zu nehmen, nach obenhin Verbeugungen zu machen und vor allem die Theologie als ein Kräutchen Rührmichnichtan zu behandeln. Er war für die ländliche Einsamkeit wie geschaffen. Wie wir sehen werden, fand er sich in dem Orte Bruckberg in der Nähe von Ansbach, wohin er sich von Erlangen aus zurückgezogen hatte und wo er von nun an den größten Teil seines Lebens verbrachte, am glücklichsten. In diesem Sinne schreibt er in einem Briefe aus jener Zeit: „Ich hatte im Bewußtsein des schneidenden Widerspruchs meines Geistes mit dem sanktionierten und privilegierten Geiste nie im Grunde meiner Seele auf eine Professur gehofft und spekuliert; ich suchte nichts als einen Ort, wo ich frei und ungestört dem Studium der in mir schlummernden Gedanken und Gesinnungen leben konnte. Ich fand ihn auf einem Dorfe. Seit ich hier bin, waren Natur und Religion die Hauptgegenstände meiner Beschäftigung. Jetzt kann ich meinem Genius huldigen, jetzt unbeschränkt, frei, rücksichtslos der Entfaltung des eigenen Wesens mich weihen. Wäre eine Existenz an einer Universität nicht eine meinem Wesen widersprechende Existenz, also eine offenbare Lüge? Verträgt sich meine Philosophie mit der Theologie? Ist aber die Philosophie auf unseren Universitäten nicht ex officio eine Betschwester der Theologie?"

Die Theologen, die ihm so oft das Leben vergällten, ließen auch sonst ihn nicht aufkommen. So war im Jahre 1830 in Augsburg eine Stelle an der Bibliothek vakant; dieselbe brachte zwar wenig ein, konnte sich aber mit der Zeit lohnender gestalten. Er bewarb sich um sie, doch waren auch hier seine Bemühungen vergebens. Ingrimmig schreibt er darüber seiner Braut Bertha Löwe: „Leider üben nur überall die Pfaffen zu großen Einfluß aus; sonst würde mir dort gewiß nichts im Wege stehen, da selbst mein Vater der Stadt Augsburg große Dienste erwiesen hat, aber wie kann ich z. B., wie mein älterer Bruder mir geraten hat, den Bernhard ersuchen, mich seinem Bruder, der ein einflußreicher Prediger in Augsburg ist, zu empfehlen? Er weiß, daß ich der Verfasser der Xenien bin. Das kann und darf ich nicht tun! .... Das muß ich Dir offen gestehen, meine Teure! daß ich nur deinetwegen, d. i. meiner Liebe wegen, mich um eine Stelle bewerbe. Denn ich für mich setzte meinen Stolz darein, nichts zu sein, ich habe keinen anderen Trieb, als das was ich als wahr erkenne auszusprechen, unbekümmert um die Welt. Die Welt ist gegenwärtig zu erbärmlich, jeder Schurke — wie es Beweise genug gibt — flüchtet seine gotteslästerlichen, selbstsüchtigen Meinungen als ein unangreifbares Heiligtum unter die Decke der Religion. Um sich mit ihr zu halten, muß man jetzt opfern, was dem Menschen allein seinen wahren Wert gibt. Zwar soll jeder sich in die Lage der Welt fügen, auf sein Tun und Reden kein großes Gewicht legen, was ich gewiß auch gern tue; aber man soll doch auch keine Lügen, keine Schlechtigkeiten billigen und dulden."[1])

Wir wissen, daß Feuerbach seine Fühlhörner auch nach so mancher anderen Universitätsstadt ausstreckte. Gegen seine Übersiedelung nach Zürich hatte der Vater Widerspruch erhoben; gegen Bern, welches er nach dem Tode desselben ins Auge faßte, erklärten sich mehrere seiner Freunde, z. B. Lochner, welche schweizerische Stadt als eine in ihren verfassungsmäßigen Rechten von den Österreichern bedrohte hingestellt wurde. Dann wurde die hessische Universität Marburg ins Auge gefaßt, aber auch dort hatte er keine Chancen, was freilich seine Brüder und namentlich Christian Kapp, der später in Heidelberg als ordentlicher Professor und Hofrat großen Einfluß ausübte, nicht abhielt, ihn sowohl für diese Universität als auch nach Freiburg i. B. als

---

[1]) L. Feuerbachs philosophische Charakterentwicklung, Bd. I, S. 266 ff.

Professor für die Philosophie in Vorschlag zu bringen, obschon sich Feuerbach dagegen mit Händen und Füßen sträubte. So schreibt er einmal an Kapp, mit dem er in der Zwischenzeit Duzbruderschaft geschlossen: „Was Du über mich gesagt hast in Erlangen und bei anderer Gelegenheit anderwärts, ist zu viel gesagt; "Ἄριστον μέτρον." Je mehr man aus mir macht, desto weniger bin ich und umgekehrt. Ich bin überhaupt, wie schon öfters gesagt, nur so lange etwas, so lange ich nichts bin. Was Du für mich zu tun gesonnen bist, ist gleichfalls zu viel. „Μηδὲν ἄγαν." Aber ich erkenne wieder hieraus, daß Du der edelste der Menschen bist, die ich kennen lernte. Indes tue keine voreiligen Schritte und nimm auf Dich, Deine Gesundheit, Deine Familie dabei Rücksicht. Meine Gesinnungen kennst Du. Mich machte nur die πενια der äußeren Verhältnisse zum Professor."[1])

Die Abneigung und der Widerwille, den der bayrische Philosoph gegen die Universitäten seines Vaterlandes, speziell die Erlanger Hochschule, empfand, wichen bei ihm zeitweilig den Gefühlen der Liebe und Sympathie, die ihn in bezug auf die Universitäten Preußens beseelten. Zahlreiche wohlwollende Freunde, wie z. B. Eduard Gans, L. v. Henning und noch manche andere, rieten ihm aufs entschiedenste, nach Berlin zu übersiedeln und an der dortigen Universität sich zu habilitieren. Wenn auch vielleicht anfänglich der preußische Kultusminister mit der Ernennung Feuerbachs zum Extraordinarius zögern würde, so müßte doch dieselbe in Anbetracht der Bedeutung des Denkers früher oder später erfolgen. „Der berühmte Name" — so schrieb ihm z. B. Eduard Gans —, „den Sie führen, das Talent, das Sie selbst gezeigt haben, würde Ihnen bei der philosophischen Sterilität, die eigentlich jetzt hier herrscht, eine sichere Laufbahn verbürgen. Alles, worauf es hierbei ankommt, ist, sich eine Zeitlang aus eigenen Mitteln erhalten zu können, bis man den Fuß in den Dozentensteigbügel

---

[1]) a. a. O. Seite 114.

getan hat." Leider war jedoch Feuerbach finanziell nicht so gut gestellt, um sich durch eigene Mittel in Berlin erhalten zu können. Daher hatte er nicht den Mut, diesen Schritt zu unternehmen und sich in jenen idealen Zustand zu versetzen, den einst Bettine von Arnim spöttisch und wahr zugleich als einen solchen bezeichnet hatte, wodurch man das Privilegium erhielt, verhungern zu dürfen. Er wollte, nicht mit Unrecht von seiner überragenden Bedeutung als Denker überzeugt, erst dann nach Preußen übersiedeln, wenn ein offizieller Ruf zum Extraordinarius an ihn ergehen würde, was jedoch, wie schon oft erwähnt, bei der reaktionären Zeitströmung, die damals auch in Preußen herrschte, eine durchaus chimärische Hoffnung war. Hierzu kam noch der Umstand, daß er auch in diesem Falle von seinem Mangel an jeder Diplomatie und Lebensklugheit Zeugnis ablegte. Wie er als Privatdozent in Erlangen 1830 seine für ihn verhängnisvoll gewordenen „Todesgedanken" herausgab, so schrieb er jetzt als Anwärter auf eine außerordentliche Professur in Preußen für die „Jahrbücher der Societät für wissenschaftliche Kritik" die vernichtende Rezension gegen die Stahlsche Rechtsphilosophie, die damals in Berlin so beliebt war, sich über den Mann lustig machend, der die famose Parole ausgegeben: „Die Wissenschaft muß umkehren". Dieser ewige Optimist, dieses große Kind, unternahm dennoch den kühnen Schritt, an den einflußreichen, vortragenden Rat im preußischen Kultusministerium, den Geheimen Oberregierungsrat Johannes Schulze, dem man — ob mit Recht oder Unrecht, sei dahingestellt — liberale Neigungen oder Anwandlungen zutraute und der sich, nach den vertraulichen Mitteilungen Eduard Hitzigs an Feuerbach, über des letzteren „Neuere Geschichte von Bacon bis Spinoza" mit lebhafter Anerkennung geäußert hatte, im März 1835 eine Eingabe zu machen, worin er sich um eine Anstellung als außerordentlicher Professor an irgend einer preußischen Universität bewarb.

Das bisher ungedruckte hochinteressante Schriftstück, welches sich in der Handschriftenabteilung der Berliner Königlichen Bibliothek befindet und das gewiß nicht verfehlen wird, Aufsehen zu erregen, hat folgenden Wortlaut:

„Hochwohlgeborener Herr!
Hochzuverehrender Herr Geheimer Regierungsrat!

Ew. Hochwohlgeboren haben nach den Versicherungen des Herrn Oberkriminaldirektors Hitzig, welche ich bereits im verflossenen Jahre aus seinem Munde zu empfangen die Ehre hatte, meiner Geschichte der Philosophie von Bacon bis Spinoza ein für mich so ehrenvolles und ermutigendes Interesse geschenkt, daß ich es wage, mich mit ehrfurchtsvollem Vertrauen an Ew. Hochwohlgeboren zu wenden, um meinen längst im stillen gehegten Wunsch auszusprechen. Genehmige aber Ew. Hochwohlgeboren zur Motivierung desselben eine Darstellung meiner persönlichen Verhältnisse.

Schon seit dem Jahre 1828, mit Ausnahme einiger Semester, die ich nach dem Tode meines seligen Vaters, des Königlich bayrischen Staatsrats und Präsidenten, Anselm Feuerbach, im elterlichen Hause zubrachte, bin ich Privatdozent an der Universität Erlangen. Psychologie, Geschichte der Philosophie, Logik und Metaphysik im Sinne Hegels waren die Gegenstände meiner Vorlesungen. Ich habilitierte mich jedoch keineswegs in der Absicht hier, um eine bleibende Stätte hier zu finden, ich betrachtete vielmehr meine Vorlesungen nur als Bildungsmittel und Vorbereitung auf einen Wirkungskreis, den ich schon von Anfang meiner akademischen Laufbahn an bei einer bayrischen Universität nicht zu finden gewiß war. Denn schon damals trübte mir ein gegen die Philosophie direkt feindselig gesinntes Wesen und Treiben die Aussicht in die Zukunft. Bereits im Jahre 1831 war daher mein seliger Vater selbst der Meinung und des Willens, daß ich in Bonn als Privatdozent aufzutreten suchen sollte, aber unerwartete Familienereignisse vereitelten diese Pläne. Seitdem haben sich die Verhältnisse in Bayern so gestaltet, daß es selbst Torheit wäre, als Philosoph, wenigstens als solcher, dem es wirklich ernst mit der Philosophie ist, auf eine bürgerliche Existenz zu hoffen. Ew. Hochwohlgeboren werden von dem gegenwärtigen Zustand dieses Landes in wissenschaftlicher und religiöser Beziehung selbst Kenntnis nehmen, so daß ich es für überflüssig halte, diese meine letztere Behauptung durch eine Schilderung desselben zu begründen.

Unberücksichtigt, hoffnungslos, aller ermunternden Anregungen von außen beraubt, stehe ich daher — ein isoliertes Inviduum — in Bayern da, eine Lage, die um so nachteiliger auf mein Gemüt wirkt, je notwendiger ein persönlicher, unmittelbarer Wirkungskreis meinem Charakter wird. Zwar würde ich mich gern in die Stellung eines bloßen Privatgelehrten und Schriftstellers finden, wenn meine Vermögensumstände mir erlaubten, mit sorgenfreiem Geiste der Wissenschaft zu leben. Leider aber sind auch diese so beschaffen, daß ich keineswegs in den zur Unternehmung und Fortsetzung größerer wissenschaftlicher Arbeiten so unentbehrlichen Gefühlen der Sicherheit vor äußeren Bedrängnissen leben kann, ja am Ende sogar genötigt bin, die schriftstellerische Tätigkeit zu einem Erhaltungsmittel des physischen Menschen zu erniedrigen.

Meine bisherigen Leistungen in den Wissenschaften bin ich weit entfernt so hoch anzuschlagen, daß ich auf sie besondere Ansprüche gründen sollte. Nur die ehrenvolle Anerkennung, die meine Geschichte der Philosophie in Preußen, namentlich bei Ew. Hochwohlgeboren, gefunden hat, belebt aufs neue meinen in den bisherigen Verhältnissen beinahe erloschenen Mut, indem sie mich hoffnungsvoll auf Preußen blicken läßt. Ew. Hochwohlgeboren wage ich daher den Wunsch, in Preußen, es sei, wo es wolle, als Lehrer der Philosophie einen Wirkungskreis zu finden, als einen der sehnlichsten Wünsche meines Innern zu bezeichnen und zu geneigter Berücksichtigung zu empfehlen.]

Preußen verehre ich als mein zweites, mein geistiges, mein wahres Vaterland.

Die zwei Jahre, die ich in Berlin unter Hegels Leitung dem Studium der Philosophie widmete, waren die entscheidendsten, wichtigsten Jahre meines Lebens. **Kein größeres Glück wüßte ich mir, als eine sittliche Stellung in einem Staate zu finden, wo die Intelligenz selbst als spekulative sich ein bleibendes Dasein geschaffen hat, wo das Individuum in seiner Arbeit nicht einsam und verlassen, sondern sich als das Glied eines zu einem gemeinschaftlichen Werk zusammenwirkenden Ganzen weiß.**

Wenn ich es indes wagte, diesen Wunsch auszusprechen, so geschah es nur, weil ich mir bewußt bin, daß er nicht aus Liebe zu mir, sondern nur aus Liebe zur Philosophie entspringt, welcher ich mein Leben ungeteilt weihen und erhalten möchte.

Genehmigen Ew. Hochwohlgeboren die Versicherung der tiefsten Verehrung, mit welcher ich die Ehre habe zu sein

Ew. Hochwohlgeboren
gehorsamster
Dr. Ludwig Feuerbach,
Erlangen, d. 26. März 1835. Privatdozent der Philosophie."

Wir wissen nicht, ob der Geheimrat J. Schulze auf dieses Schreiben, worin das gequälte, getäuschte und erbitterte Herz des herrlichen Menschen und Denkers sich Luft machte, überhaupt geantwortet hat. Weder in den Schriften noch in dem Nachlaß Feuerbachs ist auch nur eine diesbezügliche Andeutung zu finden. Jedenfalls wird der Bescheid, wenn er erfolgt ist, ein ablehnender gewesen sein. Augenscheinlich hatte aber Schulze mit dem Freunde

Feuerbachs, dem Präsidenten der „Societät für wissenschaftliche Kritik", dem schon genannten L. v. Henning, hierüber Rücksprache genommen, denn dieser schreibt dem Erlanger Privatdozenten in einer Zuschrift aus jener Zeit: „Mit vielem Vergnügen habe ich von Herrn Gh. Ob.-Regierungsrat Schulze vernommen, daß Sie, verehrtester Freund, sich um diese Anstellung auf einer unserer Universitäten beworben haben. Nach der mir bekannten Lage unserer desfallsigen Angelegenheiten dürfte es vorerst sehr schwer halten, Sie hieher als Professor zu placieren; dahingegen würde Ihrer Habilitation als Privatdozent nichts entgegenstehen und würde ich, falls Ihnen in dem zu erwartenden Bescheid ein derartiger Rat erteilt werden sollte, wohl dafür stimmen, denselben nicht von der Hand zu weisen, wenn anders Ihre häuslichen Verhältnisse es Ihnen gestatten, darauf einzugehen. Bei der geneigten Gesinnung, welche man hier gegen Sie hegt, steht zu erwarten, daß wenn Sie nur erst auf einer unserer Universitäten sich habilitieren und mit Ihren Vorlesungen Eingang gefunden haben, Ihre Beförderung nicht lange ausbleiben wird. Sollten Sie sich über die Wahl einer Universität im Zweifel befinden, so möchte ich vorzugsweise zu Bonn raten, da, soviel mir bekannt, es dort gänzlich an Vorlesungen über die spekulative Philosophie fehlt."

Den Abschluß der geschichts-philosophischen Arbeiten unseres Denkers bildete das 1838 erschienene Werk: „Pierre Bayle, ein Beitrag zur Geschichte der Philosophie der Menschheit."[1]) In dem Vorwort zu „Pierre Bayle" gibt der Verfasser die Gründe an, die ihn zur Abfassung einer selbständigen Schrift über seinen Helden geleitet haben, und er tut dies in seiner eigenartigen ernsthaft-satirischen Weise. Hat Bayle — so fragt er — noch immer ein Interesse für die Geschichte der Philosophie und der Mensch-

---

[1]) Ludwig Feuerbachs sämtliche Werke, Bd. VI.

heit? und er beantwortet diese Frage mit einem entschiedenen Ja;
denn der unruhige französische Prozeßkrämer und Friedensstörer
der prästabilierten Harmonie, der ungebundene, lose Skeptiker,
der dialektische Guerillashäuptling aller antidogmatischen Polemiker, der hyperbolisch-spitzige Kritiker habe gerade in der Gegenwart eine entschiedene Bedeutung, weil sich in ihm der Streit
zwischen der Vernunft und dem orthodoxen Glauben verkörpere.
Die Art und Weise wie sich dieser Gegensatz in Bayle ausgesprochen, biete ein besonderes Interesse dar und zeichne ihn
von allen anderen verwandten Erscheinungen der neuen Zeit aus.

In den drei ersten Kapiteln seines Buches gibt Feuerbach
eine scharfsinnige metaphysische Abhandlung über Glaubensfragen,
die nicht so sehr das Gepräge des Bayleschen Geistes, als vielmehr das des Bruckberger Einsiedlers an sich trägt. Er zeichnet hier den Katholizismus oder den Gegensatz von Geist und
Fleisch, den Protestantismus oder den Gegensatz von Glauben
und Vernunft und die Theologie und Wissenschaft. Noch schärfer
wie in seinen bisherigen Schriften beleuchtet Feuerbach in seinem
Bayle den Streit zwischen Glauben und Vernunft. Der spätere
so radikale Zerstörer des Wesens des Christentums zeigt schon
hier die Klaue des Löwen. Man lese nur z. B. seine folgenden
Ausführungen über den Wunderglauben: „Wenn ihr gleich viel
von der Göttlichkeit und innern Wahrheit der Lehre redet, und,
wenn ihr so redet, sehr liberal mit den Wundern tut und keinen
besondern Wert auf sie zu legen scheint, so sieht man doch dann,
wenn einer negativ gegen sie auftritt, an eurer Wut über ihn,
daß euch allerdings die Wunder etwas sehr Wesenhaftes sind,
daß ihr also anders redet als ihr denkt. Wer euch nämlich die
Mirakel nimmt, der gilt euch für einen Unchristen. Der Mirakelglaube ist also euch verwachsen, identisch mit dem Christentum.
Nun findet sich aber der Mirakelglaube in allen Volksreligionen.
Nach allen Gesetzen der Wahrheit und Vernunft ist daher der

Schluß gerechtfertigt: Das Mirakel ist ein natürliches Bedürfnis, eine Vorstellungsform der Volksreligion. Die Wunder des Christentums sind demselben Bedürfnis entsprungen, aus derselben Notwendigkeit, aus welcher die Wunder des Heidentums. Der Wunderglaube ist ein psychologisches Gesetz; die Wunder sind nichts weniger als übernatürliche, sie sind sogar gesetz- und naturgemäße Erscheinungen des religiösen Geistes. Wodurch er euch von den Heiden unterscheidet, ist nur der Zweck, die Beschaffenheit, die Art eurer Wunder. Wollt ihr euch daher der natürlichen Abkunft eurer Religion schämen, so schämt euch vor allem eures Wunderglaubens, der eine sehr natürliche Vorstellung hat. Wollt ihr mir entgegnen, daß eure Wunder gar nicht im Vergleich zu setzen seien mit den Wundern der Heiden, weil eure wahre, ihre Wunder falsche wären, euer Wunderglaube daher ein begründeter, der ihrige ein irriger war, so erwidere ich, daß die Frage, ob ein Wunder ein wahres oder falsches ist, richtiger ob geschehen oder erdichtet — denn Wahrheit ist kein Wunder, auch wenn es geschieht, Wahrheit ist das Gesetz, die Vernunft, die Regel, nicht die Ausnahme, die Aufhebung des Gesetzes, der abnorme Fall —, daß diese Frage, sage ich, einem Gesetz untergeordnete und hier gar nicht zur Sache gehörige ist; denn wenn auch die Wunder der Heiden nur erdichtete, falsche Wunder waren, so war ihnen doch das Wunder, ebenso wie euch, ein Bedürfnis, eine notwendige Vorstellung ihrer Religion. Wenn aber der Glaube an die falschen Wunder aus demselben Bedürfnisse kommt, aus welchem der eurige, so kommt auch umgekehrt euer Wunderglaube aus derselben Quelle, aus welcher der Wunderglaube der Heiden. Eure wahren Wunder beruhen auf demselben innern Grunde, auf welchen ihre falschen, ihr mögt nun auch noch so sehr eure Wunder unterscheiden und darauf pochen, daß sie bei euch nur zur Bestätigung von Wahrheiten dienen sollen und daher einen ganz andern Sinn als bei den Heiden haben.

Das Wunder ist eine notwendige Vorstellung der Religion, angeschaut als Faktum, als eine Begebenheit; ob wirklich oder unwirklich, ist eins; der Glaube an das Wunder ist das Wesen des Wunders. Der Glaube bindet sich nicht an die Gesetze der Vernunft und Natur, folglich nicht an die Gesetze der historischen Wahrheit und Wirklichkeit."[1])

Das Positive gelte weil es gelte ohne Grund, wenn auch ursprünglich ein Grund vorhanden gewesen sei. Das Geschichtliche könne aber keinen andern Glauben fordern, als einen geschichtlichen, der Seele äußerlichen. Das Geschichtliche für Wahrheit aufbürden wollen sei anmaßende Torheit. Eine geschichtliche Wahrheit sei eben eine geschichtliche Wahrheit, aber weiter nichts, keine geistige, keine an und für sich seiende, keine göttliche Wahrheit, keine bindende, keine geistbestimmende Wahrheit. Wir glauben ohne Anstand die Taten eines Alexander, eines Karl XII., weil sie uns keinen Glauben aufdringen, weil sie sich frei, unbefangen, anmaßungslos, offen und ehrlich als das, was sie seien, als bloße geschichtliche Tatsachen geben, und das Zeugnis ihrer Glaubwürdigkeit, die letzte Instanz, auf der alle Gewißheit beruhe, sei die Übereinstimmung, wenn auch nicht mit dem, was wir erlebt haben, mit unseren Erfahrungen, mit unseren Vorstellungen im besonderen, aber doch mit unseren Begriffen im allgemeinen, mit dem Gesetze der innern Möglichkeit, mit der Vernunft. Aber ein Faktum, das besondere Ansprüche mache, das sich uns als Wahrheit selbst aufdringen wolle, können wir mit vollem Recht als ein anmaßendes Ding von uns weisen. Ewig lebendige Tatsachen seien allein die geistigen, die unmittelbaren Äußerungen des Geistes: die schlichten Worte der Wahrheit; diese allein bestimmen den Geist, weil diese Bestimmungen zugleich Selbstbestimmungen des Geistes seien und den Geist durch sich selbst, durch seine

---

[1]) a. a. O., Seite 51 ff.

Selbsttätigkeit, von ihrer Wahrheit überzeugen. Es sei nun weit gefehlt zu denken, daß der Glaube eine solche ewige Wahrheit sei, daß ich etwa Mitglied der Kirche sei, weil ich glaube, da ich tatsächlich nur glaube, weil ich Mitglied der Kirche bin.

Mit überzeugender Beweiskraft und flammender Begeisterung verkündet Feuerbach die Lehre, daß nicht der Glaube, sondern nur die Vernunft selig mache. „Erkennen wir" — so ruft er aus —[1]), „daß die Religion für sich selbst, wenn sie nicht durch die Vernunft erleuchtet wird, den Menschen in der Finsternis läßt, ja daß die Religion, wenn sie, statt der Vernunft zu gehorchen, die Vernunft beherrschen will, die Menschheit in die barbarischsten, greuelvollsten, irrigsten, grundverderblichsten Lehren stürzt! — denn das Dogma vom Gewissenszwang hebt alle Begriffe, alle Gesetze der Sittlichkeit und Gerechtigkeit auf, rechtfertigt jedes Verbrechen, wie Bayle trefflich nachweist —; erkennen wir, daß gerade die Ungläubigen, die Freigeister, kurz diejenigen, welche die unterdrückte Macht der Vernunft wieder zu heben suchen, es waren, welche der Menschheit die Unterschiede zwischen Recht und Unrecht, zwischen Wahrheit und Lüge, zwischen gut und schlecht wieder offenbarten! Erkennen wir, daß es kein Heil für die Menschheit außer der Vernunft gibt! Der Glaube mag den Menschen beseligen, beruhigen; aber so viel ist gewiß: er bildet, er bessert, er erleuchtet nicht den Menschen; er löscht vielmehr das Licht im Menschen aus, um angeblich ein anderes, übernatürliches Licht an seine Stelle zu setzen. Aber es gibt nur Ein Licht — das Licht der Natur, das in den Tiefen der Natur der Dinge gegründete Licht, das allein auch das göttliche Licht ist — die Lichter im Plural sind gemachte Lichter —; wer dieses Eine Licht verläßt, begibt sich in die Finsternis. Aber es ist ein Unglück für die Menschen, daß sie am Ende sogar die

---

[1]) a. a. O., Seite 201 ff.

Vernunft satt bekommen, und das Licht sie langweilt. Die Ausgeburten der Einbildungskraft kommen wieder zurück und gefallen, weil sie etwas Wunderbares haben."

Im allgemeinen sei der Charakter des Bayleschen Skeptizismus ein lebendiger Prozeß, in welchem die größten Gegensätze miteinander ringen, namentlich diejenigen zwischen Trieb und Willen, Instinkt und Vernunft, Natur und Geist. Bayle sei der durchgeführte Dualismus des Cartesius; aber die Materie des Cartesius, deren Wesen es sein sollte, für sich betrachtet zu werden und für die der Naturprozeß also etwas Äußerliches sein müßte, eine solche Materie gebe es doch nicht in Wirklichkeit. Die Vernunft für das Allgemeine, das den theoretischen Menschen leite, trete ebenfalls im Gegensatz zur natürlichen Wirklichkeit, aber zeige sich so gerade als Vernunft. Bayles Wesen habe ein tragisches und komisches Element in sich. Das letztere liefere ihm besonders der Widerspruch zwischen Fleisch und Geist, namentlich der Zwiespalt zwischen der Macht der Sinnlichkeit und dem unnatürlichen Keuschheitsheroismus; aber zu ernsten, ja tragischen Betrachtungen veranlasse ihn die Macht der Liebe, wo sie ihm den Widerspruch zwischen Notwendigkeit und Freiheit, zwischen Gattung und Individuum, zwischen der Naturmacht und der subjektiven Natur, vergegenwärtige. Die Liebe, sagt er, ist eine von unserer Freiheit und Vernunft unabhängige, ja unserer subjektiven, nur unser Wohl berücksichtigenden Vernunft widersprechende Macht. Wenn das weibliche Geschlecht nur den Rat der Vernunft befolgte, so würde es abgeschreckt durch die Beschwerlichkeiten der Schwangerschaft, durch die Schmerzen der Entbindung, durch die Sorge der Kindererziehung auf die Mutterschaft verzichten. Selbst die Religion hätte keine Gewalt über die Weiber: man würde umsonst ihnen vorpredigen, daß Gott zur Erhaltung der Welt ihre Verheiratung wolle, wenn nicht hinzukommende Leidenschaften und Vorurteile, wie die Furcht vor Schande usw., sie antrieben. „Nennt darum nicht die Vorurteile der Weiber gegen den ehelosen Stand eine unvernünftige Schwäche. Was eine Schwäche in bezug auf unsere kleine Vernunft ist, das ist eine Schwäche einer bewunderungswürdigen Weisheit in Beziehung auf die allgemeine Vernunft, welche alle Dinge lenkt; denn längst wäre das menschliche Geschlecht ausgestorben, wenn die Weiber keine solche Abneigung gegen die Ehelosigkeit hätten. Diese Vorurteile sind ein Instinkt, ein Eindruck der allgemeinen Vernunft, aber die Verstandesgründe, womit wir diese Vorurteile bekämpfen, sind nur ein partikulärer Eindruck unserer Vernunft. Diese Vorurteile beziehen sich auf das allgemeine Wohl des Universums, während die Einsichten und Gründe unseres Verstandes sich nur auf das Wohl unserer Person beziehen. Tadeln wir daher nicht das weibliche Geschlecht ob seiner Vorurteile in diesem Punkt; es ist rühmlich vielmehr, von der allgemeinen Vernunft geleitet zu werden."[1]

Bayle streife hier unwillkürlich an den Spinozismus hinan; er erhebe sich über die subjektive menschliche Vernunft; das, was in Beziehung auf uns tadelhaft, Unvernunft und lächerlich sei, sei in Beziehung auf das Universum und die universale, das Weltganze beobachtende Vernunft untadelhaft, vollkommen, gut und löblich. Die allgemeine Vernunft bleibe bei Bayle nur eine unbestimmte volkstümliche Vorstellung, die keinen inneren Grund und Begriff gewähre; der reale Begriff sei der materielle Trieb, die Macht der Natur. Der Widerspruch zwischen dem Stoff und der Vernunft sei bei Bayle ungelöst. Doch Widersprüche zu heben sei nicht Bayles Sache und auch nicht seine Bestimmung gewesen. Seine Aufgabe sei vielmehr gewesen, aufmerksam zu machen auf Dinge, die die Menschheit bisher aus Stumpfsinn ignoriert oder aus Feigheit sich verschwiegen hatte. Seine Bedeutung sei, daß er der Philosophie Probleme aufzulösen gebe, ohne selbst die

---

[1] a. a. O., Seite 228 ff.

Rätsel zu lösen. Er errege nur den Appetit zur Philosophie, aber er stille ihn nicht. Er gebe uns bloßes Salz — wovon freilich für uns ein sehr großer Teil geschmacklos geworden sei — ohne zugehörigen Nahrungsstoff —, nichts von der animalischen Kunst der Leibnizschen Monade, nichts von der vegetabilen Kost der Spinozistischen Substanz. Wenn uns daher Leibniz und Spinoza — dieser freilich, als ein in seiner Art vollkommenes Ganze, bei weitem mehr als jener — schon durch den Inhalt ihrer Gaben befriedigen, ohne daß wir genötigt seien, den Charakter und die Persönlichkeit der Geber mit zu berücksichtigen, so sei es daher bei Bayle wesentlich und notwendig, den Mangel der Gabe durch die Tugenden des Gebers zu ersetzen. Wenn Bayle nicht theoretisch den Begriff des Philosophen in sich verwirklicht habe, so stelle er ihn wenigstens von seiten seines Charakters dar. Wir erblicken in ihm den praktischen Philosophen, ausgeschmückt mit den Tugenden des wissenschaftlichen Mannes. Gleich Leibniz, gleich Spinoza sei er ein Abbild von dem Wesen der Wissenschaft. Liebe zur Vernunft sei Liebe zur Wahrheit. Wahrheitsliebe daher die Fundamentaltugend des wissenschaftlichen Mannes, sodann auch Bayles. Wer die Wahrheit liebe, sei uneigennützig, selbständig, freimütig, Feind jeder servilen, das Herz beengenden, den Geist verunreinigenden Gesinnung und Richtung — so Bayle. Die Wissenschaft sei der reine Geist im Menschen. Der reine Geist erziehe auch reinen Sinn. Was die Wissenschaft kränke, kränke auch die Tugend. Die Welt rühme nur die Wirkungen der Religion; die Wirkungen der Wissenschaft kenne sie nicht oder setze sie gar in Zweifel: Natürlich! die Religion nehme alle Künste zur Hilfe, um den Menschen für sich zu gewinnen. Die Kraft der Wissenschaft sei ihre eigene Kraft; sie würdige nichts. Die Religion imponiere selbst den Augen und Ohren, oder doch immer der Phantasie; aber die Wissenschaft abstrahiere von allen sinnlichen Reizen, sie verlasse sich nur auf die Wahrheit der Sache.

Die Tugenden der Religion fallen in die Augen, aber die Tugenden der Wissenschaft seien unsichtbar, darum der Welt verborgene. Pascals Tugenden seien gefeiert, seine Demut empfehle sich schon durch äußerliche Liebenswürdigkeit, sein bleiches Gesicht gewinne unmittelbar das teilnehmende Herz für sich; Bayles Tugenden seien nicht bekannt oder selbst verkannt. Aber die wahre Tugend sei eben die Tugend, die nicht den Schein der Tugend habe, die nicht das Auge blende, die selbst verkannt werden könne und wirklich verkannt sei. Bayle habe selbst alles gegen sich, nichts für sich; seine Liebe zur Pseudo- und Anonymität lasse auf einen winkelzügigen, falschen, kleinlichen, interesseverbergenden Charakter schließen. Die wahre Erscheinung seines Wesens sei, daß er anders scheine, als er sei. Die Tugend der Wissenschaft sei sich selbst genug; sie verschmähe es, sich zu zeigen oder gar zu glänzen. Sie sei eine Blume, die nicht das Auge des gewöhnlichen Spaziergängers, sondern nur das Auge des denkenden Naturforschers an sich ziehe; man müsse studieren, um sie zu erkennen. Aber dann heiße es auch: post nubila Phoebus.[1]

---

[1] a. a. O., Seite 239 ff.

Drittes Kapitel.

Bekanntschaft mit Bertha Loewe. — Ihre Persönlichkeit. — Verlobung mit ihr. — Briefe Feuerbachs an sie aus seiner Bräutigamszeit. — Heirat und Übersiedlung nach Schloß Bruckberg. — Schilderung seines Lebens daselbst. — Seine Denkungsart und sein Charakter. — Das dortige Naturidyll. — Eifrige naturwissenschaftliche Studien: Anthropologie, Anatomie, Botanik, Geologie und Geognosie. — Bekehrungsversuche seines Bruders Eduard und deren Abfertigung durch Ludwig.

Die Sorge Ludwig Feuerbachs wuchs, seitdem in das Herz des Denkers das Bild eines lieblichen Wesens sich eingeschlichen hatte, das ihm von dem ersten Augenblicke an, da es ihm entgegentrat, bis zu seinem letzten Atemhauch beseligte und an dessen Seite zu leben ihm als der höchste und sehnlichste Wunsch seines Daseins erschien.

Von Ansbach aus pflegte er nach dem drei Stunden östlich, tief im Walde, in reizendster Gegend, gelegenen Dorfe und Schloß Bruckberg Fußtouren zu machen, da er allezeit ein vortrefflicher Fußgänger war und Streiffahrten durch Wald und Feld ihm stets große Freude bereiteten. Auf einem dieser Ausflüge begegnete ihm einmal eine Fee im Walde, die ihn geradezu magisch bezauberte und deren Anblick ihn so fesselte, daß er sofort den Entschluß faßte, die wunderliebliche Erscheinung an sein Lebensgeschick zu ketten. Diese Fee war eine junge Dame von blühender Schönheit, namens Bertha Löwe, geboren 3. November 1803, also acht Monate älter als Feuerbach, die Tochter eines Inspektors der im markgräflichen Schlosse zu Bruckberg befindlichen ursprünglich staatlichen Porzellan-Fabrik. Diese Fabrik ging später aus den Händen des Staates in eine Privat- und Kompanie-Gesell-

Bertha Feuerbach,
geb. Löwe.

schaft über, die ein Herr Stadler, der Schwiegersohn Löwes, nach dem Tode des letzteren leitete. Frau Stadler war die ältere Tochter. Der gute Genius des Schlosses, die durch ihre Anmut, ihren persönlichen Liebreiz und ihre Gewandtheit in allen geschäftlichen Angelegenheiten alle Welt zu ihren Füßen sah, war die jüngere Tochter Bertha. Von nun an lenkte Ludwig Feuerbach gar oft seine Schritte in das stille, idyllisch gelegene Walddorf mit dem freundlichen, auf mäßiger Anhöhe sich erhebenden Bruckberg. Wie er für die reizende Jungfrau in Liebe erglühte, so verfehlte auch der schöne, stattliche und liebenswürdige Mann auf das Herz der Schönen seinen Eindruck nicht. Aus jenen Tagen, als Feuerbach in der Blüte seiner Männlichkeit und Kraft dastand, gibt uns der bekannte Rückert-Biograph Conrad Beyer, dessen Bruder, der Philosoph und Forscher Dr. Karl Beyer, zu den intimen Freunden und Gesinnungsgenossen des Philosophen gehörte, die nachstehende, aus eigener Anschauung geschöpfte Schilderung.[1)

„Ihn, den Geistesfürsten, zeichnete eine aristokratisch-vornehme, an die Bedeutung seines hohen Geistes erinnernde Haltung aus, die mit einer gewissen männlichen Anmut und einer entgegenkommenden Liebenswürdigkeit gepaart war. Er war eine imponierende Erscheinung trotz seiner nur mittleren Größe. Schon der oberflächliche Blick auf ihn erzeugte den Eindruck eines ganzen echten Mannes; eines Menschen, dessen Wesen in der Tat den Stempel deutscher Gründlichkeit und deutscher Geistesgröße trug. Über die Einfachheit seiner Kleidung, die sein bescheidenes, offenes Wesen bewies, blickte man in seine ebenmäßigen, ernstmilden, geistverkündenden Züge, die er von seiner Mutter, einer anerkannt vollendeten Schönheit, geerbt haben

---

[1) „Leben und Geist Ludwig Feuerbachs v. Dr. C. Beyer", Leipzig 1873, S. 4 ff., und „Ludwig Feuerbachs philosophische Charakterentwicklung", Bd. I, S. 223 ff.

mochte, blickte man in sein feurig erglänzendes Denkerauge, sah man auf die gedankendurchfurchte, hohe Stirn, auf die männliche leichtgebogene Nase, auf den zum Wohlwollen angelegten, ernst geschlossenen Mund, bewunderte man seinen idealen fränkischen Charakterkopf, den ein ins Blonde — um nicht zu sagen ins Füchsige — schillernder, kräftiger Vollbart zierte und der mit reichem dunklem Haupthaar bedeckt war. Selbst bei ernsten Gesprächen blieb er lange wortkarg, oder seine Sprache war abgerissen, kurz, schwer und machte für den Nichteingeweihten den Eindruck einer gewissen Schüchternheit und Befangenheit, oder aber einer Vornehmheit, die es verschmäht, sich des auch ungesprochen bekannten und geläufigen Phrasenschatzes unserer Sprache zu bedienen."

Ich erzählte ihm einst — so fährt Conrad Beyer fort —, als ich mich vor Jahren mit dem Entschluß der Abfassung meiner Schrift: ‚Erziehung zur Vernunft‘, trug, in mehr humoristischer Weise unter dem applaudierenden Gelächter meines verstorbenen, durch seine wissenschaftlichen Leistungen bekannt gewordenen Bruders Dr. Karl Beyer und anderer Freunde, wie ich einst von einem außerordentlichen Professor einer deutschen Universität die Erkenntnistheorien des Locke und Leibniz vorgetragen erhielt. Ich sehe ihn noch mit dem plötzlich zurückschnellenden, herausfordernden Kopf, höre noch die Hastigkeit seiner nun mächtig hervorsprudelnden, sich überstürzenden Rede, gewahre noch das zornsprühende, rollende Feuerauge dieses feuerströmenden Feuerbachs. Ich werde nie dieses halbstündige Kolleg über Locke vergessen, das uns der einsame Gelehrte in der Schloßwirtschaft zu Bruckberg hielt. In solchen Momenten wurde es in seiner Umgebung plötzlich still. Feuerbach erschien mit einem Male größer, mit jeder neuen Gedankenwelle wurde er entzückender, bezaubernder, hinreißender. Aber trotz aller Emphase verlor er, der sich in seiner Umgebung wie Zeus unter den Göttern ausnahm, nie das Sympathische, Erwärmende im Ausdruck, wie sich da überhaupt niemals die geistige Scheidewand hob, die ihn von den Honoratioren und seinen Bekannten aus der Umgebung trennte, so daß selbst Geistesbevorzugte es einräumten, wie schon eine gewisse Selbstüberwindung, ja ein längerer Umgang dazu gehöre, um sich in seiner Gegenwart sozusagen als seinesgleichen zu fühlen und auf menschlich unbefangenem Fuße mit ihm zu verkehren. ...."

Daß unser Philosoph kein bloßer Verstandesmensch war, sondern ein tiefes Gemüt besaß und einer mächtigen Leidenschaft fähig war, beweisen die von ihm in der Zeit seiner Bekanntschaft mit Bertha Löwe an diese gerichteten Briefe, die überdies einen hohen psychologischen Reiz besitzen. Wenn man diese Herzensergießungen Feuerbachs liest, muß man unwillkürlich an seinen Ausspruch denken, den er in seiner Zuschrift an Kapp vom 18. Februar 1835 tat, also lautend: „Nur zweierlei Sorten von Briefen kann ich mir denken: Geschäftsbriefe und Liebesbriefe, denn alle beide, Geschäft und Liebe, sind Kleinigkeiten — Wichtigkeiten." Über alles, was seine Seele bewegt, gibt er der treuen Freundin Rechenschaft. Er plaudert in diesen Zuschriften mit so viel Geist, Gemüt und Grazie, daß diese feuilletonistischen Causerien eines ernsten Denkers unwillkürlich an Rousseaus „Abaelard und Heloise" erinnern.

Als Bertha Löwe im April 1834 in Sachen der Porzellanfabrik von Bruckberg nach Heidelberg reiste, gibt er seiner Sehnsucht nach der Geliebten in zarten, innigen Worten Ausdruck, die von seiner tiefen Liebe zu ihr zeugen. So bequem und gefahrlos auch die Reise sei, so begleite er doch in Gedanken sie nicht ohne Sorge und er könnte nicht den Tag erwarten, wo er sich sagen müßte: Jetzt sei sie dort und in den besten Händen der Welt. „Ich möchte Ihnen" — so schreibt er wörtlich — „einen recht schönen Brief schreiben, einen Brief, der Ihnen sowohl des Inhaltes, als des Stiles wegen Freude machte, kurz einen Brief, den es sich der Mühe lohnt zu lesen. Aber einen schönen Brief kann ich nur schreiben, wenn ich einen wahren schreibe, denn nichts ist mir widerlicher als Schönheit ohne Wahrheit, und einen wahren kann ich nur schreiben, wenn ich frei von der Seele weg spreche, wenn ich dem Drange meines Innern keine beengenden Schranken setze. Ich weiß mir keine erbärmlichere Situation von der Welt, als die, einen geistlosen Brief schreiben zu müssen, und einen geistlosen schreibe ich, wenn ich einen herzlosen schreibe, da Kopf und Herz bei mir Eines Wesens sind."

Anfänglich zweifelte er daran, daß ein so entzückendes Geschöpf, wie Bertha war, ihn lieben könne, und er quält sie mit allerlei Fragen und Bedenken, aber allmählich überzeugte er sich von der Tiefe ihrer Empfindungen für ihn. In der Zeit der Bedenken und Befürchtungen richtete er an sie die Frage: „Soll der Brief mehr sein, als sein Verfasser? Was war und bin ich selbst Ihnen als ein flüchtiger, ganz kurzer, noch dazu an vielen Stellen kaum leserlich geschriebener Brief, den Sie einmal zufällig, ohne selbst zu wissen, wie Sie dazu gekommen sind, und ohne sogar die Hand zu kennen, in der mit Billetsdoux und fremden Manuskripten aller Art reichlich gefüllten Brieftasche Ihres Herzens gefunden haben? was anders als ein Briefchen, das der Genius des Fräulein Bertha einmal in einer humoristischen Laune zur Erinnerung an Ihren eigenen Wert, den Sie nur zu sehr zu leugnen geneigt sind, an Sie geschrieben hat? als ein nur ein paar inhaltsreiche Zeilen enthaltendes Blatt in dem schon beschriebenen Stammbuch Ihres Lebens? Was willst Du also mehr sein, als ich, Du arroganter Brief? Wende das Sprichwort: ‚der Apfel fällt nicht weit vom Stamme' auf Dich an." Um dem Hangen und Bangen in schwebender Pein eine Ende zu machen, entschloß sich das junge Paar, anfangs 1835 sich zu verloben, obschon die pekuniäre Lage desselben keine solche war, daß an eine baldige eheliche Verbindung gedacht werden konnte, denn weder er noch sie besaßen Vermögen. Sein Vater hatte nichts hinterlassen, denn er war ohne Vermögen in den Staatsdienst getreten und hatte sich in demselben nichts erworben, da die Erziehung seiner zahlreichen Kinder ihm große pekuniäre Opfer auferlegte. Dennoch sah Ludwig Feuerbach die Notwendigkeit ein, Fräulein Berthas Los an das seinige zu knüpfen, denn er fühlte immer mehr, daß für ihn das Leben nun gar keinen Inhalt und Reiz mehr habe, wenn er nicht die Erwählte seines Herzens zur Gefährtin seines Daseins machen würde. Als Bertha ihm in einem Briefe vom Januar 1835 ihren Entschluß kundgab, die Seine zu werden, jubelte er hoch auf. „Du bist immer bei mir" — so schreibt er aus Erlangen vom 11. Januar d. gen. J. —, „wenn ich auch in die fernsten Regionen des Denkens mich begebe; jeder freie Augenblick ist Dein und wenn meine Gedanken selbst im Traum mich bei Nacht beschäftigen werden, so sei gewiß, daß Dein liebes Wesen sich stets mit diesen meinen Träumen vermischen wird. An Dich zu denken ist mir Bedürfnis, gehört zu meinem täglichen Brot. Deswegen sollst und wirst Du auch immer ohne Unterbrechung, zum Zeichen meiner Liebe, wenigstens einige Zeilen, die Du als flüchtige, aber herzliche intime Grüße und Küsse ansehen sollst, von mir empfangen. Du glaubst nicht, wie wohltätig Du auf mich als Menschen und Schriftsteller einwirken kannst und wirst. Den Menschen erhebt das Bewußtsein, daß er etwas einem andern ist. Möge dieser Gedanke, der Gedanke an die Bedeutung, die Du für mich hast, in trüben Augenblicken Dich aufrichten! Mögest Du an mir zum Selbstbewußtsein kommen!"

Natürlich verleugnet sich auch hier der Philosoph nicht, denn er begnügt sich nicht mit Beteuerungen seiner Liebe, sondern gibt dem geliebten Wesen auch Rechenschaft über die philosophisch-wissenschaftlichen Arbeiten, die ihn beschäftigen. Besonders interessant sind seine Ausführungen, die er in einem zwei Tage später geschriebenen Briefe über die Liebe gibt, die in einer Arbeit von ihm über die Vernunft und den Erkenntnistrieb eine Rolle spiele. „Dieser Gegenstand, der uns miteinander, ich hoffe und wünsche, für immer verknüpft und so viel schmerzliche, aber auch erfreuliche Augenblicke schon bereitet hat, ist die Liebe. Denn ich setzte ihr die Vernunft nicht als ein fremdes, feindseliges Wesen entgegen, wie so viele Menschen tun, die weder etwas von der Liebe, noch von der Vernunft wissen, sondern nur voran als eine an Jahren und Verstand reifere Schwester. Ich betrachte nämlich die Liebe als eine wesentliche Art der Erkenntnis selber, als die Art, durch die allein der Mensch den Menschen wahrhaft erkennt. Man muß den Menschen lieben, sage ich, um ihn zu erkennen. Nicht die Liebe ist blind, sondern nur die selbstsüchtige, bloß sinnliche Begierde; nur der Liebende hat der Geliebten wahres Wesen, hat sie, wie sie wirklich ist, in Händen, Herzen und Augen. Diese meine Zusammenstellung oder vielmehr Identifikation der Liebe mit der Vernunft, die ich natürlich viel weiter und tiefer begründet habe, als ich in ein paar Worten Dir angebe, ist eine der gelungensten Materien in meiner früheren Arbeit, die ich daher auch ohne besondere Veränderung so lassen kann, wie ich sie früher schon niederschrieb. Sie hat mich auch hauptsächlich zur Wiederaufnahme dieser Arbeit ermuntert; sie hat mich selbst überrascht, als ich sie neulich zum ersten Male wieder las, um so mehr, da ich doch eigentlich erst an und mit Dir die Liebe wahrhaft erkannt habe, oder wenigstens empfunden, erlebt."

Er schüttet ihr sein Herz aus — auch sein philosophisches. So berichtet er ihr z. B. von seinem Kampf, den er in den „Berliner Jahrbüchern" gegen die Schellingsche Un- und Afterphilosophie führe, die so viel Unheil anstifte. Es sei eine Sache der Ehre, dagegen öffentlich aufzutreten. „Ich folge nicht meiner persönlichen Leidenschaft, wenn ich das schneidende Schwert der

Kritik ergreife; es ist ein Akt der Gerechtigkeit, den ich im Namen der Wahrheit und ihrer Tochter der Philosophie als Dero untertänigster Scharfrichter vollziehe. Es sind die Manen eines Hegel, Fichte, Spinoza usw., die ich räche an dem falschen, treulosen, eitlen, lästermäuligen Sch..." Dabei ist er sich wohl bewußt, daß ihm eine solche vernichtende Kritik der Schellingschen Philosophie jegliche Aussicht auf eine Anstellung in Bayern nehme, aber er kann eben dem Wahrheitsdrang seiner Seele nicht widerstehen. Wozu soll er aber länger Rücksichten nehmen, die ihm doch bisher nichts genützt haben? Nein, immer vorwärts will er streben. Wer denke, sei der Menge ohnehin ein Stein des Anstoßes, er mag es machen wie er wolle. „Mit Dir verbunden zu leben, ist mein einzigster Wunsch, dem ich manches Opfer zu bringen gern bereit bin, um ihn zu realisieren. Aber hängt denn seine Erfüllung einzig und allein von einer Anstellung im Inlande ab? Und kommt denn nicht oft der sicherer an sein Ziel, der frei und mutig einherschreitet, wenn er auch bisweilen über einen Stein stolpert oder sich an ihm wehe tut, als der, welcher bei jedem Schritte bedächtig sich umsieht, daß er nicht verstoße?"

Seine Briefe an sie enthalten eine Fülle von poetischen Gedanken und Empfindungen, die zuweilen von bestrickendem Reiz sind. Besonders wenn er ihr Erklärungen über seine eigenen Schriften gibt, sprüht er von Geist und Gemüt. Als er z. B. eines Abends ihre Gegenwart vermißte, gibt er seinem Kummer in folgenden Worten Ausdruck: „Meine Seele war ein Abgrund, aus dem nur ein Seufzer nach Dir als das einzigste Lebenszeichen zu meinen Ohren drang. Aber ist es denn auch ein Wunder, wenn uns die Trennung immer mit Schmerzen erfüllt? Beseelt uns denn, wie andere, bei dem Abschied die süße, sichere Hoffnung, daß wir bald uns angehören werden? So oft ich mich von Dir trennte, war es mir fast immer zumute, als würde ich Dich nie mehr sehen. Bei jedem Abschiede traten mir, bald offener, bald verstohlener, Tränen in die Augen, die mir doch sonst so leicht nicht kommen. Wie hätte ich 1830, wo ich meine ‚Gedanken über Tod und Unsterblichkeit', schon damals aufs tiefste von ihnen zerrüttet und zermalmt, aber frei von einem bestimmten Gegenstand der Liebe, niederschrieb, daran gedacht, daß ich — und zwar im innigsten teuersten Verhältnis des Menschen, wo die Empfindung am heftigsten ist — so oft empfinden und bewähren muß, was ich immer schon als genug hielt, auch nur einmal zu empfinden! Meine Gedanken über den Tod haben mir selbst tiefe Schauder und Schmerzen erregt; aber wegen der Schmerzen, die uns eine solche Lust bereiten, dürfen wir nicht an ihrer Wahrheit zweifeln. So lange wird uns immer eine Wahrheit schmerzlich sein, bis wir uns mit unsern Empfindungen in sie gefunden haben, bis sie uns, durch Erfahrung und Gewohnheit vertraut, heimisch geworden ist. Das Auge, das Organ der edelsten Wahrnehmung und Erkenntnis, das Organ des Lichtes, ist doch zugleich auch ein Werkzeug, dessen sich der Schmerz bedient. Die Erkenntnis der Notwendigkeit betrachtet die Schmerzenslaute, die sie aus dem Menschen hervorruft, nicht als Stimme, die gegen ihre Wahrheit zeugt, sondern vielmehr als unwillkürliche, dem Menschen wider seine selbst- und genußsüchtigen Neigungen abgerungenen Beweise für sich. — O Liebe! könnten meine innigen Gedanken an Dich noch heute als empfindende Wesen zu Dir dringen und Dich mit den Banden eines von den süßesten, erquickendsten Träumen erfüllten Schlafes umfangen!"

Ludwig Feuerbach nennt Bertha Löwe „mein lieber Tag- und Nachtgedanke" und gibt ihr auch sonst allerlei reizende Kosenamen; wenn er sich aber auch mit ihr neckt und mit ihr scherzt, vergißt er nicht, ihr immer aufs neue zu wiederholen, wie glücklich ihn ihr Besitz mache, und wie er sein ganzes Leben darauf verwenden werde, um ihr den Himmel auf Erden zu bereiten. Die ganze männliche Würde und der sittliche Ernst des echt deutschen liebenden Mannes tritt uns in den Zeilen entgegen, die er ihr einmal aus seiner Bräutigamszeit sendet, worin er zugleich bemüht ist, die Sorgen für die Zukunft, die sie sich machte, ihr von der schönen Stirn zu scheuchen. „Gestern besonders, aber auch heute noch einige Augenblicke", so lauten seine Worte, „befiel mich eine angstvolle Sehnsucht nach Dir. Es war mir als fehlte Dir etwas und müßte ich Dir zu Hilfe eilen. Ich hoffe und wünsche, daß mein ängstliches Gefühl ohne Grund und Bedeutung war. Ganz bin ich Dein. Jeden Schmerz möchte ich von Dir hinwegheben, und wenn ich das nicht kann, wenigstens durch Mitgefühl mit Dir teilen. Keinen gesunden Blutstropfen würde ich mir selbst mehr gönnen, wüßte ich Dich krank oder leidend, wenigstens keine Lebensfreude würde ich mir mehr gönnen. Darum, Beste, Teuerste, ärgern mich auch immer Deine Sorgen wegen der Zukunft! Bekümmere Dich nur um das Nächste, nicht um das Ferne. Der vernünftige Genuß und Gebrauch der Gegenwart ist die beste Sorge für die Zukunft. Nur die Gegenwart ist unser, sagten die griechischen Philosophen. Gerade durch ängstliche Sorgen verdirbt sich der Mensch die Gegenwart und mit ihr die Zukunft; die Gegenwart ist das Kapital, die Zukunft die Zinsen, die nur von der richtigen Verwaltung und Anlegung des Kapitals abhängen. Wenn auch unsere Zukunft unseren Wünschen nicht entsprechen sollte, sei gewiß: Deine Sorgen wenigstens werden nie zur Wahrheit. Deine Jahre werden nie die Kraft meiner Liebe mindern, auch Du wirst mir in jedem Gewande des Leibes noch wert und teuer sein. Ich vermisse nichts weiter an Dir, als daß Du nicht mein Weib bist. Nur dieser Mangel kümmert mich."

Den Mittelpunkt der Korrespondenz des Brautpaares bildet fortwährend die Frage, ob der Gedanke an eine eheliche Vereinigung auch in den wenig hoffnungsreichen finanziellen Verhältnissen desselben eine Chimäre oder eine zu verwirklichende Idee sei? Wir erfahren aus einer Zuschrift Feuerbachs an seine Verlobte auch einiges von dem Einkommen desselben und ersehen zugleich daraus, wie schwach die finanzielle Basis war, auf der sich das Heim des jungen Paares erheben sollte.

„Meine Pension" — so berichtet der Bräutigam an seine Braut — „ist zwar gering, sie beträgt jährlich 280 fl., aber sie ist doch etwas, etwas Sicheres und Festes. Durch Schriftstellerei kann ich mir wenigstens jährlich 100 fl. verdienen, denn wenn ich auch in einem Jahre nur ein paar Rezensionen und keine selbständige Schrift liefern sollte, so werde ich dafür im zweiten oder dritten Jahre durch eine größere Schrift reichlich das Defizit an den 100 fl., die ich, um den geringsten Maßstab anzulegen, für jedes Jahr anschlage, wieder einbringen. Bisher hat freilich der Schriftsteller noch wenig materiellen Gewinn dem Menschen gebracht. Aber ich bin ja auch erst seit 1833 als Schriftsteller öffentlich bekannt, da meine erste Schrift anonym erschien. Und die ersten Schriften haben keinen anderen Zweck, als eben dem Autor einen Namen zu verschaffen, um erst durch spätere Leistungen von ihren Früchten einzuernten. Aus der Anerkennung, die meine ersten Schriften gefunden haben, kann ich nur mit Fug und Recht schließen, daß meine späteren Arbeiten, die an Gehalt den früheren gewiß nicht nachstehen werden, von Buchhändlern gern angenommen und angemessen honoriert werden. Ich kann also, ohne mir oder Dir einen blauen Dunst vorzumachen, meine Schriftstellertätigkeit sozusagen auch als ein Kapital aussetzen, das seine Zinsen trägt, so daß ich folglich im ganzen ungefähr 400 fl. jährlichen Ertrag als sehnsuchtsvoller Ehestandskandidat zur Realisierung unseres Wunsches, der auf Deiner Seite wohl ebenso lebhaft, wahr und innig als auf der meinigen ist, mitbringen kann. Als traurige Früchte ihres unseligen Garçonlebens bringen die jungen Ehemänner sehr häufig in den heiligen

Ehestand Schulden mit, um sie erst in ihm zu tilgen. Auch mich — damit Du weißt, was Du zu wissen brauchst, denn in diesem delikaten Punkte darf der Mann Geheimnisse vor dem Weibe haben — fesseln, aber nicht mit reizenden Banden, Schulden an diese wunderschöne Erde."

Unendliche Freude bereitete ihm Bertha, als sie ihm ihr Bild aus ihrer Kinderzeit übersandte. In diesem schönen Kinderkopf glaubte er Spuren ihres Wesens zu erkennen. Entzückt schreibt er ihr: „Du mußt als Kind so gewesen sein, der Geist des kleinen Gesichtchens, das Gute, Liebe und Sinnvolle, ja wirklich Geistreiche, das über ihm schwebt, ist ein Ausfluß, ein Strahl von dem Wesen, das Du heute noch bist und darstellst. Du hättest mir kein sinnvolleres Andenken geben können, als dieses Bild, ob es Dich gleich darstellt, wie Du noch lange nichts von Liebe wußtest. Aber ich betrachte es als das Bild Deines reinen kindlichen Herzens, das Du durch die Gefahren des Lebens und die Stürme der Jahre hindurch treu aufbewahrt und mir geschenkt hast. Ich betrachte es als einen schönen Traum von meiner Geliebten, der einen ebenso angenehmen als tiefen Eindruck in mir zurückgelassen hat, dessen bestimmte Züge und Gehalt ich mir aber nicht verdeutlichen kann, als eine dunkle Reminiszenz aus einer längst vergangenen Zeit, die ich nicht persönlich mitlebte, und die doch zu meinem Leben gehört, indem ihre Früchte mir gereift sind. Ich habe das Porträt über meinem Kanapee zwischen zwei großen Bildern, die zerfallene Ritterburgen vorstellen, aufgehängt. Du glaubst nicht, wie lieblich sich zwischen diesen Ruinen das Köpfchen ausnimmt! Einen passenderen Platz hätte es nicht finden können, denn bist Du nicht der einzige freundliche, versöhnende Punkt mitten zwischen den Trümmern der zerfallenen Ritterburgen meines Lebens? Warst Du es nicht, die die Widersprüche, in die mein moralisches Wesen geteilt war, gelöst hat? Jetzt kommen noch zwei Kupferstiche von Philosophen, Spinoza und Cartesius, in meine Stube, dann habe ich alles vor meinen Augen versammelt, was mir lieb und wert war, die Bilder meines eigenen Lebens — Philosophie, Liebe, Natur. Wie gut wird sich erst vis-à-vis den schwarzen Philosophenköpfen das liebliche Kindsköpfchen ausnehmen!"

In zärtlicher und zugleich hygienischer Weise ist er besorgt um die Gesundheit seines ihm so teuren Wesens; als er erfuhr, daß sie gleich nach Tische an die Arbeit geht, erinnert er sie eindringlich daran, daß dies eine durchaus unvernünftige Handlung sei, sie solle nach Tisch spazieren gehen oder wenigstens nichts tun, denn auch das Nichtstun zur gehörigen Zeit sei ein Tun. Auch seiner Mutter müsse er stets vorwerfen, daß sie gleich nach dem Essen lese, allerdings begehe auch er selbst häufig diesen Fehler, aber er wehre sich doch auch oft gegen ihn. In allen Dingen Maß zu halten, das sei der Gedanke der ersten und ältesten Philosophen Griechenlands gewesen.

In diesen Briefen an die Geliebte befinden sich auch so manche bedeutsame und interessante Aussprüche und Gedankenspäne des Philosophen über gesellschaftliche und religiöse Fragen. Er, der die Einsamkeit über alles liebte und die geräuschvollen und lärmenden Vergnügen haßte, spricht sich dort in entschiedenster Weise „über die langweiligen so geisttötenden Gesellschaften" aus; schon um deswillen wünscht er sich sie stets als Gattin an seiner Seite zu haben. Wenn man sich in die Einsamkeit begebe, so ziehe diese den Menschen von allem Eitlen ab und befreie ihn von der sklavischen Unterwerfung unter die Meinungen und Modeansichten der Welt. Auch erklärt er sich dort gegen die Vergötterung eines Menschen und sei es selbst die Geliebte.

Daß er solche ketzerischen Ansichten in Liebessachen auszusprechen wagte, beweist meines Erachtens am schlagendsten, daß Bertha Löwe kein Mädchen gewöhnlichen Schlages, sondern ein ihrem Bräutigam kongeniales Wesen war, befähigt, seinem kühnen Gedankenflug zu folgen und seine ideale Lebens- und Weltanschauung zu der ihrigen zu machen. „Nur der irrt in der Liebe," so heißt es in einem seiner kurz vor der Hochzeit an sie geschriebenen Briefe, „der die Geliebte als eine wahre Göttin anbetet, der in ihr die letzte Seligkeit und Wahrheit finden will. Aber auch diese Verehrung der Geliebten ist nicht so geradezu Irrtum, denn schon die Alten sagten: Der Mensch ist dem Menschen ein Gott; denn der Mensch ist nicht von und durch die Geburt, er wird erst durch den Menschen Mensch, nur im anderen wird er seiner selbst bewußt, erhebt er sich zur Idee der Menschheit und Gottheit. So ist also der Mensch an und für sich dem Menschen der Vermittler mit Gott. So ist auch der Mann der Erlöser des Weibes. Die wahre Liebe und Ehe hat eine sündenlösende, befreiende, bessernde Kraft, ohne daß man den Namen Christi oder Gottes stets im Munde führt, und seine Frau als eine Geliebte und Schwester in Christo tituliert. Der Glaube, der Christus für eine göttliche Privatperson, für ein partikulares zur Rechten Gottes sitzendes Wesen, für ein für sich existierendes Mittelding zwischen Gott und dem Menschen, verehrt und festhält, ist nicht wahrer Gottesdienst. Wir sollen Christus nur verehren um Gottes willen, der in ihm wohnte. Aber Gott ist ein allgemeines Wesen, er gehört uns allen an, ist das gemeinschaftliche Gut und Gute der Menschen; obgleich dies natürlich sein Wesen nicht erschöpft. Wenn ich nur einmal zu einer sicheren, ruhigen Existenz es brächte, damit ich meine Gedanken über diese und andere Gegenstände, worüber ich soviel nachgedacht habe, entwickeln und ausbilden könnte! Von einer Frau verlange ich außer den Eigenschaften, die ich in Dir finde, nichts weiter, als daß sie keine solchen Fehler hat, die den Mann in seinen Arbeiten und der Verwirklichung seiner Pläne stören. Und ich wüßte nicht, daß Du solche Fehler hast. Denn Deine Ängstlichkeit und Zweifel würden durch die Erfahrung, die Du gewiß machen würdest, daß ich mit

Dir glücklich lebe, verschwinden. Nur keine eitlen Sorgen, meine Liebe!"

Auch scheint Bertha Löwe eine freigeistige Dame gewesen zu sein, denn Feuerbach nimmt keinen Anstand, sie in seine radikalen religiös-philosophischen Ansichten einzuweihen. Er prägt ihr z. B. ein, daß man sich Gott freier, allgemeiner, nicht so beschränkt und engherzig nach dem ängstlichen Wesen des Menschen gemodelt denken dürfe, wie dies die meisten Leute tun; Kraft gebe allerdings dieser Glaube, denn der Fromme halte sich für teilhaftig der besonderen Gnade und des Schutzes des allmächtigen Wesens. Er denke sich Gott bloß in bezug auf sein Seelenheil, als seinen Arzt, Vater, Tröster, Seelsorger. Er denke Gott nicht als ein Wesen für sich, sondern nur als ein Wesen für den Menschen. Er schlage alle Zweifel nieder; wo er auf Widersprüche mit seinem Glauben stöße, helfe er sich mit der Unerforschlichkeit der Pläne Gottes und mit seinem Glauben an ein Land, wo diese Widersprüche gelöst sein würden, daher der wirkliche oder scheinbare Frieden dieser Menschen, daher ihre Kraft zur Ertragung von Leiden, die in ihrem Sinne nur Prüfungen seien und ihnen einst reichlich vergolten würden. Aber — fragt Feuerbach — gibt einem der Glaube auch Kraft zur wahren Selbstüberwindung? Sehen wir nicht gerade sehr häufig die Frommen von einer Leidenschaft, wie Geiz, Wollust, Hochmut, unterworfen? Erleuchtet er ihren Verstand? Gibt er ihnen mehr Einsicht in den Gang der Welt und des Lebens? Schiebt er sich nicht gerade die schwierigsten Aufgaben des Menschen vom Halse? Bewirkt und bezweckt er wahre, universelle Menschenbildung? Ist er nicht vielmehr die größte Beschränktheit des Geistes und des Gemütes? Versöhnt er wirklich Gott mit der Welt und diese mit ihm? Erhaben über Zeit und Raum, Glaube und Vorstellung und mächtiger als sie alle sei eben die Liebe, die sie beide fürs Leben verbinde und ihre Herzen vereinige. In dem letzten Briefe, den er ihr als Bräutigam schrieb, spricht er dies mit den schönen Worten aus: „Unsere Liebe — Teure — war eine bleibende Wahrheit für uns, es gehe uns auch noch wie es wolle. Mögest Du nie diesen Glauben verlieren! Zwei Wesen, die sich so nähern, berühren und lieben, verwirklichen eine Wahrheit, eine göttliche Idee. Wenn Gott nicht in solcher Liebe in gewisser Weise wenigstens gegenwärtig ist, so ist er ein höchst beschränktes, kein allgegenwärtiges Wesen."

Am 12. November 1837 führte endlich Feuerbach seine so innigst geliebte Berta in Bruckberg als Gattin heim. In diesem Dorfe lebte er nun fast fünfundzwanzig Jahre in stiller Zurückgezogenheit. Dieses Vierteljahrhundert bezeichnet er später als die schönsten Jahre seines Lebens. Wohl dachte er zuweilen über den Unterschied seiner jetzigen Lage nach, aber wenn man ihm vom großstädtischen Tun und Treiben sprach, es als das wünschenswerte Ideal für den Mann von der Welt hinstellend, rief er mit Verachtung aus: „Laßt mich in Frieden, ich bin nur so lange etwas, als ich nichts bin." Den Aufenthalt auf dem Dorfe mit demjenigen in der Großstadt zu vertauschen, erschien ihm als Unsinn. „Siehe!" — so sagte er einmal einem solchen Versucher gegenüber — „den Sand, den mir die Berliner Staatsphilosophie in die Zirbeldrüse, wohin er gehört, aber leider auch in die Augen streute, wasche ich mir hier an dem Quell der Natur vollends aus. Logik lernte ich an einer deutschen Universität, aber Optik, die Kunst zu sehen, lernte ich auf einem deutschen Dorfe." Der Umgang mit der Natur, der ihm schon in Ansbach und Erlangen zum Lebensbedürfnis geworden, wurde für ihn jetzt eine Notwendigkeit, und seine Liebe zu ihr hatte ebenso einen ästhetischen wie einen wissenschaftlichen Grund, und diese Berührung mit der Mutter Erde, diese Streif- und Querzüge durch Land und Feld, durch Wald und Wiesen verliehen ihm auch ein Gefühl innerer Befriedigung und erhielten ihn frisch und gesund.

Über sein Leben und Treiben in Bruckberg entwirft der schon genannte Conrad Beyer nach eigenen Wahrnehmungen eine Skizze, der wir folgendes entnehmen.[1])

„Mein Bruder Karl bewohnte, bevor er sich auf sein Gut Witzhave bei Hamburg zurückzog, zwei Jahre lang einen Flügel des Bruckberger Schlosses und stand während dieser Zeit in täglichem Verkehr mit Feuerbach. Bei meinem Besuche dort hatte ich die Freude, unsern Philosophen auf seinen mehrstündigen Spaziergängen öfters begleiten zu dürfen. Da ging es durch Wald und Flur, und weder Schnee noch Regen vermochten ihn zurückzuhalten. Wie konnte ich hier in dem Charakter des unergründlichen Geistes lesen, dieses Mannes, dessen Verschlossenheit bekannt war und der auch in seiner Familie so wortkarg blieb. Neben der von ihm bis zur Härte gegen sich selbst geübten körperlichen Abhärtung zeichnete er sich durch sein Bestreben aus, durchaus unabhängig von anderen leben zu wollen. Nicht nur, daß er jede Bequemlichkeit verschmähte, wies er auch jede Dienstleistung zurück. Das ging so weit, daß er sich in vielen Fällen selbst die Kleider reinigte, daß er sich für Besorgungen von Gängen selbst auf die Beine machte, bis er ganz zuletzt durch sein Unwohlsein gezwungen wurde, die Hilfe seiner Umgebung sich gefallen zu lassen. Jeden Abend ging er in Bruckberg auf einige Stunden in die im Schloß befindliche Wirtschaft, wo er ein gemischtes Publikum vorfand, bestehend aus Arbeitern der Fabrik, ferner aus Handwerkern, Bauern, dem Lehrer, dem Bürgermeister des Orts, dem als Sammler von kryptogamischen Gewächsen bekannten Dr. med. Rehm und einzelnen Honoratioren der Umgegend. Feuerbach stopfte sich dann sein Pfeifchen und unterhielt sich teilnehmend. Ihn interessierte jede Lebenssphäre, jede Individualität, sie mochte noch so bescheiden und einfach

---

[1]) Leben und Geist Ludwig Feuerbachs, Seite 12 ff.

sein. Immer wußte er eine Lichtseite zu gewinnen und jedem Gerechtigkeit widerfahren zu lassen. Statt vieler nur ein Beispiel: Sein Neffe hatte einst einem wohlhabenden Bauern aus der Biergesellschaft geraten, Meerrettich mit Honig als Mittel gegen Brustleiden zu essen. Der geizige Bauer sparte die Ausgabe für Honig und verdoppelte die Meerrettichdosis, wodurch er ein entsetzliches Brennen im Magen verspürte und das Mittel verwünschte. Der Bauer mußte sich den Hohn der Anwesenden gefallen lassen. Feuerbach nahm die Partei desselben, tadelte den ‚Gymnasiastenneffen‘, weil er nicht in Voraussicht eines Mißverständnisses genauere Instruktionen gegeben habe, und meinte dann zu mir gerichtet: ‚So geht's den Armen in ihrer Religion, aber hier ist der Magen abgehärtet, sie fühlen das Brennen nicht mehr.‘ Diese seine hohe, unvergleichliche Humanität, diese Teilnahme für anderer Leid und Freud, dieses Wohlwollen gewann ihm die Herzen aller, und wohl selten wird ein Gelehrter von hoch und niedrig aller Parteien aufrichtiger verehrt worden sein, als Feuerbach von seinen Freunden und näheren Bekannten, auch den Nächststehenden seines Verwandtenkreises und seiner Familie. Seine treffliche Gattin schrieb mir: ‚Wenn ich von dem Eindruck sprechen soll, den Feuerbachs Erscheinung und sein langjähriger Umgang auf mich gemacht hat, so kann ich es nicht anders ausdrücken, als er erschien mir höher als die anderen Sterblichen — er war ein Gott.‘ Ein solches Zeugnis von der Frau nach einer mehr als dreißigjährigen Ehe bedarf wahrhaftig keines Kommentars!"

Und der schwedische Philosoph Professor Dr. Wilhelm Bolin, der wiederholt Gast Ludwig Feuerbachs in Bruckberg war, entwirft von dem Leben des Einsiedlers das nachstehende idyllische Bild:[1]

„Den Abend pflegte die Schloßbewohnerschaft in gutbayerischer

---

[1] „Ausgewählte Briefe von und an Ludwig Feuerbach", Bd. I, S. 71 ff.

Gemütlichkeit, ohne irgendwelche Schranken von Standesunterschieden, beim Bier zu verbringen, welches in einer im Erdgeschoß des Gebäudes eingerichteten Wirtschaft verzapft wurde. Hier war Feuerbach, nach eingenommenem Nachtmahl mit den Seinigen, ein häufiger, wiewohl zumeist schweigsamer Gast, und zwar vorwiegend um die Zeit des Jahres, wo die Witterung das Beisammensein im Freien zuließ, welches in einem mit einfachen Bänken und Tischen umstandenen Vorgärtchen des Wirtschaftslokals statthatte; denn dessen Innenräume waren beengt und wenig anmutend, für den winterlichen Alltagsbedarf aber ausreichend. Abwechslung in jenes feierabendliche Treiben brachte der alljährliche Besuch von böhmischen Musikanten, die in einem Wirtslokal des Dorfes Bruckberg eine Reihe von Abenden sich hören ließen. Es waren in der Regel Väter mit ihren talentvollen Söhnen und Töchtern, und ihre Leistungen, gewöhnlich Streichquartette und -quintette gediegener Meister, fast ausnahmslos anerkennenswert. Feuerbach mit seiner Familie fehlte nie bei solchen Musikgelegenheiten; und hier leitete ihn nicht nur sein ausgeprägter Wohltätigkeitssinn, sondern auch seine Liebe für die Tonkunst. Wohltätigkeitsrücksichten allein bewogen ihn auch zum Besuch der zeitweilig in jenem Lokal statthabenden Vorstellungen wandernder Schauspielergesellschaften, zumal die Aufführungen gewöhnlich eingestellt wurden, wenn die „Schloßherrschaften" wegen Witterungsungunst auszubleiben genötigt waren.

„Bei allem Behagen an dem ländlichen Alltagsleben waren städtische Beziehungen keineswegs ausgeschlossen. Für unumgängliche Einkäufe und sonstiges Geschäftliche, das nicht durch die für den gewöhnlichen Postverkehr verwendete Botenfrau besorgt werden konnte, pflegte Feuerbach selbst nach dem drittehalb bis drei Stunden von Bruckberg gelegenen Ansbach sich zu begeben, manchmal zu Wagen, meist jedoch zu Fuß, was ihm

Das häusliche und gesellige Leben Ludwig Feuerbachs in Bruckeberg. 143

die zur Erholung üblichen Tagestouren ersetzte. In Ansbach hatte er außer seinem Buchhändler Seybold zwei besonders liebe Freunde, den Stadtkantor August Meier und den praktischen Arzt Dr. Friedrich Wilhelm Heidenreich, ein Semester hindurch sein Studiengenosse in Berlin .... Der Verkehr mit diesem kenntnisreichen Mann bot unserem Denker die förderlichste Anregung und eine im Zusammenstimmen der beiderseitigen Ansichten reichhaltige Befriedigung. Nach Abschluß einer größeren Arbeit, wo längeres Ausruhen nötig war, wurden Fahrten nach Nürnberg oder nach Erlangen unternommen; dorthin, um seine Mutter und Geschwister zu besuchen, während er in der naheliegenden Universitätsstadt seinen Bruder Eduard und einige gleichgesinnte Naturforscher treffen konnte.

„Alle die Genannten waren um die schönere Jahreszeit auch Gäste auf Bruckberg, wo Feuerbach und seine Gattin eine einfach verständige, aber bei alledem herzliche Gastlichkeit ausübten. Namentlich die Mutter mit den Schwestern und dem Bruder Fritz fanden sich häufig zu längerem Verweilen dort ein. Die Geselligkeit im Schloß wurde durch den Gesang der Schwestern Feuerbachs belebt; zusammen mit dem Schwager Stadler und einem an der Fabrik bediensteten Maler ließen sie nach der Abendmahlzeit im Garten mehrstimmige Lieder ertönen, an denen Feuerbach sein besonderes Wohlgefallen hatte. In warmer Sommerzeit erklangen die schönen Weisen oft bis Mitternacht. Musikalische Freuden brachte auch befreundeter Besuch aus Ansbach, wenn Doktor Heidenreich mit Frau und zweien ihrer Freundinnen sich einfanden. Die Damen, im dreistimmigen Vortrag von Volksliedern ausnehmend wohlgeübt, bereiteten damit dem andächtig lauschenden Philosophen manche musikalische Weihestunde. Auch der Erlanger Bruder war häufig diesem vertrauten Kreise beigesellt, dem er auch seit 1840 verwandtschaftlich noch enger verbunden worden durch seine Verheiratung mit Fräulein Sidonie

Stadler, der Tochter von Feuerbachs ältesten Schwägerin. An seinem Schwager Stadler hatte Feuerbach überdies einen durch Kenntnisse und treffliche Charaktereigenschaften ausgezeichneten Freund, dessen er in solcher Hinsicht auch mehrfach in seinen Briefen gedenkt."

In seinen Briefen an intime Freunde, wie z. B. Christian Kapp und den niederösterreichischen Bauernphilosophen und Schankwirt C o n r a d D e u b l e r — im Dorfe Goisern nächst Ischl —, dessen freundschaftliche Beziehungen zu Feuerbach uns noch weiter unten — im siebenten Kapitel — beschäftigen werden, erschöpft er seine ganze überzeugende Beredsamkeit, um die Reize dieses „Glücks im Winkel" auszumalen. So schreibt er einmal an den ersteren in seiner freimütigen und drastischen Weise: „Nichts ist widerlicher als wie eine Spinne sich in einem Stadtwinkel festzusetzen und von da aus Radien in die Umgegend zu ziehen, die immer wieder auf den Stadtwinkel als den Mittelpunkt zurücklaufen. Mit Freuden geht man fort, mit Ekel kehrt man wieder. Ein Ort, wo man im Frack schwänzeln muß, ist kein Ort für mich. Wenn ich einmal den status quo aufgebe, so will ich absolute Freiheit, volle Unbeschränktheit, allseitig ungehemmten Naturgenuß, nicht was meine empfindliche, sonderbare, mit impatiens noli tangere verwandte Individualität auch nur im geringsten stört, geniert. Ich suche keine Connaissancen, keine Gelehrten. Ich will nur leben im Urstand und Ursprung der Natur. Ich bin zum Forscher und Denker, aber nicht zum Lehrer, wenigstens permanenten Lehrer, bestimmt. Mir fehlt ein Talent: das formal-philosophische, das systematische, enzyklopädisch-methodische Talent, oder ich habe es wenigstens nie kultiviert, nicht — wenigstens bei dem gegenwärtigen Zustande der Philosophie und Wissenschaft — Wert darauf gelegt."

Ebenso begeistert äußert er sich in einer Zuschrift an Deubler aus dem Jahre 1863 über die Idylle seines ländlichen Aufenthaltes,

wo er u. a. sagt: „Volle 24 Jahre habe ich auf dem Lande gewohnt und hier für mich den Standpunkt gefunden, den Archimedes für sich verlangte, um die Erde in Bewegung zu setzen."
Als er mit Arnold Ruge und dessen Halleschen Jahrbüchern in Verbindung trat, und Ruge es für wünschenswert erklärte, den Philosophen beständig in seiner Nähe zu haben, dem Bruckberger Denker ernst zu Gemüte führend, wie vorteilhaft es für ihn wäre, wenn er nach Halle übersiedelte und das „Rattennest" verließe, wies Feuerbach alle diese lockenden Anträge mit Entschiedenheit zurück und war nicht dazu zu bewegen, jenen versteckten Erdenwinkel zu verlassen, um den dortigen Aufenthalt mit demjenigen in einer Großstadt zu vertauschen. Noch Ende der fünfziger Jahre des vorigen Jahrhunderts schreibt der Philosoph in sein Notizbuch: „Man lernt auf dem Lande sehr viel nicht, aber das Wichtigste — die Kunst, weise und glücklich zu sein. Trotz der Beschränkungen, der vielen nicht nur physischen, sondern auch geistigen Entbehrungen, die ich während meines Lebens erlitt, trotz meiner Mittellosigkeit habe ich mich doch nach allen wesentlichen Seiten des Menschen auszustrecken und auszubilden gesucht, habe ich doch ein unendlich genußreiches und glückliches Leben gehabt. Denn wie ein Bild, so konnte mich auch ein Buch, wie ein Buch, so konnte mich auch ein Stein, ein Baum, eine Blume entzücken, jeder Mensch mir Unterhaltung gewähren, weil ich es verstand, seine gute, interessante Seite herauszukehren."

Angeregt von der ihn umgebenden so herrlichen Natur, aber auch von Jahr zu Jahr immer mehr von der Notwendigkeit durchdrungen, seine Philosophie auf die empirische und exakte Naturwissenschaft zu stützen, betrieb er in Bruckberg gleich in den ersten Jahren seiner dortigen Niederlassung mit Eifer verschiedene naturwissenschaftliche Disziplinen. In erster Linie Anatomie, besonders des Hirns, Physiologie, Botanik und Insektenlehre; an verschiedenen Tieren nahm er Experimente vor, bestrebt, seine

Theorien auf induktivem Wege zu stärken. Freimütig bekennt er in einem Briefe vom Mai 1837 an seinen Freund, den Fechtmeister Roux in Erlangen, daß er es schon längst als einen großen Mangel empfunden habe, daß er in den Naturwissenschaften so zurück sei; nun erst sei ihm ganz wohl, daß er diese Lücke in seinem Wissen ausfüllen könne. Der Philosoph — so lauten seine Worte — müsse die Natur zu seiner Freundin haben. Die Natur sei durch und durch Wahrheit, Vernunft. „Was er denkt, das tut sie, das sieht er in ihr. Eine einzelne Tatsache kann einen einer ganzen Menge weitläufiger Demonstrationen und Schlüsse überheben, die man anwenden müßte, um eine Wahrheit den verstockten Seelen einleuchtend zu machen." Und welch hohe Stufe der Erkenntnis der kritische Religionsphilosoph trotz seiner späten Inangriffnahme naturwissenschaftlicher Studien z. B. als Physiolog erreichte, beweist das Urteil des großen Physiologen Jakob Moleschott[1]), der in seinem berühmten Werk „Der Kreislauf des Lebens" über Feuerbachs Bedeutung auf physiologischem Gebiete sich also ausspricht: „Kein Stoff ohne Kraft. Aber auch keine Kraft ohne Stoff. Die Eigenschaften der Grundstoffe sind unveränderlich. Es kann danach von keiner Lebenskraft die Rede sein, so wenig als die Schwere im Hebel zu einer Hebekraft, in der Wage zu einer Wägekraft wird. Aber der Mensch schafft alles nach seinem Ebenbilde, die Ursache der Erscheinung, wie den Gott, den er anbetet. Erst in der neuesten Zeit ward diese kindliche Lust an der Gestaltung überwunden, in der Wissenschaft wie im Glauben. **Will man die herkulische Tat, an welcher in unserer Zeit ein großer Teil der Menschen, ja unbewußt die ganze Menschheit arbeitet, soweit sie forscht, an einen**

---

[1]) Vgl. „Der Kreislauf des Lebens" von Jakob Moleschott, II. Band, fünfte vermehrte und gänzlich umgearbeitete Auflage, Gießen 1887, Seite 152 ff.

Namen knüpfen, dann hat Ludwig Feuerbach die Tat vollbracht. Durch ihn ist die menschliche Grundlage für alle Anschauung, für alles Denken ein mit Bewußtsein anerkannter Ausgangspunkt geworden. Menschenkunde, Anthropologie, hat Feuerbach zum Banner gemacht."

Auch geologische und geognostische Fragen beschäftigten ihn eingehend. Wer seinen Briefwechsel mit Christian Kapp liest, wird bald erkennen, welch lebhaftes Interesse er für diese Probleme hatte. Daß er sich mit den Jahren immer mehr von Hegel abwandte und zuerst zur Fahne der Neuhegelianer schwur und später auch dieser untreu wurde, ist zum nicht geringen Teil auf den Umstand zurückzuführen, daß Hegel sich an der Mutter Natur in unverantwortlicher Weise versündigte. Wie sehr Feuerbach in dieser Beziehung sogar auf die Details einging, beweist schon die Bitte, die er in einem Briefe vom 3. Februar 1840 an Kapp ausspricht, also lautend: „Du kannst mir eine außerordentliche Freude bereiten, wenn Du auf Deinen Spaziergängen auch nur in die nächste Gegend um Heidelberg hie und da einen Stein aufhebst und dann, wenn Du ein Sümmchen beisammen hast, gelegentlich packen und, wie sich von selbst versteht, unfrankiert einem Fuhrmann zum Transport nach Ansbach übergeben läßt. Besonders interessant ist mir der jüngere Granit mit Turmalin, der ältere porphyrähnliche, der Porphyr (Porphyr habe ich zwar, allein variatio delectat et docet), auch der bunte Sandstein — kurz, was nur immer die nächste Umgebung Heidelbergs darbietet, als eine dortige Trivialität. Lieb wäre es mir, wenn Du mir von allen diesen leicht zu findenden Steinen entweder zwei kleine Stücke oder eins von der Größe der Handstücke schicktest."

Seine Freude kannte keine Grenzen, als der für ihn schwärmende und ihn als Mensch und Denker zugleich verehrende und liebende Kapp seine Wünsche in ausgiebigster Weise erfüllte. Er nennt ihn in dem drei Wochen später an ihn gerichteten Dankbrief einen „Vir Vulcanissime Lapidum pretiosorum — Gemma Adamas!" Er findet die ihm gesandten Steine kostbar, die Perlen herrlich, macht aber dabei die humoristische Bemerkung, die den glücklichen Ehemann kennzeichnet, daß noch kostbarere und noch herrlichere jene Wesen seien, denen sie zum Schmuck dienen, die Frauen! Wohl gleiche der Philosoph dem Diamant, der den höchsten Härtegrad besitze: er werde nur durch sich selbst geritzt, aber er verschmähe es auch nicht, wie der Diamant, vom Feuer der Liebe sich verzehren zu lassen. Alles Menschliche vereine der Philosoph in sich — nichts schließe er von sich aus. Auch dem Schmerze der Liebe gebe er seine Rechte. „Wo die Menschen schweigen, reden die Steine; aber wo die Liebe spricht, verstummen hinwieder die Steine, und wo ein Menschenauge sich trübt, da verlieren auch die schönsten Steine ihren Glanz."

Er fand an den Naturwissenschaften solches Gefallen, daß er sich Anfang der vierziger Jahre sogar mit dem Gedanken trug, sich ausschließlich dem Studium derselben zu widmen und sich dadurch eine Existenz zu gründen, nachdem er schon längst eingesehen hatte, daß die Theologen dem Philosophen als solchen den Untergang geschworen hatten. So heißt es in einer Zuschrift an Kapp vom Juni 1840, worin er auf den von diesem Freunde unternommenen Versuch, Feuerbach an der Universität Freiburg i. Br. eine Professur zu verschaffen, zu sprechen kommt: „Es ist zu komisch, an einer katholischen Universität den Verfasser des ‚Bayle‘ und anderer solcher ‚frecher, ruchloser, alles Menschliche und Göttliche vernichtenden Schriften‘, wie die Theologen die Schrift über Philosophie und Christentum erst neuerdings wieder genannt haben, zu placieren! Es ist nicht möglich, so etwas sich nur vorzustellen. Oder sollte es vielleicht gerade deswegen möglich sein, weil sich hier kein vernünftiger Zuschanz auffinden läßt, weil es Unsinn ist? Allerdings, wenn es wirklich

Eleonore Feuerbach.

wird, so geschieht es nur, weil es im Widerspruch mit der gesunden Vernunft, mit dem Gesetz der Harmonie, der Ästhetik, der Logik ist. Das einzige Mittel, wie ich mir noch eine schickliche, öffentliche Existenz gründen kann, ist nach meiner Überzeugung nur, daß ich mich auf die Naturwissenschaften offiziell lege."

Große Freude bereitete es ihm, wenn einzelne intime Freunde ihn, den Einsiedler, in Bruckberg aufsuchten. Dort bereiteten er und seine Frau den Gästen einen überaus herzlichen Empfang, in der liebenswürdigsten Weise Gastfreundschaft ausübend. Seine humoristischen und geistsprühenden Unterhaltungen in dem engen Kreise der Getreuen, wenn er sich angeregt fühlte, hatten etwas ungemein Fesselndes, Anziehendes, und jeder pries sich glücklich, der einmal mit diesem großen Manne sprechen konnte und seines Umgangs gewürdigt wurde. Zu seiner unaussprechlichen Freude beschenkte ihn seine Bertha am 6. September 1839 mit einer Tochter. Eleonore, die sein einziges Kind blieb — ein zweites Töchterchen starb noch blutjung. So erfüllte sich denn die Prophezeiung, die er in einem Briefe an Kapp vom 1. November 1837 aussprach: „Meine Frau ist immerhin geborgen. Sollte sie auch nicht allein bleiben (denn um vieles wird sich die Gesellschaft nicht vermehren, tres faciunt collegium), denn ich wende den Grundsatz der Nominalisten: Entia non esse multiplicanda praeter necessitatem auch hier an und potius laboro ut libros quam ut liberos faciam. — Der Grundtrieb meiner Natur ist der Erkenntnistrieb, alle anderen Triebe spielen nur wie Kinder um ihren Vater herum."

Ludwig Feuerbach wählte als Paten seines Kindes seinen intimsten Freund und Gesinnungsgenossen Christian Kapp. Daß er seine beiden älteren Brüder Anselm und Eduard umging, geschah deshalb, weil diese auf einem ganz anderen religiösen Standpunkt standen als er. Als Eduard ihm im August 1842 die Patenstelle bei seinem Söhnlein antrug, dabei aber den Wunsch aussprach, daß das Knäblein in allem dem großen Onkel, aber nur nicht in der Richtung gegen das Christentum, gleichen möge, das nach der Überzeugung Eduard Feuerbachs die Grundlage sittlicher Erziehung des Menschengeschlechts und jeder höheren Bildung sei, zugleich die Bitte an seinen Bruder richtend, doch endlich von einer Richtung abzustehen, die ihm ja keinen bleibenden Ruhm verschaffen und ihm und den Seinigen keinen Segen bringen könne, wies der radikale Denker dieses Ansinnen Eduards in einem ironisch gehaltenen Briefe zurück, der in so hohem Grade bezeichnend für die sittliche Würde und Charakterstärke des Schreibers ist, daß ich nicht umhin kann, dieses Schriftstück hier dem Wortlaute nach wiederzugeben:

„Bruckberg, den 18. August 1842.

Lieber Eduard!

Meinen Glückwunsch zu Deinem Söhnlein und meinen Dank für Deinen Antrag. Da es aber keineswegs gleichgültig ist, wenigstens in der Vorstellung, welchen Paten man wählt, und Du an meiner ‚antichristlichen‘ Richtung Anstoß nimmst — eine Richtung, die so mit mir verwachsen ist, daß sie nur mit meinem Leben endigt —, so rate ich Dir, ohne alle Rücksicht und Bedenklichkeit einen anderen Paten zu nehmen. Übrigens bedaure ich Dich, daß Du von dem Gespenste des noch durch politische und literarische Gewaltstreiche sich behauptenden Christentums so betört bist, daß Du außer der natürlichen schlichten Erziehung des Menschen zum Menschen noch eine besondere supranaturalistische Erziehung für Dein Kind in Anspruch nimmst. Es wird die Zeit kommen, wo man erkennen wird, daß in dem ‚Wesen des Christentums‘ längst das Rätsel gelöst ist, worüber die gegenwärtige betörte Menschheit sich den Kopf zerbricht. Vielleicht findet auch einst Dein Sohn, nachdem ihn die Christen

Die Zeit, ein widerspruchvolles Gemisch von Christentum u. Heidentum. 151

an Geist und Leib zerrissen und verkrüppelt haben, in den Schriften seines verketzerten Onkels den Weg zu Heil und Leben. Doch wieder zurück zum eigentlichen Thema. Ich mache Dir folgenden entscheidenden Vorschlag: Handle im Geiste dieser Zeit, welche ein widerspruchsvolles Gemisch von Christentum und Heidentum für Christentum ausgibt, und gib daher Deinem Söhnlein zur Erinnerung an diese Zeit den antichristlichen Namen Ludwig und den christlichen Namen Anselm. So bist Du aus aller Verlegenheit.

Dein Bruder
Ludwig."

Viertes Kapitel.

Feuerbachs Beziehungen zu Arnold Ruge und dessen „Halleschen Jahrbüchern". — Mitarbeiterschaft an denselben. — Plan einer freien Akademie für Dresden. — Gescheitertes Projekt. — Verbindungen mit dem Verlagsbuchhändler Otto Wigand. — Darstellung und Kritik der Leibnizschen Philosophie. — Die Würdigung von Leibniz. — Gutachten Christian Kapps über Feuerbach an den Ministerialrat von Stengel in Heidelberg.

Die philosophische Tätigkeit und literarische Fruchtbarkeit, die Ludwig Feuerbach als Mitarbeiter der „Berliner Jahrbücher" betätigte, lenkten die Aufmerksamkeit Arnold Ruges, des schlagfertigen und streitbaren Neu-Hegelianers, auf ihn. Diesem geborenen Redakteur kam es bald zum Bewußtsein, von welchem Vorteil der schneidige Denker, Publizist und Kritiker für seine „Hallischen Jahrbücher" werden müßte. Er war daher bemüht, den Einsiedler von Bruckberg als Mitarbeiter für sein damals so einflußreiches philosophisch-kritisches Journal zu gewinnen. Den ersten Schritt dazu tat er in einem Briefe vom 14. Oktober 1837, in dem er an ihn das nachstehende, liebenswürdige und schmeichelhafte Einladungsschreiben erließ: „Erlauben Sie mir so direkt bei Ihnen einzubrechen, nachdem ich lange auf eine Gelegenheit gelauert, in ein Verhältnis mit Ihnen zu treten. Ich habe längst mit großer Freude Ihre tapferen und wahrhaft einschlagenden Rezensionen verfolgt und mich neuerdings nicht wenig an Ihrem ‚Leibniz' ergötzt. Wir gründen in diesem Augenblicke hier in Halle eine neue Literaturzeitung, wovon der Prospekt beigelegt ist. Schaller und Echtermayer wirken tätig mit bei der Redaktion, Hinrichs, immer jugendlich und munter, jetzt verjüngt und in seinem spaßhaften Schiller fast zu jünglingssüchtig, ist rüstig dabei; außerdem was hier nur irgend von der jungen Garde lebt. Sie werden sehen, daß es uns wichtig ist, die stillosen und stereotypen Berliner los zu werden, dagegen das eigentliche verdaute Wesen des neuen Geistes in Umlauf zu setzen. Wir wollen dazu uns auch der irgend mitgegangenen Fachgelehrten versichern, und ich werde selbst in Erlangen vorsprechen, um zu sehen, was von dort zu hoffen ist. Darf ich Sie um die Erlaubnis bitten, zuerst zu Ihnen zu kommen, um den nötigen Unterricht über die Leute von Ihnen zu nehmen? Sie selbst dürfen dies Unternehmen nicht verlassen. Sie gerade sind einer von denen, die zur Aufrechterhaltung des Prinzips unumgänglich notwendig sind. Wir haben von vornherein an Sie gedacht, und wären Sie in Halle, so hätten wir keinen Schritt ohne Sie getan. Daß dies keine gemachten Phrasen im alten Stile sind, davon werden Sie bald überzeugt werden, wenn wir uns sehen, was in drei bis vier Wochen der Fall sein wird. Ich reise nämlich über Göttingen, Bonn, Heidelberg nach Stuttgart, Tübingen, und so zurück über Erlangen und Jena. Auf Wiedersehen, oder vielmehr, da das nicht gesagt werden kann, auf Sicht: addio!"

Unleugbar bereitete es Feuerbach Freude, mit Arnold Ruge und seinen Hallischen Jahrbüchern in Verbindung treten zu können. Einerseits war er dadurch seinen ihm nicht mehr zusagenden Beziehungen zu den „Berliner Jahrbüchern" enthoben, bei denen er sich zuletzt, sowohl innerlich als äußerlich, zu sehr beschränkt fühlte, indem fast jeder seiner Beiträge ihm wegen törichter Rücksichten stellenweise gestrichen oder geändert wurde, und andrerseits besaß er nun ein Organ, in dem er seine Gedanken, die vielleicht sonst nicht an den Tag gekommen wären, unumwunden und mit voller Klarheit und Schärfe aussprechen konnte. Er spricht diese seine Genugtuung, wenn auch in bedingter Weise, unter anderem in einem Briefe vom 25. Februar 1840 an Christian Kapp aus, der auch insofern interessant ist, als wir dadurch etwas von dem Honorar erfahren, das Feuerbach als bevorzugter Mitarbeiter der „Hallischen" und später „Deutschen Jahrbücher" erhalten, bzw. auch nicht erhalten hat. „Deine Anfrage in betreff der Hallischen Jahrbücher" — schreibt Feuerbach — „kann ich auf keine besonders einladende Weise beantworten. Ich schrieb Dir schon, daß die Redaktion und der Verleger — aber nur im Verhältnis zu seinen Kräften und Willen — honorig seien —, sofern man überhaupt auf einen Buchhändler dieses Wort anwenden kann. Er bezahlt — aber wenig für den Bogen, in der Regel einen Carolin. Ich sage in der Regel, d. h. für gewöhnliche Arbeiten oder wenigstens solche, die in der Gegenwart kein besonderes Aufsehen machen, weil sie sich nicht an irgend einen Namen von Bedeutung für den mundus, qui vult decipi, anknüpfen. So viel habe ich wenigstens herausgebracht. Denn mir wurden einmal für den Bogen drei Carolin angeboten, wenn ich eine Kritik Schellings, wozu ich einmal Hoffnung machte, lieferte. Ich für meinen Teil habe mich auch gar nicht in ein bestimmtes Verhältnis gesetzt, weil ich voraussah, daß ich nur sehr wenig liefern würde und ebensowohl deswegen, als aus dem Grund, weil ich mir vor dem mundus, qui vult decipi, keinen Namen vindizieren, keine besonderen Ansprüche geltend machen wollte. Ich beziehe ein Exemplar der Jahrbücher. Dies wird mir vom Honorar abgezogen, wovon das verflossene Jahr gar nichts übrig geblieben. Heuer habe ich noch nicht das Exemplar abbestellt. Ich muß also wenigstens noch so viel arbeiten, um wenigstens den Betrag herauszubringen. Aber das nächste Jahr wird es abbestellt. Meinen Zweck, mich umzusehen, wie es in der Literatur aussieht, habe ich längst erreicht. Dann arbeite ich an keinem Journal mehr oder es müßten sich die Zeiten bessern. Es ist zu indignierend, zweifach umsonst zu schreiben, noch dazu, wenn einem Schreiben Qual ist. Dies ist das Ergebnis meiner journalistischen Tätigkeit.

Ich bemerke übrigens ausdrücklich, daß, wenn ich gleich anfangs mit Forderungen aufgetreten wäre, sie mir gewiß bewilligt worden wären. Ich bemerke ferner zu Ehren der Redaktion, der ich überhaupt nur Gutes nachsagen kann — abgesehen davon, daß sie journalistischen Geistes ist, aber das kann man ihr wieder nicht anrechnen, wie einmal Zeitungen, ins tägliche Leben eingreifende literarische Institute sein sollen — ich bemerke, daß sie mir aufrichtig von freien Stücken das Bedauern ausgedrückt hat, ihre Mitarbeiter nicht besser honorieren zu können, daß sie aber von der Zukunft, wenn die Zeitung fortbestände und gedeihe, Besseres erwarte. Man muß allerdings bedenken, was es heißt, in unseren Zeiten eine wissenschaftliche Zeitung durch bloße Privatmittel zu unternehmen. Otto Wigand verdient deswegen Achtung, er hat viel gewagt, die Redaktion hat guten Willen, ist freisinnig, offen, anregend, gewährenlassend, diskret, im eigentlich Philosophischen wenigstens formell frei. Aber wo trifft man denn in Deutschland wahrhaft freie Köpfe? Am wenigsten bei den sogenannten spekulativen Philosophen. Ich bin dem Ruge dafür dankbar, daß er mich stimuliert und veranlaßt hat zur Aussprache und Fortbildung von Gedanken, die außerdem nicht an den Tag gekommen wären."

Arnold Ruge, der von den Beiträgen Feuerbachs ganz entzückt war, wird nicht müde, ihn immer und immer aufzumuntern und anzuspornen, fleißig mitzuarbeiten, und aus allen Briefen des Schriftleiters der Jahrbücher spricht eine außerordentliche Verehrung und Bewunderung des philosophischen Genies und der schöpferischen Denkkraft seines Bruckberger Mitarbeiters. Er ist nur trostlos darüber, daß Feuerbach nicht „aktuell", d. h. durch seine Einsamkeit in dem bayrischen Dörfchen nicht immer zu haben sei. Wiederholt gibt er seinem lebhaften Bedauern darüber Ausdruck. So schreibt er z. B. am 31. Juli 1838: „Schade, daß Sie so außer dem Weltverkehr sind! Sie hätten zu manchem

Feldzug die schönste Gelegenheit, und es ist nicht recht, daß Sie Ihr polemisches Licht so unter den Scheffel setzen. Ihre Aufsätze zeigen immer die eklatantesten Breschen, wenn Sie scharf zu laden sich die Mühe geben: Es ist jammerschade, daß Sie nicht in Halle wohnen, und ich wüßte nicht, was mir lieberes begegnen könnte, als daß Sie sich hierher wendeten. Auf die Länge halten Sie es weder in Nürnberg noch in Bayern aus. Überlegen Sie sich die Sache." Er ist trostlos darüber, wenn durch das Eingreifen der Zensoren an den herrlichen Aufsätzen das eine oder andere geändert werden mußte, und er beeilt sich, immer sich deshalb bei dem Verfasser zu entschuldigen, damit dieser ja nicht den Redakteur für die einzelnen Verstümmelungen der Feuerbachschen Gedanken verantwortlich mache. „Ich habe zu viel Ehrfurcht vor dem genialen und tiefeingreifenden Ausdruck Ihrer wohlbewußten Meinung und Einsicht" — schreibt er ihm am 4. April 1839 —, „als daß ich nur ein Jota hätte ändern mögen. Das Folgende haben sie in allen Instanzen gestrichen, und Wigand ist beauftragt, Ihnen das Manuskript zum anderweitigen Drucken unter vernünftigeren Zensoren wieder zugehen zu lassen. Ich bin eigens darum nach Leipzig gereist, ich habe all meine Verbindungen in Dresden angespannt — es wollte nichts verschlagen. In Sachsen ist es also jetzt unmöglich, Ihre höchst wichtige Broschüre zu drucken; ob es in Bayern leichter sein wird, weiß ich nicht; vielleicht wird die Preßfreiheit der bigotten Schweiz das Erscheinen derselben möglich machen. Der ganze Aufsatz war schon gesetzt, und ich hatte mir einen gewaltigen Effekt davon versprochen, wenn er herausgekommen wäre, eine ganz neue Basis des Streites und eine wesentlich freiere Aussicht in die Mächte des Geistes. Es ist eine verfluchte Kalamität, von solchen Hornochsen abzuhängen, wie dieser Zensor .... in L...., der wahrlich eher in die Mühle gehörte, als in die Studierstube. Wir haben nicht nur die eine ganze Woche, die schon gesetzt und fertig zum Drucke war, sondern auch diese hoffnungsreiche Aussicht auf den Effekt Ihrer Arbeit verloren, und wurden wirklich höchst unangenehm dadurch rangiert und turbiert. — Es ist wahrscheinlich, daß .... durch einen anderen, minder gewaltsamen Mann ersetzt werden wird; denn diese Verbesserungen durch Ballhorn, diese greulichen Abstumpfungen aller, auch der feinsten Pointen, sind ganz unerträglich, eine wahre Sünde wider den Geist."

Der stets findige Ruge, den es außerordentlich wurmte, daß Feuerbach nicht als Professor der Philosophie an einer freisinnigen Universität wirken durfte, trug sich Ende der dreißiger Jahre des vorigen Jahrhunderts mit dem Plane, eine Akademie der freien philosophischen Richtung in Dresden zu gründen und auf einen der Lehrstühle derselben seinen Freund in Bruckberg zu berufen. Er sondierte zu diesem Zwecke bei dem damaligen sächsischen Premierminister Lindenau, einem sehr freisinnigen Mann, und dieser schien nicht abgeneigt zu sein, und zwar deshalb, weil er, wie Ruge meinte, „die Macht der Philosophie in den letzten Jahren noch mehr beobachtet und die Notwendigkeit der Opposition gegen das bornierte theologische Unwesen eingesehen haben mochte". Ruge gab sich der Hoffnung hin, daß durch das Vorgehen Sachsens Preußen wesentlich zur Freiheit aufgestachelt, oder selbst die protestantische Initiative ergreifen könnte. Außer Feuerbach sollten noch Christian Kapp, David Friedrich Strauß, Schwarz, Georgii, Binder u. a. m. als Professoren dieser Akademie berufen und die Jahrbücher der Akademie zum offiziellen Organ dieser Hochschule gemacht werden. Wie aber vorauszusehen war, realisierten sich diese Pläne nicht, da die sächsische Regierung weder den alten noch den jungen Hegelianern so recht traute, die sie für preußische Hofphilosophen hielt. Übrigens war Ruge selbst auf die „preußischen Hegeliten" schlecht zu sprechen, denn er behauptet von ihnen, daß sie der Hoftheologie zum Munde redeten. In seiner drastischen Weise charakterisiert er sie — in einem Briefe vom 25. Februar 1839 — mit den Worten: „Wunder, Teufel, Hölle — ja, sie würden das Fegefeuer demonstrieren, wenn's befohlen würde. Großes Elend, Hundenaturen! Es sind Gott sei Dank nicht alle, aber viele ist nicht zu wenig gesagt: Sehr not tut es daher und tut es immerfort, tapfer drein zu schlagen und von der Leber weg das Innerste herauszusagen." Es ist unleugbar, daß der große und maßgebende Einfluß, den die „Hallischen" bzw. „Deutschen Jahrbücher" viele Jahre hindurch auf die öffentliche Meinung in Deutschland ausübten, zum großen Teil auf das Konto Feuerbachs zu setzen war, wie dies Arnold Ruge wiederholt mit lebhaftem Danke anerkennt. Sein Name — so schreibt er ihm z. B. in einem Briefe vom 14. Oktober 1840 — habe einen guten Klang und sei eine Trompete aus Jericho. Was er geschrieben habe, lese man zwei- oder dreimal und jedermann wisse, daß etwas Wertvolles dahinterstecke, wenn er seinen Namen sehe. Selbst wenn er anonym schreibe, erkenne man ihn sofort an seinem Stil, denn er sei sehr eigentümlich und von so ganz besonderer Anregung, daß alle Welt es fühle, der nur Sinn für Geist und Gedanken habe.

Diese Verbindung Feuerbachs mit Ruge und seinen Jahrbüchern hatte für ihn das Gute, daß der Verleger der Zeitschrift, Otto Wigand, einer der unternehmendsten und vornehmsten Buchhändler jener Zeit, der in philosophischer und religiöser Beziehung ganz und gar auf dem Standpunkt des Bruckberger Weltweisen sich befand, sich bereit erklärte, alle Schriften Feuerbachs zu verlegen und ihm ein beträchtliches Honorar für dieselben zu bewilligen, so daß dieser nunmehr Jahre hindurch von materiellen Sorgen einigermaßen befreit war.

Diese Beziehungen zwischen Autor und Verleger gestalteten sich mit der Zeit zu sehr freundschaftlichen, so daß sogar der seltene Fall eintrat, daß letzterer dem ersteren eine von ihm herausgegebene periodische Schrift widmete. Dies tat Otto Wigand im Jahre 1848, als er Feuerbach seine „Epigonen" zueignete mit einer überaus warmen und charakteristischen Dedikation, die also lautete: „Mein lieber Freund! Ich widme Ihnen diesen Band meiner Epigonen, da ich keinen anderen Dolmetscher habe, um der Welt zu sagen: wie sehr ich Sie bewundere und wie hoch ich's zu würdigen weiß, das Organ zu sein, durch welches Ihre Geisteswerke der gebildeten Welt zugeführt werden. Wenn auch in diesem Augenblicke nur ein kleiner Teil des deutschen Volkes sich zu Ihrer Fahne bekennt, ja, wenn auch das ganze und große Heer der Theologen Ihr ‚Wesen des Christentums' kaum dem Titel nach kennt, so ist sicher die Zeit nicht fern, wo jeder Gebildete Ihre Schriften lesen und die großen Worte erkennen wird, wenn Sie schon jetzt so klar und siegend in die Herzen der Freien einziehen; mag unser erster und größter Dichter noch so begeisternd und schön singen, seine Worte:

    Es gab schönre Zeiten
    Als die unsern — das ist nicht zu streiten!
    Und ein edler Volk hat einst gelebt

sind dem Sinne nach nicht wahr. Nie gab es schönre Zeiten als eben jetzt, wo wir die Lüge entlarven — in das Licht der Freiheit einziehen und den Menschen zum Menschen werden sehen!

Fahren Sie fort, mein edler Freund, für die große Sache der Wahrheit, für die Emanzipation der ganzen Menschen zu wirken, lassen Sie sich keinen Augenblick aufhalten, und wenn auch alle Lizentiaten der Theologie ihre Weisheit auskramten, es ist doch nur eitel Sisyphusarbeit!

„Manche gingen nach Licht und stürzten in tiefere Nacht nur; Sicher im Dämmerschein wandelt die Kindheit dahin."

Kehren wir nun zu den bedeutenderen literarischen Schöpfungen Feuerbachs, die er Ende der dreißiger Jahre herausgab, zurück.

Ostern 1837 erschien seine „Darstellung und Entwickelung der Kritik der Leibnizschen Philosophie".[1]) Seine „Geschichte der neueren Philosophie von Bacon bis Spinoza" gab ihm den auf der Hand liegenden Gedanken ein, auch Leibniz, der gehaltvollsten Erscheinung nach Cartesius und Spinoza, eine besondere und umfassende Studie zu widmen. Es geschah dies mit großer Objektivität, Gründlichkeit, außerordentlicher Belesenheit und eindringendem Scharfsinn. Mit Unbefangenheit hebt unser Philosoph den reinen idealistischen Geist von Leibniz, für den es nichts Ausgemachtes, Totes, Dogmatisches und Faktisches gegeben, hervor. Alles sei ihm nur Symbol; die wahre Bedeutung, der Sinn der Dinge liege für ihn nur im Geiste selbst. Er sei ein Alchimist, der in den gemeinsten Stoffen — selbst im „Mist der Scholastiker" — seine eigenen Worte — noch Gold finde. Es gebe für ihn keine undurchdringlichen Stoffe, keine Grenzen des Geistes, der Vernunfttätigkeit, kein Ding sei ihm zu schlecht und gering, keines leer und gedankenlos. Er wisse von keinem Vakuum; alles, was wert sei, zu sein, sei auch wert, gewußt zu werden, sagt Bacon, und Giordano Bruno: Kein Ding sei zu klein und gering, daß nicht noch Geist in ihm wohnte. Diese Sätze sprechen Leibniz' Wesen aus; alles sei ein Mittel zu einem höheren Zweck, die Wissenschaft zu fördern in allen ihren Zweigen sein einziges Ziel in allen seinen Beziehungen und Verhältnissen. Selbst die Spiele finde er würdig der Aufmerksamkeit des Philosophen, weil sie das Denken befördern. Tätigkeit sei das Prinzip seiner Philosophie; Tätigkeit sei ihm der Grund der Individualität und der Grund, daß nicht eine Substanz, sondern Substanzen seien. Alle Wesen seien ihm nur unterschiedene Arten der Tätigkeit, deren höchste Art das Denken sei. Das Denken sei daher der Zweck des Lebens — nous sommes faits pour penser —, der Zweck der

---

[1]) Ludwig Feuerbachs sämtliche Werke, V. Band, Leipzig 1848.

Kunst, die Kunst der Künste.[1]) Tätigkeit sei das Wesen seines Geistes und Charakters. Gleichgültig sei ihm der Stoff, ob es eine Taschenuhr, oder eine Rechenmaschine, oder eine Fliege, oder ein philosophisches System sei, weil es für seinen tätigen Geist noch immer eine unendliche Materie des Denkens sei, weil jedes Ding nur durch die Kraft des Geistes gerüttelt und geschüttelt zu werden brauche, um spirituose Eigenschaften zu entwickeln, weil kein Ding für ihn beschränkt und isoliert dastehe. Wo andere aufhören zu denken und zu unterscheiden, wo ihnen absolutes Denken entgegentrete, da beginne er erst recht zu denken und zu sehen; die Materie sei ihm nicht nur teilbar, sondern wirklich geteilt bis ins Unendliche. Was anderen nur als verworrene tote Masse erscheine, da erblicke er noch gegliedertes Leben. In jedem Wassertropfen sehe er noch einen Fischteich voll lebendiger Wesen, selbst aus einer Kaffeetasse schäume ihm der Kelch unendlichen Lebens entgegen. Nichts sei für ihn tot, unorganisch in der physischen Welt, nichts absolut schlecht, verwerflich, falsch in der geistigen und moralischen. Die Welt sei ihm die beste Welt. Alles erblicke er nur im Zusammenhang, überall darum Harmonie, alles habe für ihn seinen zureichenden Grund, kein Chaos außer nur dem Scheine nach, nichts Sinn-, Zweck- und Bedeutungsloses existiere für ihn; daher die ungetrübte Heiterkeit, die idealistische Klarheit seines Geistes, die Erhabenheit seiner Seele, die kein anderes Interesse als das der Wahrheit, Wissenschaft und Humanität erfüllte, seine glückliche Gemütsart, die nichts wußte von den Affekten des Abscheues, der Verachtung, des Hasses, seine Toleranz, sein milder Sinn, der alles nur zum Guten deutete.[2])

Die erhabene Definition, die Leibniz von der göttlichen, der absoluten Gerechtigkeit gebe, daß sie nichts anderes sei als eine

[1]) Opp. Omn. T. V, Seite 564.
[2]) a. a. O., Seite 25 ff.

der Weisheit konforme Liebe, spiegele sein eigenes Wesen ab, das nichts anderes war als eine der Vernunft konforme Liebe der gesamten Menschheit zu sich selbst — die allumfassende, die pantheistische Liebe des denkenden, des wissenschaftlichen Geistes. Nur die Vernunft, die Wissenschaft mache den Menschen frei; nur die Wissenschaft habe die Menschheit erlöst, mit sich versöhnt, die ursprüngliche Identität derselben wiederhergestellt. Die Verbindungen, die der Glaube zustande bringe, seien immer nur partikuläre, exklusive. Nur der wissenschaftliche Geist sei es auch, der, als von neuem der Glaube die Menschheit in sich zerrissen hatte, die Differenz des Glaubens gemäßigt und neutralisiert habe, so daß die Menschheit sich wieder näherte und befreundete. „Hierin liegt daher auch hauptsächlich die Größe und geschichtliche von Bedeutung Leibniz" — so sagt Ludwig Feuerbach[1] —, „daß er ungeachtet der orthodoxen Beschränktheit seines Zeitalters nicht den Horizont seines Geistes durch die chinesische Mauer, die der Glaube zwischen der heidnischen und christlichen Welt gezogen, sich begrenzen ließ — so nimmt er sich der Heiden an, deren Tugenden der edelsten Selbstverleugnung die Verleumdungssucht der christlichen Orthodoxie mit diabolischer Verschmitztheit als vitia splendida ausgegeben hat, indem er in ihnen eine Liebe des Guten und Wahren rein um seiner selbst willen anerkennt, so der Indier, so der Chinesen, indem er über ihre Religion ein besseres Licht zu verbreiten sucht."

Das Zeitalter des Leibniz charakterisiert Feuerbach als die Zeit des Dualismus und Mechanismus. Körper und Seele standen nur in einem äußeren mechanischen Verhältnis zueinander. Der Dualismus offenbare sich teils in dem unvermittelten Gegensatz zwischen Geist und Materie, teils in einem inneren Widerspruch des Geistes mit sich selbst, im Gegensatz zwischen Glaube und

---

[1] a. a. O., Seite 29 ff.

Vernunft.[1]) Überall die Vernunft zu behaupten, das Irrationale zu vermeiden, sei Leibniz' eifrigstes Bestreben gewesen. Ihm sei das höchste Anliegen die Religion. Aber diese Religion habe nichts mit dem Glauben, sondern nur mit der Vernunft zu tun. Das Verhältnis zu Gott, das Verhältnis zwischen der einzelnen Leibnizschen Monade und der Urmonade, zwischen dem Individuum und der allgemeinen Vernunft sei für ihn die Religion. Aber der Glaube, welcher das Prinzip der Willkürlichkeit behaupte und nur einen allmächtigen Gott kenne, sei unwahr, weil hier die Vernünftigkeit eine Schranke sei. Das herrliche Genie Leibnizens sei nicht so glücklich gewesen, in die Periode des mit sich einigen Zeitalters zu fallen; er gehöre einer Epoche an, wo der Geist in dem Dualismus durch den Glauben und die Vernunft zerrissen gewesen sei. Seine Philosophie habe den allgemeinen Mangel an sich, daß sie kein vollkommenes, mit sich einiges, kein absolut entschiedenes und selbständiges, kein homogenes Ganze sei. Die Theologie komme ihm immer in die Quere, verderbe ihm seine besten Gedanken und verhindere ihn, die tiefsten Probleme bis auf ihre letzten entscheidenden Punkte zu verfolgen. Wo er fortfahren sollte zu philosophieren, da breche er gerade ab; wo er metaphysische Bestimmungen geben, den metaphysischen Ausdruck des Gedankens leiten sollte, da streue er theologische Vorstellungen ein, und wiederum, wo er theologische Vorstellungen zugrunde lege, da ergänze, beschränke und berichtige er sie nur durch Zusätze metaphysischer Bestimmungen oder suche das, was er aus der theologischen Vorstellung beseitigen wolle, durch bloße Bilder, deren Bedeutung nicht bestimmt und erklärt sei, zu entfernen.

Ludwig Feuerbach schließt seine Kritik der philosophischen Ansichten Leibnizens mit den Worten[2]): „Obgleich Leibniz ur-

---
[1]) Ludwig Feuerbachs sämtliche Werke, Bd. V, S. 176, und Ludwig Feuerbach von C. N. Starcke, S. 69.
[2]) a. a. O., Seite 187 ff.

sprünglich der Seele durch die Einheit und Wirklichkeit, als die wesenhafte Form des Leibes, als die Entelechie, wodurch er das ist, was er ist, gefaßt und gedacht hat, so verfällt er doch in der Darstellung oder näheren Bestimmung in eine mechanische Trennung der Seele und des Leibes, stellt beide als zwei besondere, selbständige Wesen vor, die sich nur dadurch voneinander unterscheiden, daß das eine das zusammengesetzte, das andere das einfache Wesen ist, daher es nicht zu verwundern ist, daß das idealistische Prinzip, das moi, worauf bei Leibniz ursprünglich, an sich (der Idee nach), Einheit und Einfachheit der Seele sich gründete, in der Leibnizisch-Wolfischen Schule sich ganz verlor, und die Seele, al pari den Leib, wie ein äußerliches Objekt fixiert wurde, nur daß es als das einfache Ding gefaßt war. So tief daher Leibniz darin ist, daß er das Dunkle, Verworrene, Unfreiwillige, Passive, kurz das andere, das Negative des Geistes oder der Seele vermittelst der mysteriösen, verworrenen Vorstellungen in die Seele aufnahm und so in ihrer eigenen Tiefe das Medium, das Prinzip ihrer Einheit oder ihres Zusammenhanges mit dem Leibe suchte, so läßt er doch am Ende beide wieder wie zwei parallele Linien nebeneinander fortlaufen. Die Seelen stellen zwar alles vor, was in den Leibern vorgeht, in den beiden ist der nämliche Inhalt; die Seelen sind insofern nichts als ‚Repräsentationen der Phänomen', ja in seinem Briefwechsel mit de Bosses nennt er die Seele sogar das ‚Echo des Äußern', aber Leib und Seele korrespondieren nur miteinander wie zwei Telegraphen. Beide sind zwei, sind getrennt von einander, beide handeln daher nach ihren eigenen Gesetzen, ‚die Leiber nach dem physikalisch-mathematischen Gesetze, die Seelen nach den logisch-ethischen Gesetzen'. Die tiefsten Ideen Leibnizens sind Blitze, Lichtpunkte, aber sowie sie sich Ausdehnung geben, in der Darstellung zum Sein für andere kommen, so verlieren sie sich in den Formen der Vorstellungen seiner Zeit; so die Idee der Seele."

Es wird unsere Leser interessieren, zu erfahren, wie schon damals, noch bevor Ludwig Feuerbach seine epochemachendste Schrift „Das Wesen des Christentums" herausgab, vorurteilslose, hervorragende Fachmänner über die Bedeutung des Bruckberger Denkers dachten. Am klarsten tritt das Urteil über ihn in einem Gutachten zutage, das Christian Kapp, damals Professor der Philosophie in Heidelberg, am 5. April 1840 an den Dezernenten im badischen Ministerium, den Ministerialrat von Stengel, abstattete, als es sich darum handelte, Ludwig Feuerbach an die Universität zu Freiburg i. B. zu berufen. Dieses Votum ist um so bemerkenswerter, als darin auch der Mensch Feuerbach in höchst günstigem Sinne charakterisiert wird. Es heißt darin unter anderem:

„Ohne Anstand darf ich sagen, daß ich diesen Mann für den entschieden ausgezeichnetsten Kopf unter allen neueren Schriftstellern und Lehrern im Gebiete der Philosophie halten muß. Er ist der Erbe des kritischen Genies seines Vaters und verbindet mit seinen reichen Talenten eine seltene Gelehrsamkeit, zumal in Geschichte und Naturwissenschaften, und einen alles überwindenden Fleiß.

Sein jetziger Aufenthalt ist Bruckberg bei Ansbach, wo er auch seine ‚Darstellung, Entwickelung und Kritik der Leibnizschen Philosophie' 1837 herausgab, eine Schrift, die ich für sein Hauptwerk halte, deren hohen Wert jeder anerkennen wird, der mit den mannigfaltigen Werken des Leibniz, mit der unendlichen Schwierigkeit, ihm in allem zu folgen, vertraut ist.

Die Hauptrichtung der Bestrebungen Ludwig Feuerbachs ist die kritische. Sein scharfer Verstand ruht auf einem gesunden, frischen, arbeitsfrohen Gemüte. Beides sichert ihn bei seiner allseitigen Kenntnis der Geschichte der Philosophie vor jeder Nachtreterei. Und wenn Sie sehen wollen, wie hoch Feuerbach über der heutigen Schellingschen Schule steht, so lassen Sie sich in den Berliner Jahrbüchern, Juli 1835, II, Nr. 1—3, seine Rezensionen über Stahl-Schellings philosophische Rechtslehre kommen, eine Lektüre von ebenso ergötzlicher als ernster Art. Daselbst finden Sie auch seine Ansichten über Jacobi in einer Rezension über Kuhn, Mai 1835, I, Nr. 30. Das Kolorit der früheren Arbeiten Feuerbachs erinnert wohl an Hegels Philosophie, aber nirgends als Nachahmung und nur so weit, als diese Philosophie jedem bekannt sein muß, der heute diese Wissenschaft lehren will. Über den Standpunkt der Hegelschen Schule und Hegels selbst ist er hinausgeschritten. Ich kenne keinen einzigen Hegelianer, der ihm ebenbürtig oder nur vergleichbar wäre. Erdmann z. B. hat der Feuerbachschen Geschichte der Philosophie, was sich Schritt für Schritt zeigen läßt, nur nachgearbeitet, die tieferen Gedanken teils süßlich, teils formell behandelt, und was Feuerbachs lebendiger Geist dem mündlichen Vortrage aufbewahrte, oft langweilig in die Breite gezogen oder abgeflacht und alles ‚überhegelt'.

Die kritische Richtung dagegen, die in Ludwig Feuerbach mit der Kraft einer anregenden Phantasie verbunden ist, führt ihn in der Beurteilung der wichtigsten Fragen vorzüglich auf die Anerkennung der Verdienste zurück, welche Kant um die Philosophie für immer sich erworben hat.

Ew. Hochwohlgeboren sehen daraus, daß bei einem solchen Manne von Hegelianismus und anderem Ianismus nicht zu reden ist. Im Gegenteil hat ihn das Widerstreben gegen geisttötende Schulformen in früheren Arbeiten vielleicht veranlaßt, mitunter die Farben etwas stark aufzutragen, wie das bei einem feurigen jungen Mann anders kaum möglich ist. Seine späteren Schriften, namentlich sein ‚Leibniz', zeigen auch von dieser Seite den gereifteren Geist. Selbst jene Stellen, wo frische und geniale Jugendkraft am kühnsten hervortrat, verraten jedem, der seine Gedanken im Zusammenhange sieht und ihnen auf den Grund blickt, nirgends eine bloß negative, vielmehr, wie gesagt, eine kritische, also zugleich positive Arbeit und mitten in der schärfsten Kritik ein tiefes religiöses Gemüt. Auch dieses hatte ich an ihm selbst in seinen frühesten Zeiten in Erlangen zu beobachten volle Gelegenheit. Ich sprach viele seiner Zuhörer, die mit Verehrung, mit Begeisterung an ihm hangen. Ich hatte später Gelegenheit, auch in anderen Verhältnissen ihn zu beobachten. Ich mußte da die Liebenswürdigkeit seines persönlichen Benehmens, wie er sich hervorgebildet hatte, die Bescheidenheit und Feinheit des Mannes, die Kraft und Gewandtheit bewundern, womit er alles aus sich zu machen, mit Männern der verschiedensten Stände und Ansichten in den freundschaftlichsten und heitersten Verhältnissen sich zu bewegen, wie er jedem Redlichen Achtung und Liebe abzugewinnen, wie schonend er selbst Gegner zu entwaffnen wußte.

Es ist auch kein Gegner Feuerbachs zu finden, der den vollen Klang seines Namens, den Reichtum und die Größe seiner Talente, seiner Gelehrsamkeit, der seinen Fleiß und redlichen Willen und den edlen Sinn in persönlichen Verhältnissen verkennen könnte, und es wird nach meiner tiefsten Überzeugung ein neues und großes Verdienst sein, welches Sie um die Förderung wissenschaftlicher Interessen sich erwerben werden, wenn Sie dem schönen Lande diesen Mann gewinnen, dessen Name wie der seines Vaters und Bruders in den Annalen der Wissenschaft von bleibendem Andenken sein wird."

Der naive Kapp! Er hätte mit Engelszungen reden können — es nützte alles nichts, denn die pedantischen Zöpfe der betreffenden Räte wackelten fürchterlich, sobald sie den Namen **Ludwig Feuerbach** hörten!

Fünftes Kapitel.

Ernst-philosophische und satirische Kämpfe gegen das christlich-orthodoxe Lehrgebäude. — Das „Wesen des Christentums". — Erbitterte Gegenschriften von E. Müller, Max Stirner, Julius Schaller, Emil August von Schaden, Rudolf Haym u. a. — Karl Marx über „Das Wesen des Christentums". — Begeisterte Anhänger. — Das „Wesen der Religion". — Vorlesungen über das „Wesen der Religion". — Analyse derselben. — Zur Theogonie und Unsterblichkeit. — Feuerbach als Ethiker. — Seine angebliche Unmoral. — Seine Religionsphilosophie und Metaphysik. — Sein Haß gegen die Dunkelmänner.

Wie wir gesehen haben, ist der springende Punkt in fast allen bisherigen Schriften Feuerbachs, namentlich in seinen „Gedanken eines Denkers über Tod und Unsterblichkeit" und in seinem „Bayle" und „Leibniz", unentwegt der Kampf gegen das orthodoxe Lehrgebäude. Mit den schärfsten Waffen befehdet er solche angeblich religiösen Lehren, die keinen anderen Zweck haben, als die Menschennatur zu erniedrigen, überall die Auswüchse des Glaubens und die moralische Unsicherheit der überlieferten Religionen scharf geißelnd. Auch haben wir gezeigt, daß er den Unsterblichkeitsgedanken gleichfalls zu zerpflücken suchte, den Beweis führend, daß jene Unsterblichkeit, die das Christentum verheiße, eine rein wesenlose sei, die das Zeitliche, Transitorische in einer schlechten Unsterblichkeit, einem ewigen Bestehen fortsetzen lasse.

Ebenso wissen wir, daß er nicht allein logische Gründe, dialektische Waffen und geistreiche Kombinationen, sondern auch humoristisch-satirische Epigramme, Distichen, sowie literarische Keulenschläge anwendet, um seinen religiös-philosophischen Ideen Bahn zu brechen. Als Pröbchen seines Sarkasmus in Prosa mag nur die nachstehende Stelle mitgeteilt werden, die so recht die drastische Kampfesart des Verfassers beleuchtet. „Held Achilleus, Urbild griechischen Geistes, der du so edelmütig gestandst, lieber Tagelöhner auf Erden als König im Schattenreich sein zu wollen, o könntest du sehen so ein modernes Subjekt, wie es eben den Pfauenschwanz seiner Unsterblichkeit ausbreitet, die Körner der Gegenwart verschlingt, nur um sie in der anderen Welt wiederzukäuen, und die Heldengestalten der Wirklichkeit mit dem Schwanze einer unendlichen Zeitlichkeit zu erdrosseln sucht, nur um sich der Notwendigkeit eines wesenlosen Schattenseins zu versichern! Die Selbstverleugnung unserer modernen Theologie ist daher nur Schein, nur Spiel. Das Individuum wirft sich nur weg, um von Gott sich wieder zugeworfen zu werden, es demütigt sich nur vor Gott, um in ihm sich selbst widerzuspiegeln, sein Selbstverlust ist Selbstgenuß, die Demut Selbsterhebung; es taucht nur unter in Gott, um unversehrt wieder aufzutauchen und neubelebt an seiner eigenen Herrlichkeit sich zu sonnen; es senkt sich nur hinunter, um die Perle seines kostbaren Selbsts aus Gott wieder herauszufinden."

All die bisherigen Angriffe Feuerbachs gegen die Religion und das Christentum waren nur Plänkeleien. Die Hauptschlacht schlug er in seiner bedeutendsten Schrift, dem Hauptwerk seines Lebens: „Das Wesen des Christentums", das 1841 erschien, und wodurch er seinen Weltruf begründete, darin der ganzen christlichen Philosophie mit rücksichtsloser Schärfe den Fehdehandschuh hinschleudernd. Keines seiner späteren Werke hat einen gleichen Erfolg und gleiche Anerkennung erzielt, und keine einzige religiös-philosophisch-kritische Schrift des neunzehnten Jahrhunderts nimmt in der Geistesentwicklung der Menschheit eine so hervorragende Stelle ein wie diese Kampfschrift.

Zuvörderst einige Worte über die Entstehungsgeschichte des Wesens des Christentums.

Am 4. Januar 1841 bot Feuerbach seinem Freund und Verleger Otto Wigand in Leipzig das Buch zum Verlag an, zugleich die Bitte aussprechend, dasselbe anonym erscheinen zu lassen, und zwar nicht aus politischen, sondern aus subjektiven Gründen. „Die Anonymität," meint der Autor, „habe einen mächtigen Reiz, zumal sie, wie in diesem Falle, zu dem Inhalte passe. Jeder Name habe seine Feinde, aber die Namenlosigkeit nicht, und nur an sich gleichgültige Schriften müßten durch den Namen gehoben werden. Anonyme Schriften aber bedürften nichts als eines pikanten Titels." Neben diesen hier vorgebrachten Gründen mag dem Verfasser auch der Umstand die Anonymität haben wünschenswert erscheinen lassen, daß er trotz der zahlreichen weiteren Enttäuschungen, die er in seiner akademischen Laufbahn durchgemacht, sich im stillen noch immer der Hoffnung hingab, hier oder dort eine Professur erhalten zu können. Das Werk sollte im Falle der Anonymität ursprünglich den Titel führen: „γνῶθι σεαυτόν oder Das Geheimnis der Religion und die Illusionen der Theologie."

Otto Wigand jedoch, der schon längst die Wirkung kannte, die gerade der Name Ludwig Feuerbach auf die Leser ausübte, war keineswegs gewillt, die Schrift, für welche er 400 Gulden Honorar zahlte, ohne den Namen des Autors erscheinen zu lassen. Seinen Gründen konnte sich schließlich Feuerbach nicht verschließen, zumal er sich gestehen mußte, daß die Erlangung einer Professur doch nur Chimäre sei und es sich für einen Philosophen nicht schicke, sich trügerischen Illusionen hinzugeben. Im Grunde seines Herzens war er froh, daß er für seine radikalen, umstürzlerischen Ideen mit der ganzen Autorität und Verantwortlichkeit seines Namens eintreten konnte, und er sprach dies auch unumwunden in einem, eine sehr kampflustige Stimmung atmenden Brief an seinen Vertrauten, an Christian Kapp, vom 12. Januar 1841, aus, worin es unter anderem heißt: „Keck muß man der Welt entgegentreten. Dann siegt und gewinnt man. Je mehr ein Name ins Geschrei komme, desto besser. Verläßt mich der Schriftsteller, so ist auch der Mensch hin; jener allerdings hat diesem aus der Not geholfen. Ihn darf auch der Mensch nicht verleugnen. Darauf, was Du in Deiner Hand hast, baue, auf sonst nichts. Huttens letzter Freund war der Gänsekiel. Praeter calamum nil habeo. O! hätte ich nie falsche Schranken mir auferlegt, wahrlich, es stünde besser mit mir. Heraus muß ich aus dem beschränkten Fach der Philosophie, in dem ich mich bisher verbarg. So schlecht der Name ist, — der Name ist der Regent der Welt, der Name das Kapital des Schriftstellers. Das Kapital muß man so gut, aber auch so schnell als möglich anlegen. Je länger, je mehr. Nicht daß ich kein Professor, nein! daß ich keinen Namen habe, das ist das Elend. Ich war bisher obskurer Monograph, und was ich geschrieben, ist so viel, als hätte ich nichts geschrieben, wenigstens in den Augen der Welt. Du hast ein weit größeres Publikum als ich. Es wäre töricht von mir, wenn ich einen nur möglichen Gewinn einem reellen Gewinn aufopfern wollte. Der Gegenstand gegenwärtiger Schrift ist ein ebenso populärer als spekulativer. Diese Gelegenheit darf nicht versäumt werden — da muß der L. F. auf dem Titel figurieren —, abgesehen von hohen sittlichen Motiven."

Man könnte das Wesen des Christentums als eine psychologisch-analytische Durchführung des Schillerschen Wortes bezeichnen: „In seinen Göttern malet sich der Mensch"[1]) oder, um mit Feuerbach zu reden, als eine empirisch- und geschichtlich-philosophische Analyse des Rätsels der christlichen Religion. Durch dasselbe hat er Schriften, wie z. B. David Friedrich Strauß' berühmtes Werk: „Leben Jesu", an kritischer Schärfe weit übertroffen, von welchem religions-philosophischen Kritiker er sich überhaupt dadurch unterscheidet, daß er den Standpunkt des natura-

---

[1]) Vgl. „Leben und Geist Ludwig Feuerbachs" von Dr. C. Beyer, Seite 20.

listischen Anthropologismus einnimmt und vertritt, während der Verfasser des „Leben Jesu" auf Grundlage des Hegelschen Identitätsprinzips in den religiösen Vorstellungen die objektiven Erscheinungsformen des absoluten Geistes auf dem Entwicklungspunkt der Vorstellung erblickt. Er untersucht nicht wie Strauß die Frage, welchen wissenschaftlichen Wert die Dogmen der christlichen Religion haben, unternimmt nicht wie Baur, dieser schneidige Kämpfer der Tübinger Schule, Angriffe auf die Konstitutionen und die Urkunden des Christentums, vielmehr ist sein Bestreben lediglich auf die Frage gerichtet: welchen Sinn, welche Bedeutung, welchen Zweck, welchen Ursprung im Geiste des Menschen hat die Religion im allgemeinen und die christliche insbesondere? Feuerbach selbst hat die Eigentümlichkeit seines „Wesen des Christentums" in seinen „Aufzeichnungen" mit Nachdruck betont[1]), indem er hervorhebt, daß sein Hauptwerk nicht nur eine Schrift gegen das Christentum, sondern auch gegen die Philosophie sei, die man von jeher als dem Christentum feindlich und entgegengesetzt bezeichnet habe; er habe sich in ihr frei gemacht, und zwar grundsätzlich von der Schule, von der er bis dahin nur der Form nach, aber subjektiv der Naturanlage, dem Temperament, der Potentia nach frei gewesen sei. Während Kant die christlichen Dogmen als Einkleidung moralischer Werte angesehen haben wollte, wodurch die Religion um ihre eigentliche Bedeutung kam, und Hegel sie als absolutes Wissen in der Form der Vorstellung erklärte und die Religion mithin zu einer Vorstufe der Philosophie machte, suchte Feuerbach die religiösen Vorstellungen als Gemütsbedürfnisse der menschlichen Natur psychologisch zu erklären. Alle Religion hat für ihn ihre lebendigen Wurzeln im Wesen des Menschen. Der Satz, den auch Friedrich Schleiermacher gelegentlich aufstellt, daß die Religion dem Gefühlsbereich angehöre,

---

[1]) Ludwig Feuerbachs gesammelte Werke, Bd. VII, S. 11 ff.

Ludw. Feuerbach verwahrt sich gegen die Annahme, daß er nur zerstöre. 173

und daß der angeblich nach Gottes Ebenbild geschaffene Mensch vielleicht umgekehrt das Göttliche nach seinem eigenen Ebenbilde schaffe, wird von Feuerbach zum Ausgangspunkt der Naturgeschichte des Christentums gemacht. Die Theologie wird für ihn zur Anthropologie, die er allmählich für die Universalphilosophie ansah. Die Religion erklärt er für einen Traum des Menschengeistes und Gott, Himmel, Seligkeit für durch die Macht der Einbildungskraft verwirklichte Herzenswünsche; was der Mensch Gott nenne, sei nur das Wesen des Menschen ins Unendliche gesteigert und als selbständig gegenübergestellt: homo homini deus!

Das „Wesen des Christentums" selbst anlangend, so zerfällt dasselbe in zwei Teile, einen bejahenden und einen verneinenden. Der erste ist — nach Feuerbachs Analyse und Worten — die Auflösung der Religion in ihr Wesen, ihre Wahrheit. Der zweite die Auflösung derselben in ihre Widersprüche; der erste Entwicklung, der zweite Polemik, jener daher der Natur der Sache nach ruhiger, dieser lebendiger. Im ersten Teil zeigt der Verfasser, daß der wahre Sinn der Theologie die Anthropologie sei, und daß zwischen den Prädikaten des göttlichen und menschlichen Wesens und folglich auch zwischen dem göttlichen und menschlichen Subjekt oder Wesen kein Unterschied sei, daß sie vielmehr identisch seien, und im zweiten beweist er, daß der Unterschied, der zwischen den theologischen Prädikaten gemacht werde, oder vielmehr gemacht werden sollte, sich in Nichts, in Unsinn auflöse. Der erste Teil ist demnach der direkte, der zweite der indirekte Beweis, daß die Theologie Anthropologie sei.

Feuerbach verwahrt sich dagegen, daß man seinen Werken eine nur negative Tendenz zuschreibe. „Indem ich die Theologie zur Anthropologie erniedrige" — sagt er wörtlich —, „erhebe ich vielmehr die Anthropologie zur Theologie, gleichwie das Christentum, indem es Gott zum Menschen erniedrigte, den Menschen zu Gott machte, freilich wieder zu einem dem Menschen entfernten, transzendenten, phantastischen Gott, — nehme daher auch das Wort: Anthropologie, wie sich von selbst versteht, nicht im Sinne der Hegelschen oder bisherigen Philosophie überhaupt, sondern in einem unendlich höhern und allgemeinern Sinne. Die Religion ist der Traum des menschlichen Geistes, aber auch im Traum befinden wir uns nicht im Nichts oder im Himmel, sondern auf der Erde — im Reich der Wirklichkeit, nur daß wir die wirklichen Dinge nicht im Lichte der Wirklichkeit und Notwendigkeit, sondern im entzückenden Schein der Imagination und Willkür erblicken. Ich tue daher der Religion — auch der spekulativen Philosophie oder Theologie — nichts weiter an, als daß ich ihr die Augen öffne, oder vielmehr nur ihre einwärts gekehrten Augen auswärts richte, d. h. ich verwandle nur den Gegenstand in der Vorstellung oder Einbildung in den Gegenstand in der Wirklichkeit."

Das „Wesen des Christentums" zerfällt in eine Einleitung, worin der Verfasser das Wesen des Menschen und der Religion untersucht, während er in den neunzehn Kapiteln des ersten Teils dem wahren, d. h. anthropologischen, Wesen der Religion seine Aufmerksamkeit zuwendet, indem er Gott als Wesen des Verstandes, als moralisches Wesen oder Gesetz erörtert, so wie das Geheimnis der Inkarnation, des leidenden Gottes, der Dreieinigkeit und der Mutter Gottes, des Logos und des göttlichen Ebenbildes, des welterschaffenden Prinzips in Gott, des Mystizismus oder der Natur in Gott und der Vorsehung und Schöpfung aus nichts zu ergründen bestrebt ist. Ferner erläutert er die Bedeutung der Kreation im Judentum, die Allmacht des Gemüts oder das Geheimnis des Gebets, sowie die Mysterien des Glaubens, der Auferstehung und der übernatürlichen Geburt, des kirchlichen Christus und des persönlichen Gottes. Schließlich analysiert er den Unterschied des Christentums vom Heidentum, die christliche Bedeutung des freien Zölibats und Mönchtums und den christlichen Himmel oder die persönliche Unsterblichkeit. Im zweiten Teil seines Werkes zergliedert der Verfasser das unwahre, d. i. theologische, Wesen der Religion, in neun Kapiteln diesen Gegenstand erschöpfend.

Mögen hier einige der hauptsächlichsten Grundgedanken Feuerbachs über das „Wesen des Christentums" bzw. der Religion wiedergegeben werden:

Der Mensch ist der Anfang, der Mittelpunkt und das Ende der Religion. Das Herz ist gewissermaßen die Laterna magica, die die Wünsche auf das Blau des Himmels überträgt und das Dasein des Menschen als etwas Fremdes auffaßt. Was der Mensch Gott nennt, ist das Wesen des Menschen selbst. Das Bewußtsein Gottes ist das Selbstbewußtsein des Menschen, die Erkenntnis Gottes die Selbsterkenntnis des Menschen. Aus seinem Gott erkennst du den Menschen und wieder aus dem Menschen seinen Gott. Was dem Menschen Gott ist, das ist sein Geist, seine Seele, und was des Menschen Geist, seine Seele, sein Herz ist, das ist sein Gott. Gott ist das ausgesprochene Innere, das ausgesprochene Selbst des Menschen; die Religion ist die feierliche Entfaltung der verborgenen Schätze des Menschen, das Eingeständnis seiner innerten Gedanken, das öffentliche Bekenntnis seiner Liebesgeheimnisse.

Für die Einbildung ist die Vernunft die oder eine Offenbarung Gottes, für die Vernunft ist Gott die Offenbarung der Vernunft, indem, was die Vernunft ist, was sie vermag, erst in Gott Gegenstand ist. Gott als metaphysisches Wesen ist die in sich selbst befriedigte Intelligenz, ist Gott als metaphysisches Wesen.[1])

In der Persönlichkeit Gottes feiert der Mensch die Übernatürlichkeit, die Unsterblichkeit, Unabhängigkeit und Unbeschränktheit seiner eigenen Persönlichkeit. Allerdings bezweckt der Mensch

---

[1]) Ludwig Feuerbachs sämtliche Werke, Bd. VIII, S. 69 ff.

Gott, aber Gott bezweckt nichts als das moralische und ewige Heil des Menschen. Gott will, daß ich selig werde, aber dasselbe will ich auch; mein eigenes Interesse ist also das Interesse Gottes; mein eigener Wille Gottes Wille; mein eigener Endzweck Gottes Zweck — die Liebe Gottes zu mir ist nichts als meine vergötterte Selbstliebe.[1])

Die Alten opferten das Individuum der Gattung auf; die Christen die Gattung dem Individuum. Dem Christentum war das Individuum Gegenstand einer unmittelbaren Vorsehung. Die Heiden glaubten an eine Vorsehung des einzelnen nur vermittels der Gattung, des Gesetzes, der Weltordnung.[2]) Die Dogmen des Christentums sind durch und durch erfüllte Herzenswünsche; es ist gefühlvoller und gemütlicher zu leiden als zu handeln, gefühlvoller von einem anderen erlöst zu werden, als sich selbst zu erlösen. Das Gesetz gibt mir nicht Kraft, das Gesetz zu erfüllen, es ist barbarisch, befiehlt nur und überläßt mich ohne Rat und Hilfe mir selbst; aber Christus hilft uns, denn er zeigt uns den Weg, indem er sich selbst als Beispiel aufstellt. In Christus haben wir die Gewißheit, daß Gott ist und so ist, wie das Gefühl es will und dessen bedarf, denn in Christus haben wir Gott gesehen. Die Auferstehung Christi ist daher das befriedigte Verlangen des Menschen nach unmittelbarer Gewißheit von seiner persönlichen Fortdauer nach dem Tode — die persönliche Unsterblichkeit also eine sinnliche, unbezweifelbare Tatsache. Und wenn kein besseres Leben ist, so ist Gott nicht gerecht und gut; aber ohne Gerechtigkeit und Güte ist Gott nicht Gott. Die Gerechtigkeit und Güte Gottes wird so abhängig gemacht von der Fortdauer der Individuen; — also: das Interesse, daß Gott ist, ist eins mit dem Interesse, das ich bin, ewig bin. Also wird der Ausspruch des Glaubens: Gott erfüllt meine Wünsche! nur

---

[1]) a. a. O., Seite 148 ff.
[2]) a. a. O., Seite 211 ff.

die populäre Personifikation des Satzes: „Gott ist der Erfüller, d. i. das Erfülltsein meiner Wünsche." Das Jenseitige, welches die Religion nur verspricht, ist wie Gott selbst nur das abstrakte Menschenwesen, ebenso nur das abstrakte Diesseitige; der Mensch erhält im Himmel einen verklärten, aber doch denselben Körper wie hier.[1])

Glaube und Liebe und Glaube und Vernunft befinden sich in einem unlösbaren Widerspruch. Die christliche Liebe hat die Hölle nicht überwunden. Der Teufel ist für das Christentum ebenso notwendig wie Gott; denn wenn man das Böse aus der Natur ableiten würde, würde man auch genötigt sein, das Gute aus derselben Quelle abzuleiten.

Wo die Religion in Widerspruch stehe mit den wissenschaftlichen, politischen, gesellschaftlichen, geistigen und materiellen Interessen, da befinde sie die Menschheit in einem grundverdorbenen Zustand, im Zustand der Heuchelei. Er, Feuerbach, halte es daher für seine Pflicht, zu beweisen, daß die Mächte, vor denen sich der Mensch in der Religion beuge und die er fürchte, nur Geschöpfe seines eigenen, unfreien, furchtsamen Gemüts und unwissenden, ungebildeten Verstandes seien, daß überhaupt das Wesen, welches der Mensch in der Religion und Theologie als ein anderes von ihm unterschiedenes Wesen sich gegenübersetze, sein eigenes Wesen sei. Sein Zweck sei daher, die Menschen aus Theologen zu Anthropologen, aus Theophilen zu Philanthropen, aus Kandidaten des Jenseits zu Studenten des Diesseits, aus religiösen und politischen Kammerdienern der himmlischen und irdischen Monarchie und Aristokratie zu freien, selbstbewußten Bürgern der Erde zu machen. Dieser Zweck sei nichts weniger als ein negativer, verneinender, sondern ein positiver; er verneine nur, um zu bejahen; er verneine das phantastische Scheinwesen der Theo-

---

[1]) a. a. O., Seite 191 ff., 239 und 252.

logie und Religion, um das wirkliche Wesen des Menschen zu bejahen .... Während in allen anderen Stücken der Mensch fortgeschritten sei, bleibe er in der Religion stockblind und stockstumm auf dem alten Fleck stehen.

In den Erläuterungen, Bemerkungen und Belegstellen zu dem „Wesen des Christentums" faßt Feuerbach die Quintessenz desselben in folgende Thesen zusammen.[1])

Das Bewußtsein des unendlichen Wesens ist nichts anderes als das Bewußtsein des Menschen von der Unendlichkeit seines Wesens, oder: in dem unendlichen Wesen, dem Gegenstand der Religion, ist dem Menschen nur sein eigenes unendliches Wesen Gegenstand.

Das unendliche Wesen ist nichts als die personifizierte Unendlichkeit des Menschen, Gott nichts als die personifizierte, als ein Wesen vorgestellte Gottheit oder Göttlichkeit des Menschen.

Das unendliche oder göttliche Wesen ist das geistige Wesen des Menschen, welches aber vom Menschen abgesondert und als ein selbständiges Wesen vorgestellt wird. Gott ist Geist, das heißt der Wahrheit nach: der Geist ist Gott. Wie das Subjekt, so das Objekt, wie der Sinn, so der Gegenstand. Gott — als abstraktes, d. h. abgezogenes, unsinnliches Wesen — ist nicht den Sinnen oder der sinnlichen Einbildungskraft, sondern nur der Vernunft Gegenstand, also ist es nur das Vernunftswesen, nur die sich als göttliches Wesen gegenständliche Vernunft.

Gott ist kein physiologisches oder kosmisches, sondern ein psychologisches Wesen.

Die Welt, die Natur hat keinen Wert, kein Interesse für den Christen. Der Christ denkt nur an sich, an sein Seelenheil, oder, was eins ist, an Gott.

In der Religion bezweckt der Mensch sich selbst, oder ist er

---

[1]) Vgl. Ludwig Feuerbachs sämtliche Werke, neu herausgegeben von Wilhelm Bolin und Friedrich Jodl, Seite 336—409.

sich selbst der Gegenstand, als Zweck Gottes Gegenstand. Das Geheimnis der Inkarnation ist das Geheimnis der Liebe Gottes zum Menschen, das Geheimnis der Liebe Gottes aber das Geheimnis der Liebe des Menschen zu sich selbst. Gott leidet — leidet für mich — dies ist der höchste Selbstgenuß, die höchste Selbstgewißheit des menschlichen Gemüts.

Weil und wie Gott leidet, darum muß auch der Mensch hinwiederum leiden. Die christliche Religion ist die Religion des Leidens.

Das Geheimnis der Trinität ist das Geheimnis des gesellschaftlichen, gemeinschaftlichen Lebens — das Geheimnis von Ich und Du.

Die Unterschiede im göttlichen Wesen der Dreieinigkeit sind natürliche, physische Unterschiede.

Die Schöpfung aus Nichts drückt die Ungöttlichkeit, Wesenlosigkeit, d. h. die Nichtigkeit der Welt aus. Das Nichts, aus dem die Welt geschaffen, ist ihr eigenes Nichts. Die Kreation hat nur einen egoistischen Zweck und Sinn.

Die Vorsehung ist das religiöse Bewußtsein des Menschen, von seinem Unterschiede von den Tieren, von der Natur überhaupt.

Die Vorsehung ist identisch mit der Wundermacht, die supernaturalistische Freiheit von der Natur die Herrschaft der Willkür über das Gesetz.

Der Glaube ist die Freiheit des Gemütes in sich selbst. Das sich in dieser Freiheit betätigende, vergegenständlichende Gemüt, die Reaktion des Gemüts gegen die Natur ist die Wüllkür der Phantasie. Die Glaubensgegenstände widersprechen daher notwendig der Natur, notwendig der Vernunft, als welche die Natur der Dinge repräsentiert.

Das Christentum machte den Menschen zu einem außerweltlichen, übernatürlichen Wesen.

Das Zölibat und das Mönchtum sind sinnliche Erscheinungen,

notwendige Folgen von dem supernaturalistischen extramondanen Wesen des Christentums.

Der christliche Himmel ist die christliche Wahrheit. Im Himmel ist der Geist davon frei, wovon er hier frei zu sein wünscht, frei von dem Geschlechtstrieb, frei von der Materie, frei von der Natur überhaupt.

Dogmatik und Moral, Glaube und Liebe widersprechen sich im Christentum.

Der Glaube hat ein bloßes Wesen in sich.

Nicht dem christlichen Glauben, nicht der christlichen, d. h. der durch den Glauben beschränkten Liebe, nein, dem Zweifel an dem christlichen Glauben, dem Sieg der religiösen Skepsis, den Freigeistern, den Häretikern verdanken wir die Toleranz der Glaubensfreiheit.

Der Glaube scheidet den Menschen vom Menschen, setzt an die Stelle der naturbegründeten Einheit und Liebe eine übernatürliche — die Einheit des Glaubens.

Der Glaube hat die Bedeutung der Religion, die Liebe nur die der Moral.

Die aus dem Glauben hervorgehende Moral hat zu ihrem Prinzip und Kriterium nur den Widerspruch mit der Natur, mit dem Menschen.

Der Glaube opfert Gott den Menschen auf.

Die christliche Religion ist ein Widerspruch. Sie ist die Versöhnung und zugleich der Zwiespalt, die Einheit und zugleich der Gegensatz von Gott und Mensch. Dieser personifizierte Widerspruch ist der Gottmensch — die Einheit der Gottheit und Menschheit in ihm Wahrheit und Unwahrheit.

Der Mensch ist der Gott des Christentums, die Anthropologie das Geheimnis der christlichen Theologie. . . .

Das „Wesen des Christentums" wirbelte begreiflicherweise

viel Staub auf und rief eine ganze Literatur pro und contra hervor. Zu den wärmsten Verehrern, ja Bewunderern des Werkes gehörte vor allem Arnold Ruge. Zählte er doch zu denjenigen, der bei der ersten Auflage des Buches die Korrektur und das Durchlotsen desselben durch die Zensur besorgte! Gleich beim Erscheinen des sensationellen Buches schrieb Ruge im Dezember 1841 an einen Freund:[1] „Ich habe viel zu dem Behuf gelesen. Es kommt alles von neuem zur Sprache: Die ganze Stellung, der ganze Inhalt und die ganze Richtung der Philosopie seit Kant. Allerdings haben nun die ‚Jahrbücher' eine schwere Aufgabe. Sie müssen die neue Philosophie sein und bleiben, und diese ist extrem, ist reine und vollkommene Negation des Christentums und der christlichen Staaten. Von Heuchelei, von Separieren, Verdecken des klaffenden Risses zwischen dem Mittelalter, das sich zu regenerieren strebt, und der radikalen neuen Zeit könnte nur die Rede sein, wenn man wirklich vom Prinzip der Philosophie abfiele. Das tun alle Theologen und die Masse der Althegelianer, die den alten Hegel immer wieder kopieren mit allen seinen Lastern und die Laster noch möglichst kultivieren. Diese Frömmigkeit der Philosophie ist hündisch. Feuerbach brennt diesen Krebsschaden gründlich aus, — ein Mann, der seinen Namen mit der Tat führt. Sein Buch ist klassisch." Doch machte Ruge die Rechnung ohne den Wirt, d. h. die Zensur, die seine Besprechung des Werkes in den Jahrbüchern nicht gestattete; infolgedessen ließ er seine Abhandlung über Feuerbachs „Wesen des Christentums" mit einer Menge sonstiger Artikel, die gleichfalls von der Zensur verboten waren, als selbständiges Buch unter dem Titel „Anekdota"[2] in der Schweiz erscheinen. Als das wesentlichste Verdienst Feuerbachs im Unterschied von Hegel bezeichnet dort Ruge,

---

[1] Arnold Ruges Briefwechsel, Bd. I, S. 52 ff.
[2] Vgl. „Anekdota zur neuesten deutschen Philosophie und Publizistik." Herausgegeben von Arnold Ruge, 2 Bde., 1843, Bd. II, S. 17—21.

er habe die einzig mögliche Religionsphilosophie geleistet, indem er die religiösen Bedürfnisse selbst zum Gegenstand der Untersuchung gemacht und eine wirkliche Kritik der religiösen Unvernunft angestellt habe. Mit Begeisterung wird Feuerbachs Entdeckung anerkannt, wonach der Inhalt der christlichen Religion eine durchaus menschliche und daß das göttliche Wesen nichts anderes als das menschliche sei, obwohl als ein von ihm unterschiedenes gedacht oder vorgestellt. Feuerbach sei der erste, der den Schein des Doppelwesens sowohl aus dem philosophischen Ausdruck als auch der Auffassung des religiösen Inhalts entferne; er zerstöre den Schein, indem er den Ursprung desselben nachweise; Feuerbach sei der erste, der das Christentum einer ernsten und unbefangenen Kritik unterworfen habe, einer Kritik, wie man sie bisher nur den übrigen Religionen zugewendet, während es bei dem Christentum für Pflicht gegolten, eine Ausnahme zu machen; Feuerbach habe sowohl die Übereinstimmung des Wesens der Religion, als auch deren Widerspruch mit dem Wesen des Menschen uns aufgezeigt, und in diesem doppelten Nachweis liege seine Bedeutung; seine Darstellung sei gerecht, denn sie behandle beide Seiten, das wahre und das unwahre Wesen der Religion, mit gleicher Gründlichkeit. Seine Abrechnung mit einer geschichtlich vergangenen Welt sei unübertrefflich, weil treffend, in der Hauptsache vollendet und eine notwendige Konsequenz der bisherigen Philosophie.[1])

Diese Anerkennung des „Wesen des Christentums" durch seinen Freund und Waffengefährten Arnold Ruge freute den Verfasser, wie wir dies aus seinem Schreiben an ihn vom 10. März 1843 ersehen.[2]) „Ich habe" — so heißt es darin unter anderem — „bereits einen Teil der ‚Anekdota' mit Freude und Begierde ver-

---

[1]) a. a. O. Bd. II, S. 44 ff. und „Ludwig Feuerbach, sein Wirken und seine Zeitgenossen" von Wilhelm Bolin, S. 131 ff.
[2]) Vgl. Arnold Ruges Briefwechsel, Bd. I, S. 3 ff.

schlungen. Alles wahr und trefflich, Ihre Rezension, anerkennend und frei, wird ihre Wirkung nicht verfehlen."

Nicht so glimpflich freilich verfuhren die Gegner des Philosophen mit seinem grundlegenden, aber doch umstürzlerischen Werk. Es erstand ihm eine Legion von Widersachern. Wir wollen aus der Fülle derselben hier nur einige hervorheben. Zu diesen gehörte der Professor der Theologie J. Müller, der in den „Theologischen Studien und Kritiken" scharf gegen den Verfasser polemisierte. Dieser ließ sich die Anzapfungen nicht gefallen, veröffentlichte vielmehr eine Erwiderung gegen seinen Angreifer, und zwar auf Grund des bedeutsamen Umstandes, daß, wie Feuerbach hervorhob, die Rezension des „aufgeblasenen Professors der protestantischen Dogmatik" für die Theologie als solche zu charakteristisch sei, indem deren Autor das von ihm beurteilte Werk so gelesen, kritisiert und widerlegt hatte, wie jeder Theolog als Theolog es lesen, auffassen, beurteilen und widerlegen würde und müsse. Ruge war mit Vergnügen bereit, diese Antikritik Feuerbachs in seinen „Jahrbüchern" aufzunehmen, über welche er in einem Briefe vom 25. Dezember 1841 mit den Worten urteilt: „Ihre vortreffliche Kritik J. Müllers, die ihn ungemein bloßstellt und sehr nützlich einwirken wird — sie erinnert mich an Lessings Verfahren mit dem bornierten Götze — wollen wir ja in die ‚Jahrbücher' einrücken. Es ist mir wichtig, wenn die Kritiker Ihres Buches dadurch vorbereitet und die Menschen an diese Sprache auch an diesem Orte gewöhnt werden."

Julius Müller — geboren am 10. April 1801 und gestorben am 27. September 1878 —, jahrelang Professor der Theologie in Marburg und dann in Halle, war für Feuerbach der Typus des Pfaffentums, über dessen Naturgeschichte er in seinen „Aufzeichnungen" sich in seiner satirischen Art also äußert: „Sind die Pfaffen gescheit, so sind sie böse, unehrlich, Heuchler; sind sie ehrlich, gut, so sind sie dumm. Die prinzipielle Aufhebung des Verstandes macht sich nur in der Dummheit oder Bosheit des Verstandes geltend, wie die Aufhebung der Natur in der Moral nur in der unnatürlichsten Lasterhaftigkeit oder lächerlichsten Asketik. Es gibt nichts Häßlicheres als einen Theologen: es ist der Hochmut unter dem Schein der Demut, die Ignoranz unter dem Schein geoffenbarter Weisheit, die Pöbelhaftigkeit unter dem Schein der Bildung. So viel ist gewiß: jetzt gehen Sittlichkeit und Christentum nicht mehr Hand in Hand. Es gehört kein Mut, kein Charakter, keine Anstrengung, kein Opfer dazu, Christ zu sein — Christentum und weltlicher Vorteil ist identisch —, wohl aber kein Christ zu sein. Ich wenigstens bin nicht nur aus theoretischen, ich bin auch aus moralischen Gründen kein Christ, — deswegen keiner, weil man jetzt kein Christ mehr sein kann ohne Lüge und Selbstbetrug."

Ein viel beachtenswerterer Gegner als solche Pfaffen, mit ihrer „verschmitzten Dogmatik, die weder kalt noch warm, weder religiös noch vernünftig, weder gläubig noch ungläubig ist",[1] war der bekannte Philosoph Max Stirner, der Verfasser des Buches: „Der Einzige und sein Eigentum", geboren am 25. Oktober 1806 in Bayreuth und gestorben daselbst am 26. Juni 1856. Nach dem Urteil dieses merkwürdigen Denkers, des Vertreters des schrankenlosen Egoismus, gehöre Feuerbach zu den zahllosen noch im Dunkel des „Jenseits" umherflatternden Fledermäusen; für den von ihm, Max Stirner, verfochtenen Egoismus könne die vom Verfasser des „Wesens des Christentums" festgehaltene Wahrheit der Religionsbeziehung keine Gültigkeit haben u. dgl. m.; doch fühlte sich Feuerbach, der nur im äußersten Falle zu einer Abwehr bereit war, nicht veranlaßt, die von Max Stirner vorgebrachte Gründe zu widerlegen. Wie er aber darüber dachte, erfahren wir aus einem Briefe an seinen Bruder Fritz aus dem Jahre 1844. Dort

---

[1] Ludwig Feuerbachs sämtliche Werke, Bd. I, S. 227.

heißt es unter anderem: „‚‚Der Einzige und sein Eigentum' ist ein höchst geistvolles und geniales Werk und hat die Wahrheit des Egoismus — aber exzentrisch, einseitig, unwahr fixiert — für sich. Seine Polemik gegen die Anthropologie, namentlich gegen mich, beruht auf purem Unverstand oder Leichtsinn. Ich gebe ihm recht bis auf eins: im Wesen trifft er mich nicht. Er ist gleichwohl der genialste und freieste Schriftsteller, den ich kennen gelernt."

Die Hallenser Professoren, sowohl diejenigen der Theologie als auch die der Philosophie, waren mit vereinten Kräften bemüht, Ludwig Feuerbach etwas am Zeug zu flicken. Dies tat auch der außerordentliche Professor der Philosophie an der Hallenser Universität, Dr. Julius Schaller — geboren 13. Juli 1810 zu Magdeburg und gestorben den 21. Juni 1868 zu Karlsfeld in Sachsen —, und zwar in einer besonderen Streitschrift, betitelt: „Darstellung und Kritik der Philosophie Ludwig Feuerbachs."[1]) Dieser dogmatische und verknöcherte Alt-Hegelianer wirft in seinen Argumenten gegen den Verfasser mit injuriösen Phrasen und Redensarten, wie „wohlfeil", „oberflächlich" und „widerlich", um sich und hat den Mut, Feuerbach die Befähigung zu einem Popularphilosophen abzusprechen und die Behauptung aufzustellen, der Verfasser des „Wesens des Christentums" habe das Wesen der Religion gar nicht verstanden.

Noch ein anderer Professor der Philosophie, diesmal aus Erlangen, Emil August von Schaden — geboren 1814 zu München und gestorben 13. Juli 1852 in Nürnberg —, erschien gleichfalls mit einem Buch gegen Feuerbach auf dem Plan unter dem Titel: „Über den Gegensatz des theistischen und pantheistischen Standpunktes, ein Sendschreiben an Dr. L. Feuerbach."[2]) Der engere Landsmann Feuerbachs ist höflicher wie der Hallenser

---
[1]) Leipzig 1847, S. 168.
[2]) Erlangen 1848, S. 240.

Kollege, indem er es nicht unterläßt, dem Verfasser des „Wesens des Christentums" einige Komplimente zu machen, wie z. B.: er sei unter den Vertretern des modernen Pantheismus durchaus der bedeutendste und größte, ausgezeichnet vor den meisten Philosophen der Gegenwart, „selbst vor solchen, die wesentlich seiner Meinung sind, durch den unbestreitbaren Vorzug, nicht irgend einen widerlichen oder möglichen, originellen oder historischen Gedanken zu ergreifen, um selbigen in der bekannten abstrakten Weise zu einem System des Himmels und der Erde auszuspinnen, und das in einer Sprache, welche der Wirklichkeit und Ausdrucksweise des gesunden Menschenverstandes schnurstracks zuwiderläuft", aber dennoch könnte die Feuerbachsche Philosophie, weil sie in ihren ersten Grundsätzen widersprüchig und mangelhaft sei, auf wissenschaftliche Berechtigung oder Anerkennung in keiner Weise Anspruch machen, da in dessen System „weder für eine ewige einheitliche Substanz noch für eine theistische persönliche Gottheit irgend ein Ort ausfindig zu machen" sei.

Mit Schaden und Genossen fand er sich später anläßlich der Vorlesungen in Heidelberg, auf die ich noch zu sprechen kommen werde, gründlich ab, indem er unter anderem von diesem Kritiker behauptete, daß er von ihm nur geträumt habe, „und noch dazu sehr wüste".[1]) Solche Antikritiken, wie sie sich der Erlanger Philosophieprofessor gegen ihn leistete, bezeichnete er „wesenlos", „geistlos", „nutzlos" und „widerwärtig", willkürlich alles kunterbunt durch- und untereinanderwerfend, den Schein für das Wesen nehmend, Kritisch-Sprachliches zum Sachlichen, Zeitliches zum Bleibenden, Relatives zum Unbedingten machend, nicht Zusammengehörendes verknüpfend und notwendig Verbundenes trennend. Übrigens antwortete Feuerbach dem Professor von Schaden auch direkt, nachdem ihm dieser die genannte Schrift zugesandt hatte,

---

[1]) Vgl. Ludwig Feuerbachs sämtliche Werke, Bd. VIII, S. 448.

und zwar in der Absicht, daß Feuerbach durch einen öffentlichen Streit die Aufmerksamkeit des großen Publikums auf das Sendschreiben richte. Interessant ist, was der Verfasser des „Wesen des Christentums" in einem Briefe — datiert vom 7. Juni 1848 — über literarische Streitigkeiten als solche urteilt: „Ich bin kein Freund von Streitigkeiten, auch wenn sie sich ganz fern von Persönlichkeiten halten. Es kommt nie etwas dabei heraus, jeder bleibt in sich und für sich. Erinnern Sie sich nur z. B. an die langweiligen Streitschriften zwischen Leibniz und Clarke, an die immer nur die längst bekannten Gedanken wiederholenden Briefe Spinozas, wo er auf die Einwürfe seiner Gegner antwortet."

Noch ein anderer Hallenser Philosoph, der sich allerdings mehr auf dem Gebiete der Literaturgeschichte als auf dem der Weltweisheit einen Namen gemacht hat, der bekannte Rudolf Haym, zog gegen Feuerbach vom Leder in der Schrift: „Feuerbach und die Philosophie, ein Beitrag zur Kritik beider".[1]) Haym steht aber der Philosophie und speziell der Religionsphilosophie Feuerbachs unbefangen und vorurteilsfrei gegenüber, und die Polemik des jungen Hallenser Universitätslehrers gegen den großen Meister hält sich in den Grenzen der Mäßigung. Feuerbach zeichnete die Haymsche Streitschrift durch eine besondere Entgegnung aus, die im Jahrgang 1848 der die Halleschen Jahrbücher ersetzenden Zeitschrift „Die Epigonen" erschien.[2]) Da diese Entgegnung für die philosophische Entwickelung des Denkers und namentlich für seine Stellung in der Religionsphilosophie von Wichtigkeit ist, mag hier daraus nur der nachstehende Passus mitgeteilt werden: „Der Verfasser hat gänzlich meine Aufgabe verkannt, wenn er mir vorwirft, daß ich das Band zwischen der Natur und dem Menschen oder Geiste nicht nur nicht gefunden,

---
[1]) Halle 1847.
[2]) „Epigonen", Bd. V, und Grün, Ludwig Feuerbachs philosophische Charakterentwickelung, Bd. I, S. 423 ff.

sondern auch zerrissen, folglich meine Aufgabe nicht vollständig gelöst habe, denn es handle sich nicht darum bloß, das Wasser in seine Stoffe aufzulösen, sondern vor allem darum, das Verbindende dieser Stoffe nachzuweisen. Dieses Band lag jenseits meiner Aufgabe, mein Gegenstand war eben die Trennung dieses Bandes, aber nicht eine selbstgemachte, sondern eine vorgefundene, historische Trennung — war erstlich der Gott oder vielmehr die Natur ohne den Menschen, zweitens der Mensch ohne die Natur, war also erstlich die Frage nach der Entstehung des Menschen, zweitens die Frage nach der Entstehung des Christentums, des Theismus überhaupt, kurz des Wesens, dessen Spitze der Gott ohne Natur ist, der Gott, der die Welt, die Natur aus nichts geschaffen. Ich gehe überall vom Dasein aus und von da erst zur Bedeutung und Genesis eines Daseins über. Nun existiert aber der Gott ohne den Menschen, der Gott, von dem alle menschlichen Prädikate und Kategorien abgesondert werden oder doch abgesondert werden sollen, der Gott, der ist, wenn auch kein Mensch ist und ihn denkt in dem Kopfe der Religion oder wenigstens Theologie und Philosophie. Ich hatte also, nachdem ich bereits auf dem Standpunkte des Christentums diesen Gott negativ in seine Widersprüche aufgelöst hatte, keine andere Aufgabe, als nachzuweisen, daß eine ursprüngliche und reale Bedeutung die Natur ist. Die zunächst nur negative Bestimmung der Natur, die Absonderung derselben von allen menschlichen Prädikaten, war daher durch den Gegenstand selbst geboten, war notwendig. Ich begründete oder bestätigte sie ja selbst mit historischen Beispielen, um zu beweisen, daß meine Gedanken nur von Tatsachen abstrahiert sind. Wenn z. B. der Kaffernkönig sagt: Wir glauben an ein Wesen, das alles hervorbringt, was wir nicht nachahmen können, der Indianer: nur der große Manittu kann das Gras wachsen lassen, nicht du, Mensch! wenn Sokrates die Physik nur für die Sache der Götter, aber nicht der

Menschen erklärt, wenn Hiob die Erscheinungen der Natur, die der Mensch nicht begreifen und machen kann, als Beweise der Größe Jehovahs preist; was sagen sie anderes, als: die Natur ist ein nicht menschliches, ein übermenschliches Wesen? Wenn aber der Unterschied der Natur vom Menschen oder des Menschen von der Natur der Ausgangspunkt der Religion ist, muß nicht der Religionsforscher seinen Gegenständen getreu diesen Unterschied zu seiner Basis machen?"

Schließlich sei hier noch darauf hingewiesen, daß auch der scharfsinnige sozialistische Denker, der Vater der deutschen Sozialdemokratie, Karl Marx, im Frühjahr 1845 eine längere, leider unvollständig gebliebene Abhandlung über Feuerbach geschrieben, aber nicht veröffentlicht hat. Dieselbe ist erst im Jahre 1888 durch Friedrich Engels unter dem Titel: „Ludwig Feuerbach und der Ausgang der klassischen deutschen Philosophie"[1]) publiziert worden. Besonders bemerkenswert in diesem Essay sind die elf Thesen, die Marx darin über Feuerbach aufgestellt hat, die freilich mehr für die philosophisch-nationalökonomische Anschauungen von Marx als für diejenigen von Feuerbach von Bedeutung sind. Feuerbach — führt Marx in seinen Thesen u. a. aus — löse das religiöse Wesen in das menschliche auf; aber das menschliche Wesen sei kein dem einzelnen Individuum innewohnendes Abstraktum, in seiner Wirklichkeit sei es das Ensemble des gesellschaftlichen Verhältnisses. Feuerbach, der auf die Kritik dieses wirklichen Wesens eingehe, sei daher gezwungen: erstens von dem geschichtlichen Verlaufe zu abstrahieren und das religiöse Gemüt für sich zu fixieren und ein abstrakt-isoliert menschliches Individuum vorauszusetzen, zweitens könne bei ihm daher das menschliche Wesen nur als Gattung, als innere Stimme, die viele Individuen bloß natürlich verbindende Allgemeinheit gefaßt

---

[1]) Stuttgart 1888, 72 Seiten.

werden. Der Verfasser sehe daher nicht, daß das religiöse Gemüt selbst ein gesellschaftliches Produkt sei und daß das abstrakte Individuum, das er analysiere, in Wirklichkeit einer bestimmten Gesellschaftsform angehöre. Das gesellschaftliche Leben sei wesentlich praktisch. Das Höchste, wozu der anschauende Materialismus es bringe, d. h. der Materialismus, der die Sittlichkeit nicht als praktische Tätigkeit begreife, sei die Anschauung der einzelnen Individuen in der bürgerlichen Gesellschaft. Der Standpunkt des alten Materialismus sei die „bürgerliche" Gesellschaft, aber der Standpunkt des neuen die menschliche Gesellschaft oder die vergesellschaftete Menschheit.

Mit Marx stand übrigens Feuerbach im Jahre 1843 in Briefwechsel. Zusammen mit Ruge beabsichtigte Marx französisch-deutsche Jahrbücher herauszugeben, für welche er die Mitwirkung des Philosophen zu erlangen hoffte. Paris sollte der Druck- und Verlagsort derselben sein. Für die erste Nummer des Monatsheftes erbat sich Marx eine Arbeit über Schelling, worin dieser philosophische Phantast an den Pranger gestellt werden sollte. „Sie würden unserem Unternehmen" — so schreibt er Feuerbach unter anderem —, „aber noch mehr der Wahrheit daher einen großen Dienst leisten, wenn Sie gleich zu dem ersten Hefte eine Charakteristik Schellings lieferten. Sie sind gerade dazu der Mann, weil Sie der umgekehrte Schelling sind. Der — wir dürfen das Gute von unserem Gegner glauben — der aufrichtige Jugendgedanke Schellings, zu dessen Verwirklichung er indessen kein Zeug hatte als die Imagination, keine Energie als die Eitelkeit, kein Organ als die Irritabilität eines weiblichen Rezeptionsvermögens, dieser aufrichtige Jugendgedanke Schellings, der bei ihm ein phantastischer Jugendtraum geblieben ist, er ist Ihnen zur Wahrheit, zur Wirklichkeit, zu männlichem Ernst geworden. Schelling ist daher Ihr antizipiertes Zerrbild, und sobald die Wirklichkeit dem Zerrbilde gegenübertritt, muß es in Dunst, in Nebel zerfließen. Ich halte Sie daher für den notwendigen, natürlichen, also durch Ihre Majestäten, die Natur und die Geschichte, berufenen Gegner Schellings. Ihr Kampf mit ihm ist der Kampf der Imagination von der Philosophie mit der Philosophie selbst."

In der Tat hat sich, dieser Aufforderung entsprechend, Feuerbach über Schelling in einem eingehenden Briefe an Marx geäußert, doch ist derselbe nicht veröffentlicht worden. In dem Nachlaß des Philosophen hat sich das Brouillon vorgefunden und wurde dann von Grün mitgeteilt.[1]) Schelling — so lautet das Urteil Feuerbachs unter anderem — ist eine wesenlose, eitle, transitorische Erscheinung; er verdankt seinen Ruhm lediglich seiner Jugend. Was andere erst im Mannesalter erreichen mit Kampf und Mühe, das hatte er schon in der Jugend erreicht, aber eben deswegen auch seine Manneskraft erschöpft. Wenn andere am Schluß ihres tatenreichen Lebens sagen konnten: was man in der Jugend wünscht, hat man im Alter die Fülle, so kann der Herr v. Schelling umgekehrt sagen: was ich im Alter wünsche, das hatte ich in der Jugend in Fülle — Ehre, und was mehr ist als Ehre, Namen, das Vertrauen anderer zu mir und meinem Talente.

Schelling ist nicht nur von anderen gerichtet, er hat sich selbst gerichtet, sich selbst prostituiert. Das nicht zu Erklärende ist, wie er zu diesem Ruhm gelangte, dem Ruhm eines Genies, einer Originalität und Produktivität, da er doch nur die Gedanken anderer wiedergegeben hat! Er ist mehr geworden durch andere als durch sich, wie er es heute noch ist durch andere. Sein letztes Los entscheidet über sein früheres. Erkennen wir den Grund, wie er jetzt noch imponieren kann, so haben wir auch den Grund gefunden, wie er einst imponieren und seinen früheren

---

[1]) Vgl. Ludwig Feuerbachs philosophische Charakterentwickelung, Bd. I, S. 401 ff.

Leistungen eine Bedeutung beimessen konnte, die weit über die Grenze der Wahrheit geht. Denn er hat auch damals nur den Idealismus des Gedankens in den Idealismus der Imagination verwandelt, den Dingen ebenso wenig Realität eingeräumt als dem Ich, nur daß es einen andern Schein hatte, weil er statt des bestimmten Ich das unbestimmte Absolute setzte und dem Idealismus einen pantheistischen Anstrich gab. Was ist es nun aber, was Schelling noch heute eine scheinbare Bedeutung gibt? Ist er es selbst? Ach! man öffne seine Vorlesungen und man fällt in Ohnmacht vor dem Leichengeruch der Duns Scotischen Scholastik und Jakob Böhmschen Theosophistik dieser nicht Theosophie, sondern Theosophistik. Es ist der unlauterste und unsauberste Mischmasch von Scholastik, die nach dem Petrus Lombardus riecht, von Theosophismen. Darin liegt also die Kraft und Bedeutung Schellings, außer ihm liegt sie — in denen liegt sie, die, um ihre politischen und kirchlichen Interessen oder vielmehr Intrigen ins Werk zu setzen, irgend eines Namens eines Philosophen bedurften. Außerdem würde Schelling noch ebenso — zu seinem Heil — im Dunkeln geblieben sein, wie er es in München war, höchstens in den untertänigen Köpfen einiger Dozenten seinen verwirrenden Spuk fortgetrieben haben. Mit den Wölfen muß man heulen. Herr v. Schelling verspricht eine die Grenzen des gegenwärtigen menschlichen Bewußtseins erweiternde Wissenschaft. Dieses Versprechen hat er erfüllt. Es ist das geschehen, dessen Möglichkeit nur zu ahnen uns bisher eine Unmöglichkeit war: daß, je mehr einer verliert an innerer Realität, um so höher er steigt an äußerer Macht, daß Ehre und Ansehen im umgekehrten Verhältnis zu Verdiensten steht. Es ist die Willkür, die sich für Freiheit, die Absurdität, die sich für Vernunft, das Krebsgeschwür der Lüge, das sich für die volle Brust der Wahrheit, die Herbstzeitlose des abgelebtesten Mystizismus, die sich für die Frühlingsblume der Zukunft und eines neuen

Lebens ausgibt. Mach es den andern dreist und keck weis, daß du ein Genie bist, schrei's ihnen in die Ohren: so bist du eins — — wenigstens in deiner und ihrer Meinung. Wem Meinung für Realität gilt, der ist damit zufrieden."

Selbst auf gebildete Frauen verfehlte das Werk: „Wesen des Christentums" seine Wirkung nicht. So schrieb z. B. Malwida von Meysenbug, die bekannte Verfasserin der „Memoiren eines Idealisten", über die epochemachende literarische Erscheinung: „Gleich von der ersten Seite an sagte ich mir sehr erstaunt, es seien Gedanken, die ich längst kenne, meine eigenen Folgerungen, die ich nur nicht zu gestehen wagte. Alle die angstvollen Stunden meiner Jugend mit Bezug auf die Religion wurden mir nun klar und verständlich, sie hatten ihren Grund gehabt in dem Ungestüm des Gedankens, der sich auflehnte gegen ein Joch, in dem er gefangen gehalten werden sollte. Feuerbach nannte, so schien es mir, zum erstenmal die Dinge bei ihrem wahren Namen; er vernichtete für immer die Idee einer anderen Offenbarung als derjenigen, welche sich in den großen Geistern und großen Herzen macht. Sein Gedanke schien sich in den letzten Worten seines Buches zusammenzufassen: Heilig sei das Brot, heilig der Wein, aber auch heilig das Wasser. Aber keine übernatürliche Verwandlung mehr, kein priesterlicher Exklusionismus, sondern das ganze Leben bis in seine kleinsten Äußerungen die Ausübung einer rein menschlichen Moral."

Zur Ergänzung und Erläuterung ließ Feuerbach seinem Hauptwerke, dem „Wesen des Christentums", zahlreiche andere religiösphilosophische Schriften, die sein System ausbauten, folgen. Ich nenne hier nur die folgenden: „Das Wesen der Religion", „Das Wesen des Glaubens im Sinne Luthers", „Die Grundlage der Philosophie der Zukunft", „Vorlesungen über das Wesen der Religion", „Über Spiritualismus und Materialismus, besonders in Beziehung auf die Willensfreiheit", „Zur Unsterblichkeitsfrage vom Standpunkt der Anthropologie", „Wider den Dualismus von Leib und Seele", „Fleisch und Geist", „Zur Theogonie, oder Beweise, daß der Götter Ursprung, Wesen und Schicksal der Menschen Wünsche und Bedürfnisse sind" usw. Alle diese Werke hatten den Zweck, die Aufgabe der neuen Zeit, nämlich die Verwandlung und Auflösung der Theologie in die Anthropologie, zu fördern. Im „Wesen der Religion" sucht er den Beweis zu führen, daß die notwendige Voraussetzung des Menschen die Natur sei, welch letztere ebenso das Wesen der Naturreligion bilde, wie das Wesen des Menschen das des Christentums. Der Gegenstand des menschlichen Abhängigkeitsgefühls — die Natur — sei der erste Gegenstand der Religion. Aus der Furcht, mit welcher der kindliche Mensch sich anfänglich vor seinem Fetisch und seinem Tier beugte, sei er erst später zum Bewußtsein seiner Überlegenheit über diese erwacht und habe dann die dunklen Naturgewalten fortan an Götter, die ihm gleichen, die sein Wesen und seinen Willen, seine Kräfte und Gaben, seine Eigenschaften und Leidenschaften an sich tragen, übertragen. So habe in den Göttern der Mensch sich selbst gemalt und in ihm sein eigenstes Wesen verehrt; der Mensch habe Gott nach seinem Bilde, von greulichen, fratzenhaften Götzen bis zum sublimierten, spiritualistischen, d. h. gespenstigen, sogenannten Geiste geschaffen. Der letzte — 55. — Schlußparagraph im „Wesen der Religion" lautet auszugsweise also[1]): „Wie die Wünsche der Menschen, so sind ihre Götter. Die Griechen hatten beschränkte Götter — d. h.: sie hatten beschränkte Wünsche. Die Griechen wollten nicht ewig leben, sie wollten nur nicht altern und sterben und sie wollten nicht absolut sterben, sie wollten nur jetzt noch nicht — das Unangenehme komme dem Menschen immer zu früh —, nur nicht in der Blüte der Jahre, nur nicht eines gewaltsamen, schmerzhaften

---

[1]) Ludwig Feuerbachs sämtliche Werke, Bd. I, S. 483 ff.

Todes sterben; sie wollten nicht selig, sie wollten nur glücklich sein, nur beschwerdelos, nur leichthin leben; sie seufzten noch nicht darüber wie die Christen, daß sie der Notwendigkeit der Natur, den Bedürfnissen des Geschlechtstriebes, des Schlafs, des Essens und Trinkens unterworfen waren; sie fügten sich in ihren Wünschen noch in die Grenzen der menschlichen Natur; sie waren noch Schöpfer aus nichts, sie machten noch nicht aus Wasser Wein, sie reinigten, sie destillierten nur das Wasser der Natur und verwandelten es auf organischem Wege in den Saft der Natur; sie schöpften den Inhalt des göttlichen, glückseligen Lebens nicht aus der blauen Einbildung, sondern aus dem Stoff der bestehenden Welt; sie bauten den Götterhimmel auf den Grund dieser Erde! Die Christen haben keinen beschränkten, sondern unbeschränkten, über alle Naturnotwendigkeit erhabenen, übermenschlichen, außerweltlichen, transzendenten Gott, d. h.: sie haben unbeschränkte, transzendente, über die Welt, über die Natur, über das menschliche Wesen hinausgehende, d. i.: absolutphantastische Wünsche. Die Christen wollen unendlich mehr und glücklicher sein als die Götter des Olymps; ihr Wunsch ist ein Himmel, in dem alle Schranken, alle Notwendigkeit der Natur aufgehoben, alle Wünsche erfüllt sind, ein Himmel, in dem keine Bedürfnisse, keine Leiden, keine Wunden, keine Kämpfe, keine Leidenschaften, keine Störungen, kein Wechsel von Tag und Nacht, Licht und Schatten, Luft und Schmerz wie im Himmel der Griechen stattfindet. Kurz, der Gegenstand ihres Glaubens ist nicht mehr ein beschränkter, bestimmter Gott, ein Gott mit dem Namen des Zeus oder Poseidon oder Hephästos, sondern der Gott schlechtweg, der namenlose Gott, weil der Gegenstand ihrer Wünsche nicht ein namhaftes, endliches, irdisches Glück, ein bestimmter Genuß, der Liebesgenuß, der Genuß unendlicher, unbegrenzter, unaussprechlicher, unbeschreiblicher Seligkeit ist. Seligkeit und Gottheit ist eins. Die Seligkeit als Gegenstand des

Glaubens, der Vorstellung, überhaupt als theoretisches Objekt, ist die Gottheit; die Gottheit als Gegenstand des Herzens, des Willens, des Wunsches, als praktisches Objekt überhaupt, ist die Seligkeit. Oder vielmehr: die Gottheit ist eine Vorstellung, deren Wahrheit und Wirklichkeit nur die Seligkeit ist. Soweit das Verlangen der Seligkeit geht, so weit und nicht weiter geht die Vorstellung der Gottheit. Wer keine übernatürlichen Wünsche mehr hat, der hat auch kein übernatürliches Wesen mehr."

In der „Theogonie" führt der Verfasser in erweiterter Form und in glänzendem Stil die Grundgedanken des hochbedeutsamen Werks über „das Wesen der Religion", daß die Götter „personifizierte Wünsche" seien, aus. Seiner Weisheit letzter Schluß, zugleich eine Apologie des Atheismus enthaltend, ist das Bekenntnis am Schlusse der Schrift[1]: „Alle Votivtafeln, alle religiösen und selbst bürgerlichen Lotterieanstalten, alle Orakel, alle Opfer und Gebete — auch die christlichen Kirchengebete —, selbst die doktrinären ‚Spuren der Gottheit im anscheinenden Zufall' — beweisen auf augenfällige Weise, aber eben deswegen auch nur für die, welche Augen nicht nur am, sondern auch im Kopfe haben, daß nicht das regel- und gesetzmäßige, notwendige, immer sich gleich bleibende, unabänderliche Wesen, sondern die Fortuna, der — für die einen glückliche, für die andern unglückliche — Zufall des äußerlichen Ursprungs der Gegenstand des religiösen Glaubens, daß Gott und Glück identisch, daß Gott nur ein mystischer Ausdruck für Glück oder Gott nur im allgemeinen, für alle möglichen Fälle ist, was in diesen einzelnen, wirklichen Fällen Glück ist und heißt. Kein Wunder ist es daher, daß, wie Plutarch wenigstens in seiner Schrift vom Glück der Römer bemerkt, erst sehr spät in Rom der Tugend ein Tempel errichtet wurde, während Fortuna sehr viele alte und glänzende Tempel hatte. Kein Wunder, sage ich;

---

[1] Ludwig Feuerbachs sämtliche Werke, Bd. X, S. 269 ff.

Glück ist die Sache der Religion, himmlische Glückseligkeit sogar der Lohn des Götterglaubens, aber unselige Anstrengung, besonders auch des Kopfes, Bildung, Fleiß, Arbeit, noch dazu unbelohnte, die Sache der Tugend, der atheistischen, der nur auf sich selbst gestellten Tugend. Wie sollte also der Götterglaube nicht Glück in der Welt machen, nicht Tempel und Anbeter in Überzahl finden? Wie glücklich, wie reich, wie mächtig, wie geehrt sind nicht noch heute die Gottgläubigen, wenn sie es gleich nur noch mit dem Munde sind! Wie wahr ist der Ausspruch des Apostels, daß die Frömmigkeit die Verheißung dieser und der künftigen Welt hat! O wie erbärmlich steht neben diesem eminenten Segen der Frömmigkeit die Tugend des Atheismus da! O welch ein Tor ist doch der Atheist! Wie wenig versteht er sich auf sein Heil, d. h. auf seinen irdischen und himmlischen Profit!"

Nichts kann törichter sein, als wenn man gegen den Zerschmetterer des orthodoxen Glaubens den Vorwurf erhebt, daß seine Philosophie zur Unmoral und zur Unsittlichkeit führe, da doch alle Tugend und alle Ethik nur im Christentum, in der positiven Religion wurzele. Dieser Verdächtigung gegenüber muß ausdrücklich betont werden, daß der als Materialist und Atheist verrufene Philosoph nicht nur ein Mensch von reiner Idealität, human im besten Sinne des Wortes und einer der selbstlosesten und herrlichsten deutschen Charaktere aller Zeiten war, sondern daß auch seine Philosophie mit beredten Worten die erhabensten Grundsätze der Ethik lehrt; ja diese Ethik ist das Alpha und Omega seiner Spekulation.[1]) Allerdings ist es kein christlicher Ethiker, d. h. er ist durchaus nicht der Ansicht, als wenn Christentum und Moral identische Begriffe seien, im Gegenteil, in allen seinen Schriften kämpft er dafür, die Moral von der positiven Religion unabhängig zu machen. In dem Kapitel 8

---

[1]) Vgl. Ludwig Feuerbach von C. N. Starcke, S. 231 ff.

seiner Schrift „Über Spiritualismus und Materialismus", betitelt „Der religiöse Ursprung des deutschen Materialismus", führt er den Beweis, daß gerade der deutsche Materialismus einen religiösen Ursprung habe. Mit der Reformation beginnend, sei er eine Frucht der Liebe Gottes zum Menschen, deren Bild oder vielmehr Wesen die Reformatoren nicht in einer unbestimmten phantastischen Liebe, sondern in der innigsten Liebe des Menschen, der Liebe der Eltern zu ihren Kindern fanden. Erst im Protestantismus sei das, was im Katholizismus nur ein theologisches Bild und Sakrament gewesen, anthropologisches Wesen, anthropologische, d. h. wirkliche, lebendige Wahrheit. „Die Liebe" — so sagt Feuerbach wörtlich —, „welche keine bloße geistige oder spiritualistische Phrase, keine mit dem Actus purus, dem reinen Denkakt der mittelalterlichen und modernen Scholastiker, identische, eben deswegen nur Gedankenliebe ist, die wirkliche, wahre, menschliche Liebe ist wesentlich pathologische, d. h. von dem materiellen, wirklichen Leide der Menschheit ergriffene Liebe. Die theologische, die geistliche Liebe foltert, ja verbrennt selbst den lebendigen Leib, um die Seele von den Flammen der Hölle zu erretten; aber die wirkliche Liebe pflegt aufs zärtlichste den Leib des Geliebten und um des Geliebten willen den eigenen Leib. Die wirkliche, die fruchtbare, die Menschen, nicht Mönche und Pfaffen erzeugende und erziehende Liebe weiß nichts von dem Zwiespalt zwischen Leib und Seele, nichts von einer von der Anatomie und Physiologie getrennten oder gar unabhängigen Psychologie. Und diese Liebe, dieser Gott, dem nicht nur unser Seelenheil, sondern auch unser leibliches Wohl und Leben am Herzen liegt, der nicht in der priesterlichen Hostie, sondern in unserm natürlichen Leibe gegenwärtig ist, der nicht nur einst sich inkarnierte, sondern jetzt noch mit unserm Fleisch und Blut sich vereinigt, sich wirklich in unser Hirn und Herz begibt, im Hirn das Licht der Erkenntnis, im Herzen die Glut der

Affekte, wenigstens der guten, solcher Affekte, wie er selbst ist, anzündet — dieser Gott ist der Vater des Materialismus. Der deutsche Materialismus ist also kein Bankert, keine Frucht der Buhlschaft deutscher Wissenschaft mit ausländischem Geiste, er ist ein echter Deutscher, der bereits im Zeitalter der Reformation das Licht der Welt erblickte; er ist sogar ein unmittelbarer, leiblicher Sohn Luthers. Paul Luther, der Sohn des Reformators Martin Luther, versinnlicht und bestätigt aufs schönste diesen genealogischen Zusammenhang des Materialismus mit dem Protestantismus. Dieser Sohn Luthers wurde nämlich nicht ein Theologe, wie man doch hätte erwarten sollen, und zwar zu seiner Zeit wirklich erwartet hatte, sondern ein Physikus, ein Arzt, kein Spiritualist, sondern ein Materialist, denn der Arzt als Arzt weiß, wie der berühmte Mediziner des 17. Jahrhunderts C. Hoffmann sagt, nichts von der Seele. Und zwar wurde er dies nicht nur, weil er, wie er selbst in seiner Erklärung eines Aphorismus des Hippokrates erzählt, schon als Knabe Liebe zur Naturwissenschaft hatte, sondern auch, weil sein Vater selbst, der auch diese Liebe mit ihm teilte, ihm zu diesem Studium riet und ermunterte. Was der Mensch in der Religion sucht, ist die Versöhnung; aber die Moral ist ja nichts anderes als die Lehrmeisterin, unter deren Leitung der Mensch den tiefsten und bestbegründeten Unterricht in allen Verhältnissen erhält, die ihn als handelndes Wesen betreffen, und welches andere Prinzip könnte denn die Moral enthalten, als eben die Liebe?"

"Diejenigen Gesetze — sagt Feuerbach in der Theogonie —, welche die Götter geben, sind nur fromme Wünsche, und daher werden sie oft gebrochen. Jedes gerichtliche Gebot, jedes sittliche Gesetz sagt: „du sollst", aber es ist kein Gesetz, das absolut unsere Handlungen zwingt, es ist kein kategorischer, sondern immer nur ein hypothetischer Imperativ, der sagt: so mußt du handeln, falls du von mir, dem Gesetzgeber, dafür angesehen werden willst, mit meinen Forderungen in Übereinstimmung zu sein. Es wird in diesem „du sollst" nur ein Prinzip angegeben, aber nicht ein Gesetz. Gott ist der Wunsch, gut und weise zu sein; wir wünschen, daß unsere Handlungen über dies Gute und Weise ihm gefallen mögen, und nur weil dieser Wunsch so fest in der Natur des Menschen liege, überhöre er das Hypothetische in dem sittlichen Imperativ: du sollst so oder so handeln, wenn du sittlich sein willst. Derjenige, zu dessen Natur es nicht gehöre, sittlich sein zu wollen, der könne schlechthin ein sittliches „du sollst" nicht empfinden.[1])

Einen vollständigen Ausbau seiner anthropologischen Ethik als Ganzes hat Feuerbach leider nicht unternommen; er hat nur Grundsteine gelegt und eine Reihe von Entwürfen uns geboten, die Karl Grün mitteilt unter dem Titel: „Zur Moralphilosophie"[2]), aber im großen und ganzen ist der Grundcharakter der Ethik des Denkers schon hieraus zu bestimmen. Jede Handlung folge, wie Feuerbach behauptet, demselben Gesetz, nämlich der Bestimmung durch die stärkste Lust: „Was lebt, liebt, wenn auch nur sich, sein Leben, will leben, weil es lebt, sein, weil es ist, aber, wohlgemerkt! nur wohl, gesund, glücklich sein; denn nur Glücklichsein ist Sein im Sinne eines lebenden, empfindenden, wollenden Wesens, ist gewolltes, geliebtes Sein. Was will, will nur — wenn anders nicht, wie beim Menschen, Wahn, Täuschung, Irrtum, Verkehrtheit sich zwischen dem Willen und dem Gegenstand des Willens eingestellt — was ihm nützlich, heilsam, gut ist, was ihm wohl-, nicht übeltut, was sein Leben fördert und erhält, nicht beeinträchtigt und zerstört, seinen Sinnen gemäß, nicht zuwider ist, kurz, was es glücklich, nicht unglücklich, nicht elend

---

[1]) Ludwig Feuerbachs sämtliche Werke, Bd. IX, S. 273 ff., und Ludwig Feuerbach von N. C. Starcke, S. 232 ff.

[2]) Ludwig Feuerbachs Briefwechsel und Nachlaß, Bd. II, S. 253 ff.

macht. Ja, Wollen und glücklich machendes Wollen, folglich Glücklichseinwollen ist, wenn man die ursprüngliche und unverfälschte Naturbestimmung und Naturerscheinung des Willens ins Auge faßt, unzertrennlich, ja wesentlich eins. Wille ist Glückseligkeitswille."

Mehr als die theoretischen, ethisch-moralischen Ausführungen Feuerbachs interessieren uns seine auch dem Laien verständlichen praktischen Gebote und Schlußfolgerungen auf dem Gebiete des Sittengesetzes. Was ist Moral? fragt er. Und er beantwortet diese Frage in einer Weise, die klipp und klar zeigt, daß der als Atheist verschriene Denker auf einem hohen und reinen ethischen Standpunkt sich befindet.

„Unmoralisch ist es, das Gute, das man sich gönnt, anderen zu entziehen oder nicht zu gönnen, nur die eigenen, nicht auch die Glückseligkeitstriebe der anderen als eine berechtigte Macht theoretisch und praktisch anzuerkennen, nicht das Unglück anderer wie eine Verletzung des eigenen Glückseligkeitstriebes zu Herzen zu nehmen. Tätige Teilnahme an anderer Glück und Unglück, glücklich sein mit den Glücklichen und unglücklich mit den Unglücklichen — aber nur, um womöglich, wie sich übrigens von selbst versteht, dem Übel abzuhelfen — das allein ist die Moral. Wir haben für die Pflichten gegen andere keine andere Quelle, aus der wir schöpfen können, was gut oder böse, keinen anderen Stoff und Maßstab, als für die Pflichten gegen uns selbst. Gut ist, was dem menschlichen Glückseligkeitstriebe gemäß ist, böse, was ihm mit Wissen und Willen widerspricht. Der Unterschied liegt nur im Gegenstande, nur darin, daß es sich hier um das eigene, dort um das andere Ich handelt. Und die Moral besteht eben nur darin, daß ich dasselbe, was ich in der Beziehung auf mich selbst unbedenklich gelten lasse, auch in der Anwendung und der Beziehung auf andere gelten lasse, bekräftige und betätige. Die eigene Glückseligkeit ist allerdings nicht Zweck und

Ziel der Moral, aber ihre Grundlage, ihre Voraussetzung. Wer ihr keinen Platz in der Moral einräumt, wer sie hinauswirft, der öffnet diabolischer Willkür die Türe; denn nur aus der Erfahrung meines eigenen Glückseligkeitstriebes weiß ich, was gut oder böse ist, was Leben oder Tod, was Liebe oder Haß ist, und bereit reiche ich daher dem Hungernden nicht statt Brotes einen Stein, dem Dürstenden nicht statt Trinkwassers Scheidewasser. „Derjenige," sagt der chinesische Weltweise Confucius, „dessen Herz redlich ist und der für andere dieselben Gesinnungen hege als für sich, entferne sich nicht von dem Moralgesetze der Pflicht, welches den Menschen durch ihre vernünftige Natur vorgeschrieben ist; er tut anderen nicht, was er nicht wünsche, das man ihm tue." Und an einer anderen Stelle: „Was man nicht wünsche, daß es uns getan werde, das muß man auch anderen nicht tun!"

Arthur Schopenhauer gegenüber, der im Gegensatz zu den hohlen philosophischen Moralgrundsätzen das Mitleid als die Grundlage der Moral, als die einzig echt ethische und zugleich lebendige, im Menschen wirksame Triebfeder hervorhebt, wirft er die Frage auf, wie es möglich sei, zu verkennen, daß dem Mitleid selbst wieder der Glückseligkeitstrieb zugrunde liege? Je gleichgültiger, je unempfindlicher ein Mensch gegen eigene Schmerzen sei, um so unempfindlicher werde er auch gegen die Schmerzen anderer sein. Wer allen eigenen Willen aufhebe, hebe damit auch das Mitleid auf. Für wen die Glückseligkeit nur Selbstsucht, nur Schand und Tand sei, für den sei auch die Unglückseligkeit, die Mitleidswürdigkeit keine Wahrheit, denn das Geschrei des Elends sei nicht weniger selbstsüchtig und eitel, als der Ausruf der Lust und Freude. „Wer für das Nirwana oder sonst eine metaphysische, übersinnliche Nullität oder Realität, für die höchste Wahrheit, für den Menschen schwärmt, für den ist die menschliche, irdische Glückseligkeit ein Nichts; aber ebenso auch das menschliche Leid und Elend ein Nichts, wenn er wenigstens konsequent sein will."

Sehr bedeutsam ist, was Feuerbach über den Einklang des Gewissens mit dem Glückseligkeitstrieb sagt. Er charakterisiert das Gewissen als den in dem Eingeweide des eigenen Glückseligkeitstriebes wühlenden, verletzten Glückseligkeitstrieb des andern; was ich dem andern angetan, das tue ich nun an seiner Statt mir selbst an; was ich im Guten und in Frieden mit ihm und mir selbst nicht anerkannt habe, daß es nämlich nur eine gemeinschaftliche Glückseligkeit gibt, das erkenne ich jetzt auf umgekehrte Weise, im Bösen, im Zwiespalt mit mir selbst an. So rächt sich der verletzte andere an mir; in meiner Gewissenspein vollstrecke ich nur aus Sympathie das leider! erst nach der Tat erwachte Mitgefühl, Mitleid, das Urteil, das er über mich, seinen Verletzer, gefällt, den Fluch, den er aus schwergekränktem Herzen, vielleicht zugleich mit seinem letzten Seufzer, gegen mich ausgestoßen hat. „Schafft mir doch die Bauern weg, sie hören nicht auf, mich zu ängstigen und zu quälen." So seufzte der „württembergische Alba" auf seinem Totenbett. „Befreit mich von der erdrosselten Schwägerin mit ihrem Kinde, die mir nicht von der Seite weicht und mich Tag und Nacht verfolgt!" „Die Leichen verfolgen mich, mir drohend im Traume", so äußerten sich gemeine Mörder, Verbrecher, so äußert sich überhaupt das Gewissen, das allein Gegenstand der tragischen Poesie und der Philosophie ist.[1])

Von tiefem sittlichem Ernst und heiliger Überzeugungstreue legen jene Worte Ludwig Feuerbachs Zeugnis ab, in denen er das Gewissen des Menschen und dessen Bestimmung im Leben kennzeichnet. „Gewissen" — sagt er — „ist Mitwissen. So sehr ist das Bild des anderen in mein Selbstbewußtsein, mein Selbst-

---

[1]) Vgl. Theogonie, Seite 175, und Ideler, Versuch einer Theorie des religiösen Wahnsinns, 1. Teil, Seite 102 ff.

bild eingewoben, daß selbst der Ausdruck des Allereigensten und Allerinnerlichsten, das Gewissen, ein Ausdruck des Sozialismus, der Gemeinschaftlichkeit ist; daß ich selbst in dem geheimsten, verborgensten Winkel meines Hauses, meines Ichs mich nicht zurückziehen und verstecken kann, ohne zugleich ein Zeugnis von dem Dasein des anderen außer mir abzugeben. Wenn ich auch keine Zeugen gegen mich habe, keinen Mitwisser, denn der Einzige, der mich meiner Freveltat zeihen könnte, ist nicht mehr unter den Lebenden, und sein Leichnam von mir ins Meer versenkt oder zu Asche verbrannt worden, so habe ich doch einen Mitwisser, einen Zeugen, einen möglichen Verräter und Ankläger an mir selbst. Das Wissen ist nur erleuchtendes Licht, aber das Gewissen ist brennendes, kondensiertes Licht, ist böses, empfindliches Wissen, auf das so gern vertilgte und doch unvertilgbare Bewußtsein meiner bösen Taten eingeschränktes Wissen. Einschränkung ist Beengung, Beklemmung. Gewissen, namentlich böses Gewissen, ist beklommenes, gewaltsam zurückgehaltenes und zusammengepreßtes Wissen. Was niemand weiß, aber alle anderen wissen möchten und wissen sollten, weil sie dann wüßten, was auch sie im Notfall von mir zu erwarten haben, was ich für ein Bösewicht bin, das weiß ich allein, der Täter, und doch darf ich es nicht sagen. Welche Last! welcher Widerspruch mit dem Mitteilungstrieb, mit dem Triebe, auszusprechen, was man weiß und denkt! Wenn sich aber auch zu den Qualen des Gewissens noch die Qualen der Verschwiegenheit, der gewaltsamen Zurückhaltung und der Furcht vor Selbstverrat gesellen, wenn kein Geheimnis aus dem begangenen Verbrechen gemacht wird, so bleibt es doch das ursprüngliche Merk- und Brandmal des Gewissens, daß es im Unterschied von dem gemeinen Tageslicht des Wissens die Blendleuchte der eignen bösen Tat und Gesinnung ist."

Immer und immer betont er, daß die aus der Religion hervorgehende Moral nur ein Almosen, das aus den Schätzen der

Kirchen und Theologie den Menschen, diesen Armen, d. h. Bettlern, hingeworfen werde. Der Priester sei nur ein moralischer Almosenspender; ebenso verwahrt er sich gegen die sogenannte moderne Sittlichkeit, die von Staats wegen gewaltsam reglementiert werde. Gerechtigkeit und Rechtschaffenheit seien Sache der freien männlichen Tugend, Sittlichkeit haben wir wohl im Überfluß, aber die Tugenden seien sehr rare Artikel. Der kategorische Imperativ Kants befriedige ihn nicht. Dieser Denker habe eine Moral nicht nur für Menschen, sondern für alle möglichen vernünftigen Wesen geschrieben. „Hätte er doch" — ruft er spöttisch aus — „lieber außer für Professoren der Philosophie, die allein diese außer dem Menschen existierenden anderen Wesen sind, für Tagelöhner und Holzhacker, für Bauern und Handwerker seine Moral geschrieben! Auf wie ganz andere Prinzipien wäre er da geraten! Wie sauer wird diesen Menschen das Leben gemacht, wie geht all ihre Tätigkeit nur darauf hinaus, sich zu ernähren; wie glücklich sind sie, wenn sie nur etwas für sich und die Ihrigen zu essen, zu kleiden haben! Wie sehr ist bei ihnen die Heteronomie, die Autonomie, der Empirismus das Gesetz ihrer Moral!" Man sieht schon aus diesem Ausfalle gegen Kant, daß sich die Ethik Feuerbachs dadurch von der Kantischen Lehre unterscheidet, daß sie an Stelle des steifen „kategorischen Imperativs" „die Wahrheit der Natur", an Stelle der „Pflicht" die „Liebe", an Stelle „der Achtung vor dem Gesetz" die „vor der zweiten Person" setzt.

Wie sein „Wesen des Christentums", so wurden auch seine übrigen hier skizzierten und analysierten religions-philosophischen, metaphysischen und ethischen Werke von Philosophen und Theologen aufs schärfste angegriffen. Besonders beliebt war der gegen ihn geschleuderte Vorwurf des Atheismus. Als Typus dieser Schriften gegen den ruchlosen Gottesleugner mag nur ein anonym erschienenes Pamphlet hier erwähnt werden, betitelt: „Der Ludwig Feuerbachsche Atheismus."[1]) Dasselbe ist ganz und gar durchweht vom Furor theologicus. Erkennt auch der anonyme Verfasser die Bedeutung Feuerbachs als eines Denkers, eines Forschers und eines Philosophen an, so schüttet er doch eine ganze Flut der grobkörnigsten Invektiven über das Haupt des Atheisten aus. Besonders wurmten ihn die vom 11. Dezember 1848 bis zum 2. März 1849 zu Heidelberg gehaltenen Vorlesungen Feuerbachs über das „Wesen der Religion", die später als selbständiges Werk das Licht der Welt erblickten. Wie rücksichtslos der Kampf gegen den unbequemen Gegner geführt wurde, das mag nur die nachstehende Blumen- oder, wenn man will, Dornenlese, die sich hauptsächlich gegen den Ethiker wendet, beweisen: „Wer noch auch nur eine Ahnung von der der Moralität eigentümlichen Schamhaftigkeit besitzt" — so lesen wir dort [2]) —, „der müsse erschrecken vor dieser schamlosen Gemeinheit; der müsse fragen und bezweifeln, ob der Mensch, der so sprechen könne, jemals Jugendideale in sich getragen, ob er jemals wirklich Sinn für Hohes und Edles in sich gehabt. Indessen: es ist einmal so, wie es ist, und wir haben nicht Lust, des Mannes moralischer Genesis näher nachzuforschen. Aber so viel Verstand hätten wir ihm zugetraut, einzusehen, daß er durch den noch so sehr deprezierenden Egoismus des anderen noch nicht vom Diebstahl abgehalten werde, und ihm derselbe von seinem eigenen erlaubt wird, sondern daß aus dem sich sträubenden Egoismus des anderen nur folge, den Diebstahl recht geheim zu üben, damit der fremde Egoismus mit seinem Verdacht nicht auf den Autor falle. Ebenso sollte es unseren Moralisten bei näherem Nachdenken doch klar werden, wie noch kein Mensch durch die eigennützige Predigt des anderen zur Uneigennützigkeit sei gebracht worden, es sei denn die Predigt ausgegangen von badischen und pfälzischen Freischaren,

---

[1]) Erlangen 1851.
[2]) a. a. O., S. 34 ff.

die den Feuerbach als den Ihrigen betrachten, oder mit anderen Worten: von Räubern, deren Predigt allerdings bekanntlich eine gewaltige ist." Es gebe keinen schmutzigen Kapuziner, so belfert der Verfasser der Schmähschrift, der es in moralischen Theorien ihm gleichmachen könnte; jeder Mensch müßte sich mit Bedauern oder Abscheu von solch menschlicher Ausartung, wie sie dieser Atheist repräsentiere, abwenden. Seine Philosophie widerlege sich selbst durch ihre schauerlichen Behauptungen, durch ihr wahnsinniges Hinanstürmen, durch den Raub, den sie an den teuersten Gütern und Hoffnungen des Menschen begehen wolle, durch ihre namenlose Gemeinheit, die sie nicht einmal zu verhüllen bedacht sei. „Einen solchen Philosophen, wenn er auch unter den Auswürflingen des menschlichen Geschlechtes und den desperaten Geistern Anhänger findet, müsse man allen gesitteten Menschen zum abschreckenden Warnungsexempel hinstellen und zum Beweis, daß das Wort ewige Geltung habe: „Irret euch nicht, Gott läßt sich nicht spotten." Spinoza erscheine noch wie ein Engel gegen den Teufel Feuerbach." Das Pasquill gegen den Atheisten schließt mit den folgenden Worten, die aufs neue die Wahrheit des alten Satzes beweisen, daß, wo Begriffe fehlen, sich ein Wort zur rechten Zeit einstellt: „Wer die Bekanntschaft Spinozas machte, wurde von seiner unbeschreiblichen Milde, Humanität, Heiterkeit alsbald gewonnen. Feuerbach liebt es, ‚das Entsetzen der gottesgläubigen Seelen zu sein'. — Goethe freut sich ‚der alles ausgleichenden Ruhe Spinozas' und Jakobi erkennt an: ‚Eine solche Ruhe des Geistes, einen solchen Himmel im Verstand, wie sich dieser helle, reine Kopf geschaffen hatte, mögen wenige gekostet haben.' Welchen Eindruck auf beide würde Feuerbachs Tobsucht machen?"

Gut gebrüllt, Löwe aus Erlangen!

Sechstes Kapitel.

Reisen Feuerbachs nach Süddeutschland 1848—1849. — Beteiligung an dem demokratischen Kongreß zu Frankfurt a. M. — Adresse der Frankfurter Studenten wegen Annahme eines Mandats als Abgeordneter. — Ludwig Bamberger. — Gottfried Keller. — Vorlesungen vor den Heidelberger Studenten über „Das Wesen der Religion". — Analyse der Vorlesungen. — Sehnsucht nach Bruckberg. — Rückkehr dahin. — Besuch seitens intimer Freunde in Bruckberg. — Totgesagt. — Beziehungen zu Jakob Moleschott. — Feuerbach über ihn. — Feuerbachs geflügeltes Wort: „Der Mensch ist, was er ißt." — Einfluß Feuerbachs auf Jakob Moleschott. — Briefwechsel zwischen beiden.

In seinem köstlichen Tusculum in Bruckberg, an der Seite seiner innigstgeliebten Frau und seiner zu einer reizenden Jungfrau herangeblühten Tochter Eleonore, lebte er fast ausschließlich seinen Studien und entfaltete, wie wir gesehen haben, eine erstaunliche Fruchtbarkeit, sich um das Tun und Treiben der Welt nur wenig kümmernd. In seiner idyllischen, ländlichen Muße, die ihm so sehr behagte, sehnte er sich nicht nach den geräuschvollen Wellenschlägen der Großstädte. Nur einmal — im Frühjahr 1848 — unternahm er eine größere Reise durch Südwestdeutschland, während der er eine Aufforderung von Heidelberger Studenten erhielt, ihnen über Religions-Philosophie Vorlesungen zu halten, die dann, wie schon erwähnt, unter dem Titel: „Vorlesungen über das Wesen der Religion" 1851 im Druck erschienen. Gleichzeitig richteten mehrere Heidelberger Hochschüler in Nr. 89 der „Didaskalia" zu Frankfurt a. M. im Jahre 1848 einen offenen Brief an den Philosophen, ihn auffordernd, ein auf ihn etwa fallendes Abgeordnetenmandat für die Frankfurter Nationalversammlung anzunehmen; doch war er nicht dazu zu bewegen, sich in den Strudel eines Wahlkampfes zu stürzen und aktiv an der

Politik sich zu beteiligen, obschon er im Herzen durchaus demokratisch gesinnt war und von seinen politischen Anschauungen in den Briefen an die Seinigen und seine Freunde durchaus kein Hehl machte.

Der betreffende offene Brief hatte folgenden Wortlaut:

„Edler Denker, der Du in den Zeiten der geknechteten Lehre nie Vernunft und Wissenschaft dadurch entweihtest, daß Du den Bestand der Dinge zu rechtfertigen suchtest, — der Du unter Mühe und Schweiß, unter dem höhnenden Geschrei der stolzen Pharisäer das Gold der Wahrheit aus den tiefen Schachten der Natur hervorholtest — edler Geist! die Stunde Deiner Wirksamkeit hat geschlagen! die Morgenröte der Wahrheit beginnt, mit ihrem Lichte eine frei gewordene Welt zu bescheinen.

Wohl dampft das warme Lebensblut unserer Brüder noch gen Himmel, das, wir wollen es hoffen, als das letzte Märtyreropfer zur Besiegelung der neuen Lehre, zur Besiegelung der ewigen Wahrheit, fließen mußte. Wir sagen der ewigen Wahrheit, denn endlich begann mit Dir und Deinen Gesinnungsgleichen die Menschheit das ewige Wahre und ewige Rechte nur in der Natur zu suchen — das Glück anderer Geschlechter nur in der Natürlichkeit der Verhältnisse und des Lebens zu finden.

Bald treten die Männer zusammen, die dieses neue Testament verfassen, die die ewigen Menschenrechte auf den allein wahren Grundlagen der Natur, der Gattungsmäßigkeit unseres Geschlechts errichten.

Edler Mann, der seltensten einer, in denen der Geist der neuen Zeit zu tagen begann, Du darfst nicht fehlen bei dem Aufbau, der der Welt und namentlich unserem lang geknechteten Volke zum ewigen Wohl errichtet werden soll.

Du warst es, der mit wenigen anderen uns Trost und Zuflucht bot, als wir im Ekel vor der Lüge der Gelehrten, im Drang nach Wahrheit uns zurückzogen aus den geschändeten Moralen

deutscher Universitäten. Darum richten wir an Dich die Bitte, daß Du jetzt, heraustretend aus der Verborgenheit, in die Du Dich begeben, eine Stelle einnimmst auf der Seite der Wahlkandidaten zur konstituierenden Nationalversammlung, damit Du als Wächter stehest vor dem neuen Tempel des neu zu gestaltenden Rechts, auf daß auch nicht ein Titel des Gesetzes sich einschleiche, der mit unserer eigentümlichen Natur im Widerspruche stände.
Frankfurt a. M., den 4. April 1848."

Die ganze politische Wirksamkeit Feuerbachs im Jahre 1848 beschränkte sich auf seine Anteilnahme an dem demokratischen Kongreß, der im Sommer 1848 in Frankfurt a. M. tagte; derselbe bestand nicht, wie damals die „Augsburger Allgemeine Zeitung" zum Verdruß unseres Philosophen berichtete, aus jungen Hitzköpfen, sondern aus Männern in den besten Jahren, die sich mit mehr Würde, parlamentarischem Takt und Anstand benahmen als das Frankfurter Parlament selbst. Feuerbach hielt in der Versammlung nie eine Rede, und er gibt in einem Briefe vom 30. Juni 1848 seiner Entrüstung darüber Ausdruck, daß die „Augsburger Allgemeine Zeitung" die Unwahrheit mitteile, daß er in einem Bierhause die betrunkene Menge harangiert und sie republikanisieren gewollt habe.

Wie sehr es ihm nun auch in Frankfurt und Heidelberg gefiel, und mit welcher Liebe und Verehrung die etwa dreihundert Studenten an seinen Lippen hingen, so sehnte er sich doch fortwährend nach Weib und Kind und nach seinem lieben Bruckberg. Am 27. November 1848 schreibt er an seine Gattin: „Nach langen, schweren Kämpfen fange ich diese Woche an zu lesen, denn das Lesen ist für meinen Geist, der stets neu schaffen will, ein großes Opfer. Es kostet mir viel Zeit, die ich weit besser verwenden könnte, wenn ich sie nur auf meine eigenen Studien verwendete; aber ich betrachte es als äußere Notwendigkeit. Dieser Gesichtspunkt entscheidet. Außerdem würde ich mich nun und nimmer dazu verstehen, mein Bruckberger Schreibpult mit einem Heidelberger Katheder zu vertauschen. Freilich traurig genug, wenn sich der Mensch im Widerspruche mit seinem Geiste zu etwas entschließen muß. Ich habe überhaupt seither die traurigsten Zustände durchlebt, die nur immer der Mensch erleben kann. Ich hatte die gräßlichste Sehnsucht nach Euch, nach Bruckberg, nach meinem alten, stillen, einfachen und doch so gehaltvollen Leben. Alles, alles war mir unheimlich, unbehaglich, ekelhaft. So schön Heidelberg im Sonnenschein, so häßlich ist es bei schlechtem, bei novemberlichem Wetter. Wie schön sind unsere auch im Winter grünen Wälder gegen das kahle niedrige Buchengestrüpp der Heidelberger Berge!"

Auf dem Frankfurter Demokratenkongreß begrüßte er seine alten Freunde Christian Kapp und Arnold Ruge und knüpfte neue Bekanntschaften an, unter denen die hervorragendsten Carl Vogt, Ludwig Bamberger und Ferdinand Freiligrath waren. Bamberger gibt in seinen „Lebenserinnerungen"[1]) interessante Daten über die mit Ludwig Feuerbach zu Frankfurt a. M. verlebten Tage.

Die Septembertagungen vertrieben unsern Philosophen aus Frankfurt, wie wir das aus einem Schreiben ersehen, das er an Otto Wigand richtete. „Ich habe es" — so schrieb er ihm — „nach den letzten trübseligen Ereignissen dort nicht länger aushalten können. Die deutsche Freiheit und Einheit ist ein teuflischer Hohn auf die Freiheit und Einheit. Wir sind ganz wieder auf dem Wege, den wir schon im Jahre 1832 eingeschlagen haben: wir haben uns nur erhoben, um desto tiefer wieder zu sinken."

---

[1]) Berlin 1899, Seite 107 ff.

Viel größere Wirkungen für den Fortschritt der Menschheit versprach er sich vom gesprochenen, aufklärenden Wort als von der bewaffneten Erhebung. Wie Dodel-Port[1]) erzählt, sei Feuerbach 1848 mit Gustav Struve zusammengetroffen, als dieser seinen zweiten Vorstoß im Badischen auszuführen im Begriff gewesen, wobei er Feuerbach zum Mitkämpfen aufgefordert haben soll; doch habe er abgelehnt, auf das Aussichtslose des Vorhabens hinweisend, da an eine dauernde Verbesserung der gesellschaftlichen Zustände nicht zu denken sei, solange die freiheitliche Überzeugung der Gebildeten nicht Gemeingut aller denkenden Menschen geworden. „Ich gehe jetzt nach Heidelberg", habe er seine Entgegnung an Struve geschlossen, „und halte dort den jungen Studenten Vorlesungen über das Wesen der Religion, und wenn dann von dem Samen, den ich dort ausstreue, in hundert Jahren einige Körnchen aufgehen, so habe ich zum Besten der Menschheit mehr ausgerichtet als Sie mit Ihrem Dreinschlagen."

Sehen wir uns nun diese in Heidelberg gehaltenen 30 Vorlesungen über das „Wesen der Religion"[2]) etwas genauer an. Gleich bei Beginn seiner Vorlesungen führte der Verfasser aus, daß man in einer Zeit lebe, wo das politische Interesse alle anderen Interessen verschlinge, und wo es sogar Pflicht sei, alles über der Politik zu vergessen. Man habe sich lange genug mit der Rede und Schrift beschäftigt und befriedigt, nun verlange man gebieterisch, daß endlich das Wort Fleisch und der Geist Materie werde. Wie den philosophischen, so habe man auch den politischen Idealismus satt. Die Deutschen wollen politische Materialisten sein. Aus diesen Gründen habe er begreiflicherweise anfänglich

---

[1]) Dodel-Port, „Conrad Deublers Lebens- und Entwickelungsgang", Leipzig 1866, Seite 216 ff.

[2]) Im vorigen Jahre, 1908, ist das Buch in Leipzig auch in einer trefflichen Volksausgabe mit einer Einleitung von Dr. Heinrich Schmidt in Jena erschienen.

gegen das Dozieren sich gesträubt, überdies sei er von Natur weniger zum Lehrer als zum Denker und Forscher bestimmt. Der Lehrer ermüde nicht und dürfe nicht ermüden, etwas tausendmal zu sagen. Ihm aber genüge es, etwas nur einmal gesagt zu haben, wenn ihm wenigstens das Bewußtsein innewohne, es recht gesagt zu haben. Ihn interessiere und fessele ein Gegenstand nur so lange, als er ihm noch Schwierigkeiten mache, er mit ihm noch nicht im reinen sei und mit ihm gleichsam noch zu kämpfen habe; habe er ihn aber überwunden, so eile er zu einem anderen, einem neueren Gegenstande. Denn sein Sinn sei nicht auf ein bestimmtes Fach, einen bestimmten Gegenstand eingeschränkt, er interessiere sich vielmehr für alles Menschliche. Doch sei der Ruf, der ausdrückliche Wunsch eines Teiles der in Heidelberg studierenden Jugend ein so eindringlicher geworden, daß er sich schließlich doch dazu verstanden habe, seine Ansichten über die Religion vor diesem jugendlichen Publikum vorzutragen.

Nie hätte er gedacht, daß er je wieder öffentlich reden werde, nachdem er so viele Jahre in ländlicher Einsamkeit gelebt und sich einzig mit Studien und schriftstellerischen Arbeiten beschäftigt und darüber die Gabe der Rede und des mündlichen Vortrags verloren oder doch auszubilden verabsäumt habe. Die Zeit, in der er der akademischen Laufbahn in seinem Geiste für immer Adieu gesagt und auf dem Lande gelebt, sei eine so schrecklich traurige und düstere Zeit gewesen, daß ein solcher Gedanke nimmer in ihm habe aufkommen können.

Feuerbach gab nun in seinen weiteren Vorlesungen eine eingehende kritische Analyse seiner bis dahin erschienenen philosophisch-geschichtlichen und kritischen Schriften, die Grundgedanken seiner Lebens- und Weltanschauung und speziell derjenigen über Religion und Theologie klar auseinandersetzend.

Seine Religionsphilosophie könne man in einen Gedanken zusammenfassen: also lautend: „Die Theologie ist Anthropologie,

d. h. in dem Gegenstande der Religion, den wir griechisch Theos, deutsch Gott nennen, spricht sich nichts anderes aus als das Wesen des Menschen, oder: der Gott des Menschen ist nichts anderes als das vergötterte Wesen des Menschen, folglich ist die Religions- oder, was eins ist, Gottesgeschichte nichts anderes als die Geschichte des Menschen. Denn so verschieden die Religionen, so verschieden sind die Götter, und die Religionen so verschieden als die Menschen verschieden sind. So gut — um sogleich diese Behauptung an einem Beispiel, das aber mehr als ein Beispiel ist, zu erläutern und zu veranschaulichen — der griechische, römische, überhaupt heidnische Gott, wie selbst unsere Theologen und Philosophen zugeben, nur ein Gegenstand der heidnischen Religion ist, ein Wesen, welches nur im Glauben und in der Vorstellung eines Heiden, aber nicht eines christlichen Volkes oder Menschen Existenz hat, folglich nur ein Ausdruck, ein Bild des heidnischen Geistes und Wesens ist, so gut ist auch der christliche Gott nur ein Gegenstand der christlichen Religion, folglich auch nur ein charakteristischer Ausdruck des christlichen Menschengeistes und Wesens. Der Unterschied zwischen dem heidnischen Gott und dem christlichen Gott ist nur der Unterschied zwischen dem heidnischen und dem christlichen Menschen oder Volke. Der Heide ist Patriot, der Christ Kosmopolit, folglich ist auch der Gott des Heiden ein patriotischer, der Gott des Christen dagegen ein kosmopolitischer Gott, d. h. der Heide hat einen nationalen, beschränkten Gott, weil der Heide sich nicht über die Schranken seiner Nationalität erhob, die Nation ihm über den Menschen ging, der Christ aber hat einen universellen, allgemeinen, die ganze Welt umfassenden Gott, weil er selbst sich über die Schranke der Nationalität erhebt, die Würde und das Wesen des Menschen nicht auf eine bestimmte Nation einschränkt. Der Unterschied zwischen dem Polytheismus und dem Monotheismus ist nur der Unterschied zwischen den Arten und der Gattung. Der Arten sind viele, aber die Gattung ist nur eine, denn sie ist es ja, worin die verschiedenen Arten übereinstimmen. So gibt es verschiedene Menschenarten, Rassen, Stämme, oder wie man es sonst nennen will, aber sie gehören doch alle zu einer Gattung, zur Menschengattung. Der Polytheismus ist nun da zu Hause, wo sich der Mensch nicht über den Artbegriff des Menschen erhebt, wo er nur den Menschen seiner Art als seinesgleichen, als gleichberechtigtes, gleichbefähigtes Wesen anerkennt. In dem Begriff der Art liegt aber die Vielheit, folglich gibt es da viele Götter, wo der Mensch das Wesen der Art zum absoluten Wesen macht. Zum Monotheismus erhebt sich aber da der Mensch, wo er sich zum Begriff der Gattung erhebt, worin alle Menschen übereinstimmen, worin ihre Art-, ihre Stammes- und ihre Nationalunterschiede verschwinden.

Die Sichtbarkeit, Handgreiflichkeit, kurz Sinnfälligkeit der polytheistischen Götter ist nichts anderes, als die Sinnfälligkeit der menschlichen Art- und Nationalunterschiede. Die Unsichtbarkeit, Unsinnlichkeit des monotheistischen Gottes ist nichts anderes als die Unsinnlichkeit, Unsichtbarkeit der Gattung, worin alle Menschen übereinstimmen, die aber nicht als solche sinnlich, handgreiflich existiert, denn es existieren ja nur die Arten. Kurz, der Unterschied zwischen dem Polytheismus und Monotheismus reduziert sich auf den Unterschied zwischen Art und Gattung. „Sind die polytheistischen Götter menschliche Wesen, so ist auch der monotheistische Gott ein menschliches Wesen, so gut als der Mensch, ob er gleich über die vielen besonderen Menschenarten hinausgeht, über dem Juden, dem Griechen, dem Inder steht, deswegen doch kein übermenschliches Wesen ist. Es ist daher nichts törichter, als wenn man den christlichen Gott vom Himmel auf die Erde kommen läßt, den Ursprung der christlichen Religion aus der Offenbarung eines vom Menschen unterschiedenen Wesens ableitet. Der christliche Gott ist ebensogut in und aus dem Menschen entsprungen wie der heidnische. Ein anderer Gott als der heidnische ist er nur deswegen, weil auch der christliche Mensch ein anderer ist als der heidnische."

Ludwig Feuerbach gibt in einer seiner Vorlesungen zu, daß seine Religionsphilosophie eine große Lücke aufweise und daher auch zu allerlei Mißverständnissen Anlaß gegeben habe. Weil er im Christentum, getreu seinem Gegenstande, von der Natur abgesehen und die Natur ignoriert, weil das Christentum selbst sie ignoriert habe, so habe man von ihm geglaubt, daß er das menschliche Wesen aus nichts entspringen lasse und zu einem nichts voraussetzenden Wesen mache. Bisher habe man dieser seiner angeblichen Vergötterung des Menschen mit dem unmittelbaren Abhängigkeitsgefühl, mit dem Anspruch des natürlichen Verstandes und Bewußtseins opponiert, daß ja der Mensch sich nicht selbst gemacht habe, daß er ein abhängiges, entstandenes Wesen sei, also den Grund seines Daseins außer sich habe, aus sich und über sich hinaus auf ein anderes Wesen verweise. Seine Tadler und Spötter haben ganz recht, und er wisse ebensogut wie sie, daß ein allein für sich und absolut gedachtes menschliches Wesen ein Unding, eine idealistische Schimäre sei. Aber das Wesen, das der Mensch voraussetze, worauf er sich notwendig beziehe, ohne welches weder seine Existenz, noch sein Wesen gedacht werden könne, sei nichts anderes als die Natur, nicht aber Gott. Diese von ihm, Feuerbach, im Wesen des Christentums gelassene Lücke habe er zuerst im Jahre 1845 in seiner kleinen Schrift „Über das Wesen der Religion" ausgefüllt. Hier sei auch die Naturreligion, die hauptsächlich nur den physischen Gott zu ihrem Gegenstande habe, zur Sprache gekommen. „Im Wesen der Religion zeigte ich, daß der physische Gott, oder Gott, wie er nur als die Ursache der Natur, der Sterne, Bäume, Steine, Tiere, Menschen, wiefern auch sie natürliche physische Wesen sind, betrachtet wird, gar nichts anderes ausdrückt als das vergötterte, personifizierte Wesen der Natur, daß also das Geheimnis der Physiko-Theologie nur die

Physik oder Physiologie ist — Physiologie hier nicht in dem engeren Sinne, den sie jetzt hat, sondern in ihrem alten, universellen Sinne, worin sie überhaupt die Naturwissenschaft bedeutete. Wenn ich daher meine Lehre zuvor in den Satz zusammenfaßte: ‚Die Theologie ist Anthropologie', so muß ich jetzt zur Ergänzung hinzufügen ‚und Physiologie'."

Des weiteren führt Ludwig Feuerbach aus, daß der Mensch das, wovon er sein Leben abhängig wisse oder glaube, als Gott verehre, und daß er in dem Gegenstande der Verehrung den Wert zur Anschauung bringe, den er auf sein Leben, auf sich überhaupt lege, und daß folglich die Verehrung Gottes von der Verehrung des Menschen abhänge.

Allerdings werfe man ihm vor, daß er den Standpunkt des Egoismus vertrete, aber dieser Vorwurf sei ganz unberechtigt. „Ich verstehe darunter nicht den Egoismus des Menschen dem Menschen gegenüber, den moralischen Egoismus, nicht den Egoismus, der bei allem, was er tut, selbst scheinbar für andere, nur seinen Vorteil im Auge hat, nicht den Egoismus, der das charakteristische Merkmal des Philisters, der das direkte Gegenteil aller Rücksichtnahme im Denken und Handeln, aller Begeisterung, aller Genialität, aller Liebe ist. Ich verstehe unter Egoismus das seiner Natur und folglich — denn die Vernunft des Menschen ist nichts als die bewußte Natur des Menschen — seiner Vernunft gemäße Sich-selbst-geltend-machen, sich selbst Behaupten des Menschen gegenüber allen unnatürlichen und unmenschlichen Forderungen, die die theologische Heuchelei, die religiöse und spekulative Phantastik, die politische Brutalität und Despotie an den Menschen stellen. Ich verstehe unter Egoismus den notwendigen, den unerläßlichen Egoismus, den Egoismus, den, wie gesagt, nicht moralischen, sondern metaphysischen, d. h. im Wesen des Menschen ohne Wissen und Willen begründeten Egoismus, den Egoismus, ohne welchen der Mensch gar nicht leben kann —

denn, um zu leben, muß ich fortwährend das mir Zuträgliche zu eigen machen, das mir Feindliche und Schädliche vom Leibe halten — den Egoismus also, der selbst im Organismus, in der Aneignung der assimilierbaren, der Ausscheidung der nichtassimilierbaren Stoffe liegt. Ich verstehe unter Egoismus die Liebe des Menschen zu sich selbst, d. h. die Liebe zum menschlichen Wesen, die Liebe, welche der Anstoß zur Befriedigung und Ausbildung aller der Triebe und Anlagen ist, ohne deren Befriedigung und Ausbildung er kein wahrer, vollendeter Mensch ist und sein kann. Ich verstehe unter dem Egoismus die Liebe des Individuums zu Individuen seinesgleichen — denn was bin ich ohne sie, was ohne die Liebe zu Wesen meinesgleichen? —, die Liebe des Individuums zu sich selbst nur insofern, als jede Liebe eines Gegenstandes, eines Wesens, eine direkte Selbstliebe ist; denn ich kann ja nur lieben, was meinem Ideal, meinem Gefühl, meinem Wesen entspricht. Kurz, ich verstehe unter Egoismus jenen Selbsterhaltungstrieb, kraft dessen der Mensch sich, seinen Verstand, seinen Sinn, seinen Leib nicht — um die Beispiele aus dem uns zunächststehenden Tierkultus zu nennen — geistlichen Eseln und Schafen, politischen Wölfen und Tigern, philosophischen Grillen und Nachteulen aufopfert, jenen Vernunftsinstinkt, welcher dem Menschen sagt, daß es Torheit, Unsinn ist, sich aus religiöser Selbstverleugnung von Läusen, Flöhen und Wanzen das Blut aus dem Leibe und den Verstand aus dem Kopfe saugen, von Ottern und Schlangen sich vergiften, von Tigern und Wölfen zerfressen zu lassen; jenen Vernunftsinstinkt, welcher, wenn sich auch einmal der Mensch bis zur Verehrung der Tiere verirrt oder herabläßt, dem Menschen zuruft: ehre nur die Tiere, in denen du dich selbst ehrst, die Tiere, die dir nützlich, die dir notwendig sind; denn selbst die Tiere, die du ehrst, ohne daß ein vernünftiger Grund zu ihrer Verehrung vorhanden ist, ehrst du ja doch nur, weil du wenigstens glaubst, dir einbildest, daß ihre Verehrung für dich nicht ohne Nutzen ist."

Als den letzten subjektiven Grund der Religion nimmt also Ludwig Feuerbach den menschlichen Egoismus im angeführten Sinne an.

In hohem Grade interessant und geistreich ist nun, was der Verfasser über Opfer sagt, bzw. durch logische Schlüsse und sonstige Ausführungen begründet. Von den religiösen Opfern behauptet er, daß dieselben gleichfalls nur dem Egoismus des Menschen dienen, doch gäbe es außer den religiösen auch moralische Opfer, es seien dies die freiwilligen Selbstaufopferungen zum Besten anderer Menschen, zum Besten des Staates und des Vaterlandes. Der Mensch bringe sich hier zwar auch den Göttern zum Opfer dar, um ihren Zorn zu beschwichtigen, aber das diese Opfer Bezeichnende ist der moralische oder patriotische Heldenmut. Er schließt diese seine Bemerkungen mit den Worten: „Selbst wo ich meine Liebe über die Schranken meines Vaterlandes auf die Menschen ausdehne, selbst von der allgemeinen Menschenliebe ist nicht die Selbstliebe ausgeschlossen, denn ich liebe ja in den Menschen mein Wesen, mein Geschlecht, sie sind ja Fleisch von meinem Fleische und Blut von meinem Blute. Ist nun aber die Selbstliebe ein von jeder Liebe unzertrennliches, überhaupt ein notwendiges, unaufhebbares, universelles Gesetz und Prinzip, so muß dieses auch die Religion bestätigen. Und sie bestätigt es auch wirklich auf jedem Blatte ihrer Geschichte. Überall, wo der Mensch den menschlichen Egoismus in dem entwickelten Sinne bekämpft, sei es nun in der Religion oder Philosophie oder Politik, verfällt er in puren Unsinn und Wahnsinn; denn der Sinn, der allen menschlichen Trieben, Bestrebungen, Handlungen zugrunde liegt, ist die Befriedigung des menschlichen Wesens, die Befriedigung des menschlichen Egoismus." Das Abhängigkeitsgefühl sei nichts anderes als ein indirektes oder verkehrtes oder negatives Selbstgefühl. Wo kein Bedürfnis, sei auch kein Abhängigkeitsgefühl. Bedürfte der Mensch die Natur nicht zu seiner Existenz, so würde er sich nicht von ihr abhängig fühlen und so würde er sie folglich auch nicht zum Gegenstande religiöser Verehrung machen.

Die ersten unmittelbar gewissen Wesen, eben darum auch die ersten Götter des Menschen, seien die sinnlichen Gegenstände. Cäsar sagt von der Religion der Deutschen, sie verehren nur die Wesen, die sie sehen und von denen sie augenscheinliche Wohltaten beziehen. Dieser so bekritelte Satz des Cäsar gelte von allen Naturreligionen, und der Mensch glaube ursprünglich nur an die Existenz von dem, was sein Dasein durch sinnliche, fühlbare Wirkungen und Zeichen beurkunde. Die ersten Evangelien seien seine Sinne. „Oder vielmehr diese seine Sinne sind selbst seine ersten Götter, denn der Glaube an die äußeren sinnlichen Götter hängt ja nur ab von dem Glauben an die Wahrheit und Göttlichkeit der Sinne, und in den Göttern, die sinnliche Wesen sind, vergöttert der Mensch nur seine Sinne."

Die Prädikate der Gottheit, wie Ewigkeit, Unendlichkeit usw., seien ursprünglich Prädikate der Natur. Der Gott, der über Gerechte und Ungerechte, über Gläubige und Ungläubige, Christen und Heiden seine Sonne aufgehen lasse, sei ein gegen diese religiösen Unterschiede gleichgültiger, nichts von ihnen wissender Gott, sei in Wahrheit nichts anderes als die Natur. Wenn es daher in der Bibel heiße: Gott lasse seine Sonne aufgehen über Gute und Böse, so haben wir in diesen Worten Spuren oder Beweise einer religiösen Naturanschauung, aber unter den Guten und Bösen seien nur moralisch, doch keineswegs dogmatisch unterschiedene Menschen zu verstehen, denn der dogmatische, biblische Gott unterscheide strenge die Böcke von den Schafen, die Christen von Juden und Heiden, die Gläubigen von den Ungläubigen. „Den einen verheiße er die Hölle, den anderen den Himmel, die einen verdamme er zum ewigen Leben und Glück, die anderen zum ewigen Elend und Tod." Aber eben deswegen lasse sich auch nicht das Dasein solcher von ihm zum Nichts verdammten Menschen aus ihm ableiten. Wir können es uns nur erklären, wir können überhaupt den tausend und abermal tausend Widersprüchen, Verlegenheiten, Schwierigkeiten und Inkonsequenzen, in die uns der religiöse Glaube verwickele, nur dann entgehen, wenn wir erkennen, daß der ursprüngliche Gott nur ein von der Natur abgezogenes Wesen sei, und daher mit Bewußtsein an die Stelle des mystischen, vieldeutigen Namens und Wesens Gottes den Namen und das Wesen der Natur setzen.

Was von der Macht der Ewigkeit, der Übermenschlichkeit, der Unendlichkeit und Universalität Gottes gelte, daß diese Eigenschaften von der Natur abgezogen seien, und daß sie ursprünglich nur die Eigenschaften der Natur ausdrückten, das gelte auch selbst von den moralischen Qualitäten. Die Güte Gottes sei nur abgezogen von den dem Menschen nützlichen, guten, wohltätigen Wesen und Erscheinungen der Natur, die ihm das Gefühl oder Bewußtsein einflößen, daß das Leben, die Existenz ein Gut, ein Glück sei. Die Güte Gottes sei nur die durch die Phantasie, die Poesie des Affekts veredelte, nur die personifizierte, als eine besondere Eigenschaft oder Wesenheit verselbständigte, nur die in tätiger Form ausgedrückte und aufgefaßte Nützlichkeit und Genießbarkeit der Natur. Weil aber die Natur zugleich auch die Ursache von den dem Menschen feindlichen, verderblichen Wirkungen sei, so verselbständige und vergöttere er diese Ursache in einem bösen Gott. Der Polytheist nun glaube an gute und böse Götter, während der Monotheist die bösen Götter in den Zorn und die guten in die Güte Gottes verlege. Er glaube zwar an einen Gott, aber dieser eine sei ein guter und böser oder zorniger Gott, ein Gott von entgegengesetzten Eigenschaften. Der Zorn Gottes sei nun aber nichts als die Strafgerechtigkeit Gottes, vorgestellt, versinnlicht als Affekt, als Leidenschaft. Der Zorn sei ja selbst im Menschen ursprünglich und an sich nichts anderes als ein leidenschaftliches Gerechtigkeits- oder Rachegefühl. Der Mensch werde zornig, wo ihm, sei es nun wirklich oder in seiner Meinung, ein Leid, ein Unrecht angetan werde. Der Zorn sei eine Empörung des Menschen gegen die despotischen Eingriffe, die sich ein anderes Wesen gegen ihn erlaube.

Wenn nun aber, so meint Ludwig Feuerbach, alle Eigenschaften, Wesenheiten oder Realitäten, die zusammen das Wesen Gottes ausmachen, von der Natur abgezogen, wenn das Wesen, die Existenz, die Eigenschaft der Natur das Original seien, nach welchem der Mensch das Bild Gottes entworfen habe, oder wenn Gott und Welt oder Natur sich nur so unterscheiden wie der Gattungsbegriff und die Individuen, so daß also die Natur wie sie der sinnlichen Anschauung Gegenstand sei, die eigentliche Natur sei, die Natur aber, wie sie im Unterschiede von der Sinnlichkeit, in der Absonderung von ihrer Materialität und Körperlichkeit Gegenstand des Geistes, des Denkens, Gott sei, so sei damit klar, daß die Natur nicht von Gott, das wirkliche Wesen nicht von dem abstrakten, das körperliche, materielle Wesen nicht von dem geistigen entstanden sei. Die Natur von Gott ableiten sei ebensoviel, als aus dem Bilde, aus der Kopie das Original, aus dem Gedanken eines Dinges dieses Ding ableiten wollen. So verkehrt dieses sei, so beruhe doch auf dieser Verkehrtheit das Geheimnis der Theologie. Die Dinge werden in der Theologie nicht gedacht und gewollt, weil sie seien, sondern sie seien, weil sie gedacht und gewollt werden. Die Welt sei, weil sie Gott gedacht und gewollt habe, weil sie jetzt nach Gott denke und wolle. Die Idee, der Gedanke sei nicht von dem Gegenstande desselben abstrahiert, sondern der Gedanke sei das Hervorbringende, die Ursache des von ihm gedachten Gegenstandes. Aber eben diese Lehre — der Kern der christlichen Theologie und Philosophie — sei eine Verkehrtheit, in der die Ordnung der Natur umgekehrt werde.

Die Frage, ob ein Gott die Welt geschaffen, die Frage überhaupt nach dem Verhältnis Gottes zur Welt, sei die Frage nach dem Verhältnis des Geistes zur Sinnlichkeit, des Allgemeinen oder Abstrakten zum Wirklichen, der Gattung zu den Individuen. Jene könne daher nicht ohne diese gelöst werden, denn Gott sei ja nichts anderes als der Inbegriff der Gattungsbegriffe. Diese Frage sei nicht nur eine der schwierigsten, sondern auch der wichtigsten, denn nur von ihr hänge das Sein oder Nichtsein eines Gottes ab. Bei vielen hänge ihr Gottesglauben nur an dieser Frage, stütze sich die Existenz ihres Gottes nur auf die Existenz der Gattungs- oder Allgemeinbegriffe. Wenn kein Gott sei, so sagen sie, so sei kein Allgemeinbegriff einer Wahrheit, so gebe es keine Weisheit, keine Tugend, keine Gerechtigkeit, kein Gesetz und keine Gemeinschaft. So sei alles pure Willkür, so falle alles in Chaos, ja in nichts zurück. Dagegen bemerkt Ludwig Feuerbach, daß, wenn es auch keine Weisheit, keine Gerechtigkeit, keine Tugend im theologischen Sinne gebe, daraus noch keineswegs folge, daß es keine solche im menschlichen und vernünftigen Sinne gebe. Es sei nicht notwendig, um die Bedeutung der Allgemeinbegriffe anzuerkennen, sie deswegen zu vergöttern, zu selbständigen, von den Individuen oder Einzelwesen unterschiedenen Wesen zu machen. So wenig ich ein Laster, um es zu verabscheuen, mir als einen Teufel zu verselbständigen brauche, wie die alten christlichen Theologen, welche für jedes Laster einen besonderen Teufel hatten, z. B. für die Trunkenheit den Sauftreufel, für die Freßbegierde den Freßteufel, für den Neid den Neidteufel, für den Geiz den Geizteufel, für die Spielsucht den Spielteufel, zu einer gewissen Zeit sogar für eine neumodische Hosentracht einen besonderen Hosenteufel; so wenig brauche ich die Tugend, die Weisheit, die Gerechtigkeit mir als Götter, oder, was eins sei, als Eigenschaften eines Gottes vorzustellen, um sie zu lieben. Wenn ich mir etwas vorsetze, wenn ich mir z. B. die Tugend der

Beständigkeit oder Standhaftigkeit zur Aufgabe mache, brauche ich deswegen, um sie nicht aus den Augen zu verlieren, ihr Altäre und Tempel zu errichten, wie die Römer die Tugend zu einer Göttin machten und selbst wieder einzelne Tugenden vergötterten?

Feuerbach polemisiert gegen die Lehre von der Zweckmäßigkeit der Natur. Was der Mensch als solche auffasse, sei in Wirklichkeit nichts anderes als die Einheit der Welt, die Harmonie der Ursachen und Wirkungen und der Zusammenhang überhaupt, in dem alles in der Natur sei und wirke. Wenn auch die Welt ihre Existenz nicht dem Zufall verdanke, so brauche man sich deswegen doch keinen menschlichen oder menschenähnlichen Autor derselben zu denken. Die sinnlichen Dinge seien keine Buchstaben oder Lettern, die erst von einem Setzer außer ihnen zusammengesetzt werden müssen, weil sie in keiner notwendigen Beziehung zueinander stehen; die Dinge in der Natur ziehen sich an, bedürfen und begehren einander, denn eines sei nicht ohne das andere, treten also durch sich selbst in Beziehung, verbinden sich aus eigener Kraft miteinander, wie z. B. der Sauerstoff mit dem Wasserstoff, wodurch er das Wasser, mit dem Stickstoff, wodurch er die Luft bilde, und begründen dadurch jenen bewunderungswürdigen Zusammenhang, welchen der Mensch, der noch nicht ins Wesen der Natur hineingeschaut habe und alles nach sich denke, als das Werk eines nach Plänen und Zwecken wirkenden und schaffenden Wesens sich erkläre.

In der 15. Vorlesung, die stark naturwissenschaftlich angehaucht ist, beschäftigt sich Ludwig Feuerbach mit dem Ursprung und dem Wesen des organischen Lebens. Dort spricht er noch lange vor dem Auftreten Charles Darwins den Gedanken aus, daß die Natur auf natürlichem Wege entstanden sei und erhalten werde, und daß alle theologischen Erklärungen, die von einer Schöpfung sprechen, in das Reich der Fabel gehörten.

Gebe es auch genug Erscheinungen in der Natur, deren physikalischen natürlichen Grund man noch nicht entdeckt habe, so sei es deshalb töricht, zur Theologie seine Zuflucht zu nehmen. Was wir nicht erkennen, werden unsere Nachkommen erkennen. Wie unzählig Vieles, was unsere Vorfahren sich nur aus Gott und seinen Absichten erklären konnten, haben wir jetzt aus dem Wesen der Natur abgeleitet! Selbst das Einfachste, Natürlichste, Notwendigste habe man sich einst nur durch die Teleologie und Theologie erklärt. Warum seien denn die Menschen nicht gleich, warum haben sie verschiedene Gesichter? fragt ein alter Theolog und antwortet darauf: Damit sie voneinander unterschieden, damit sie nicht verwechselt werden können, deswegen habe Gott ihnen verschiedene Gesichter gemacht. Wir haben in dieser Erklärung ein köstliches Beispiel von dem Wesen der Teleologie. Der Mensch verwandelt aus Unwissenheit einerseits, andererseits aus dem egoistischen Hang, alles aus sich zu erklären, alles nach sich zu denken, das Unwillkürliche in ein Willkürliches, das Natürliche in ein Absichtliches, das Notwendige in ein Freies. Daß der Mensch unterschieden sei von anderen Menschen, sei eine notwendige, natürliche Folge seiner Individualität und Existenz; denn wäre er nicht unterschieden, so wäre er auch nicht ein eigenes, selbständiges, individuelles Wesen, und wäre er nicht ein Einzelwesen, ein Individuum, so existierte er nicht. Es gebe keine zwei Blätter an ein und demselben Baume, sagt Leibniz, die sich vollkommen gleichen, und mit vollem Rechte; nur unendliche, unübersehbare Verschiedenheit sei das Prinzip des Lebens; die Gleichheit hebe die Notwendigkeit der Existenz auf; könne ich mich nicht unterscheiden von anderen, so sei es ganz eins, ob ich sei oder nicht sei; die anderen ersetzen mich; kurz, ich sei, weil ich unterschieden sei, und sei unterschieden, weil ich sei. Schon in der Undurchdringlichkeit, darin, daß denselben Platz, den ich einnehme, ein anderer nicht einnehmen könne, daß ich diesen von meinem Platz ausschließe, sei meine Selbständigkeit, meine Unterschiedenheit von den anderen enthalten. Kurz, jeder Mensch habe sein eigenes Gesicht, weil er ein eigenes Leben habe, ein eigenes Wesen sei. Wie es aber mit diesem Falle sei, sei es mit unzählig anderen Fällen, welche sich der Mensch teleologisch erkläre, nur daß die Oberflächlichkeit, Unwissenheit und Lächerlichkeit der Teleologie in anderen Fällen nicht so handgreiflich, augenscheinlich sei, wie in diesem Beispiel, dem übrigens noch viele andere an die Seite gesetzt werden könnten.

Wenn man frage, warum jetzt die Natur nicht aufs neue Tiere und Menschen hervorbringe, so erwidert Feuerbach darauf, weil alles in der Natur seine Zeit habe, weil die Natur nur etwas könne, wenn die dazu nötigen Bedingungen gegeben seien. Doch könne einst eine neue Zeit kommen, wo die Natur dasselbe tun werde, wo die alten Tiergeschlechter und Menschen vergehen und neue Menschen und neue Geschlechter erstehen werden. Die Frage, warum es jetzt nicht mehr geschehe, komme ihm gerade so vor, als wollte man fragen, warum trage denn der Baum nur Früchte im Herbst und nur Blüten im Frühling, könnte er nicht in einem fort ohne Unterbrechung blühen und Früchte tragen?

An die Theologen, die die Welt ohne ein persönliches geistiges Wesen als ihren Urheber sich nicht erklären können, richtet Feuerbach die Frage, ihm doch zu sagen, wie aus einem Gotte eine Welt entstehen, wie ein Geist, wie ein Gedanke Fleisch und Blut hervorbringen könne? Ein Wesen, das nur durch materielle Mittel Zwecke verwirkliche, das sei ja notwendig selbst nur ein materielles Wesen. Wie seien, wie können also die Werke der Natur Beweise und Werke eines Gottes sein? Vielmehr sei nach seiner Ansicht ein Gott lediglich nur das **verselbständigte und vergegenständlichte Wesen der menschlichen Einbildungskraft**. Einem Gotte stehen alle Wunder der Einbildungskraft zur

Seite und zu Gebote. Die Werke eines Gottes seien nur Wunder, aber keine Naturwirkungen.

Der Glaube oder die Vorstellung, daß ein Gott Urheber, Erhalter und Regent der Welt sei, beruhe nur auf der Unkenntnis der Menschen von der Natur. Sie stamme aus der Kinderzeit der Menschheit, obschon sie sich bis auf den heutigen Tag erhalten habe, und sei nur da an ihrem Platze, nur da eine wenigstens subjektive Wahrheit, wo der Mensch alle Erscheinungen, alle Wirkungen der Natur in seiner religiösen Einfalt und Unwissenheit Gott zuschreibe. Man habe oft gesagt: Die Welt sei unerklärbar ohne einen Gott; aber gerade das Gegenteil sei wahr: wenn ein Gott sei, so sei das Dasein einer Welt unerklärlich; denn sie sei vollkommen überflüssig. Die Welt, die Natur sei nur erklärbar, wir finden nur dann einen vernünftigen Grund ihrer Existenz, so wir anders nach einem solchen suchen, wenn wir erkennen, daß es keine Existenz außer der Natur, keine andere als eine körperliche, natürliche, sinnliche Existenz gebe, wenn wir die Natur auf sich beruhen lassen, wenn wir also erkennen, daß die Frage nach dem Grunde der Natur eins sei mit der Frage nach dem Grunde der Existenz. Aber die Frage, warum überhaupt etwas existiere, sei eine törichte Frage. Weit gefehlt also, daß die Welt, wie die alten Theisten sagten, in einem Gotte ihren Grund habe, so sei vielmehr der Grund der Welt aufgehoben, wenn ein Gott sei. Aus einem Gotte folge nichts anderes; alles andere außer ihm sei überflüssig, eitel, nichtig; wie könne ich es also aus ihm ableiten und begründen wollen? Aber ebenso gelte der umgekehrte Schluß. Sei eine Welt, sei diese Welt eine Wahrheit, und ihre Wahrheit verbürge ihre Existenz, so sei ein Gott nur ein Traum, nur ein vom Menschen eingebildetes, nur ein in seiner Einbildung existierendes Wesen. Welchen Schluß werden wir aber zu den unsrigen machen? Den letzteren; denn die Welt, die Natur sei etwas unmittelbar, sinnlich Gewisses, etwas Unbezweifelbares. Aus dem Dasein auf die Notwendigkeit und Wesenhaftigkeit eines Gegenstandes schließen, sei doch gewiß weit vernünftiger und sicherer, als aus der Notwendigkeit eines Wesens auf sein Dasein schließen; denn diese Notwendigkeit, die sich nicht auf das Dasein gründe, könne eine nur subjektive, nur eingebildete sein. Nun sei aber kein Mensch, kein Leben, wenn kein Wasser, kein Licht, keine Wärme, keine Sonne, kein Brot, kurz, keine Lebensmittel seien. Wir seien also vollkommen berechtigt, aus ihrem Dasein auf ihre Notwendigkeit zu schließen, berechtigt zu schließen, daß das Leben, das ohne sie, ohne die unorganische Natur nicht sei, auch nur durch sie sei.

Köstlich ist, wie Feuerbach mit überlegener Ironie gerade die modernen Gottesgläubigen als gottlos hinstellt und den Nachweis zu führen sucht, wie sie Gott verleugnen und herabsetzen, während sie ihm mit dem Munde Elogen machen, indem sie der Materie, der Welt, dem Menschen, eine von ihm unabhängige Selbständigkeit, Macht und Wirksamkeit zuschreiben und ihrem Gott nur die Rolle eines müßigen Zuschauers oder Inspektors, höchstens in der äußersten Not die eines Beispringers und Aushelfers zuweisen. Es vertrage sich weit mehr mit einem wahrheitsliebenden Herzen und mit der Ehre Gottes, wenn man die albernen Kniffe und Pfiffe der orthodoxen Theologen und Philosophen als unsinnige und widerspruchsvolle Märchen hinstelle.

Die Religionsphilosophie Feuerbachs stellt als Zukunftsphilosophie eine neue Glaubensanschauung auf, die die bisherigen widerwärtigen und schreienden Widersprüche zwischen Religion und Bildung aufheben werde. Erst dann werde eine Wiedergeburt der Menschheit, die einzige Bedingung einer sozusagen neuen Menschheit und neuen Zeit, erfolgen.

Er schloß seine auch in formeller Beziehung glänzenden Ausführungen, bzw. 30 Vorlesungen im Heidelberger Rathause, die in erster Linie den Zweck verfolgten, seine studentischen Zuhörer zu Menschen, zu ganzen Menschen in des Wortes edelster Bedeutung zu machen, mit den Worten:

„Die Liebe, welche das Jenseits erzeugt hat, welche den Leidenden mit dem Jenseits vertröstet, ist die Liebe, welche den Kranken heilt, nachdem er gestorben, den Durstenden labt, nachdem er verdurstet, den Hungernden speist, nachdem er bereits verhungert ist. Lassen wir daher die Toten in Frieden ruhen! Folgen wir hierin dem Beispiel der Heiden! Die Heiden riefen ihren geliebten Toten in das Grab nach: Sanft ruhen deine Gebeine! oder: Ruhe in Frieden! während die Christen als Rationalisten dem Sterbenden ein lustiges vivas et crescas in infinitum in die Ohren schreien, oder als pietistische Seelenärzte à la Doktor Eisenbart auf Rechnung der Todesfurcht die Gottesfurcht als Unterpfand seiner himmlischen Seligkeit einblöken. Lassen wir also die Toten und kümmern uns um die Lebendigen! Wenn wir nicht mehr ein besseres Leben glauben, sondern wollen, aber nicht vereinzelt, sondern mit vereinigten Kräften wollen, so werden wir auch ein besseres Leben schaffen, so werden wir wenigstens die krassen, himmelschreienden, herzzerreißenden Ungerechtigkeiten und Übelstände, an denen bisher die Menschheit litt, beseitigen. Aber, um dieses zu wollen und zu bewirken, müssen wir an die Stelle der Gottesliebe die Menschenliebe als die einzige, wahre Religion setzen, an die Stelle des Gottesglaubens den Glauben des Menschen an sich, an seine Kraft, den Glauben, daß das Schicksal der Menschheit nicht von einem Wesen außer oder über ihr, sondern von ihr selbst abhängt, daß der einzige Teufel des Menschen der Mensch, der rohe, abergläubige, selbstsüchtige, böse Mensch, aber auch der einzige Gott des Menschen der Mensch selbst ist."

Feuerbach hatte in Heidelberg unter seinen Zuhörern einige junge Leute, die später einen europäischen Ruf erlangten und mit denen er später sehr befreundet wurde, so z. B. den schon genannten

Jacob Moleschott, den Literar- und Kunsthistoriker Hermann Hettner und den Dichter Gottfried Keller. Diese Jünglinge trafen nach den Vorlesungen manchen Abend zur gemütlichen Unterhaltung mit dem Meister zusammen. Interessant ist ein Urteil des letztgenannten großen Schweizer Poeten über den großen Denker aus jener Zeit. Er schreibt in einem seiner Briefe[1]: „Obgleich er eigentlich nicht zum Dozenten geschaffen ist und einen mühseligen schlechten Vortrag hat, so ist es doch höchst interessant, diese gegenwärtig weitaus wichtigste historische Person in der Philosophie selbst seine Religionsphilosophie vortragen zu hören.... Wie es mir dabei gehen wird, wage ich noch nicht bestimmt auszusprechen oder zu vermuten. Nur so viel steht fest: ich werde tabula rasa machen — oder es ist vielmehr schon geschehen — mit allen meinen religiösen Vorstellungen, bis ich auf dem Niveau Feuerbachs bin. Die Welt ist eine Republik, sagt er, und erträgt weder einen absoluten noch einen konstitutionellen — rationalistischen — Gott... Die Unsterblichkeit geht in den Kauf. So schön und empfindungsreich der Gedanke ist — kehre die Hand auf die rechte Weise und das Gegenteil ist ebenso ergreifend und tief. Wenigstens für mich waren es sehr feierliche und nachdenkliche Stunden, als ich anfing, mich an den Gedanken des wahrhaften Todes zu gewöhnen. Ich kann Dich versichern, daß man sich zusammennimmt und nicht eben ein schlechter Mensch wird. Anfänglich übte ich eine gewisse Kritik an seinen Vorlesungen. Obgleich ich den Scharfsinn seiner Gedanken zugab, führte ich doch stets eine Parallelreihe eigener Gedanken mit; ich glaubte im Anfange nur kleine Stifte und Federn anders drücken zu können, um seine ganze Maschine für mich selber zu gebrauchen. Das hörte aber mit der fünften oder sechsten Stunde allmählich auf, und endlich fing ich an, selbst für ihn

---

[1] „Gottfried Kellers Leben, Briefe und Tagebücher", herausgegeben von Jacob Bächtold, Bd. I, S. 362.

zu arbeiten. Einwürfe, die ich hegte, wurden richtig von ihm selbst vorgebracht und auf eine Weise beseitigt, wie ich es vorausahnend schon selbst halb und halb getan hatte. Ich habe aber auch noch keinen Menschen gesehen, der so frei von allem Schulstaub, von allem Schriftdünkel wäre wie dieser Feuerbach. Er hat nichts als die Natur und wieder die Natur; er ergreift sie mit allen seinen Fiebern in ihrer ganzen Tiefe und läßt sich weder von Gott noch vom Teufel aus ihr herausreißen."

Schon hieraus ist ersichtlich, welch mächtigen Einfluß Ludwig Feuerbach auf Gottfried Keller ausübte. Noch deutlicher äußert sich hierüber der Dichter des „Grünen Heinrich" selbst, indem er einmal — in einem Briefe vom Frühjahre 1851 — das Geständnis ablegt[1]):

„Wie trivial erscheint mir gegenwärtig die Meinung, daß mit dem Aufgeben der sogenannten religiösen Ideen alle Poesie und erhöhte Stimmung aus der Welt verschwinde! Im Gegenteil: die Welt ist mir unendlich schöner und tiefer geworden, das Leben wertvoller und intensiver, der Tod ernster und bedenklicher und fordert mich nun erst mit aller Macht auf, meine Aufgabe zu erfüllen und mein Bewußtsein zu reinigen und zu befriedigen, da ich keine Aussicht habe, das Versäumte in irgend einem Winkel der Welt nachzuholen .... Für die Kunst und Poesie ist von nun an kein Heil mehr ohne vollkommene geistige Freiheit und ganzes glühendes Erfassen der Natur ohne alle Neben- und Hintergedanken; und ich bin fest überzeugt, daß kein Künstler mehr eine Zukunft hat, der nicht ganz und ausschließlich sterblicher Mensch sein will. Daher ist mir Feuerbach für meine neue Entwicklung weit wichtiger geworden als für alle übrigen Beziehungen, weil ich deutlich fühle, daß ich die Menschennatur nun tiefer zu durchdringen und zu erfassen befähigt bin."

---

[1]) a. a. O., Bd. II, S. 168 ff.

In Heidelberg überreichte ihm am 16. März 1849 eine Deputation des dortigen Arbeiter-Bildungsvereins eine Adresse bei seinem Abschied, worin sie ihm wärmsten Dank aussprach für seine Bereitwilligkeit, mit der er diesem Verein den Zutritt zu seinen Vorlesungen erlaubte, und für den großen Dienst, den er ihm dadurch erwiesen habe. Dieser Dank sei um so größer, als die Arbeiter bis dahin verurteilt gewesen seien, in jeder Beziehung abhängig zu sein. „Man hat uns aufwachsen lassen" — hieß es in jener Adresse — „ohne eigentliche Erziehung, ohne Kenntnisse, man hat uns ausgeschlossen vom Besitze und uns dadurch die Mittel genommen, uns zu geistig freien Menschen heranzubilden. Von unserer Zeit erwarten wir die Verbesserung unserer kümmerlichen Existenz, die Errettung aus jener geistigen Knechtschaft; und zwar erkannten wir das letztere als das Hauptsächlichste, darum vereinigten wir uns zu einem Arbeiter-Bildungsverein. Damals ahnten und hofften wir nicht, einen Lehrer zu finden, der uns so gründlich zum Ziele führen würde, wie Sie es, hochverehrter Herr, durch Ihre Vorlesungen getan haben. Wir sind keine Gelehrte und wissen daher den wissenschaftlichen Wert Ihrer Vorlesungen nicht zu würdigen; so viel aber fühlen und erkennen wir, daß der Trug der Pfaffen und des Glaubens, gegen den Sie kämpfen, die letzte Grundlage des Systems der Unterdrückung und der Nichtswürdigkeit ist, unter welchem wir leiden, und daß Ihre Lehre daher, die an die Stelle des Glaubens die Liebe, an die Stelle der Religion die Bildung, an die Stelle der Pfaffen die Lehrer setzt, einzig die Grundlage derjenigen Zukunft sein kann, die wir anstreben."

Nachdem Feuerbach seine Vorlesungen im städtischen Rathaussaal zu Heidelberg beendet, eilte er nach Bruckberg zurück, um von neuem ganz der schriftstellerischen Tätigkeit sich hinzugeben. Dies um so mehr als der gehoffte geschäftliche Ertrag seiner Vorlesungen nicht seinen Erwartungen gemäß ausgefallen war und der Gewinn nunmehr durch die Buchausgabe eingebracht werden sollte, wobei es zugleich auf einen ausgedehnteren Leserkreis abgesehen war, als ein solcher für die übrigen Schriften Feuerbachs denkbar ist. Aus den Briefen Feuerbachs, die er um jene Zeit schrieb, spricht sich große Erbitterung über die wissenschaftlichen, gesellschaftlichen und politischen Zustände jener Reaktionsperiode aus, zumal er am eigenen Leibe nicht allein in Leipzig, sondern auch in Bruckberg von deren erbärmlichem Treiben einige betrübende Proben erhalten sollte. Schon früher, im Jahre 1843, war er Gegenstand besonderer Wachsamkeit seitens der Behörde. Zu Ostern 1843, als er eben das Vorwort zur zweiten Auflage vom „Wesen des Christentums" an seinen Verleger befördern wollte, wurde bei ihm — wie er an diesen schreibt — „von Rechts wegen eingebrochen; man suchte bei mir, dem Einsiedler, dem Gelehrten, dem Denker, nach Briefen von — risum teneatis amici! — Studenten, nach Auskunft über Studentenverbindungen. Armes Deutschland, muß ich abermals ausrufen, selbst dein einziges Gut, deine wissenschaftliche Ehre, will man dir nehmen! Kann man denn einem notorisch wissenschaftlichen Mann, einem Mann, der seit Jahren in völliger Abgeschlossenheit von der Welt mit einem neuen Prinzip der Philosophie schwanger geht, eine größere Injurie antun, als wenn man ihn in das Dunkel geheimer Verbindungen hineinzieht? — Was werden wir noch alles erleben!" — Doch blieb der „Atheist" unbehelligt, da man bei ihm keine irgendwie verdächtigen Materien fand. Im Juni 1851 wiederholte sich dieser Vorgang in Bruckberg. Es wurde bei ihm nach „Demagogen" gefahndet, die man in der Obhut des Schlosses Bruckberg weilend vermutete, obzwar die Gesuchten mit keinem Fuße in jene Gegend gekommen und ihm selbst durchaus unbekannt waren. In satirischer Weise äußert sich unser Denker über diese Belästigung in einem Briefe vom 24. Juni 1854 an einen nicht genannten Adressaten: „Ich habe

Ihnen" — so heißt es dort u. a. — „eine Neuigkeit von höchster Wichtigkeit mitzuteilen. Es geht nun nächstens wieder los, aber raten Sie, wo? In Paris? In London? In Rom? Ei bewahre, in Bruckberg, am Landgericht Ansbach. Sie werden lachen, aber durch dieses Lachen nur beweisen, daß Sie auf dem Standpunkt des gemeinen, beschränkten Untertanenverstandes stehen. So lacht auch der gemeine Menschenverstand, wenn man ihm die teleskopischen und mikroskopischen Entdeckungen der Naturwissenschaft mitteilt. So ist es auch mit dieser meiner Nachricht; sie ist nichts Geringeres als eine polizeiwissenschaftliche Entdeckung der hohen Regierung in Ansbach. Die Regierung betrachtet, wie der Naturforscher, alle Kleinigkeiten mit **bewaffneten Augen**; Gendarmen und Polizeidiener sind ihre Tele- und Mikroskope. Kein Wunder, daß sie alles anders, vieles unendlich größer sieht als unsereins mit seinen natürlichen Augen; kein Wunder, daß sie in der Bruckberger Porzellanfabrik den Industrie-Ausstellungs-Palast der Demokratie aus allen fünf Weltteilen, in jedem Fremden, der dort aus- und eingeht, die Londoner Propaganda, in jedem Paar Menschen einen demokratischen Verein, in jedem, wenn auch unter vier oder höchstens acht Augen gesprochenen und nicht gesprochenen Worte — Reden an das Volk, in jedem, wenn auch noch so unpolitischen Liede antidiluvianischer, d. h. vormärzlicher, Gesangvereine — Marseillaisen, in jedem Türkenbecher einen Giftbecher, in jedem Kapselscherben ein Barrikadenfragment, in jedem Koalinkörnchen ein Pulvermagazin — kurz, in nichts etwas, in niemand jemand, und zwar nicht nur so ein unbeständiges Substantiv, sondern ganz bestimmte, wahrhafte Personen erblickt! So hat erst vor kurzem wieder die hohe Polizei, und zwar mit solcher Bestimmtheit, Deutlichkeit und Gewißheit, daß sie den Ortsvorsteher fast zwingen wollte, ihre tele- und mikroskopischen Phantasmen durch sein Vidi zu bestätigen, den Redakteur L. und den Professor D. aus D.

leibhaftig hier herumspazieren sehen, obgleich hier selbst die beiden Herren von niemandem erblickt worden sind. Doch genug für heute. Nächstens hoffe ich Ihnen den Ausbruch der Revolution oder doch wenigstens einstweilen die Ankunft von Kossuth und Mazzini melden zu können."

Nach solchen Erfahrungen ist es wohl begreiflich, daß der feinfühlige, die Ruhe und Beschaulichkeit über alles liebende Mann immer mehr der ländlichen Zurückgezogenheit sich ergab und an keine öffentliche Tätigkeit in irgendwelcher bedeutenderen Stadt mehr denken mochte. Seine stille Einsamkeit wurde nur ab und zu durch Besuche von intimen Freunden wie Christian Kapp, E. G. v. Herder — dem Sohn unseres Klassikers Johann Gottfried v. Herder —, Heinrich Beneke, Jakob Moleschott, Julius Duboc, Wilhelm Bolin und anderen unterbrochen, die sich glücklich schätzten, den Altmeister von Angesicht zu Angesicht zu sehen, seinen weisen Lehren zu lauschen und mit ihm durch Wald und Feld zu streifen. Es bewahrheitete sich an ihm das Wort des Dichters: „Wer sich in die Einsamkeit begibt, ist bald allein." In seinem buen retiro zu Bruckberg war er in den fünfziger Jahren so verschollen und vergessen, daß sogar das Gerücht auftauchte, Feuerbach sei in der Zwischenzeit gestorben. Die Todesnachricht bereitete ihm viel Spaß, und in einem Briefe an H. Beneke vom 28. November 1856 gibt er seinem Humor in köstlichster Weise Ausdruck. „Es ist kein Wunder" — so bemerkt er —, „daß ich bereits zu den Toten gerechnet werde. Ich bin ja schon längst von den deutschen Theologen und Philosophen widerlegt, d. h. auf Deutsch geistig totgeschlagen. Nun hängt aber bekanntlich in Deutschland das Leben, die Physik, samt allen ihren Kräften und Stoffen nur von dem Geiste, scilicet dem deutschen Kanzel- und Kathedergelehrten, ab; also bin ich natürlich oder vielmehr logisch notwendig auch physisch tot. Tot nennen die Menschen den, der kein Lebenszeichen mehr von sich gibt — die gemeinen Menschen den, der nichts mehr von sich hören und sehen läßt, den sie nicht mehr handeln sehen, sprechen hören; die Gelehrten, namentlich in Deutschland, wo der Sensualismus eine Chimäre, den, der nichts mehr schreibt, den sie sich folglich nicht mehr mit der Feder tätig denken können. Nun habe ich aber seit vielen Jahren nichts mehr geschrieben; ein Mensch, der aber keinen Tropfen Tinte mehr verspritzt, der hat auch keinen Tropfen Blut mehr für Gott und Vaterland zu verspritzen ... Was das Gebet der Gerechten nicht mehr vermag, das vermag der Gedanke der Philosophie. Die deutschen Frommen haben mich längst totgebetet, leider ohne Erfolg, nun haben aber die spekulativen Philosophen mich tot gemacht, ergo bin ich auch tot. Sie sehen, daß ich die Notwendigkeit meines Todes selbst a priori deduziere.... Wie wünschte ich auch anderen Toten, daß sie so noch nach ihrem Tode lebten wie ich, so noch über die Teilnahme der ihnen nachfühlenden Überlebenden sich freuten, so noch an den Blättern und Blumen ihrer Gräber sich ergötzten!" Wie man sieht, machte ihm das Totgeschwiegen- und Totgesagtwerden nur Spaß, denn er besaß nicht die geringste Eitelkeit, und seine Bescheidenheit und Anspruchslosigkeit war geradezu eine beispiellose. Rücksichten auf seine Person kannte er absolut nicht. Die Wahrheit allein, der er sein ganzes Leben geweiht, zu Worte kommen zu lassen, war das Ideal seines Daseins; daß er der Anwalt der Wahrheit sei, war ihm durchaus Nebensache. Schreibt er doch selbst an seinen Bruder Fritz: „In-sich-Zurückgezogenheit ist leider unser aller Fehler. Die Demut ist die eigentliche Erbsünde bei uns."[1]

Die wahren Freunde und Verehrer Feuerbachs freilich vergaßen den großen Denker nicht; für sie bedeutete es eine seltene Auszeichnung und ein hohes Glück, seiner Freundschaft gewürdigt

---

[1] Ungedruckter Brief, datiert Erlangen 1831; vgl. „Ludwig Feuerbach, sein Wirken und seine Zeitgenossen", von Wilhelm Bolin, Seite 161.

zu werden und mit ihm in regem brieflichem und persönlichem Verkehr stehen zu können.

Eins der anziehendsten Freundschaftsverhältnisse war dasjenige zwischen Ludwig Feuerbach und dem schon genannten Jakob Moleschott. Dieser namhafte Physiologe hegte von Jugend auf die größte Schwärmerei und Begeisterung für den von ihm so hochverehrten Denker und Menschen, wie er dies selbst in seinen Lebenserinnerungen, betitelt „Für meine Freunde"[1]), bekundet. Unter den Geistesheroen, die mittelbar und unmittelbar auf seine intellektuelle und moralische Entwicklung den bedeutendsten Einfluß ausübten, nahm Ludwig Feuerbach einen der ersten Plätze ein. Besonders waren die Religionsphilosophie und die anthropologische Metaphysik des Verfassers des „Wesens des Christentums" und der „Vorlesungen über das Wesen der Religion" von maßgebender Einwirkung auf die Lebens- und Weltanschauung des Physiologen. Schon dem Heidelberger Studenten kam die bahnbrechende Bedeutung der Religionsphilosophie und Ethik des Bruckberger Weltweisen zum vollen Bewußtsein. Er sagt von ihr u. a.[2]): „Je mehr ich mich in die Anschauung Feuerbachs vertiefe, je vollständiger, und meist mit seinen eigenen Worten, ich sie darstelle, um so klarer wird mir es bewußt, daß sie mir in Fleisch und Blut gedrungen, daß ich mich ihrer nicht begeben konnte, auch wenn ich seine Schriften nicht unmittelbar vor Augen hätte. Es ist ein reines Glück, wenn man im Alter die Meister feiert, denen man in der Jugend gehuldigt hat." War es da nicht ganz natürlich, daß später der Heidelberger Universitätslehrer sich einmal das Herz faßte, den von ihm vergötterten Meister brieflich aufzusuchen? Es geschah dies zuerst in einer Zuschrift aus Mainz den 30. März 1850, als Moleschott im Hause seines Schwiegervaters Dr. Strecker zu Mainz die Uni-

---

[1]) Gießen 1901, Seite 109 ff.
[2]) a. a. O. Seite 181.

versitätsferien zubrachte. Ersterer ließ dem Philosophen ein Exemplar seiner Schrift: „Lehre der Nahrungsmittel für das Volk"[1]) zugehen, diese Gelegenheit benutzend, seiner Bewunderung für den Bruckberger Einsiedler Ausdruck zu geben. „Ich bin ehrlich genug" — heißt es in diesem Briefe —, „Ihnen die Hoffnung auszusprechen, daß Sie meine Schrift als eine von den Blüten werden gelten lassen, in denen sich die alle neuere Wissenschaft drängende, schwellende Knospe Ihres Prinzips entfaltet. Und ich schmeichle mir, einen praktischen Griff getan zu haben, indem ich dazu einen Gegenstand benutzte, der so vielfach und innig mit den mächtigsten Interessen der Zeit verwebt ist." Allerdings könne er seinen, Feuerbachs, umfassenden Arbeiten gegenüber es nicht wagen, sich mit einer Bitte um eine Rezension an ihn zu wenden, aber dessenungeachtet erlaube er es sich auszusprechen, wie unendlich es ihn freuen würde, wenn er Lust und Gelegenheit finden sollte, das Verhältnis seiner Arbeit zu den allgemeinen ethischen Fragen öffentlich zu besprechen. „Die negative Kritik" — so heißt es in dem Briefe weiter —, „die in Ihrem ‚Wesen des Christentums' so gewaltig Bahn gebrochen hat, wird erst dann ihre allgemeine Anerkennung finden, wenn an die Stelle der veralteten Satzungen ein positives Wissen getreten ist, das, wie alles andere Wissen, zugleich frei macht und den Forderungen des Gefühls genügt. Ich hoffe dazu durch meine Darstellung einen kleinen Beitrag geliefert zu haben, den ich als einen der ersten kleineren Versuche zur Anthropologie überhaupt betrachtet wissen möchte. Gerade deshalb schien mir das Vehikel so passend, weil es mir möglich macht, die kitzlichsten Fragen so organisch mit täglichen Bedürfnissen zu verbinden, daß man mich beim erstenmal wenigstens unbefangen lesen wird."

---

[1]) Erlangen 1850.

Der sonst so wenig schreiblustige Philosoph, der sich schon früher für Jakob Moleschotts naturwissenschaftliche Schriften interessierte, trat nunmehr mit dem Verfasser in einen regen Briefwechsel, ja erfüllte sogar die erwähnte Bitte Moleschotts, die Schrift zu besprechen. Er tat dies in den „Blättern für literarische Unterhaltung" seines Freundes Eduard Brockhaus.[1]) Der Kritiker sagte in seiner unter dem Titel „Die Naturwissenschaft und die Revolution" erschienenen Kritik der Moleschottschen „Lehre der Nahrungsmittel" u. a.: „Diese Schrift teilt uns mit in volks- oder, was eins ist, menschenfreundlicher Absicht und Sprache die Resultate der modernen Chemie über die Nahrungsmittel, ihre Bestandteile, ihre Beschaffenheiten, Wirkungen und Veränderungen in unserm Leibe; sie hat also eigentlich nur einen gastronomischen Zweck und Gegenstand, und doch ist sie eine, und zwar im höchsten Grade Kopf und Herz aufregende, eine sowohl in philosophischer als ethischer und selbst politischer Beziehung höchst wichtige, ja revolutionäre Schrift."

Diese Buchbesprechung machte mehr Aufsehen als das Buch des jungen Privatdozenten selbst; denn Feuerbach faßte den Inhalt des von ihm rezensierten Werkes in das berühmt gewordene geflügelte Wort zusammen: „Der Mensch ist, was er ißt."[2]) Feuerbach erklärte diesen auf den ersten Augenblick so paradox klingenden Ausspruch, indem er sagte: „O, Ihr Toren, die Ihr vor lauter Verwunderung über das Rätsel des Anfangs den Mund aufsperrt und doch seht, daß der offene Mund der Eingang ins Innere der Natur ist, daß die Zähne schon längst die Nüsse geknackt haben, worüber Ihr noch heute Euch vergeblich den Kopf zerbrecht! Damit muß man anfangen zu denken, womit man anfängt zu existieren. Das Principium essendi ist auch das Principium cognoscendi. Der Anfang der Existenz ist aber die Er-

---
[1]) Nr. 269, Jahrg. 1850, S. 1074.
[2]) a. a. O. S. 1082.

nährung; die Nahrung also der Anfang der Weisheit, die erste Bedingung, daß Du etwas in Dein Herz und Deinen Kopf bringst, ist: daß Du etwas in Deinen Magen bringst. ‚A Jove principium' hieß es sonst, aber jetzt heißt es: ‚a ventre principium'. Die alte Welt stellte den Leib auf den Kopf, die neue setzt den Kopf auf den Leib; die alte Welt ließ die Materie aus dem Geiste, die neue läßt den Geist aus der Materie entspringen. Die alte Weltordnung war eine phantastische und verkehrte, die neue ist eine natur- und eben deswegen vernunftmäßige. Die alte Philosophie begann mit dem Denken, die alte Philosophie hatte daher nichts im Kopfe. — Sein und Nichts ist identisch, das Nichts ist das infinitum et indeterminatum negans, Dieu est opposé au néant — denn durch nichts im Magen ist auch nichts im Kopfe. Der Kopf ist das Vermögen zu schließen, und die Vordersätze, die Elemente zu diesen Schlüssel liegen in den Speisen und Getränken. Der Geist ist Licht, verzehrendes Feuer, aber der Brennstoff ist der Nahrungsstoff. Plenus venter non studet libenter; richtig ist aber: so lange der Bauch voll ist, so lange hat der Kopf auch nichts vom Inhalt des Bauches. Hirn werden die Speisen erst, wenn sie Blut geworden sind, der plenus venter ist also ein alberner Einwand. Es bleibt dabei: der Nahrungsstoff ist Gedankenstoff." Und gleich darauf führt Feuerbach einen Satz Moleschotts an, dessen Schluß gleichfalls zum geflügelten Worte geworden ist:[1] „Das Gehirn kann ohne phosphorhaltiges Fett nicht bestehen: an das phosphorhaltige Fett ist die Entstehung, folglich auch die Tätigkeit des Hirns geknüpft: **ohne Phosphor kein Gedanke.**"[2]

Groß war die Freude und Genugtuung des jungen Gelehrten Moleschott, als er die Epoche machende Kritik seiner Nahrungs-

---

[1] a. a. O., S. 1078.
[2] „Lehre der Nahrungsmittel", S. 115 ff., und „Für meine Freunde, Lebenserinnerungen", Jakob Moleschott, S. 211 ff.

lehre in der damals so einflußreichen Leipziger kritischen Zeitschrift las. In begeisterter Weise dankte er in einem Briefe vom 11. November 1850 seinem Gönner, darin übrigens ausdrücklich betonend, daß nicht dieser Aufsatz erst in seiner Brust das Freundschaftsgefühl erweckt habe; schon als Knabe und Jüngling sei er Feuerbachs wärmster Verehrer gewesen. Er habe für ihn geschwärmt, als für einen Mann, der die alte Welt, die bis zur Mitte des 19. Jahrhunderts reiche, vernichtet habe. „Ich weiß es" — schreibt Moleschott voll Begeisterung —, „Sie erwarten keinen gewöhnlichen Dank von mir. Aber Sie wissen, wie alles in mir jauchzt, daß Sie das Beste, was ich geben kann, in dieser Weise gelten lassen. Sie wissen, wie es mich erheben und begeistern muß, mich so verstanden zu fühlen; denn ich bin unbefangen genug, mit stolzem Bewußtsein zu gestehen, daß ich weiß, wie Sie Ähnliches fühlten, als Sie mein Buch zum ersten Male gelesen. Ohne dieses Bewußtsein gebe es ja keine siegende Produktivität. Sie haben mir in Ihrem Aufsatze einen Zauberspiegel vorgehalten, der alle Strahlen, welche ich zu einem Büschel vereinigt hatte, noch hundertfach konzentriert. Bisher war mein Buch wiederholt von praktischer Seite besprochen — die Würdigung der inneren Tendenz konnte ich nur bei Ihnen finden. Sie kennen aus eigenen Studien die Naturgesetze und die Philosophie — und gewiß hat niemand auch mit so vielem historischen Rechte den ganzen spekulativ-dogmatischen Plunder von sich geworfen, um es mit lauter Stimme zu verkünden, daß die einzigen Ideen Naturgesetze sind. Und unsere Natur besteht nicht aus Gemälden, Bäumen, Menschen, Sternen — sie ist die Welt. Auch Humboldt und die Fanny Lewald schreibt mir entzückt über das Buch — allein das weiß ich, einen zweiten Leser wie Sie kann ich nicht finden. Die Stellen, die Sie aus meinem Buche hervorgehoben, sind gerade diejenigen, welche ich Freunden speziell bezeichne, bei denen ich mir eine Fühlung erlauben kann. Kurz, ich habe das Beste erreicht, was ich erreichen konnte, den Beifall des Mannes, der uns die Bahn geebnet hat, um in der Naturwissenschaft die Menschwerdung der Philosophie zu bewirken. Sie haben zuerst das knechtische Verhältnis aufgehoben, in dem man die Empirie an das zweifelhafte Licht einer spekulativen Philosophie hinanhielt. Sie haben es zuerst verkündet, daß die begriffene Natur Eins ist mit dem Reiche der Ideen — Sie haben nicht bloß den theologischen — Sie haben auch den philosophischen, den wissenschaftlichen, kurz allen Dogmatismus vernichtet."

Es war selbstverständlich, daß Moleschott seinem ihm so wohlwollenden Protektor, seinem Herrn und Meister, auch andere Erzeugnisse seines Geistes zur Begutachtung mit allen Zeichen der Verehrung zusandte. Dies geschah auch mit dem berühmtesten Werk des Physiologen, betitelt der „Kreislauf des Lebens. Physiologische Antworten auf Liebigs chemische Briefe."[1]) „Er habe sich" — so schreibt er an Feuerbach — „in ein Feld hineingewagt, das eigentlich erst durch die Kritik des Philosophen urbar gemacht worden ist." Feuerbach revanchierte sich für die vielen Beweise der Aufmerksamkeit seitens Moleschotts. So sandte er ihm z. B. sein von uns bereits gewürdigtes Werk über das Leben seines Vaters Anselm Ritter von Feuerbach. Moleschott war über dieses „herrliche Geschenk" hoch erfreut. „Ich finde" — so schreibt er ihm am 19. Juli 1852 u. a. — „in dem Nachlaß Ihres Vaters alle Materialien zu einer vortrefflichen Rechtslehre für das Volk. Daher verdanke ich Ihrer freundlichen Vermittlung die ersten Aufschlüsse über das konkrete Wesen des Rechts, über die eigentümlich neuen Gedanken des Code Napoléon, über den Unterschied zwischen Recht und Zucht, über das eigentliche Wesen der Polizei — wo wollte ich aufhören? Zu allem diesen habe ich in dem Werke über Kaspar Hauser die wichtigsten Tatsachen ge-

---

[1]) Mainz 1852, fünfte vermehrte und gänzlich umgearbeite Auflage, Gießen 1887.

funden, mit denen ich zu gehöriger Zeit zu wuchern hoffe, und die ich schon jetzt für meine anthropologischen Vorlesungen ausbeuten konnte. Ich kenne niemanden, der wärmer als Sie die Freude des Lernens verherrlicht hätte. Niemand wird besser als Sie die herzinnige Freude würdigen können, welche Sie durch Ihr Geschenk bereitet haben Ihrem dankbaren Freunde
Jakob Moleschott."

Er wird nicht müde, immer und immer in enthusiastischen Ausdrücken für den Genuß zu danken, den ihm die Lektüre der Feuerbachschen Schriften bereitete. Wenn er dieselben lese und wieder lese, dann beherrsche ihn auch der Gedanke, wie all das philosophische Geschwätz der Nachkömmlinge einer durch unseren Denker überwundenen Periode so jämmerlich sei, daß man gar keine Lanze mehr dagegen brechen sollte. Was er davon sehe und höre, nötige ihm immer ein unbehagliches Achselzucken ab; nach seiner Meinung könne es sich nur noch um geschichtliche Aufgaben handeln, wenn von reiner Philosophie die Rede sei. (Mainz, 19. März 1854.)[1]

Beide verband überdies eine gleich starke Idionsynkrasie gegen das Universitätsleben, der einmal Moleschott — Heidelberg, 20. November 1854 — den drastischen Ausdruck verlieh, daß er gegen das Universitätsleben einen großen Ekel und jetzt sogar einen unüberwindlichen gehabt habe. Er preist seinen Freund glücklich, daß er nicht mehr der „charakterlosen Kaste" angehöre.

Aufs tiefste erschütterte Moleschott die Ende der fünfziger Jahre in den Zeitungen aufgetauchte Nachricht, daß Ludwig Feuerbach, angeekelt von den deutschen Verhältnissen und zugleich vor dem finanziellen Zusammenbruch der Porzellanfabrik zu Bruckberg stehend, den Entschluß gefaßt haben sollte, den Staub Deutsch-

---

[1]) Vgl. Ludwig Feuerbachs Briefwechsel und Nachlaß, Bd. II, S. 66 ff.

lands von seinen Füßen zu schütteln und nach New York zu übersiedeln. „Der Gedanke" — so heißt es in einem Briefe aus Zürich vom 27. Mai 1858 —, „daß Sie in Amerika weilen könnten, Sie, für den Deutschland kaum deutsch genug ist, um Ihr Schaffen zu begreifen, ist mir geradezu unerträglich."

Ludwig Feuerbach war in der Tat ein großer Verehrer der physiologisch-anthropologischen Ansichten Jakob Moleschotts, denen er nicht allein in seinen Kritiken über die Werke des Physiologen und in den Briefen an denselben, sondern auch noch in anderen Zuschriften an ihm nahestehende Freunde, so z. B. an den genannten Arzt Dr. Heidenreich, Ausdruck gab. Diesem seinem Duzfreunde übersandte er am 25. Mai 1852 zur Lektüre die Schriften Moleschotts, ihm besonders die „Physiologie des Stoffwechsels" warm empfehlend und zugleich sein Urteil darüber erbittend, wobei er sich in schmeichelhaftester Weise über die literarische und Forschertätigkeit des Verfassers äußert. „Moleschott" — so sagt er — „ist sehr häufig mit Liebig und Mulder im Kampfe, kein Wiederkäuer, sondern selbständiger Forscher und Denker zugleich. Er ist auf diesem Gebiete der einzige (mir bekannte) radikale und prinzipielle Naturforscher. Nur aus diesem Grunde und aus diesem Gesichtspunkte habe ich auch die Anzeige jener Schrift, die gar nicht anders sein sollte als eine prosaische Satire auf unsere bisherige Philosophie, übernommen. Um Dir aber eine kurze Übersicht über Moleschotts Lehre mitzuteilen, aus der Du zugleich ermessen kannst, ob Du diese selbst des weiteren Lesens für wert hältst, lege ich zugleich bei einen wahrscheinlich für eine Enzyklopädie oder Zeitschrift geschriebenen Artikel über diese Lehre, den ich vor kurzem erst von ihm erhielt, und erst diesen Morgen las."

Als Heidenreich gegen so manche Behauptungen Moleschotts in einem Brief an den Freund polemisiert, verteidigt ihn Feuerbach wacker, indem er hervorhebt, daß die von Moleschott beigebrachten Tatsachen so zusammen- und dargestellt seien, daß die Schrift über die Lehre von den Nahrungsmitteln, obgleich eine rein empirische, doch zugleich eine solche von echt philosophischer Bedeutung sei. Er freut sich, daß Heidenreich wenigstens die Physiologie des Stoffwechsels gemundet habe, wodurch er in die Lage gekommen sei, ihm einmal auch mit etwas Wohlschmeckendem aufwarten zu können.[1])

Noch in seinen Lebenserinnerungen weist mit innerer Erhebung Jakob Moleschott auf den Umstand hin, daß seine Ideen und Ausführungen sich den Beifall eines Feuerbach erworben haben. Er tut dies mit den Worten[2]): „Man hört hier bei Feuerbach Robert Mayer heraus. ‚Der Brennstoff ist der Nahrungsstoff.' Jawohl, hier ist nicht etwa Nahrungsstoff im Sinne Liebigs gemeint, für welchen Brennstoff ein Wärmemittel war, im Gegensatz zu den gewebebildenden Nahrungsstoffen. Hier sind Brennstoffe die organischen Nahrungsstoffe überhaupt, deren allmähliche Verbrennung im Körper Wärme erzeugt, welche Wärme in mechanische Kraft, in Elektrizität, in Sinnesempfindung, in Gedankentätigkeit, in Willensentschluß umgesetzt wird. Der Stoffwechsel bedingt den Kraftwechsel im Menschen. Das ist der Materialismus, zu dem wir uns bekennen, ein Gedanke, keine Wollust, — ein Abhängigkeitsgefühl, keine Selbstüberhebung, eine geduldige Hingabe an die Naturnotwendigkeit, kein geniales Übersprudeln der unbeschränkten Vernunft, — eine Ergebung, kein Siegesruf auf den Posaunen der Gnade. Aber eines ergibt sich aus dieser Anschauung, daß der gesunde Mensch, der wohlgenährt ist, in seinem Organismus all die Bedingungen enthält, um als fühlendes und denkendes Einzelwesen an dem Fortschritt der Menschheit mitzuarbeiten, ohne Schranken, denn die Gattung ist unbeschränkt. Das ist der Materialismus, zu dem sich Feuerbach rückhaltlos

---

[1]) a. a. O., S. 25 ff.
[2]) „Für meine Freunde", S. 211 ff.

bekennt, nicht bloß gelegentlich der Besprechung meines bescheidenen Büchleins über die Nahrungsmittel, sondern allüberall, am deutlichsten und entscheidensten in der Abhandlung: ‚Wider den Dualismus von Leib und Seele, Fleisch und Geist', im zweiten Band seiner sämtlichen Werke. Hier gilt es keiner Beschönigung, hier gilt es einem unumwundenen, heiligen Bekenntnis, ein Bekenntnis, das ich unter die Flügel nehme des von Feuerbach beflügelten Wortes: ‚Das Leben eint, das Wissen trennt'."

In späteren Jahren, als Moleschott als Universitätsprofessor und Senator in Italien lebte und dort nicht nur in wissenschaftlichen, sondern auch in politischen Kreisen eine hervorragende Rolle spielte, wurde der Briefwechsel zwischen beiden nicht so eifrig fortgesetzt wie in den fünfziger Jahren, aber die Verehrung und die leidenschaftliche Bewunderung, die Moleschott allezeit für Feuerbach hegte, ließ in keiner Weise nach, wie dies unter anderem schon ein Brief des ersteren an den letzteren aus Turin — den 11. September 1868 — beweist. Hier ist nicht mehr von Philosophie, Physiologie und Anthropologie, sondern fast ausschließlich von Politik die Rede.[1]) Die Zuschrift beginnt mit einer Entschuldigung des Schreibers, daß er ein so unregelmäßiger Korrespondent sei. Wäre nicht Feuerbach der Adressat, der unmöglich Regelmäßigkeit mit Treue oder herkömmliche Höflichkeit mit Freundschaft verwechsle, so hätte er keinen Mut, ihm zu schreiben. Er sehne sich gewaltig danach, wieder etwas Erfreuliches von seinem Befinden, seinem Wirken und seiner Erholung zu hören. Wie glücklich würde er sich schätzen, wenn Feuerbach einmal seine Schritte nach Italien lenkte, freilich träfe er das Land nicht eben in blühender Stimmung: Was man ihm so lange nachrühmen konnte, was unter Cavour eine Wahrheit war, daß die Regierung nichts Höheres anstrebe, als der Ausdruck des

---

[1]) Ludwig Feuerbachs Briefwechsel und Nachlaß, Bd. II, S. 196 ff.

Volkswillens zu sein und diesem gerecht zu werden, ihn zur Geltung zu bringen, ist leider in diesem Augenblicke zur Lüge geworden. Die Regierung hat sich durch Frankreich die Hände binden lassen, das Volk aber ist über die zahllosen Demütigungen von dem Quacksalber auf Frankreichs Throne so empört, daß ihm ein französisches Bündnis als der Greuel aller Greuel erscheint. Der König, der eigentlich mit dem Volke gehen möchte, der wohl weiß, daß er ein König von Volkes Gnaden ist, vielleicht auch eine Ahnung davon hat, daß die Könige um der Völker willen da sind, daß die königliche Würde im Staatsdienste wurzelt, ist von ehrgeizigen Ministern umgarnt, und daher könnte ein jetzt ausbrechender Krieg für Italien die verhängnisvollsten Konflikte heraufbeschwören. Und doch, welch anderes Mittel soll der schamlosen Diktatur ein Ende machen als der Krieg? Wird der Krieg ganz Deutschland einigen? oder ist Möglichkeit vorhanden, daß Österreich einen großen Teil von Süddeutschland an sich fesselt und noch einmal das Kasernenhaus, den deutschen Dualismus, als Ambos für deutsche Freiheit benutzt? „Es wäre mir unendlich interessant, wenn ich Sie über diese Dinge hören könnte. Ich gestehe, daß ich der nächsten Zukunft nicht ohne Zagen entgegensehe. Das bißchen Macht, was Italien haben könnte, wird von seinen hadernden Generalen und von den Zinsschätzen, Regierungssucht und Volksinstinkt verscherzt. Läge ein einiges Deutschland uns gegenüber, so zweifle ich nicht, daß der Volksinstinkt über die Ränke des Ehrgeizes einig würde. Gelingt es aber Napoleon, auch nur einen kleinen Streifen Süddeutschlands als Keil zwischen den norddeutschen Bund und Italien vorzuschieben, dann weiß ich nicht, was aus uns werden soll. Denn die Nation kann nicht begeistert mit Frankreich gehen, und ein Krieg ohne Begeisterung wäre ja ein Unglück, selbst wenn er siegreich wäre. So ist denn die Politik eben kein erquickliches Feld und die Stimmung hier im ganzen eine gedrückte. Mir ist's wohltätig daß ich so viel zu arbeiten habe, daß es mir beinahe zugute kommt, wenn der Völkerpuls ein wenig ruhig geht."

Übrigens muß hier, um allen Mißverständnissen vorzubeugen, ausdrücklich betont werden, daß, trotz der gegenteiligen Versicherung Jakob Moleschotts, Ludwig Feuerbach bei all seiner Sympathie für die Person und die Arbeiten des Physiologen und trotz seiner Genugtuung über die Zustimmung Moleschotts zu sinen physiologisch-anthropologischen Ansichten, sich keineswegs mit allen Anschauungen und Lehren des Verfassers des „Kreislaufs des Lebens" einverstanden erklärt. In seinem Nachlaß präzisiert er scharf seinen Standpunkt in dieser Beziehung.[1]) Wir lesen dort unter anderem:

„Was für ein Unterschied zwischen dem ‚Atheismus', den ich lehre, und dem ‚Materialismus' Vogts, Moleschotts und Büchners ist? Es ist lediglich der Unterschied zwischen Zeit und Raum oder zwischen Menschheitsgeschichte und Naturgeschichte. Die Anatomie, die Physiologie, die Medizin, die Chemie weiß nichts von der Seele, nichts von Gott usw.; wir wissen davon nur aus der Geschichte. Der Mensch ist mir wie ihnen ein Naturwesen, entsprungen aus der Natur; aber mein Hauptgegenstand sind die aus dem Menschen entsprungenen Gedanken- und Phantasiewesen, die in der Meinung und Überlieferung der Menschen für wirkliche Wesen gelten." Und an einer anderen Stelle: „Der Materialismus ist für mich die Grundlage des Gebäudes des menschlichen Wesens und Wissens; aber er ist für mich nicht, was er für den Physiologen und Naturforscher im engeren Sinne, z. B. Moleschott, ist, und zwar notwendig von ihrem Standpunkte und Beruf aus ist, das Gebäude selbst."

In der Rezension in den „Blättern für literarische Unter-

---

[1]) Ludwig Feuerbachs Briefwechsel und Nachlaß, Bd. II, S. 188 u. 308.

haltung" hatte Ludwig Feuerbachs Materialismus seinen stärksten Ausdruck erhalten, und diese letzte Gestalt seiner Philosophie tritt uns auch in dem letzten Werk des Verfassers, betitelt „Gottheit, Freiheit und Unsterblichkeit", zutage.[1])

In der Einleitung zu dem Schwanengesang des Verfassers bemerkt der immer mehr Vereinsamte mit schneidendem Sarkasmus: „Der Mensch ist, was er ißt," ist der einzige Satz, der von meinen „bekanntlich" längst „verschollenen" Schriften noch heute gewissen Leuten in die Ohren klingt, aber nur als ein die Ehre der deutschen Philosophie und Kultur verletzender Mißklang; aber gerade dieser Übelklang hat mich in so guten Humor versetzt, daß ich es nicht unterlassen konnte, dieses famose Wortspiel zum Thema einer eigenen Arbeit zu machen. Da aber der Hauptvorwurf meiner Schriften die Lösung des Rätsels der Religion ist, da ich alle anderen Rätsel des menschlichen Geistes nur in der Beziehung auf die Religion, nur auf Grund der Veranlassung derselben betrachte, zugleich aber bekanntlich ein ganz schrecklicher Materialist bin, so sehr in dem Stoff in seiner rohesten Form versenkt, daß ich nicht einmal mehr weiß, daß der Mensch nicht nur ißt, sondern auch trinkt, was sich nicht auf ißt reimt; so habe ich auch sogleich einen Gegenstand der Gastrologie (Lehre vom Magen, vom Gaumen) zu einem Gegenstand der Theologie, freilich damit auch umgekehrt einen Gegenstand der Theologie zu einem Gegenstand der Gastrologie gemacht, schmeichle mir aber eben deswegen mit der Hoffnung, zu der noch immer streitigen Frage: was ist denn der wahre Sinn des Speise- und Trankopfers? einen zwar kurzen aber entscheidenden Beitrag geliefert zu haben."

Was Feuerbach zwanzig Jahre vorher ausgesprochen, daß die Wahrheit weder der Materialismus noch der Idealismus, weder

---

[1]) Leipzig 1866, und Ludwig Feuerbachs sämtliche Werke, II. Bd.

die Physiologie noch die Psychologie, sondern nur die Anthropologie sei, daß Wahrheit nur der Standpunkt der Sinnlichkeit und der Anschauung biete, denn nur dieser Standpunkt gebe uns Totalität und Individualität, und daß weder die Seele denke und empfinde, denn sie sei nur die personifizierte, in ein Wesen verwandelte Funktion oder Erscheinung des Denkens, Empfindens und Wollens, noch auch das Hirn denke und empfinde, denn das Hirn sei physiologische Abstraktion, ein aus der Totalität herausgerissenes, vom Schädel, vom Gesicht, vom Leib überhaupt abgesondertes, für sich fixiertes Organ und nur so lange Denkorgan, als es mit einem menschlichen Kopf und Leib verbunden sei — das führte er noch kräftiger, gründlicher und entschiedener in „Gottheit, Freiheit und Unsterblichkeit" vom Standpunkt der Anthropologie aus.

Siebentes Kapitel.

Ludwig Feuerbach und Amerika. — Seine Sehnsucht dahin. — Urteile über den fünften Weltteil. — Auswanderungspläne. — Amerikanische Freunde, Verehrer und Gönner. — Amerikanische Besuche. — Beziehungen zu Wilhelm Bolin, Konrad Haag, Ferdinand Lassalle, Ludwig Pfau, David Friedrich Strauß und Konrad Deubler. — Briefwechsel mit einigen derselben. — Äußerungen Feuerbachs über sein Seelenleben in Zeitschriften. — Besuch bei Deubler. — Georg und Emma Herwegh. — Briefwechsel mit ihnen. — Ausweisung aus Leipzig.

Ich habe schon erwähnt, daß in den fünfziger Jahren des vorigen Jahrhunderts in den Zeitungen die Nachricht auftauchte, daß Ludwig Feuerbach Deutschland verlassen und nach Amerika übersiedeln wolle. Selbst Jakob Moleschott zweifelte nicht an der Wahrheit dieser Mitteilung, wie wir dies aus der angeführten Stelle seines Briefes an den Philosophen ersehen haben. Es ist zweifellos, daß sich der radikale Denker nach dem Lande der Freiheit, Unabhängigkeit und der „unbegrenzten Möglichkeiten" sehnte, wo es nach seiner Meinung keine Vorurteile und falschen Voraussetzungen geben soll; aber so wenig er in jüngeren Jahren den Mut fand, auf eigene Faust bzw. ohne einen Rückenhalt an einer preußischen Universität sich zu habilitieren und dort abzuwarten, bis er auf der Staffelleiter der Hochschulenhierarchie es zum Extraordinarius oder gar Ordinarius der Philosophie bringen würde, ebensowenig konnte er am Abend seines Lebens sich zu dem energischen Entschluß aufraffen, mit den Bruckberger Verhältnissen zu brechen und ein neues Leben jenseits des Ozeans zu beginnen. Dieses Zaudern und Schwanken, diese Unschlüssigkeit und Zwiespaltigkeit kann man nur psychologisch erklären. Ganz abgesehen von seiner großen, ja leidenschaftlichen Vorliebe für das Landleben und die Dorfidylle, die er nur unter großen seelischen Kämpfen mit dem geräuschvollen Getriebe einer Groß- oder Weltstadt hätte vertauschen können, barg für ihn das unansehnliche Dorf das Liebste und das Teuerste, was er auf Erden besaß, sein Weib und Kind. Und von Frau Bertha Feuerbach konnte es unmöglich verlangt werden, daß sie den Ort, wo ihr kleines Besitztum lag, das die Quelle einer, wenn auch noch so spärlichen Existenz bildete, verlassen sollte, um den Sprung ins Dunkle im fünften Weltteil zu wagen. Gewiß wäre sie sowohl wie ihr Gatte bereit gewesen, besonders als die Bruckberger Katastrophe, wie wir im nächsten Kapitel zeigen werden, über die Familie hereinbrach, den Staub ihres Vaterlandes von ihren Füßen zu schütteln, wenn nur ihnen etwas Gewisses, etwas Sicheres von Amerika aus geboten worden wäre, so daß sie wenigstens die bestimmte Hoffnung hätten hegen können, nunmehr, aller menschlichen Voraussicht nach, von allen Erdensorgen befreit zu sein, aber das war nicht der Fall. Was Feuerbach von seinen Freunden von jenseits des Ozeans als Aufmunterung erhielt, bestand mit wenigen Ausnahmen aus leeren Versprechungen, aus gleißenden Verheißungen und schönen Illusionen, die ihn unmöglich bewegen konnten, den Lockungen der trügerischen Fata morgana blindlings zu folgen.

Und doch! wie sehnsuchtsvoll richteten sich Jahrzehnte hindurch seine Blicke über die blau-weißen und schwarz-weißen Schlagbäume der deutschen Politik hinüber in die freien Urwälder Amerikas! In seiner glänzenden Abhandlung „Die Naturwissenschaft und die Revolution" verherrlicht er das jugendfrische, freiheitliche Amerika auf Kosten Europas, das seiner Meinung nach einer wahren Umgestaltung und Verjüngung kaum noch fähig sei. Schon als er als junger Privatdozent seine Stelle in Erlangen aufgab, erwog er die Möglichkeit einer Auswanderung nach Amerika, und 1841 äußerte er anläßlich der fruchtlosen Bemühungen seiner

Freunde, speziell Christian Kapps, ihm eine akademische Stellung zu verschaffen, er würde, wenn er noch frei und ledig wäre, in die Urwälder Amerikas gehen.[1]) Besonders tritt der Gedanke an eine überseeische Auswanderung in seinen Briefen zutage, die er an seinen nach Amerika übersiedelten jungen Freund, den Schriftsteller, Politiker und Advokaten Friedrich Kapp — einen Neffen seines langjährigen Intimus Christian Kapp — richtete. So heißt es z. B. in seiner Zuschrift aus Bruckberg — den 13. März 1850 —, die auch wegen der politischen Ansichten Feuerbachs von Interesse und Bedeutung ist, voll Sehnsucht und Schmerz: „Du beginnst ein neues Leben, und ich fange, ganz im Einklang mit der Geschichte der deutschen ‚Revolution', wieder das alte Leben an. Du gehst der Zukunft entgegen, und ich hinke wieder tief gebeugt in die Vergangenheit zurück. Du Glücklicher! segelst jetzt selbst in das jugendliche Amerika hinüber, und ich sitze auf dem Mist des altersfaulen Europas. Und doch stehe ich Dir geistig so nahe, so groß auch der räumliche und äußerliche Unterschied zwischen Deinem und meinem Leben. Dein Brief traf mich gerade über der Geschichte der Vereinigten Staaten von Nordamerika von Bancroft. Wo Du bald leiblich sein wirst, da bin ich längst geistig. Der Blick in die Zukunft der Menschheit ist bei mir der Blick nach Amerika. Ob ich aber auch sinnlich denselben Boden mit Dir teilen werde? Das ist ein Problem, dessen Lösung natürlich auf meiner Seite große Schwierigkeiten entgegenstehen. In Ermangelung einer Aussicht ins Jenseits kann ich im Diesseits, im Jammertal der deutschen, ja europäischen Politik überhaupt, nur dadurch mich bei Leben und Verstand erhalten, daß ich die Gegenwart zu einem Gegenstande aristophanischen Gelächters, die Zukunft unter der Gestalt Amerikas zu einem Gegenstande meiner Phantasie und Hoffnung, die Ver-

---

[1]) Vgl. Briefe zwischen Ludwig Feuerbach und Christian Kapp, S. 169, und Ludwig Feuerbachs Briefwechsel und Nachlaß, Bd. II, S. 7.

gangenheit der Menschheit, namentlich in Deutschland, Rom und Athen, zum Gegenstande des Studiums mache."

Aber dessenungeachtet ersuchte er den Freund, sich wegen der eventuellen Aussichten, die ihm, Feuerbach, in Amerika erblühen könnten, genauer anzusehen und ihn darüber zu unterrichten. Jetzt tue es ihm sehr leid, daß er alle Fertigkeiten, die nach Amerika gehören, selbst die englische Sprache, zu kultivieren unterlassen habe, und so sehe er sich daher bei den höchst geringen Geldmitteln, die ihm zu Gebote stehen, an die Stelle der alten Welt gefesselt, wenn sich nicht wenigstens für seinen Geist jenseits des Ozeans eine Aussicht eröffnen sollte. Kapp unterließ es nicht, auf Grund seiner persönlichen Beobachtungen und Erfahrungen, die er an Ort und Stelle sammelte, ein Bild der dortigen Zustände und Verhältnisse zu entwerfen, das allerdings ganz anders gefärbt war als dasjenige, was den Amerikaschwärmern in Europa, den sogenannten „Europamüden", stets vorschwebte. Die ungeschminkten Schilderungen Kapps haben wesentlich dazu beigetragen, die Illusionen des Denkers gründlich zu zerstören. Des Freundes abmahnende Worte gipfelten in dem Satz: „Was Dich persönlich anbelangt, so taugst Du höchstens als Farmer für Europa. Dein Ruf als Schriftsteller schadet Dir eher, als er Dir nützt, und für eine andere Tätigkeit bist Du zu exklusiv gebildet, zu alt und für hier zu unbrauchbar. Wenn Du in jeder, wohlgemerkt, in jeder Beziehung mit dem europäischen Leben abgeschlossen hast, wenn Du überzeugt bist, daß es Dir gar nichts mehr bieten kann, dann komme hierher, sonst aber unter keiner Bedingung."

Auch als der Verleger Feuerbachs, Otto Wigand, der ihm seitens der Behörden bereiteten Verfolgungen müde, sein buchhändlerisches Geschäft nach Amerika verlegen wollte und seinen berühmten Autor zu einer gemeinschaftlichen Orientierungsfahrt dorthin aufforderte, lehnte Feuerbach diesen Antrag ab, indem er melancholisch ausruft: „Ich armer Teufel! Wie kann ich eine förmliche Auswanderung wagen bei diesem schlechten Stande des Buchhandels! bei diesen schlechten Aussichten in die Zukunft! Ja, wenn noch die Zeit wäre wie früher, aber jetzt, ich kann nicht nach Amerika, ohne dort zu bleiben!" Mußte er aber auch seine amerikanischen Pläne mit betrübtem Herzen aufgeben, so blieb er dennoch unentwegt ein warmer Verehrer des neuen Kontinents. In diesem Sinne schreibt er einmal an Friedrich Kapp, anknüpfend an die düsteren Schilderungen des amerikanischen Lebens durch denselben: „Europa ist ein Gefängnis; der Unterschied zwischen einem Freien und Gefangenen nur ein quantitativer, nur der, daß jener ein etwas geräumigeres Gefängnis hat. Ich wenigstens habe stets das Gefühl eines Gefangenen, habe mich nie zu jenem heroischen Supranaturalismus emporschwingen können, der sich auch in Ketten frei fühlt. Gleichwohl vergesse ich nicht das Gute auch des Gefängnislebens. Je weniger man außen hat, desto mehr sucht man sein Glück in geistiger Tätigkeit. Und je größer der Druck von außen, desto größer der Gegendruck von innen, desto größer das Selbstgefühl. In Amerika ist ein Mensch wie ich ein gleichgültiges Ding, ein Nichts; aber in Europa ist eine Persona ingrata ein höchst bedeutendes Etwas, ein Dorn im Auge der Regierungen, ein Pfahl im Fleische der geistlichen und weltlichen Polizei, der ihr Tag und Nacht keine Ruhe läßt."

Viel Liebes erfuhr übrigens unser Denker von amerikanischen Freunden, als die Nachricht von seinen Auswanderungsplänen durch die Zeitungen verbreitet wurde. Es fühlte sich z. B. ein schon seit Ende der vierziger Jahre in Amerika angesiedelter Schulkamerad und Jugendgenosse Feuerbachs, E. Dedekind, veranlaßt, ihm auf seiner Besitzung im Staate Indiana ein Haus nebst Land kostenfrei zur Verfügung zu stellen. Es ist aber ein wahres Glück, daß der so Eingeladene dem Lockruf nicht folgte, denn bei dem großen Krach 1857 in Amerika verlor Dedekind einen Teil seines Vermögens, und so hätte sich voraussichtlich die finanzielle Lage des Denkers auch drüben zu einer trostlosen gestaltet.

Ebenso trug man sich in Amerika mit dem Plane einer dort zu gründenden Weltuniversität, an welcher Feuerbach eine Anstellung erhalten sollte, doch kam dieses Unternehmen über die ersten Stadien des Versuchs gar nicht hinaus. Derselbe Dedekind berichtet in einem Briefe an seinen Freund in Bruckberg aus Indiana — den 14. August 1860 — über dieses Projekt in folgender spöttischer Weise:

„Hier wollen sie ein Seminar, vulgo Schullehrer-Institut, gründen; in welcher Stadt, ist noch nicht bestimmt. Die pädagogisch-idealistischen Leute in der deutschen Presse in New York haben sich als Schöpfer dieser Anstalt aufgeworfen. Dieses Seminar soll aber die Brücke zu einer großartigen Weltuniversität bilden — wo sie die Mittel dazu herbekommen wollen, wissen wohl die Herren vorläufig selbst noch nicht —, ja, wenn eine Soldatenspielart, Tanzgelegenheit, Fahnenweihe und Bierfreuden damit verbunden wären, setzte ich keinen Zweifel ins Gedeihen — aber so?! Doch dem sei, wie ihm wolle: Ruge in England, der den Plan zu einer Weltuniversität entwarf, gedenkt insbesondere Deiner dabei, indem Du als Historiograph der Philosophie ganz unbezahlbar (ipsissimis verbis) dabei seiest. Wo in der Welt, sage mir, kannst Du einen solideren ‚Stuß‘ wieder finden als hier, im glücklichen Amerika?! Nur schade, daß das Kapital, der Fuß, worauf das ganze Unternehmen fundiert werden soll, so eigentlich noch nicht aufgefunden ist!"

Feuerbach konnte unwirsch werden, wenn man sich über Amerika lustig machte, dafür aber Deutschland als das klassische Land des Freisinns und der Aufklärung hinstellte. In diesem Sinne schrieb er einmal — am 31. März 1853 — seinem jungen

Freunde Friedrich Kapp nach New York, der bezüglich der religiösen Frage eine Parallele zwischen Amerika und Deutschland gezogen hatte[1]): „Daß Amerika so ist, wie Du es schilderst, finde ich natürlich, denn die materiellen Interessen gehen den geistigen der Zeit noch voraus. Daß es aber bei uns so ist, wie es ist, finde ich natürlich. Denn was ist unnatürlicher als ein freier Geist in einem Sklavenkörper? Daß freie Schriften bei uns in Hülle und Fülle erscheinen oder erschienen sind, gereicht allerdings unserem Geiste, aber nichts weniger als unseren Regierungen und Zuständen, zur Ehre. Wir haben eine selbständige Bücherwelt, um die sich unsere despotischen Regierungen so lange nicht kümmern, als etwas auf dem Papier bleibt. Ist Strauß in Europa, ja selbst in dem deutschredenden und -denkenden Schweizerland, nicht vom Katheder heruntergepöbelt worden? Darf man bei uns lehren, was man schreibt? Sind nicht alle radikalen Freigeister obskure Privatleute? Und wie sah es nicht trotz eines Lessing, Herder, Lichtenberg noch vor 60—70 Jahren in Deutschland aus? Da konnte man, wenn man nur eine Stelle im Alten Testament anders erklärte und übersetzte als die Orthodoxie, sogar ins Gefängnis kommen, wie es einem Gelehrten in Mainz widerfuhr. Und wahrlich! auch jetzt noch gibt es genug Märtyrer der deutschen Denk- und Schreibfreiheit. Noch kürzlich wurde hier der Präsident des Oberkonsistoriums, religiös und politisch zu den Gothaern gehörig, wegen seiner zu großen Freisinnigkeit — stehen Dir nicht vor so erschrecklicher Lächerlichkeit die Haare zu Berge? — pensioniert und an seinen Posten, zu dem sonst stets ein Jurist erwählt wurde, einst auch mein Vater sogar bestimmt war, ein Theologe, und zwar von der widerlichsten und obskurantesten Sorte, von der Erlanger Schule oder Pfütze ernannt. So sieht es bei uns aus. Wahrlich, wenn es so fortgeht, dann ist

---

[1]) „Ausgewählte Briefe" usw., Bd. II, S. 202 ff.

nicht nur Amerika, dann ist die ganze Menschheit, die ganze Geschichte, die Vernunft und Wissenschaft selbst ein Humbug des Teufels.
Preise Dich glücklich, daß Du in Amerika bist. Was sind die amerikanischen Klopfgeister gegen die Geister, die bei uns nicht auf Tischen und Bänken, sondern Kathedern und Präsidentenstühlen pochen? — Ich glaube, Du bist in dieser Beziehung ungerecht gegen Amerika, stellst Forderungen an dasselbe, die jetzt noch vorzeitig sind, Forderungen, die zu erfüllen vielleicht eben die Aufgabe der deutschen Einwanderung ist. Doch so ist es: Ihr in Amerika fühlt die dortigen Schattenseiten und seht nur die Lichtseiten Europas, wir umgekehrt. Doch ich will Dich nicht mit ‚deutscher Philosophie‘ länger belästigen. Lebe wohl!"

Ein solcher Freund aus Amerika war auch Friedrich Münch in Marthasville, Missouri, der in Zuschriften an den Philosophen seiner Liebe und Verehrung für ihn wiederholt Ausdruck gab. Speziell das erwähnte Feuerbachsche Werk „Theogonie" veranlaßte ihn, dem Verfasser seine Huldigung brieflich darzubringen; auch unterließ er es nicht, in einer verbreiteten New-Yorker Zeitschrift, betitelt „Familienblätter", es eingehend zu besprechen. Hatte der Mann auch dem Bruckberger Weltweisen keine irdischen Schätze anzubieten, so war er doch wohlwollend genug, um ihm wenigstens fromme Wünsche nach Europa zu senden. „Ich wollte" — so schreibt er ihm am 30. März 1860 —, „Sie wären ein reicher Mann, oder es würde Ihnen wenigstens 2000 Gulden jährlicher Einnahme garantiert, und Sie wohnten mir nahe in der friedlichen Stille unseres Urwaldes, beschäftigt gerade nach Lust und Neigung, und aus dem Schatten des Urwaldes flögen noch lange Ihre Geistesblitze in die weite Welt, Ihr äußeres Leben aber wäre frei, einfach und ohne Sorge."

Einen interessanten Besuch erhielt Ludwig Feuerbach im August 1857 aus Amerika. Es war ein deutscher Flüchtling, den die Sehnsucht aus seinem zweiten Vaterlande nach Bruckberg trieb, um den von ihm so hochverehrten Denker persönlich kennen zu lernen. Der Mann hieß Karl Lüdeking. Über seine Unterredung mit dem Philosophen berichtete er dann im Jahre 1858 in einem in St. Louis gedruckten Blatt: „Anzeiger des Westens", welcher Aufsatz dann auch im „Jahrhundert", einem damals in Hamburg erscheinenden Journal, veröffentlicht wurde. Diesem hochinteressanten Artikel, dessen Kenntnis ich Fräulein Julie Stadler in Großlichterfelde verdanke, seien nur die nachstehenden Stellen entnommen:

„Das enthusiastische Interesse, mit welchem seinerzeit Schreiber dieses dem Siegeszug des kühnen Denkers gefolgt war, der von seinem ländlichen Pathmos, Bruckberg, aus, hier ein Feuerbach im wahren Wortsinn, die gesegneten Gefilde Zions verheerend, die alten Götter von ihren morschen Gerüsten reißend, Himmel und Erde entzündend, dort, ein zweiter Prometheus, den Götterfunken freier Menschlichkeit aus einem geträumten Himmel herablangend und damit neue, freie Menschen erweckend, eine ganze alte Welt zum Abschluß bringen konnte — bewog mich, von einem freundschaftlichen Einführungsschreiben Gebrauch zu machen und den Mann persönlich kennen zu lernen, dessen geistige Wahlverwandtschaft der Jüngling ergriffen, der Flüchtling mit sich über das Meer genommen hatte.

Nachdem mir Freund Barthelmeß in Nürnberg eine Spezialkarte von Bayern herbeigebracht, fanden wir, daß Bruckberg etwa halb Wegs zwischen Nürnberg und Ansbach zur rechten Seite abliege, und die Frage entstand nun, wie auf die beste Art nach dem Mekka des Propheten des Radikalismus zu gelangen. Die Chaussee berührt den Ort nicht, und auf meine desfallsige Verlegenheitsfrage erhielt ich aus dem Schalter der Nürnberger Fahrpost den lakonischen Bescheid: ‚Nach Bruckberg sei keine reguläre Fahrpostverbindung. Ich solle den Ansbacher Wagen bis Heilbronn benutzen und müsse dann zusehen, wie ich weiterkomme.'

Ich ließ mich sofort nach Heilbronn einschreiben. Der Weg von Kloster-Heilsbronn zieht sich, durch eine mächtige Eichenallee eingeleitet, über Großhaslach durch eine ziemlich einförmige Waldgegend nach Bruckberg. Schon war ich über zwei Stunden (?) in der drückenden Augusthitze gewandert und noch immer wollte sich kein Bruckberg zeigen. Da schallten plötzlich menschliche Stimmen, der helle Stundenschlag einer Turmuhr dicht unter mir über die stille Waldwiese, und ein steil abfallender Fußpfad führte mich durch verwachsenes Buschholz in wenigen Schritten nach Bruckberg. Aus der Mitte des kleinen Dorfes erhebt sich das ehemalige Markgräflich Ansbachische Schloß, in dessen zahlreichen Räumen Feuerbach in Verbindung mit seinem Schwager eine Porzellanfabrik betreibt, deren Hauptartikel in einfachen, runden Trinkgefäßen besteht, die nach dem Oriente gehen.

Auf meine desfallsige Frage erfuhr ich von einem der Bauern: ‚Der Feuerbach sei ihm vor einer halben Stunde auf seinem Spaziergange begegnet.' Der Zweck meiner Tour war also nicht verfehlt, noch wohler aber tat mir das ‚der Feuerbach' aus dem Munde des Alten. Was lag darin nicht alles ausgedrückt? Der Mann, nach dem du fragst, so übersetzte ich mir, ist kein stolzer, aristokratischer Gelehrter, kein scheuer Stubenhocker, kein Doktor, kein Professor, auch kein Hofrat, sondern ein Mann, der uns Bruckbergern gehört, unser Mitbürger, unser Freund — ‚der Feuerbach'.

Nachdem ich mich in den weitläufigen Räumen des Schlosses nach Feuerbachs Wohnung zurecht gefunden, und von der Frau des Hauses, der ich freundliche Grüße von lieben Angehörigen in New York zu überbringen hatte, mit deutscher Herzlichkeit aufgenommen worden war, trat Feuerbach nach wenigen Minuten des Wartens hastig zu uns in das Zimmer. Ich reichte ihm meine Einführungskarte, die er mit einer förmlichen Verbeugung nahm und rasch überflog, worauf er mich zum Sitzen nötigte, während

Schloss Bruckberg.

er selbst in hastigen Schritten vor mir auf und ab ging. Feuerbach ist von mittlerer, gedrungener Statur, sein Gang, trotz seiner 53 Jahre, leicht und elastisch, der Kopf etwas vorgebeugt, das stark vorspringende Auge meist sinnend an den Boden geheftet, das braune, hier und da mit Grau vermischte Barthaar voll, die Stirne hoch, der Schädelbau klassisch vollendet. Der stechende Blick des Auges, welcher während des Gespräches sich belebt, kündet den kritischen Geist an, während der tief ernste, fast schwermütige Ausdruck des Gesichtes die starke Leidenschaft und den harten Kampf verrät, welche der rastlose Forscher während eines ganzen Manneslebens an die Wahrheit gesetzt hat. Feuerbach spricht heftig erregt, mit leidenschaftlicher Gestikulation, oft in unvollendeten oder unzusammenhängenden Sätzen. Man bemerkt eine Überfülle der Gedanken, die einander überstürzen und verschlingen, jedenfalls zur klaren Darlegung der Fixierung durch die Schrift bedürfen. Feuerbach eignet sich offenbar mehr zum Schriftseller als zum Dozenten, was ebensosehr in seiner nervösen Erregtheit, als in seiner langjährigen, freiwilligen Isolierung seinen Grund finden mag. Er lebt, wie er mir selbst sagte, schon seit etwa 20 Jahren in seinem stillen Bruckberg. Die Dozenten-Karriere, welche er in dem ‚Pietistennest Erlangen' einschlug, stieß ihn alsbald ab, und er flüchtete, nach einem längeren Aufenthalte in Berlin und einem kürzeren, behufs einer Übersiedlung nach Paris gewählten Verweilen in Frankfurt a. M., in die Einsamkeit, hinter sich lassend die akademischen Grade, Ehren und Würden, mit welchen eine väterliche Regierung zweifelsohne den Sohn eines hochverdienten Vaters würde überschüttet haben, hätte derselbe sich auch nur halbwegs den alten ‚spanischen Stiefeln' akkomodieren können. Feuerbach selbst scherzte über den ominösen Anfang seiner Dozentenlaufbahn in Erlangen: ‚Einer seiner Zuhörer habe sich erschossen, der Zweite sei im Duell erstochen, der Dritte durchgebrannt.' Sein späteres Auftreten in Heidelberg, wohin ihn 1848 die begeisterte akademische Jugend berufen hatte, bewies ihm ebenfalls, daß er mehr der Mann der Feder, als des freien Wortes sei. Mag immerhin der politischen Aufregung der Zeit die Hauptschuld beizumessen sein, daß seine, damals im Rathause zu Heidelberg gehaltenen Vorträge nicht den ganzen, verdienten Anklang fanden, jedenfalls haben sie erst nachdem sie unter dem Titel: ‚Wesen der Religion' gedruckt erschienen waren ihre wahre Würdigung erhalten. Indes würde man sehr irren, wollte man nach diesen Voraussetzungen Feuerbach sich als trocknen Stubengelehrten oder Schulpedanten vorstellen. Sein Auftreten ist mannhaft, lebensfrisch und stark. Seine äußere Erscheinung hatte, durch einen knapp anliegenden grauen Hausanzug und entsprechende leichte Kopfbedeckung begünstigt, für mich etwas Kriegerisches, ritterlich Gerüstetes. Als ich die Überreichung meiner Einführungskarte mit der Illustration begleitete: ‚ich sei Materialist meines Zeichens, im religiösen und geschäftlichen Wortsinn', erwiderte er lachend: ‚Ja, Sie in Amerika haben den rechten Materialismus. Sie haben ihn in der Tasche, während wir ihn nur auf dem Papier haben.' Ich fragte ihn nach seinem Urteil über unseren ‚Pionier', der ihm zeitweise von einer benachbarten Freundin zugetragen wird. Er erkannte die konsequente Aufrechthaltung des Radikalismus im Wuste der deutsch-amerikanischen Partei-Journalistik lebhaft an, wollte sich aber mit der Form Heinzenscher Polemik nicht versöhnen. Gerade der Individualismus, meinte er, müsse der Individualität des andern gerecht sein, sonst schlage er in Despotismus um. Ich bedauerte, ihm nicht die Worte entgegenbringen zu können, mit welchen der ‚Pionier' den laufenden Jahrgang einleitet: ‚Was ist Freiheit? Rücksichtslosigkeit innerhalb der Grenzen des Rechts, der Wahrheit und der Schönheit, andern aber die nämliche Rücksichtslosigkeit zugestehen. Das ist Freiheit!' Sicher wäre das das rechte Wort der Verständigung gewesen.

‚Der Naturgott', bemerkte Feuerbach im Laufe der Unterhaltung, ‚sei für die Masse ein Bedürfnis; der sonst leidlich verständige Müllermeister von Bruckberg (Braun, Mittelmühle) z. B. könne ihn (den Naturgott) nicht los werden; er kalkuliere: so wie die Bruckberger Mühle ohne ihn stille stehe, so müsse auch das Mühlwerk des Universums seinen Müllermeister haben; ohne einen solchen gehe es nicht."

Von Ruges Versuch, die weiland ‚Hallischen Jahrbücher' von England aus wieder aufzunehmen, wollte Feuerbach nichts wissen. Der Hegelsche Idealismus sei tot, und er habe für sein Teil die Mitwirkung an dem Projekte versagt. Als ich erinnerte, Ruge hebe in seiner Polemik gegen den Materialismus immer hervor, derselbe sei, als System der Notwendigkeit, der Freiheit und ihren Bestrebungen feind, welche ethische Enthusiasten als freudige Werkzeuge bedürften, bemerkte Feuerbach: ‚Allerdings sei der Materialismus das System der Notwendigkeit, aber wahrhaftig nicht der unsittlichen Notwendigkeit der unnatürlichen Verhältnisse des Bestehenden.'

Ein kleines Porträt, dessen Unterschrift meine Aufmerksamkeit erregte, leitete die Unterhaltung auf die ‚geschlagene Demokratie' des Jahres 1848. Es war das Bild eines der Feuerbachschen Familie befreundeten Jünglings, welcher als Heidelberger Student sich der badischen Erhebung angeschlossen und bei Erstürmung einer feindlichen Batterie bei Oos gefallen war. Ich kann mich nicht enthalten, die unterschriebenen Strophen, zumal dieselben aus der Feder des jungen Helden selbst geflossen sind, hier aus dem Gedächtnis wiederzugeben:

> Was liegt an uns? Wir werden kaum
> Nach unsern Zielen fliegen,
> Ein Sturm vielleicht bricht unsern Baum,
> Streut unsern Wogenzug in Schaum —
> Doch unsre Brüder siegen! —

Die sittliche Größe der Selbstverleugnung und Hingabe, von welcher diese Zeilen des jungen Freiheitsmärtyrers Michel zeugen, kann man leider vielen unserer großen Männer aus jener Zeit nicht nachsagen. Sie wollten gerade nach ‚ihren Zielen fliegen‘, und ich erinnerte mich lebhaft an das, was gerade Feuerbach in der Einleitung zu seinem ‚Wesen der Religion‘ ausspricht: „Woran scheiterte die Erhebung von 1848?‘ ruft er aus. ‚An dem Glauben ihrer Vertreter. Die Konstitutionellen glaubten, wenn es heiße: Es werde Freiheit! Die Freiheit sei geschaffen. Sie glaubten an eine Schöpfung durch ein bloßes Wort. Hecker glaubte an die Freiheit, aber er überschlug nicht Mittel und Bedingungen derselben. Er glaubte an eine Schöpfung aus Nichts.‘

In der Nachmittagsstunde lud mich Feuerbach ein, auf sein Studierzimmer mitzukommen, wo er mir sein neuestes Buch ‚Theogonie, nach den Quellen des hebräischen, römischen und griechischen Altertums‘ überreichte. Er habe mit diesem Werke abgeschlossen, es sei diese Zugabe vielleicht schon überflüssig, allein er habe das Bedürfnis gefühlt, einesteils der Gegenwart in notgebotener, akkomodierter Form nochmals sein ganzes System vorzuführen, andernteils seine orientalischen, griechischen und lateinischen Sprachstudien in ihren Elementen und mit ihnen seine Jugend, in der sie wurzelten, aufzufrischen, und dann — abzuschließen. Er studiere jetzt die verschiedenen Naturwissenschaften mit- und nebeneinander. Feuerbach schien etwas betroffen, als ich ihm offen bemerkte: Die Isolierung, in der er lebe, sei wohl zuträglich, ja notwendig für die konsequente Entwicklung seines jetzt abgeschlossenen Systems gewesen, jetzt aber, wo er in den Naturwissenschaften dilettiere, die verschiedensten Zweige in seinen Mußestunden kultiviere, scheine mir der lebendige Verkehr mit gleichstrebenden Männern für ihn unerläßlich. Die Isolierung, die ihn früher konzentriert und konserviert, könne jetzt leicht dazu führen, ihn zu verwirren. Er erkannte die Richtigkeit des

Bemerkten bereitwillig an und sprach davon, wie sein Herz ihn nach der Schweiz ziehe, von deren republikanischen Institutionen er mit ideeller Bewunderung sprach. Auch sei es möglich, daß die Erfüllung einer väterlichen Verpflichtung ihn in Bälde zu einer Reise nach den Vereinigten Staaten veranlasse. Welchen Eindruck dieses Land mit seinen republikanischen Institutionen und seinem ‚Materialismus' auch auf einen Geist wie Feuerbach machen möge, jedenfalls würde der Anstoß, den das Leben des einsamen Denkers erhalten würde, unberechenbar nachhaltig wirken.

Die sinkende Augustsonne mahnte mich indes an den Abschied. Feuerbach ließ es sich nicht nehmen, mich den weiten Weg nach Heilbronn zu begleiten. Als ich den von uns eingeschlagenen Rückweg als denselben erkannte, auf dem ich mich nach Bruckberg gefunden, und mir einfiel, daß man mir am Morgen denselben in Großhaslach als den ‚Kirchweg' bezeichnet hatte, rief Feuerbach lachend: „Nun sehen Sie, denselben Weg, welchen man Ihnen dort als ‚Kirchweg' bezeichnet, weil man auf demselben uns Bruckberger zur Kirche kommen sieht, nennen wir Bruckberger selbst den ‚Totenweg', weil er unsere Toten nach dem Kirchhof in Großhaslach weist. **Kirchweg und Totenweg ist eben allenthalben dasselbe.**"

So kamen wir plaudernd nach Heilbronn. Noch ein Abschiedstrunk auf der Terrasse des Posthauses, und der Wagen stäubte schon die Chaussee hinab. Mit dem Wunsche, ihn in Amerika wiederzusehen, so schied ich von L. Feuerbach. In Nürnberg angekommen, war mein erstes, die ‚Theogonie' zur Hand zu nehmen. Sie beginnt mit Homers ‚Singe, o Muse, den göttlichen Zorn des Peliden Achilles', um an der Hand der hebräischen, griechischen und römischen Literatur den Feuerbachschen Fundamentalsatz zu illustrieren: ‚Der Mensch schuf Gott nach seinem Bilde, nach des Menschen Bilde schuf er ihn.' Jugendliche Frische, poetischer Schwung, klassische Einfachheit, dialektische Schärfe zeichnen das letzte Werk des großen deutschen Denkers von seinen eigenen früheren Schöpfungen aus, — der Schwanengesang eines treu und unverwandt dem hehren Dienste der Wahrheit hingegebenen Manneslebens!"

Wie diese amerikanischen Stimmen beweisen, erfreute sich Feuerbach auch im Auslande großer Anerkennung, ja, ich möchte fast behaupten, noch einer größeren und wärmeren Würdigung als in Deutschland. Dies bekundet u. a. das Beispiel des schon genannten schwedischen Gelehrten Wilhelm Bolin, des neuesten Herausgebers der gesammelten Schriften und des auserwählten Briefwechsels des Denkers. Bolin kam, von der Sehnsucht getrieben, den gefeierten Meister persönlich kennen zu lernen, und voll Wissensdurst an seinen Lippen zu hängen, als 22jähriger Jüngling im September 1857 zum ersten Male nach Bruckberg, und das frische, geistreiche Wesen des Besuchers gefiel Feuerbach so sehr, daß sich seit jener Zeit bis zum Ableben des Philosophen zwischen dem Meister und dem Jünger ein sehr intimes Freundschaftsverhältnis entwickelte. Wiederholt war Bolin Gast Feuerbachs in Bruckberg; aber auch auf dem Rechenberge, dem späteren Aufenthaltsorte unseres Denkers, war er in den sechziger Jahren dreimal dessen willkommener Gast. Der in dem Nachlaß enthaltene Briefwechsel zwischen beiden gehört mit zu dem Interessantesten und Gediegensten, was Feuerbach in den letzten Jahrzehnten seines Lebens brieflich geäußert hat; das dort Mitgeteilte ist ein wesentlicher Beitrag zur Lebensgeschichte, aber auch zur Würdigung der Metaphysik, Religionsphilosophie und Ethik des Verfassers des „Wesens des Christentums" und des „Wesens der Religion".

Aus der Fülle der Äußerungen Feuerbachs allgemeiner Art seien hier nur einige Goldkörner aus dem Grunde wiedergegeben, weil dieselben sich zerstreut vorfinden und so nicht jene allgemeine Aufmerksamkeit finden dürften, die ihnen sonst mit Fug und Recht gebührt. In einem Briefe vom 16. November 1857 spricht sich Feuerbach über die Begabung und deren erste Äußerungen in folgender Weise aus:

„Die ersten Äußerungen unserer Talente sind stets zugleich nur die Entäußerungen unserer Fehler. Wer nicht den Mut hat, seine Fehler zu erkennen und auch nicht die Kraft, über sie sich zu ärgern und zu betrüben, der hat auch kein Recht und keine Aussicht, sich über seine einstigen Tugenden zu freuen. Wer sich namentlich als Jüngling nichts sein kann, der wird sicherlich als Mann nie anderen etwas sein. Und wer nicht über dem, was er erst zu machen hat, das, was er bereits gemacht hat, mit leichtem und frohem Sinne vergißt, der gehört in eine Petrefaktensammlung, aber nicht in das Reich der lebendigen Wesen. Darum vorwärts, nicht rückwärts geschaut! Zum Teufel mit der Vergangenheit, zum Himmel mit der Zukunft! ‚Ich werde sein, der ich sein werde.' „Jawohl, ich werde sein, was ich sein will, zu sein wünsche — dieser hoffnungsreiche Wunsch ist der einzige ewige Gott der Menschheit", sagt pag. 86 der neuesten Theogonie — Verfasser."

In einem Briefe vom 9. Februar 1858 gibt er eine Erklärung dafür, warum er so ungern Briefe schreibe und überhaupt so selten zum Korrespondieren komme. „Was sind Briefe anders" — so fragt er —, „als aus dem Zusammenhange des Lebens und Denkens herausgerissene Aphorismen? Nun gibt es freilich kein Leben, sei es auch ein noch so abgeschiedenes und uniformes, wo nicht der Mensch gewaltsam aus seinen Plänen, Studien und Gedanken herausgerissen wird; aber diese Risse sind die unvermeidliche Folge von der Kette der Notwendigkeit, die eins mit dem andern verbindet, und mit der Naturnotwendigkeit kämpfen selbst nicht die Götter, wie viel weniger die Menschen. Und so ist denn auch bei mir eigentlich nur das Band der Notwendigkeit das Band meiner Korrespondenzen. Ich schreibe nur, wo und wann ich schreiben muß." Und bei einem andern Anlaß — am 30. November 1858 — heißt es: „Ich bin an ein ununterbrochenes und zusammenhängendes, sowie auch an ein zurückgezogenes Dasein und Leben so sehr gewöhnt, daß mir der Aphorismus eines Briefes außerordentlich schwer fällt. Meine Meinung ist zwar human und gesellig, aber meine Feder höchst widerspenstiger und ungeselliger Natur. Es gibt genug Leute, bei denen Lernen und Lehren, Empfinden und Sprechen, Denken und Schreiben identisch ist. Ich gehöre aber nicht zu diesen Glücklichen. Ich muß erst genötigt oder in Affekt gesetzt werden, um meiner Feder eine Zeile oder meinem Munde ein Wort zu entlocken. Die alten Philosophen und Physiker hatten einen Horror vor dem Vakuum überhaupt, ich habe einen Horror vor leerem Papier. Schreiben ist wohl für den Leser ein Gewinn und Bedürfnis, aber für den Schreiber selbst ein Luxus und Verlust; denn was er schreibt, das weiß er ja schon, das hat er in sich selbst. Kurz aber ist das Leben und lang die Kunst. Man kann daher nicht viel genug lernen, aber nicht wenig genug schreiben. So denke ich als Schriftsteller, so als Briefsteller."

Eine gar pessimistische Grundstimmung atmen die meisten Briefe unseres Philosophen an Bolin. Sie zeugen von der Verbitterung, die sich seiner Ende der fünfziger Jahre, als ihn schwere Schicksalsschläge in Bruckberg trafen, und er in seiner Vereinsamung immer mehr erfahren mußte, daß die Welt auch auf dem Gebiete der Wissenschaft und Forschung immer neuen Götzen dient, seiner bemächtigt hatte. Hier nur ein Passus aus einer Zuschrift vom 13. Juni 1859: „Die Welt hat mich sowohl als Mensch von frühester Jugend an, wie als Schriftsteller von den ersten Zeilen an, die von der Zensur gestrichen oder bereits gedruckt konfisziert wurden, nur auf mich selbst zurückgewiesen, meinem von Hause aus freien und rücksichtslosen Geiste widernatürliche Schranken auferlegt und dadurch mich zu einem epistolarischen und literarischen Pessimisten gemacht. In diesem Jahre habe ich noch dazu infolge meines unseligen Zusammenhanges mit der hiesigen Fabrik, auf der, wie das Volk sagt, ein markgräflicher Fluch, in Wirklichkeit ein romanhaftes Unglück lastet, so viel Trauriges und Störendes, ja, meine ganze materielle und geistige Existenz Gefährdendes erlebt, daß mein Hang und Wunsch nur noch gnostische $\Sigma\iota\gamma\acute{\eta}$ ist. Wie paßt aber zu solcher Stimmung der Thé dansant eines Briefwechsels? — Doch ich bin, sage ich mir selbst opponierend, nicht Orientalist, sondern Germanist, nicht Spiritualist, sondern Sensualist, und der Sensualist hat nicht nur Nerven zum Empfinden und Leiden, sondern auch Nerven zur Bewegung und Muskeln zur Tatkraft, zur Überwindung niederbeugender Lasten."

Bis über das Grab hinaus bewahrte Wilhelm Bolin seinem väterlichen Freunde Verehrung und dankbare Gesinnung, wie dies die schon erwähnte neue Gesamtausgabe der sämtlichen Werke und die Herausgabe des Briefwechsels Feuerbachs beweist. In der von ihm und Friedrich Jodl verfaßten „Einführung der Gesamtausgabe" heißt es pietätvoll und schön: „Mit diesem Zukunftsgedanken vor Augen war es unser Ziel, in Feuerbachs Werken nach Kräften alles dasjenige zu beseitigen, was schon der äußeren Form nach nur dem humanistischen Gelehrten verständlich ist. Er, der allem Zunftwesen so Fernstehende, hat, gleich als wollte er auch in der Verbannung seine Zugehörigkeit zum gelehrten Stande bezeugen, überall die volle Vertrautheit mit den klassischen Sprachen, namentlich mit dem Lateinischen, bei seinen Lesern vorausgesetzt. Dadurch wird nicht nur vieles Interessante, was er als Beleg anführt, einem großen Teil der Leser unverständlich, sondern an vielen Stellen selbst die Wirksamkeit des Textes beeinträchtigt. Aus diesem Grunde ist es das Bestreben der Herausgeber gewesen, der neuen Ausgabe soweit irgend möglich die volle sprachliche Einheit und Reinheit zu geben und die zahlreichen lateinischen Zitate in deutscher Sprache zu bringen. Eine Ausnahme ist nur da gemacht worden, wo es sich um unbekannte, sprichwörtlich gewordene Ausdrücke oder um solche Stellen handelt, an denen der Zusammenhang die lateinische Wendung als solche erfordert. Mögen diese neuen Ausgaben dazu beitragen, in einem Zeitalter immer allgemeiner werdender Bildung einem der originellsten und meistverkannten Denker des deutschen Volkes endlich die gebührende Würdigung und vor allem wachsendes Verständnis zu sichern."

Wenn auch Feuerbach in seiner schlichten, einfachen und anspruchslosen Weise alles vermied, was seine Person unnötig in die Öffentlichkeit gezerrt hätte, und er ein Feind jeder Beweihräucherung durch die Presse war, so fühlte er sich doch sehr gerührt, wenn gerade aus dem Volke heraus ihm Anerkennung oder gar begeisterte Huldigung zuteil wurde, denn er erkannte in der Volkesstimme Gottes Stimme. Ein solcher Mann aus dem Volke war auch Conrad Haag in Hüttweilen-Schweiz, Vorsteher der Dorfgemeinde, der sich brieflich 1861 vertrauensvoll an den Meister wandte, ihm sein ganzes Herz ausschüttend und seiner Liebe und Bewunderung für ihn in wärmster Weise Ausdruck gebend. Das an Haag am 3. September 1861 gerichtete Dankschreiben Feuerbachs ist einer der interessantesten Beiträge zur Lebensgeschichte dieses genialen Mannes. Es heißt in diesem denkwürdigen Dokument u. a.: „Für einen Menschen, dem das unglückselige Los beschieden war, zum Thema seines Lebens und Denkens einen Gegenstand zu machen, welcher in den Augen der einen über aller Kritik und Vernunft, in denen der andern unter aller Kritik und Vernunft steht, welcher daher seinen Kritiker und Erforscher bei den einen zu einem Frevler, bei den andern zu einem Toren stempelt, der sein Licht unter den Scheffel stellt, seine Zelebrität in der Obskurität sucht, für einen Menschen, dem überdem eine solche bescheidene Lebensstellung zuteil geworden, daß dem materiellen Ertrag nach ihm jeder Stiefelwichser oder Hausknecht berechtigt erscheint, mit Geringschätzung auf den tiefsten Denker herabzublicken, und zu dem noch die Natur so wenig Dünkel und Selbstzufriedenheit eingeflößt hat, daß es ihm sehr häufig vorkommt, als sei er nichts und habe nichts geleistet, für einen solchen Menschen — und ein solcher bin ich — ist ein so anregender, so begeisterter Zuruf aus unbekannter Ferne, wie der Ihrige, ein höchst wohltätiges und erfreuliches Memento vivere et scribere, wenn er sich auch gleich nicht verhehlen kann, daß nicht der Kubus des von der Begeisterung gespendeten Lobes, sondern nur der Wurzelextrakt daraus der wahren Größe des Gegenstandes entspricht. Nur in dem Urteil, das Sie über meine Theogonie fällen, stimme ich Ihnen bei, ohne das Mittel der Ex- und Subtraktion anzuwenden, wiewohl vielleicht nur aus dem höchst menschlichen Grunde, weil das jüngste Kind auch das geliebteste ist, namentlich dann, wenn es zugleich das letzte Produkt der Zeugungskraft ist. Ein Deutsch-Amerikaner hat bereits auch wirklich meine Theogonie bald nach ihrer Erscheinung meinen Schwanengesang genannt. Das Schicksal, das mich unterdessen meines alten geliebten Musensitzes in Bruckberg beraubte und wider Willen auf die Landstraße, in die Nähe einer geräuschvollen Fabrikstadt gesetzt, scheint dieses absprechende Wort boshafterweise zur Wahrheit machen zu wollen. Es fehlt mir zwar bis jetzt weder an Willen, noch an Kopf und Stoff; aber es fehlt mir die passende Lokalität, das Nest zum Ausbrüten meiner Gedankeneier, und leider gehöre ich zu den Vögeln, die das Fortpflanzungsgeschäft nur in einer ganz absonderlichen Lokalität besorgen können. Ich weiß daher selber nicht, ob die vorlauten, absprechenden Yankees oder die an ihrer, so auch meiner Zukunft nicht verzweifelnden Deutschen recht haben. Nur so viel weiß ich gewiß, daß es besser ist, als Schwan zu enden, denn als geschwätzige Gans sein Dasein fortzusetzen, daß also entweder keine Fortsetzung von mir in Ihrer Bibliothek erscheinen wird, oder eine solche, die den Yankee zu einem Pseudopropheten macht."

Daß dieser Conrad Haag ein denkender Kopf war, erkennt man aus seiner Zuschrift vom 5. Oktober 1861, worin er in eingehender Weise von seiner philosophischen Gedankenarbeit Rechenschaft gibt. Mögen aus diesem Schriftstück nur diejenigen Stellen mitgeteilt werden, worin dieser brave Volksmann das ausspricht, was Hunderttausende vor und nach ihm über die Bedeutung Feuerbachs sagten und dachten: „Mit Wehmut und Trauer erfüllte mich die kurze Schilderung Ihres Schicksals; ich sehe, daß Ihr Lebenslos kein so glückliches und glänzendes ist, wie Sie es durch Ihre Leistungen verdient hätten, und wie mir meine Phantasie dasselbe ausmalte. Als ich nämlich in Ruges Werken gelesen hatte, daß Sie das ‚Wesen des Christentums' im Schlosse zu Bruckberg geschrieben hätten, und im Vorworte zu Ihres Vaters Leben, daß Sie sich in einer glücklichen, weil unabhängigen Lage befinden, glaubte ich, Sie lebten in beneidenswerten Zuständen und Verhältnissen. Aber leider! haben Sie, wie es scheint, das Schicksal der großen Männer früherer Zeiten, eines Kepler, Galilei, Spinoza usw.: ‚Wer darf das Kind beim rechten Namen nennen?' ‚Das Beste, was man weiß, kann man den Buben doch nicht sagen!' ‚Die Menschen sind durchs ganze Leben blind'. Ihre größten Wohltäter lassen sie oft halb verhungern, die Verkünder der Wahrheit werden verhöhnt und in den Staub getreten, und für ihre Leistungen werden sie dann auf den Mist der Geschichte geworfen. Sie sagten als junger Mann: ‚Nur für den Erbärmlichen ist die Welt erbärmlich.' Vielleicht sind Sie nach vielen Lebenserfahrungen jetzt auch nicht mehr ganz entschieden dieser Ansicht. Wenigstens muß ich gestehen, daß in gewissen Lebensmomenten es mir scheint, Schopenhauer habe nicht so ganz unrecht, wenn er diese Welt als die miserabelste, die sich denken läßt, schildert. Ich werde oft, wenn ich das Leben und Treiben der Menschen beobachte, für Augenblicke zum Verächter dieser zweibeinigen Tiere. ... Welch tiefer Einblick in das Wesen der Natur! Wie wahr! wie unwiderleglich! Könnte ich etwas Ähnliches schaffen, ich würde noch mehr als einen Band schreiben und auf das Geheul der Finsterlinge und Dummköpfe nicht achten. Daß Sie der Theologie keine Konzessionen machen würden, wie seiner Zeit Newton, Voltaire, Fichte, Goethe, Heine usw., schließe ich aus dem Satze, wo es heißt: ‚Was aber noch erscheinen wird, es wird nichts sein als weitere Ausführung und Bestätigung des in der ‚Theogonie' oder in den ‚Grundsätzen der Philosophie' Ausgesprochenen.' Wäre ich ein reicher Mann, ich würde Ihnen selbst ein Honorar von ein paar tausend Thalern aussetzen für einen neuen Band. Aber ich lebe wahrscheinlich noch in weit einfacheren und bescheideneren Verhältnissen wie Sie, in stiller Einsamkeit und Zurückgezogenheit, ohne Familie, ohne Weib und Kind, ohne Hof und Gut, in einem alten Hause, ein eigener Kauz! Das Liebste, was ich habe, sind meine Bücher und Portraits berühmter Männer und Schriftsteller, unter denen auch Ihr Bildnis von L. Fries prangt."

Wie Karl Marx, so suchten auch andere sozialdemokratische Agitatoren, Denker und Schriftsteller, vor allem Ferdinand Lassalle, der, wie man weiß, ein bedeutsames geschichtlich-philosophisches Werk in zwei Bänden: „Herakleitos der Dunkle" geschrieben, mit Feuerbach Fühlung zu gewinnen. Im Nachlaß des letzteren[1]) wird ein Brief Lassalles — vom 31. Oktober 1863 — an Feuerbach mitgeteilt. Darin schreibt der philosophisch-sozialistische Agitator, daß er auf den direkten Wunsch einer gemeinschaftlichen Freundin, Frau Emma Herwegh, ihm eine vollständige Serie seiner Flugschriften übersandte, die er sonst, ohne diese ausdrückliche Aufforderung, sie ihm zu übermitteln, prätentiös

---

[1]) Ludwig Feuerbachs Briefwechsel und Nachlaß, Bd. II, S. 162 ff.

finden würde. Es sei viel verlangt, meint der Schreiber des Briefes, sich durch diese ganze Literatur durchzulesen, und er beanspruche dies auch nicht, nur das eine bitte er, daß Feuerbach keine dieser Broschüren außerhalb der hier angegebenen Reihenfolge lesen und erst dann urteilen solle, wenn der Philosoph alles kennen gelernt habe. In dieser Zuschrift bekennt sich Lassalle als einen glühenden Verehrer des Meisters. Es heißt dort wörtlich: „Die große Sorgfalt, mit welcher ich, ich möchte fast sagen, seit meiner Kindheit, Ihre Schriften verfolgt und die liebevolle Wärme, die ich seit dieser Zeit immer für Sie fortbewahrt habe, gibt mir vielleicht ein Recht zu dieser Bitte! Schon im voraus werden Sie, wenn Ihnen meine philosophischen Werke nicht vielleicht entgangen sind (‚Philosophie Herakleitos des Dunkeln‘, zwei Bände; ‚System der erworbenen Rechte‘, zwei Bände) nicht zweifeln, daß meine Erhebung auf streng philosophischer Grundlage bei mir erwachsen ist. Die Fortschrittler sind politische Rationalisten der seichtesten Sorte, und es ist derselbe Kampf, den Sie in theologischer, und den ich jetzt in politischer und ökonomischer Richtung führe. Eben deswegen würde es mir ausnehmend leid tun, von jemand, den ich so verehre, wie Sie, diesen Teil einer Identität verkannt zu sehen, die übrigens — verzeihen Sie mir diese Versicherung — selbst trotz einer Verkennung eine historische oder philosophische Tatsache bleiben wird. In politischen Kampfschriften kann das philosophische Element nur eben den Hintergrund bilden und darf nicht als solches hervortreten. Aber in streng philosophischer Weise ist der Grundgedanke dieses ganzen Kampfes entwickelt in meinem schon 1861 erschienenen ‚System der erworbenen Rechte‘, welches ich mir, da es Ihnen vielleicht entgangen, beifolgend mit warmer Verehrung und als ein schwaches Zeichen des Dankes für alte Erkenntnisschulden, die ich Ihnen abzustatten habe, überreiche."

Ob Feuerbach auf diese Anregung Lassalles irgendwie reagiert hat, ist mir leider nicht bekannt. Jedenfalls hat er in seinen Schriften und kritischen Besprechungen keinen Anlaß genommen, seine Stellung zu den politisch-sozialistischen Ideen des Vaters der deutschen Sozialdemokratie näher zu präzisieren.

Mächtig fühlte sich zu Feuerbach der Dichter und Kunstschriftsteller Ludwig Pfau, der Verfasser der „Freien Studien", „Kunst und Kritik" usw. — geboren 25. August 1821 zu Heilbronn und gestorben 12. April 1894 in Stuttgart —, hingezogen. Er verkehrte im Hause des Denkers zu Bruckberg und später auf dem Rechenberg und korrespondierte auch fleißig mit ihm. Als ihm Feuerbach sein letztes Werk „Gottheit, Freiheit und Unsterblichkeit" übersandte, sprach sich der Empfänger darüber mit größter Anerkennung aus. „Das ist alles echt und gesund" — so schreibt er ihm aus Göppingen den 10. November 1866 — „und steht auf festem Boden. Auch die ironischen und humoristischen Spitzen, die da und dort zutage treten, tun wohl. Es ist eine Schande für Deutschland, daß solche Arbeiten, welche die wichtigsten Fragen von einer neuen und faktischen Seite anpacken und auf die allein fruchtbringende Weise behandeln, eine so geringe Anerkennung finden. Es wäre kein Wunder, man bekäme alle geistige Arbeit satt. Glücklicherweise trägt man doch die Zuversicht in sich, daß eine solche Tätigkeit nicht verloren ist, wenn sie auch im Augenblicke ihre Wirkung nicht tut. Und dann hat die gute Natur dafür gesorgt, daß der Apfelbaum nicht anders kann und doch wieder Äpfel trägt, wenn ihm auch der Lenzfrost die besten Blumen versengte." Gleich so vielen anderen vor und nach ihm unternahm auch Ludwig Pfau den vergeblichen Versuch, dem philosophischen Einsiedler die Überzeugung beizubringen, daß er auf andere Weise noch wirksamer für seine Ideen tätig sein könnte, d. h. wenn er dieselben nicht nur in Büchern niederlegte. Journale und Zeitschriften seien einmal an der Tagesordnung und dringen hin, wo Bücher nicht hinkommen, und so sollte denn auch Feuerbach eifrig publizistisch tätig sein. In erster Linie empfahl er ihm die Beilage der „Allgemeinen Zeitung" in Augsburg als das einzige Organ, das zu jener Zeit ernste Arbeiten zur Kenntnis eines großen Publikums brachte. Auch bot er sich an, den Vermittler zu machen, da er sowohl mit der Redaktion als mit dem Eigentümer bekannt sei — doch reagierte Feuerbach auf diese Anregung in keiner Weise.

Die kunstästhetischen Ansichten Pfaus sagten Feuerbach zu, und er unterließ es nicht, in Briefen an den Freund sich anerkennend darüber zu äußern.[1]) Über die „Freien Studien" z. B. schrieb ihm unser Denker: „Ich ergreife die Feder, um vor allem Ihnen zu danken für die Fülle von Belehrung und Erheiterung, Betätigungen und Berichtigungen, die mir Ihre großartige, universelle, reformatorische Auffassung und Behandlung der Kunst gewährt hat. Was mir fast nie während der Lektüre begegnet, daß ich dem Verfasser gleich auf der Stelle mündlich, persönlich meine Freude und Dankbarkeit ausdrücken möchte, das ist mir unzählige Male beim Lesen Ihrer freien, nicht nur dem Namen, sondern auch der Tat nach freien Studien begegnet. Auch fragen hätte ich Sie oftmals mögen, namentlich da, wo Sie von der Baukunst handeln, und ich begriffliche Ausdrücke nicht immer durch entsprechende Anschauungen versinnlichen und folglich erklären konnte. Immerhin hat es mich in hohem Grade befriedigt, Sie selbst, Ihr eigenes produzierendes Wesen näher kennen zu lernen, und ich habe aus dieser näheren Bekanntschaft die freudige, ermutigende Überzeugung gewonnen, daß Ihre Tätigkeit die wesentliche adäquate Ergänzung meiner eigenen ist, daß Sie auf dem Gebiete der Kunst sind und leisten, was ich auf dem Gebiete der Religion und Philosophie im engeren Sinn." Pfau war darüber sehr glücklich und er schrieb dem wohlwollenden Beurteiler aus

---

[1]) Handschriftlich; vgl. Ludwig Feuerbach „Sein Wirken und seine Zeitgenossen" von Wilhelm Bolin, S. 273 ff. u. 339.

Paris — den 11. Juni 1867 —, daß die Art und Weise, wie er, Feuerbach, seine Bestrebungen auf dem Felde der Ästhetik beurteile, für ihn mehr Wert habe, als alle Anerkennungen des großen Haufens. „Und wenn Sie mich als einen Ihrer nicht unwürdigen Jünger betrachten, so ist das alles, was ich verlangen kann, und mehr, als ich zu hoffen wagte. Es ist ja doch der einzige Lohn, den man am Ende von seinem Streben davon trägt, daß man da und dort die Hand eines Mitstrebenden drückt oder eines Voranstrebenden, den man ehrt, und dessen Aufmunterung einem Mut macht fortzufahren."

Zu den Anhängern Feuerbachs gehörte auch der ihm kongeniale Bibelkritiker und Religionsphilosoph David Friedrich Strauß, der berühmte Verfasser des „Leben Jesu", geboren 27. Januar 1808 zu Ludwigsburg und gestorben 8. Februar 1874. Beide waren ursprünglich Kandidaten der Theologie, die sich die Gottesgelahrtheit als Lebensberuf wählten, um sich schließlich gegen dieselbe zu wenden, indem sie, erfüllt vom Geiste der Hegelschen Philosophie, dem orthodoxen Kirchenglauben mit leidenschaftlicher Heftigkeit den Fehdehandschuh zuschleuderten. Beide waren sich auch darin ähnlich, daß es ihnen nicht vergönnt war, als Professoren an einer Universität für ihre Ideen Stimmung zu machen und für dieselben Anhängerschaft zu werben; die schriftstellerische Tätigkeit mußte bei beiden das Katheder ersetzen. In vielen seiner Schriften bezeugt David Friedrich Strauß ausdrücklich, welch großen Einfluß das Auftreten Feuerbachs als philosophischer Zermalmer des dogmatischen Christentums auf seine kritische Tätigkeit geübt habe. So sagt er z. B. in seiner „Glaubenslehre", die im gleichen Jahre mit dem „Wesen des Christentums" erschien, daß der dabei von ihm, Strauß, eingenommene Standpunkt hauptsächlich durch die früheren Schriften Feuerbachs derart modifiziert worden sei, daß der Verfasser die Hegelsche Identität des Inhalts zwischen Religion und Philosophie, wie er sie noch bei seinem Erstlingswerk innegehalten, nunmehr aufgegeben habe. In vielen Punkten ist er mit dem Verfasser des „Wesens des Christentums" einverstanden, doch polemisiert er auch gegen ihn. So bekämpft er z. B. seine Auffassung der Religion in ihrer allgemeinen kulturhistorischen Äußerungsweise. Auch meint er, es sei einseitig, wie es Feuerbach tue, das Jenseits für eine bloße Illusion zu erklären.[1]) Auch Feuerbach hat, wie wir wissen, in seinen Schriften in anerkennendster Weise sich über David Friedrich Strauß geäußert, besonders in seiner im Jahre 1839 veröffentlichten „Abhandlung über das Wunder",[2]) wo es u. a. heißt: „Deiner muß ich vor allem hier gedenken, trefflicher Schwabe! aber hat sich nicht das gelehrte und gemeine Volk in Massen gegen Dich erhoben? Haben nicht selbst „Philosophen" endlich auch ihr Scherflein dazu beigetragen, um Dich so viel als möglich in den Strom der Vergessenheit hinabzusenken?"

Wie sympathisch der Verfasser des „Leben Jesu" unserem Denker war, beweist die Tatsache, daß er ihm im November 1842 auf seiner Heimreise von einem längeren Aufenthalt in Heidelberg, wohin er sich häufig zu seinem Freunde Christian Kapp zu begeben pflegte, eine Visite abstattete, um ihn persönlich kennen zu lernen. Über jene Begegnung berichtet Feuerbach in einem Briefe an Christian Kapp[3]) in folgender charakteristischen Weise: „Sie fragen mich, ob ich bei Strauß war? Ich erwähnte nichts davon, weil ich mich in Briefen wie den Schriften immer nur auf das Notwendigste, wenigstens in meinem Sinn, beschränke, allerdings oft auch vergesse. Allerdings war ich dort und fand an ihm einen interessanten und feinen Mann. Anfangs war er

---

[1]) Vgl. David Friedrich Strauß, „Dogmatik", S. 19ff., 26ff. u. 493ff., und Wilhelm Bolin, „Ludwig Feuerbach, Sein Wirken und seine Zeitgenossen", S. 215ff.
[2]) Gesammelte Werke, Bd. I, S. 2.
[3]) Briefwechsel zwischen Ludwig Feuerbach und Christian Kapp. S. 224.

etwas befangen und unfrei gegen mich, so daß ich, ohnedem im höchsten Grad bewegt, unwillig vom Sofa aufsprang, um mich wieder zu entfernen. Diese Motion wirkte. Er taute auf und war nun äußerst aufmerksam und freundlich gegen mich. Wir beide sind übrigens total verschiedene Naturen. Seine Frau lernte ich aber nicht kennen. Er bedauerte es: sie sei diesen Vormittag zu sehr beschäftigt."

Erst verhältnismäßig spät hat David Friedrich Strauß mit voller Wärme die Bedeutung und die Größe Ludwig Feuerbachs in seinem Werke: „Der alte und der neue Glaube" (1872) gewürdigt. In dem Kapitel: „Haben wir noch Religion?" worin er die Urteile Schleiermachers und Feuerbachs über das Wesen der Religion kritisch beleuchtet, macht er die Erklärung Feuerbachs über das Wesen der Religion zu der seinigen. Dort sagt er (S. 89 ff.) u. a.: „Der Mensch betet die Sonne oder eine Quelle, einen Strom an, weil er sich in seiner ganzen Existenz abhängig fühlt von dem Licht und der Wärme, die von der ersteren, von dem Segen und der Fruchtbarkeit, die von den anderen ausgehen. Einem Wesen wie Zeus gegenüber, der neben Regen, Donner und Blitz zugleich den Staat und seine Ordnung, das Recht und seine Satzungen verwaltet, empfindet der Mensch eine doppelte moralische, wie physische Abhängigkeit. Selbst von einem bösen Wesen wie das Fieber, wenn er es durch religiöse Huldigungen zu begütigen sucht, fühlt er sich schlechthin abhängig, sofern er überzeugt ist, demselben, wenn es nicht selbst ablassen will, keinen Einhalt tun zu können. Aber eben, es zu diesem Selbstablassen zu bewegen, überhaupt auf die Mächte, von denen er sich abhängig weiß, doch auch wieder einen Einfluß zu gewinnen, ist der Zweck des Kultus, ja ist, wie wir früher gesehen haben, schon der geheime Zweck davon, daß der Mensch jene Mächte sich persönlich, als Wesen seinesgleichen, vorstellt. Insofern sagt Feuerbach mit Recht, der Ursprung, ja, das eigentliche Wesen der

Religion sei der Wunsch. Hätte der Mensch keine Wünsche, so hätte er auch keine Götter, was der Mensch sein möchte, aber nicht sei, dazu mache er seinen Gott; was er haben möchte, aber sich nicht selbst zu schaffen wisse, das solle sein Gott ihm schaffen. Es ist also nicht allein die Abhängigkeit, in der er sich vorfindet, sondern zugleich das Bedürfnis, gegen sie zu reagieren, sich ihr gegenüber auch wieder in Freiheit zu setzen, woraus dem Menschen die Religion entspringt. Die bloße, und zwar schlechthinige Abhängigkeit würde ihn erdrücken, vernichten, er muß sich dagegen wehren, muß unter dem Drucke, der auf ihm lastet, Luft und Spielraum zu gewinnen suchen."

Den reizendsten, anmutigsten und psychologisch interessantesten Freundschaftsbund schloß Ludwig Feuerbach am Abend seines Lebens mit einem schlichten Manne aus dem Volke, dem schon genannten Schankwirt und Naturphilosophen **Konrad Deubler** im Dorfe Goisern nächst Ischl, Oberösterreich, und dieses philosophisch-menschliche Idyll ist so interessant, daß eine eingehendere Schilderung desselben wünschenswert erscheint.[1])

Im September 1862 war im stillen Asyl Feuerbachs auf Rechenberg bei Nürnberg ein Mann aus den unteren Schichten der menschlichen Gesellschaft, namens Konrad Deubler, eingekehrt, von dem mächtigen Drang getrieben, den von ihm vergötterten Altmeister der deutschen Philosophie persönlich kennen zu lernen. Er traf ihn nicht zu Hause, aber die Gattin und die Tochter des Philosophen nahmen den einfachen Naturmenschen mit großem Wohlwollen auf. Dieser wollte auf seiner Rückreise von Dresden, die er durch Thüringen aus machte, noch einmal in Rechenberg einkehren, aber er hatte dazu weder Zeit noch Geld und mußte sich damit begnügen, Feuerbach nur im Porträt, das ihm Eleonore verehrt hatte, zu betrachten. Im Oktober des

---

[1]) Vgl. auch Ludwig Feuerbachs Briefwechsel und Nachlaß, Bd. II, S. 215 ff.

genannten Jahres schrieb ihm Konrad Deubler, die Bitte aussprechend, ihm das demnächst erscheinende Buch Feuerbachs, das ihm Eleonore versprochen, ja gewiß zu schicken, wobei er über sein Leben, sein Denken und seine literarischen Neigungen die folgende „Konfession" machte: „Meine Bücher, worunter Ihr Werk, Wesen des Christentums", wurden mir im Jahre 1853 alle konfisziert; seit vier Jahren habe ich mir Vogt, Ule, Moleschott, Buckle's Geschichte der englischen Zivilisation angeschafft. Diese Lektüre hat meinen Gaumen ganz verwöhnt. Besonders hat Buckle auf mich einen großen Eindruck gemacht; schade, daß der Tod ihn an der Ausführung und Vollendung dieses großen Werkes verhindert hat! Wie wäre es, wenn Sie es fortsetzten oder wenigstens eine Geschichte Deutschlands in diesem Sinne schrieben? Der Geist, der all diese Schriften durchweht, diesem habe ich es zu verdanken, daß ich gesund und zufrieden meine zwei Jahre Kerkerhaft in Brünn ertragen habe und selbst meine Verbannung in Olmütz, weit von meinen heimatlichen Bergen, von Weib und Kind, ertragen habe. Ich habe Zeit genug gehabt, über die wichtigsten Wahrheiten des Lebens nachzudenken, ich habe die Schattenseiten des Lebens kennen gelernt und kann mit gutem Gewissen die Wahrheit unterschreiben, die Sie, großer Mann, einmal ausgesprochen haben, ‚daß noch nie eine Wahrheit mit Dekorationen auf die Welt gekommen, nie im Glanze eines Thrones, sondern stets im Dunkel der Verborgenheit unter Tränen und Seufzern geboren worden ist, daß noch nie die Hochgestellten, daß stets nur die Tiefgestellten von den Wogen der Weltgeschichte ergriffen werden'. Im selben Brief spricht Konrad Deubler den Wunsch aus, Feuerbach möchte ihm einmal die Ehre und Freude bereiten, ihn im Dorfe Goisern, wo man die herrlichsten Bergpartien machen könne, aufzusuchen.

Der menschenfreundliche, freiheitlich gesinnte und für das Fühlen und Denken des Volkes so empfängliche Feuerbach fühlte sich gleich von vornherein zu Konrad Deubler hingezogen, und zwischen beiden entwickelte sich ein hochinteressanter Briefwechsel, der bis ans Lebensende des Philosophen anhielt. Auch dieser spricht die Hoffnung aus, daß es ihm vergönnt sein werde, mit dem Schankwirt und Dorfphilosophen einen Händedruck persönlicher Freundschaft auszutauschen; doch mußte Deubler lange warten, bis der Weltweise von Rechenberg bei ihm vorsprach, obschon der erstere den Aufenthalt bei ihm in den schönsten Farben ausmalte. So schrieb er ihm am 15. Februar 1865: „Ich habe mir vergangenes Jahr noch ein kleines Gütchen gekauft, Es steht auf einem Hügel mit der prachtvollsten Aussicht über das ganze Obersalzkammergut, man sieht auf den Hallstätter See, auf den Dachstein mit seinen ewigen Eisfeldern. Wenn Sie (wie Sie mir versprochen haben) doch einmal in unsere Berge kommen sollten, so müßten Sie da oben Sommerfrische halten! Ich würde mich vor Freude nicht lassen können, wenn ich da oben in meinem Schweizerhäuschen den größten Denker unseres Jahrhunderts beherbergen könnte! Sie und K. Vogt sind nun einmal meine Ideale — meine Heiligen. Ja, lieber, guter Feuerbach, sollten Zeit und Umstände Sie an einer Reise in unsere Gegend verhindern, so werde ich gewiß Sie nochmals in Ihrem Tuskulum in Rechenberg aufsuchen!"

Immer und immer vertröstete ihn Ludwig Feuerbach, indem er heiter-ironisch bemerkte, daß er einstweilen seine Reiselust in Gedanken befriedige und sich in der Phantasie in Deublers neuem Schweizerhäuschen an der prachtvollen Aussicht über das ganz obere Salzkammergut erquicke. Bald war es die auf Feuerbach lastende Arbeit, bald der Gedanke an den „österreichischen Jesuitenstaat, an die österreichische Paß- und Polizeischererei", die ihn verhinderten, die Reise nach Goisern zu unternehmen. Er habe, so meinte er, keine Lust zu Handlungen, deren Gelingen oder Mißlingen von der bloßen Willkür der Polizei abhänge. Und als im Juli 1866 der Entscheidungskrieg zwischen Österreich und Preußen zum Austrage kam, schrieb der damals süddeutsch gesinnte Feuerbach seinem Freunde: „Wer kann jetzt an eine Vergnügungsreise denken, vollends in das unglückliche, von einer so schrecklichen Niederlage betroffene Österreich? Wer hat jetzt überhaupt andere Gedanken, als sich auf die politischen Ereignisse und die Abscheu und Ingrimm erregenden Zustände Deutschlands beziehende? Wir sind plötzlich um ein ganzes Jahrhundert zurückversetzt, in die Zeit des Siebenjährigen Krieges, in die Zeit der Barbarei eines Bürger- oder Bruderkrieges. Es sind dieselben Fragen auf dem Tapete und auf dem Schlachtfelde, die damals nicht gelöst, sondern nur abgebrochen wurden, vielleicht auch diesmal nicht gelöst, sondern nur um ein Stück weiter ihrer endlichen, der Zukunft aufbehaltenen Lösung entgegengeführt werden. Es ist dieselbe überraschende und vordringende Kühnheit und Neuheit einerseits, derselbe Schlenderin, dieselbe Misere und Zerfahrenheit andererseits, wie damals in der Reichsarmee lächerlichschändlichen Andenkens. Wer kann jetzt an sein Vergnügen denken, wo Tausende seiner Mitmenschen elendiglich um ihr Leben oder ihre Glieder kommen! Wenn ich aber die Hoffnung aufgebe, Sie noch dieses Jahr zu sehen, so gebe ich damit nicht die Hoffnung auf, Sie doch noch einmal zu besuchen. Freilich bin ich schon so alt, daß meine Anweisungen auf die Zukunft keinen großen Kredit verdienen, aber doch noch gesund und rüstig — nicht nur zum Federhandwerke, sondern auch zum Fußwerke, zum Reisen."

Da Mohammed nicht zum Berge kommen wollte, kam der Berg zu Mohammed, d. h. Deubler wiederholte seinen ersten vor vier Jahren gemachten Besuch im Hause Feuerbachs, und zwar im Oktober 1866. Dort lernten sich die beiden Philosophen nunmehr persönlich kennen und fanden ein solches Gefallen aneinander, daß sie Duzbruderschaft schlossen. Der Bauernphilosoph war von der ihm gewordenen gastlichen Aufnahme so entzückt, daß er keine

Worte finden konnte, um seinen Dank für all die schönen Stunden, die er dort verlebt hatte, auszusprechen. Er zitiert das Wort in Goethes „Faust" vor dem Augenblick, dem man zurufen möchte: „Verweile noch, du bist so schön"; der Mensch brauche aber auch von Zeit zu Zeit eine solche Erfrischung und Stärkung, um nicht in dem Schlamme des alltäglichen Lebens unterzugehen.

Endlich im Herbst 1867 raffte sich Feuerbach zu einer Fahrt nach Goisern, die er mit seiner Tochter unternahm, auf, und das Gebirgsdorf, seine schlichten ländlichen Bewohner, sowie deren Treuherzigkeit, vor allem aber sein Gastgeber, der Schankwirt Deubler, gefielen ihm unendlich. In dem Dankbriefe, den er seinem Konrad am 29. September 1867 schrieb, heißt es: „Der Glanzpunkt unserer Reise bleibt unser Aufenthalt in dem lieben Goisern, und die Erinnerung an die dort, namentlich in Deinem reizenden Alpenhäuschen, verlebten Tage wird nur mit meinem Erinnerungsvermögen verlöschen."

Nie verfehlte seitdem Eleonore Feuerbach dem Meister Konrad im Namen ihrer Eltern und in dem ihrigen zu seinem Geburtstage zu gratulieren — und dieser Beweis der Herzlichkeit und des Wohlwollens seitens des Feuerbachschen Hauses tat Deubler sehr wohl. Das letzte Schreiben, das Ludwig mit zitternder Hand an ihn sandte, datiert vom 26. März 1871. Feuerbach war damals schon körperlich sehr hinfällig und geistig gleichfalls nicht mehr auf der Höhe. In dieser Zuschrift schildert er dem Freunde seinen traurigen physischen Zustand. Konnte aber auch Feuerbach nicht selbst schreiben, so gab doch von Zeit zu Zeit Frau Bertha oder Fräulein Eleonore dem „lieben Herrn Deubler" Bericht von dem Befinden des Kranken. Aus einem Briefe der Gattin Feuerbachs vom 24. Januar 1872 erfahren wir, daß dieser bereits damals durch die gänzliche Lähmung seiner geistigen Organe sich nicht mehr beschäftigen konnte. Sein am 13. September erfolgtes Ableben erschütterte Deubler aufs tiefste.

Eine große Freude wurde dem einfachen Manne aus dem Volke zuteil, als ihm Eleonore die Büste ihres Vaters von Schreitmüller zum Andenken schenkte. In pietätvoller Erinnerung an den Denker, dessen geistbelebenden Ideen er es zu verdanken hatte, daß schwere Kerkerstrafen und sonstige Schicksalsschläge ihn aufrecht erhielten, ließ er ihm an jenem Platz, wo Feuerbach während seines Aufenthalts in Goisern am liebsten weilte, eine Tafel anbringen mit der Inschrift: „Den Manen des großen Denkers L. Feuerbach geweiht"; ebenso errichtete er ihm in Form der Tellskapelle einen Tempel, wo die Büste des Verewigten aufgestellt wurde.

Wie mit Emma Herwegh, so war Ludwig Feuerbach auch mit ihrem Gatten, den bekannten schwäbischen Freiheitsdichter, der „eisernen Lerche", Georg Herwegh, bekannt und befreundet, besonders zu jener Zeit, als der kühne Lyriker in der Dichtung dieselben freisinnigen Grundsätze verkündete wie Feuerbach in der Philosophie.

Sprechen wir zuvörderst von einer sehr interessanten und auch des Humors nicht entbehrenden Begegnung zwischen dem Denker und dem Dichter im Jahre 1845. Von derselben erzählt Karl August Mayer in der „Gegenwart":[1])

„Es war am 24. Juli 1845, als H.[2]), Professor der Physiologie und Anatomie in Heidelberg, den gerade in der badischen Universitätsstadt weilenden Verfasser auf den Abend zu einem Spaziergange auf das dortige Schloß einlud. Mayer hatte zu jener Zeit seinen Wohnsitz in der kleinen Residenz Oldenburg, wo unter Adolf Stahr, damals Konrektor am dortigen Gymnasium, und Julius Mosen, der das Jahr zuvor als Dramaturg an die großherzogliche Bühne berufen worden war, ein für die engen Verhältnisse nicht unbedeutendes literarisches Leben herrschte.

---

[1]) Berlin, 27. März 1880, Nr. 13, S. 196 ff.
[2]) Gemeint ist Professor Henle.

Die Sommerferien hatten ihm einen Ausflug nach der Musenstadt am unteren Neckar gestattet, wo er Bergluft atmen und liebe Verwandte besuchen wollte. Er war um so begieriger auf den Gang nach dem Schlosse, als Professor H. ihm geschrieben hatte, er würde Gelegenheit haben, zwei merkwürdige Männer kennen zu lernen. In den Leseräumen des Heidelberger Museums sollte er mit ihm zusammentreffen. In dem Vorzimmer derselben stellte er ihm einen jungen Mann vor, dessen Erscheinung ihm auf den ersten Blick auffiel, auch ohne den Namen, der ihm genannt wurde. Er war von mittelgroßer, schlanker Gestalt — schmales Oval, fein modellierte, sanft gebogene Nase, dunkelbraune Augen in einem todblassen Gesicht, dunkles, schon damals spärliches Haupthaar und ein Bart à la jeune France, wie er zurzeit noch selten in Deutschland gesehen wurde —, ein nicht nur schöner, sondern auch interessanter Kopf, etwa wie aus einem Roman von Balzac oder Dumas herausgeschnitten; denn einen deutschen Eindruck machte der damals 28 jährige Schwabe Georg Herwegh keineswegs — und wollte ihn auch gar nicht machen. Was eine gütige Natur als Rohmaterial geliefert hatte, war durch den Pariser Schliff zum Kunststück gediehen, und er hatte um so mehr Gelegenheit, ein Meisterwerk des Pariser Schneiders zu bewundern, da der Dichter, wahrscheinlich von einem Festmahl kommend, im Gesellschaftsanzug erschien.

Ich übergehe die Mitteilungen Mayers über Herwegh selbst und führe nur an, was der Verfasser über das Zusammentreffen und das gesellige Beisammensein zwischen dem Lyriker und dem Denker erzählt.

Karl August Mayer, Professor H. und Georg Herwegh begaben sich nach dem Pavillon, dem verabredeten Stelldichein mit Ludwig Feuerbach. „Hofrat P.",[1]) so erzählt der Verfasser, „damals

---

[1]) Hofrat Prof. Pfeufer.

Direktor der Heidelberger Klinik und, gleich H., ein Licht in der Wissenschaft, saß bereits, uns erwartend, in einem Gartensessel, den er vollständig, wie der Pfropf den Hals der Flasche, mit seiner breiten Figur ausfüllte. Er hatte sich ein großes Tellertuch hinter die Weste gestopft, um die ansehnlichen Provinzen seines Leibes vor etwaiger Biertaufe und Speiseabfällen zu schützen.

„Aber wo bleibt denn Feuerbach?" fragte Herwegh.

„Er muß in der Minute zurück sein," gab der Patholog in gutem Baß zur Antwort.

Professor H. und ich nahmen Rinderbraten und Bier, Herwegh, nachdem er Einsicht von unseren Gerichten genommen, die gleiche Schüssel mit Bordeaux. Als der Kellner, der uns beiden aufgetragen hatte, kam, um auch Herweghs nachträgliche Bestellung zu empfangen, sagte dieser: „Ich will dich nicht. Schick' mir den Johann, der soll mich bedienen. — Das ist so ein rechter Urschwabe, der Johann, wirklich ein herzerfreuender Urschwabe," setzte er sich gegen uns wendend, hinzu.

Bald kam auch der Bursche, verlegen bei Herweghs Anblick schmunzelnd, hinzu, indem er seine Beine wie zwei Stelzen unbeholfen vor sich hersetzte.

„Schenk' ein, Johann," sagte der französierte Dichter, „aber gieße mir nichts auf die Beine!"

Und er folgte ihm mit den Augen, wie er, die Flasche zwischen die Knie geklemmt, den Kork auszog und das Glas füllte, in offenbarer Schadenfreude über die Ungeschicklichkeit des Jungen.

Jetzt erschien ein mittelgroßer, ziemlich untersetzter, etwas sommersprossiger, blonder Mann mit überhangendem hellen Schnurrbart in grauer Joppe, den Spitzhut eingedrückt. Man hätte ihn für einen Förster oder besseren Feldschützen halten mögen, und in der Tat stand derselbe als eifriger Jagdgänger und Fußwanderer mit Wald und Flur auf vertrautestem Fuße.

Professor H. stellte uns einander vor: es war Ludwig Feuerbach, der radikale Philosoph, damals 41 Jahre alt.

Schweigsam und, wie es schien, nicht sehr wohlgelaunt saß der teutonisch-urwüchsige Denker neben dem aus dem Modejournal gesprungenen Dichter, dessen feiner, brauner, mit goldschimmernden Knöpfen besetzter Frack seltsam von dem rauhborstigen Lodenrock des Philosophen abstach. Man konnte an Diogenes und Alcibiades denken.

Als Feuerbach in rauhem Ton Bier und Entenbraten bestellte, sagte Hofrat P. in seiner behaglich-humoristischen Weise: „Wenn ich dir raten soll, Feuerbach, so nimm etwas anderes! Ich habe die bessere Hälfte einer herzlich zähen Ente erhalten; Dir wird ohne Zweifel die schlechtere Hälfte zufallen."

„Es ist ja nichts Vernünftiges hier zu haben," murrte der Philosoph. „Ente! Ente!" wiederholte er gegen den in einiger Entfernung harrenden Kellner.

„Ich habe das meinige getan, um dich vor einem verwegenen Schritt abzuhalten," sagte der Hofrat in feierlicher Weise. „Was nun kommen mag, ich fühle mich rein von Schuld."

„Feuerbach erfreut sich eines vollständigen kräftigen Gebisses mit besonders stark ausgebildeten Weisheitszähnen", hub Herwegh an. „Er wird die Ente zermalmen können. Ob auch verdauen, ist freilich eine andre Frage."

„Es liegt im Charakter der negativen, destruktiven Philosophie, für welche die Religion nur ein Traum des Menschengeistes ist, auch praktische Fragen, wie die des Entenbratens, zu verneinen," meinte H.

Das Komische war, daß Feuerbach sich über diese Neckereien ärgerte und nicht Scherz mit Scherz zu vergelten wußte. Als nun die bestellte Schüssel kam, und der Kellner dienstbeflissen bemerkte: „Sie können von Glück sagen, mein Herr: Sie bekommen das letzte Stück Ente, das noch übrig war; es ist von des Herrn Hofrats seiner," erhob sich ein homerisches Gelächter, zumal der Braten wirklich von kläglicher Beschaffenheit war.

„Nun ich das Gericht sehe," sagte Professor H., „behaupte ich, daß es gar keine Ente ist, sondern irgendein Lurch oder anderes Naturscheusal, das als Ente appretiert ist. Dort geht ja B., unser Zoolog. Soll ich ihn rufen, daß er die Bestie bestimme?"

Indessen schnitt Feuerbach grimmig an seinem Braten herum und suchte, was der Gabel nicht gelang, mit scharfen Zähnen zu bewältigen. „Elende Wirtschaft! Auch das Bier ist schlecht!" rief er und schlug mit der Faust auf den Tisch. Erst nachdem er einen feinen Glimmstengel aus der Zigarrentasche des Hofrats gezogen und gekostet hatte, begann seine Stirn sich etwas zu entwölken.

Ich war über Feuerbachs unwirsches, wortkarges Wesen verwundert. H. sagte mir später, daß dies seine Art sei, daß aber die rauhe Schale das ehrlichste, treueste Herz in sich schließe.

An dem oberen Ende unseres langes Tisches saß ein fremder Diplomat außer Diensten, der sich vorübergehend in Heidelberg aufhielt, ein geistreicher Mann, der mit hervorragenden aristokratischen und demokratischen Personen der Musenstadt verkehrte und auch mit Herwegh und Feuerbach angeknüpft hatte. Jetzt aber befand er sich an der Seite eines jungen Mannes aus der hohen Aristokratie und schien die zwei Freigeister am unteren Ende gar nicht zu bemerken.

„Ich will dem Wackelmann da oben einen Possen spielen," sagte Herwegh und winkte den schwäbischen Kellner heran: „Johann, geh' zu dem alten Herrn mit der weißen Halsbinde und dem Bande im Knopfloch dort und bestelle einen Gruß von Feuerbach und Herwegh. Hörst Du? von Feuerbach und Herwegh."

Der Kellner mußte die Namen wiederholen, bis sie ihm geläufig waren, und richtete dann seine Botschaft mit überlauter

Stimme aus. Der Diplomat nickte notgedrungen den Grüßenden verdrießlich zu; der vornehme Nachbar empfahl sich bald, und auch der Mann mit der weißen Halsbinde suchte das Weite.

„Eh bien!" sagte Herwegh zu Feuerbach bedeutsam. „Siehst Du, das ätzt wie Scheidewasser!"

„Ich rede mit dem Kerl kein Wort mehr," erwiderte dieser.

Allmählich leerte sich der Tisch bis auf uns Fünf. Es wurden Windlichter gebracht, da es zu dunkeln begann. Die Zigarren dampften; von Zeit zu Zeit füllte Johann die Gläser, wobei er jedesmal von Herwegh gehänselt wurde.

Die Rede kam wieder auf die deutsche Nation, der sich jedesmal der schwäbische Poet mit einem Wir, d. h. die Franzosen und er, entgegenstellte. Feuerbach war ebenso schlimm auf unser Volk zu sprechen; nur hatten seine Angriffe nicht das Höhnische. Es lag mehr Gutmütigkeit in seinem Groll, wie er denn überhaupt den Eindruck der Biederkeit machte. Dabei mußte es mir auffallen, daß alles, was er in seiner leidenschaftlichen Weise sagte, stoßweise und unbeholfen zutage kam, während doch seine Schriften die schwierigsten Materien in merkwürdig klarer, leicht verständlicher Weise vortragen. Jetzt war es mir auch erklärlich, warum er als junger Privatdozent in Erlangen so wenig Erfolg gehabt hatte.

Die beiden Heidelberger Professoren und ich führten die Sache des Vaterlandes den zwei Apostaten gegenüber, und da von ihrer Seite mehrjährige Verbitterung, von unserer gekränktes Nationalgefühl mitsprach, fielen mitunter scharfe Hiebe. Die Behauptung Herweghs, daß die Deutschen ein zu jeder nationalen Entwicklung unfähiges, hoffnungsloses Volk seien, wurde als einseitiges, ungerechtes und liebloses Urteil bezeichnet. Ich sprach meine innerste Überzeugung dahin aus, daß unser Volk noch einer schönen, großen Zukunft entgegengehe; dazu berechtige dessen gediegener Charakter und der Gang seiner Geschichte, der eine zentripedale Richtung, statt der zentrifugalen früherer Zeiten nachweise. Ich stellte den Satz auf, den ich später als einen Grundgedanken in meiner deutschen Geschichte für das deutsche Volk durchzuführen versucht habe, daß die Entwicklung unseres Volkes — im Gegensatze zu der der Romanen — von innen nach außen gehe; daß der denkgewaltige Deutsche langsamer, aber fester baue.

„Leere Hoffnungen, in denen sich der deutsche Michel, die Hände in den Hosentaschen, wiegt!" rief Herwegh.

„Nicht so leer, sls Sie glauben mögen. Freilich, wer die Hoffnung allzu hoch spannt, fällt, wenn seine Träume nicht in Erfüllung gehen, schnell in Hoffnungslosigkeit. Vergleichen Sie unser Volk von heute mit dem, was es vor wenigen Jahren war! Deutschland liegt offenbar in Wehen, die wachsend und abnehmend und wieder wachsend vorrücken, bis eine kräftige Geburt erfolgt."

„Pah, es sind nur Vapeurs, nichts weiter! Ich sehe von seiten der Regierenden nur Rückschritte, von seiten des Volkes keine realen Fortschritte."

„Haben nicht die Fürsten den Absolutismus vergangener Jahrhunderte abgeworfen und angefangen, dem Rufe nach Verfassungen Gehör zu geben? Wird sie der immer mächtiger andringende Volksgeist, der sich nicht nur in dem Geschrei der Demokraten, sondern auch in Schrift, Wort und Tat der Maßvollen, ehrlich Konstitutionellen ausspricht, zu weiteren Zugeständnissen nötigen? Nicht sie allein, die mit den Gaben der Freiheit zögern, sondern auch die Heißsporne, die alles überstürzen, haben Opfer zu bringen."

„Das ist das Sirenenland der Reaktion. Ich wiederhole Ihnen: die Deutschen sind und bleiben politisch impotent, ja überhaupt impotent; denn das politische Leben einer Nation verdient allein ihr Leben zu heißen. Da schauen sie die Franzosen an! Die haben die Revolution gemacht, par exemple! Können Sie eine Tat des deutschen Volkes der Revolution an die Seite stellen?"

„O ja, die Reformation. Das ist ja die Entwicklung von innen nach außen, auf die ich gedeutet habe. Zwiespalt des Glaubens, furchtbar aufreibende Religionskriege, Befestigung der Kleinstaaterei heißen die Übel, die daraus erwachsen sind und die uns an den Rand des Verderbens geschleudert haben; aber gerettet ist die Freiheit des Gedankens, die wir uns vor allen Völkern dieser Erde bewahrt haben, und die uns auch weiter führen wird zum hohen Ziele."

„Ach, gehen Sie mir mit Ihrer Freiheit im Wolkenkuckucksheim! Die deutsche Reformation war nur eine Halbheit. In der Revolution haben die Franzosen gründlich Reformation gemacht, indem sie das Pfaffentum über Bord warfen.

„Um sich dann wieder unter Rom zu ducken."

Hier griff Feuerbach in das Gespräch ein; er bezeichnete die Reformation als eine große Geistestat, als eine geschichtliche Wendung von unermeßlicher Wichtigkeit und zollte namentlich Luther die größte Anerkennung. Herwegh dagegen, dem das rauhe Wesen des Wittenberger Helden widerwärtig war, erhob heftige Einsprache, und wir hatten das Vergnügen, zu sehen, wie die beiden Radikalen sich heftig befehdeten.

Weiter rollend berührte dann das Gespräch die neuesten Entwicklungen der evangelischen und der katholischen Kirche. Seit einigen Jahren hatten die Lichtfreunde und die freien Gemeinden im Kampfe gegen die protestantische Orthodoxie einigen Boden gewonnen, und im letzten Jahre waren auch die Deutschkatholiken, nach der Ausstellung des Trierer Rockes, hervorgetreten. Auf die letzteren setzte man damals weit größere Hoffnungen, als sie zu erfüllen imstande waren, und Gervinus tauchte nun schon bald den Kiel ein, um seine Mission der Deutschkatholiken zu schreiben. Wir drei Gemäßigten äußerten uns günstig über jene Bewegungen; Herwegh dagegen rief: „Schläge ins Wasser, nichts weiter! Das erhitzt aber die Köpfe der guten Deutschen; unterdessen verkrüppeln aber ihre politischen Zustände immer weiter."

Der heitere P., der sich bisher wenig in den Streit gemischt und hauptsächlich den lächelnden Zuhörer gemacht hatte, ergriff jetzt das Wort und sagte:

„Was wollt Ihr, Ihr Herren? Laßt uns Deutsche ungeschoren, wenn Ihr keine Deutschen sein, d. h. in der Luft hängen wollt! Ihr habt Eure Zeit gehabt, das leugnen wir nicht. Ihr habt unmittelbar und mittelbar eine mächtige Wirkung auf unsere Nation geübt; Ihr seid ein guter Sauerteig gewesen zu der Gärung, die wir brauchen, um weiter zu kommen. Dafür nehmt" — er zog dabei sein Strohhütchen —, „unsern Dank! Aber Ihr seid teils zu weit, teils auf falscher Fährte gegangen und lamentiert nun mit Unrecht, daß man Euren Siebenmeilenstiefeln nicht nachgekommen ist. So habt Ihr Eure Wirksamkeit verloren. Dies fühlend seid Ihr verbittert, schimpft und tut, als ob Ihr unsre Feinde wäret, da Ihr doch im Grunde Eures Herzens noch gut deutsch seid."

„Daran ist etwas Wahres", sagte der ehrliche Feuerbach. „Deutschland", setzte er nach einer Weile hinzu, „hat mich ausgestoßen; ich sitze fernab von der Welt, wie die Eule im hohlen Baum, oder noch besser gesagt: ich bin lebendig begraben!"

Dabei stützte er den linken Arm in die rechte Hand und sah düster vor sich hin.

„Dennoch bist du ein Kerl, wie nicht gar viele herumlaufen," fuhr der Hofrat fort, „ein edler Schwärmer und Idealist. Komm her, alter Freund, und stoße mit mir an!"

Es war beinahe elf geworden. Wir ließen uns von Johann die Schloßtreppe hinableuchten, als die sogenannte Lumpenglocke, die damals noch läutete, aus der Stadt zu uns heraufklang.

„Feuerbach," sagte Herwegh, „wenn wir auch alle anderen Glocken abschaffen, die da müssen wir bestehen lassen."

„Auch diese nicht", erwiderte der Philosoph. „Aber wenn auch alle Lumpenglocken vernichtet werden, die Lumpen werden bleiben: nur wird ihr Begriff in einen anderen umschlagen. Mancher, der jetzt ein Lump heißt, wird zu Ehren kommen, und mancher, der jetzt in Staat und Kirche oben schwimmt, mit Sternen, Kreuzen und Bändern behangen, wird sich als eigentlich begriffsmäßiger moralischer Lump dokumentieren."

„Dazu gebe Gott seinen Segen!" sagte Herwegh.

Den folgenden Sommer kamen Feuerbach und Georg und Emma Herwegh in Freiburg zusammen und unternahmen dann eine längere Schwarzwaldtour.

Die Beziehungen zwischen ihnen wurden bereits 1842 angeknüpft. Damals sollte als Ersatz für die mittlerweile eingegangenen „Halleschen Jahrbücher" in Zürich eine Zeitschrift von gleicher Tendenz, von Georg Herwegh geleitet, erscheinen, und dieser lud den Philosophen zur Mitarbeiterschaft ein. Feuerbach antwortete zustimmend, aber nur bedingungsweise. Er schrieb ihm nämlich u. a.:

„Es freut mich, daß Sie mir Gelegenheit geben, Ihnen, ritterlicher Freiheitssänger, meine innige Verehrung auszusprechen.... Ob ich gleich der Zersplitterung usw. in Zeitungen nicht hold bin, so billige ich doch Ihr Unternehmen insofern gänzlich, als Sie der unbeschränkten Freiheit einen Platz öffnen wollen. Nur dürfte zu diesem Zwecke ein wöchentliches Journal weniger sich eignen als ein monatliches oder vierteljähriges, und zwar nicht nur aus äußeren, sondern auch inneren Gründen; aus äußeren, weil ein wöchentliches Journal zu vielen Schikanen ausgesetzt sein würde, aus inneren, weil man mit einem in größeren Fristen erscheinenden Blatte mehr Auswahl, mehr Ruhe, Umsicht und Reiz verbinden kann. Ein tägliches Journal erinnert zu sehr an das tägliche Brot. Indes spreche ich hiermit nur die Meinung eines Einsiedlers aus. Es hat auch seinen großen Reiz und Nutzen, Tag für Tag ins Leben einzugreifen. Ich selbst hätte nichts dagegen, wenn ich jeden Tag meinen oder einen Mann zum Treffen stellen könnte. Doch Sie werden schon selbst die besten und erfolgreichsten Mittel ergreifen oder haben wenigstens Freunde an der Seite, die Ihnen hierin besser als ich mit Rat und Tat beistehen werden. Meine aktive Teilnahme sage ich Ihnen zu, muß Ihnen aber sogleich bemerken, daß ich zu den Autoren gehöre, welche, wenn sie zwar einmal die Feder ergreifen, sie rasch führen, aber schwer drankommen, ja, periodenweise eine wahre Antipathie gegen das Federhandwerk haben; zu den Autoren, welche, während sie mit größter Freiheit und Klarheit des Kopfes arbeiten, doch zugleich pathologisch affiziert werden — leiden, und eben deswegen, wenn sie einmal einen Gegenstand aufs Korn gefaßt haben, ganz für ihn leben, denken und empfinden, für alles andere taub und blind. Ich sage daher meine Teilnahme zu jedem, wenn auch an sich noch so erfreulichem Unternehmen dieser Art nur schwer zu, hauptsächlich auch deswegen, weil es nicht meine Sache, leere Versprechen zu machen, sondern halte, was ich verspreche. Aber stets sage ich auch nur zu unter dem Vorbehalte meiner unbeschränkten Freiheit, meiner nun einmal so beschaffenen, nicht mehr zu ändernden Natur."[1])

Wenn auch das Unternehmen an der Ungunst der damaligen trübseligen politischen Verhältnisse scheiterte und dadurch die Mitarbeiterschaft Feuerbachs illusorisch wurde, so blieben doch die beiden Männer seitdem in engem freundschaftlichem brieflichem Verkehr. Sie duzten sich später, und der Philosoph schrieb dem Dichter und seiner Gattin die reizendsten und gemütvollsten Briefe. Aus der Fülle der Zuschriften sei hier die aus Bruck-

---

[1]) Ausgewählte Briefe usw., Bd. II, S. 110ff.

berg, 25. November 1845, wiedergegeben, worin Feuerbach seinem Freunde für die Einladung nach Paris mit den Worten dankt:[1])
„Du siehst aus den Zeilen an Deine Frau, was ich für ein gebundener Mann bin, was für ein schönes Geschäft ich mir auf den Hals geladen habe. Während Du auf den immergrünen, blumenreichen Auen der Naturwissenschaft wandelst, muß ich mich im Bücherstaub meiner eigenen Vergangenheit begraben. O seliger Augenblick, wenn ich im Quell der Naturanschauung diesen Staub von mir abwaschen kann! Und doch darf ich ihn nicht ungeduldig beschleunigen. Das ist ja eben die Aufgabe der Germanen im Unterschiede von den nur auf das Ponderable versessenen Franzosen, die Imponderabilien der Geschichte zu behandeln, das eben das Unglück der Franzosen, daß sie die Konsequenzen ziehen ehe sie reif sind. Und dieser Aufgabe der Germanen will ich auf meinem Territorium treu bleiben: nicht eher ruhen, als bis kein guter Fetzen an meinem Gegenstande ist.

So bin ich eben damit beschäftigt, die Lücken meiner antichristlichen Schriften .... mit natürlichen Materialien auszufüllen, insbesondere die Schlupfwinkel, in die sich auf dem Gebiete der Natur die Klapperschlange der Theologie zu verstecken pflegt, durchzustöbern und zu verstopfen. Ich kann den Bücherstaub meiner Vergangenheit nicht auf- und zusammenräumen, ohne ihn zugleich zum Boden für neue Erzeugnisse zu verwenden. Leider ist meine Feder keine perennierende, sondern intermittierende Quelle. Meine Gedanken keimen, wachsen und reifen wie die Früchte auf dem Felde und wie die Kinder im Mutterleibe. Es geht daher sehr langsam voran. Doch ich tröste mich, wenn ich mit anderen mich vergleiche, die so viel und leicht denken und schreiben, damit, daß auch in der Natur die Zeugungsquelle kein laufendes Wasser ist.

---

[1]) a. a. O., Bd. II, S. 150 ff.

Das erste, was ich nach der Rückkehr von Heidelberg vornahm, waren meine Xenien. Ihre Wiedergeburt hat zwar unzähligen das Leben gekostet, aber sie ist mir, ich glaube, selbst metrisch gelungen. So oft ich es versucht hatte, nie kam ich mehr in diesen Xenienton hinein. Ich glaube daher, daß ich nur in Deiner Atmosphäre diesen poetischen Duft bekommen habe. Ich bedaure nur, daß ich keines Deiner herrlichen in Heidelberg mitgeteilten Gedichte — mit Ausnahme natürlich ihrer Gedanken — weder im Kopfe noch auf dem Papier mit nach Hause brachte. Wirst Du sie nicht drucken lassen? Nach dem, was Deine liebe Frau schreibt, scheinst Du keine Lust dazu zu haben. Ich verdenke es Dir nicht, ich will Dir auch nicht zureden; aber auch mir kannst Du es nicht verargen, wenn ich es bedaure, daß der Donnerschlag, den Du im Welckerschen Hause verursacht hast, nicht der gesamten deutschen Philisterwelt zu Ohren und zu Gemüte dringen soll.

Wie gerne lustwandelte ich mit Dir in Paris, namentlich auf dem Gebiete der Naturwissenschaften! Was könnte ich dort sehen und lernen! Wie wohltätig wäre mir dieser Reichtum an Anschauung! Aber es geht halt nicht. So verdirbt uns die himmlische Theologie selbst in ihrem Todeskampfe die irdischen Freuden. Doch im Laufe des nächsten Jahres sehe ich, wenn auch nicht in Paris, doch Dich, und die Anthropologie ist ja doch die Krone der Naturwissenschaften."

Seinen freundschaftlichen Empfindungen für den großen Denker hat auch der Dichter einen poetischen Ausdruck gegeben. Ich nenne hier nur seine Apostrophe an Ludwig Feuerbach[1]), also lautend:

Durch Himmel und durch Hölle Deinen Gang
Hast Du gemacht wie jener große Dante,
Von göttlicher Komödie sprach man lang,
Bis sie als menschliche Dein Blick erkannte.

---
[1]) Georg Herwegh, „Neue Gedichte", Zürich 1877.

Wie innig, treu und langdauernd die Gefühle und Empfindungen waren, die diese drei genialen Menschen für einander hegten, das tritt besonders klar aus dem im Januar-, Februar-, März- und April-Heft 1909 der Berliner Monatsschrift „Nord und Süd" von Marcel Herwegh — dem Sohne Georg Herweghs — und Viktor Fleury veröffentlichten Briefwechsel Georg und Emma Herweghs mit Ludwig Feuerbach zutage.

Da diese Korrespondenz nicht allein für die Lebens- und Weltanschauung, sondern zugleich auch für den wahrhaft antiken Charakter unseres Philosophen in hohem Grade bezeichnend ist, wollen wir auf diese hier eingehender zurückkommen.

Mit Recht sagen die Herausgeber in der Einleitung zu der so dankenswerten Veröffentlichung, daß der Einfluß der Gedankenwelt Ludwig Feuerbachs auf den Verfasser der „Gedichte eines Lebendigen" eine sehr tiefe gewesen sei. Und auch Feuerbach fühlte sich zu Herwegh mächtig hingezogen. Gleich nach der ersten persönlichen Begegnung mit ihm 1845 zu Heidelberg schrieb er an seine Bertha: Nichts Gemeines, nichts Unnobles sei in Herweghs Natur, er sei eine echt poetische Natur. Später lernte auch Emma Herwegh den Philosophen kennen und wurde mit ihm gleichfalls sehr befreundet.

Aus diesem Briefwechsel geht deutlich hervor, daß, wie wohl sich Feuerbach auch in der Einsamkeit seines Dorflebens befand, er doch manchmal gar zu sehr die Kulturbedürfnisse eines zivilisierten Menschen, speziell des Schriftstellers, vermißte. So beklagt er sich in einer Zuschrift aus dem Jahre 1846 darüber, daß in Bruckberg kein täglicher Verkehr mit der Welt stattfinde, so daß er Briefe erst dann bekomme, nachdem sie oft ein paar Tage schon auf der Post in Ansbach bestimmungslos lagen. Trotz alledem vermied er, soweit es nur ging, jede Gelegenheit, seine glückliche Verborgenheit mit dem gleißnerischen Schimmer der Öffentlichkeit zu vertauschen. Selbst dann, als die finanzielle

Katastrophe über Bruckberg hereinzubrechen drohte, klammerte er sich, soweit es nur irgendwie möglich war, an diese ihm seit Jahren so liebgewordene Stätte. Wie elend die Verbindungen zu jener Zeit nach jenem Nest waren, das ersieht man aus einer Zuschrift Feuerbachs an Emma Herwegh vom 2. Februar 1859, wo es u. a. heißt: „Ich heiße Dich willkommen, aber ich darf Dir nicht verschweigen die langweiligen, altväterischen Wege, die Dich an diesen abgelegenen Ort führen. Die Eisenbahnen brechen auf beiden Seiten, auf denen Du allein hierher gelangen kannst, 6 Stunden von hier ab, die übrige Strecke muß man im Omnibus und teils per pedes, was aber bei Dir nicht geht, oder im eigenen Fuhrwerk machen. Am besten ist, Du fährst auf die Augsburger oder Münchener Eisenbahn bis — nein — ich streiche es nach reiflicher Überlegung des pro und contra, bis Nürnberg, von da morgens um 7 Uhr mit dem Post-Omnibus nach Kloster Heilsbronn, von wo aus nur noch $1^1/_2$ Stunde hierher ist."

Ungemein wohl tat dem Dulder von Bruckberg die innige und zugleich tatkräftige Teilnahme des Herweghschen Ehepaares an dem traurigen Geschick, das ihn mit seiner Bruckberger Fabrik ereilte. Er dankte ihm wiederholt aufs herzlichste, doch resignierte er auf eine glücklichere finanzielle Zukunft. Nicht ohne Wehmut kann man seine Briefe aus dem Jahre 1859 an das Herweghsche Ehepaar lesen. So schreibt er einmal: „In welche Hände auch immer Bruckberg kommen mag, ich verliere mit dem Eigentum meiner Frau alle die Vorteile, die bisher für viele Nachteile und Entbehrungen, die mit einem Landaufenthalt verbunden sind, uns entschädigten, und es fragt sich daher sehr, ob ich später noch hier existieren mag, wenn ich es auch könnte. Die nächste Zukunft wünsche ich allerdings noch hier zuzubringen, so lange wenigstens, bis ich eine Schrift vom Stapel laufen lassen kann, aber diesem höchst bescheidenen Wunsche wird auch nichts entgegenstehen, das künftige Schicksal Bruckbergs sei, welches es wolle."

In dem Briefwechsel Georg und Emma Herweghs mit Ludwig Feuerbach spielt auch die Politik eine Rolle. Besonders Emma Herwegh, deren Gatte bekanntlich im Jahre 1848 an dem badischen Aufstand sich beteiligt hatte, politisierte gern. Anknüpfend an eine Broschüre Carl Vogts aus dem Jahre 1859 über die Stellung Deutschlands zu Österreich und zu dem damaligen Kriege, schimpft sie mächtig auf Österreich und äußert sich sympathisch über Napoleon. Diesmal widerspricht jedoch Feuerbach ihren und Vogts Ansichten. In einem Briefe vom 25. Mai 1859 spricht er sich mißbilligend über die „glimpfliche Behandlung des Louis Napoleon" aus.

Noch viel schärfer äußert er sich in einem Briefe vom 17. Juni des genannten Jahres. Er beklagt darin den Krieg, wo nur der Soldat etwas gelte, und wo vor der allgemeinen Not, Angst und Wut der Jammer und das Zetergeschrei verschwinde. Jetzt verzehre der Krieg oder, was noch schlimmer sei, die am Ende vergebliche Kriegsrüstung alle für edlere Menschen verwendbaren Gelder und Geister. „Der verruchte Napoleon — ich verteidige ihn auch gegen die nicht, die ihn früher in den Himmel erhoben und jetzt in den Kot treten, denn er ist nichts anderes als die personifizierte und konzentrierte Schande der europäischen Völker und Regierungen, aber gleichwohl ist es — apropos Vogt! — eine abscheuliche Blindheit oder Dummheit von diesem, wenn er auch nur als einen möglichen Fall annimmt, daß dieser Bösewicht die Sache der Nation, die italienische Unabhängigkeit, bezweckt. Er hat sich von Anfang an und bereits der Wirkung nach an die Stelle der italienischen Nation gesetzt, Italien zur Nebensache gemacht, Italien und die Teilnahme aus dem Gesichte der Menschheit verdrängt, Italien für immer befleckt. Welche monströse Verbindung! Napoleon und italienische Selbständigkeit! Ihr fleischliches Symbol ist die scheußlichste Verbindung des liederlichen Vetters mit der unbescholtenen, tugendhaften Clotilde.[1]) Was kann aus solchem

---

[1]) Gemeint ist die deutsche Gemahlin Jérôme Napoleons, Plon-Plons.

Bunde anderes entspringen als eine Miß- und Fehlgeburt? Doch genug von diesem Skandal und Elend."

Auch über den Friedensschluß im Jahre 1859 äußert sich Feuerbach in seiner offenen, freimütigen und der Drastik nicht entbehrenden Weise. Er tut dies in einer Zuschrift vom 29. Juli 1859. Dort lesen wir u. a.: „Ein Glück für Euch, daß jetzt der päpstliche pot de chambre des italienischen Friedensschlusses und Staatenbundes als umgekehrtes und zeitgemäß travestiertes lutherisches Tintenfaß nicht dem Teufel, sondern der Menschheit zu ewiger Schande in Euren Mauern sich seines sauberen Inhalts entledigt. Welch eine teuflische Pose! Wie lange wird der diabolische Taschenspieler auf dem Kaiserthron sein blutiges Menschenspiel noch ungestraft forttreiben? Doch mundus vult decipi! Sie ist getäuscht worden zum erstenmal in der Krim, sie hat sich jetzt zum zweitenmal in Italien täuschen und ·betrügen lassen und dennoch wird sie zum dritten- und dann vielleicht erst zum letztenmal sich für einen N........, den sie in ihrer erschreckten Phantasie für ein Sündflut drohendes Meeresbecken ansieht, um Geld und Blut bringen lassen."

Diese politischen Gegensätze riefen jedoch zwischen den Freunden keine Lockerung der gegenseitigen Beziehungen hervor, vielmehr war Feuerbach immer und immer bemüht, Beweise seiner Anhänglichkeit und treuen Gesinnung zu geben. So beeilte er sich, am Pfingstmontag Emma Herwegh als Andenken an ihren Besuch zu Bruckberg eine porzellanene Blumenvase aus seiner Studierstube zu senden. In dem Geleitbrief an sie bemerkte er: „Es hat mich schon längst gewurmt, daß Du von mir nichts weiter in Händen hast, als einen elenden Bleistift, der doch am allerwenigsten zu einem Erinnerungszeichen sich eignet, namentlich für ein weibliches Wesen, das nicht nur etwas in Händen, sondern auch in den Augen haben will. Unter allen Gegenständen meines Besitzes und meiner nächsten Umgebung fand ich aber kein für

Dich passenderes und sinnigeres Andenken als diese übrigens ganz einfache, unbemalte, auch nicht große, seit Jahren auf meinem Schreibtisch stehende, im Sommer mit Blumen, im Winter gewöhnlich mit immergrünen Blättern und Zweigen gefüllte Vase."

Wahrhaft erschütternd ist die Zuschrift, die er an Emma Herwegh richtete, als er sein bisheriges Tuskulum, an dem er mit allen Fasern seines Herzens und Gemüts hing, verlassen und infolge des Bankerotts der Fabrik ein neues Heim sich suchen mußte. Am 9. Oktober 1860 schreibt er ihr über diese neue und so traurige Phase seines Lebens:

„Dein Brief, den ich an Dich zur Beantwortung in die Hand nehme, stammt vom 23. Juni, und heute ist der 8. oder 9. Oktober. Welch eine Zeitkluft, welch eine Dissonanz! Aber was für eine Veränderung ist auch unterdes in meinem Leben vor sich gegangen? Ich bin aus meinem 24jährigen Exil exiliert worden, von jenem Rechte, welches bekanntlich das höchste Unrecht, vom Rechte des schmutzigsten Eigennutzes, aus meinem ländlichen Musentempel vertrieben worden. Unter dem Drucke eines solchen Schicksals hatte ich natürlich weder die Gemütsstimmung, noch Zeit und Raum zum Briefschreiben. Wochenlang war ich auf den Beinen, um ein passendes Quartier aufzusuchen, wochenlang beschäftigt nur mit der Sichtung der Unmasse der hinterlassenen, ihr ganzes Leben umfassenden Papiere meines Vaters und zweier verstorbenen Brüder, endlich wieder wochenlang beschäftigt mit der Sichtung, Aufschreibung und Einpackung meiner Bücher und Steine. Wie habe ich bei dieser Gelegenheit verflucht, was ich früher gesegnet, wie als Torheit und Übel empfunden, was ich früher, wo ich mein Leben, Denken und Wirken in der Bruckberger Einöde zu beschließen dachte, für Weisheit und Wohltat gehalten! Welche Summen von Geld stecken in dieser Masse von Büchern, und doch waren sie nur berechnet auf diese abgeschiedene, stadtentfernte Existenz! Und jetzt auch genug Kosten, und welche Kosten des Transportes, um sie dann noch zuletzt um einen Spottpreis zu veräußern. So schmachvoll und niederschlagend das Schicksal auch ist, das meine Frau aus ihrem väterlichen Eigentum, mich aus meiner geliebten Studierwohnung und Naturumgebung vertrieben hat, so haben wir doch zugleich durch dasselbe die erfreuliche und erhebende Erfahrung gemacht, daß auch in dieser Beziehung die Extreme sich berühren, daß, wo das Unglück gipfelt, auch das Glück nicht fern ist. Gerade in dem Zeitpunkt der größten Not und Verzweiflung in den letzten Wochen meines Aufenthalts in Bruckberg erhielt ich von Freunden aus der Ferne bedeutende Summen vorgeschossen, so daß ich nicht nur ohne Not die enormen Kosten für den Umzug in mein neues Quartier bestreiten konnte, sondern auch ohne Sorgen und Kummer trotz der erlittenen Verluste und großen Ausgaben, die mit meinem jetzigen Aufenthaltsort verbunden sind, in die nächste Zukunft blicken kann. Auch war ich höchst glücklich in betreff meiner neuen Wohnung. Ich bewohne nämlich ganz allein, meine Familie versteht sich inbegriffen, ein nur eine Viertelstunde von Nürnberg entferntes, am Fuße eines Hügels, von dem die schönste Aussicht in die ganze Umgegend Nürnbergs ist, reizend gelegenes Landhaus an der Landstraße in der sogenannten fränkischen Schweiz, einen Büchsenschuß von der mit derselben parallel laufenden Ost-Eisenbahn entfernt. So ist denn meine räumliche Existenz aus einer einseitigen eine zwei- oder vielmehr, weil zwei das All befaßt, allseitige geworden. Ich verbinde Land und Stadt, Abgesondertheit und Weltverkehr. Ich bin aus einer raren und kostspieligen, eine zugängliche und wohlfeile Persönlichkeit geworden."

In derselben Zuschrift spricht Feuerbach die Hoffnung aus, daß es ihm doch einmal, früher oder später, vergönnt sein werde, Herweghs in Zürich zu besuchen, doch hängt das alles von seinem Gesundheitszustande und seiner Geistestätigkeit ab, denn es sei keine Kleinigkeit in seinen Jahren, fast ein gewöhnliches Menschenalter lang eingelebte, nicht durch Zufall, sondern durch den Instinkt eingegebene Gewohnheiten aufzugeben.

Emma Herwegh war unerschöpflich in Trostgründen, den Philosophen zum Wechsel seines Aufenthaltsorts beglückwünschend und ihm die Vorteile, die aus dieser neuen Lage ihm erwachsen würden, auseinandersetzend. Die Übersiedlung nach Rechenberg werde ihm nur gutes bringen. Die zu große Abgeschlossenheit, in die sich Naturen wie die seine nur zu leicht mit Leidenschaft hineinleben, hätte doch früher oder später, wie reich auch seine Begabung sein möge und sei, verarmend wirken müssen, denn dem Naturgesetz, das den Menschen nicht ganz zum Einsiedler geschaffen, könne auch er sich nicht ungestraft entziehen. Was sie an seinem neuen Wohnsitze erfreue, sei, daß er ihm die Möglichkeit der Abgeschiedenheit lasse und doch zugleich die Mittel biete, mit Menschen zu verkehren.

Zugleich kann sie nicht umhin, ihrer Bewunderung des Charakters der Frau Bertha Feuerbach, der treuen Gattin des so verehrten Freundes, Ausdruck zu geben. Seine Frau gehöre zu den Besten, die ihr je begegnet seien, und sie könne an diesen Grad von Selbstverleugnung und Anspruchslosigkeit wirklich nie ohne Rührung denken. „Du weißt, daß ich vom Verstand der Frauen wenig, von ihrer Vernunft gar nichts halte, desto mehr aber von ihrem Herzen, von dem fabelhaften Liebesreichtum, der für sie oft die Quelle des tiefsten Verstehens wird. Den eben besitzt Bertha in hohem Grade, und dies erkannt zu haben, ist mir noch in der Erinnerung eine Freude."

Die schönen Tage von Aranjuez, d. h. die ersten Freudenausbrüche über die neue Wohnung, waren aber bald vorbei. Feuerbach fühlte von Tag zu Tag immer mehr die Mängel seines anfänglich so sehr gepriesenen Heims. In Briefen an die Freundin Emma klagt er bitter darüber, daß seine Wohnung, namentlich den Winter über, ihn zur Verzweiflung gebracht habe, weil seine

„Werkstatt" so unglücklich placiert sei, daß jedes Geräusch, jeder Mißton, sei's im, sei's außer dem Hause, ihm wie teuflisches Hohngelächter auf die stillen Freuden und Leiden eines Denkers in die Ohren gelle, und er daher trotz des eifrigen Schaffenwollens in dieser akustischen Kloake doch nichts schaffen könne. Jetzt gehe es ihm allerdings etwas besser, nachdem er in eine Dachstube gezogen, wo er dem Hundegebell und anderen Gehörinjurien und Seelenstörungen fern gerückt und doch zugleich näher dem Geiste seiner früheren unvergeßlichen Wohnung sei, indem er den höchsten Standpunkt des Hauses einnehme.

Im Juni 1861 hatte Feuerbach die Freude, nach anderthalb Jahrzehnten Georg Herwegh wieder als Gast bei sich begrüßen zu können. Freilich war in den Becher der Freude ein Tropfen Wermut gefallen, denn der Dichter war schwer krank und mußte nach Karlsbad, um sich einer gründlichen Kur zu unterziehen. Die wenigen Tage, die der geliebte Freund im Hause des Denkers zubrachte, waren förmliche Festtage und flossen in ungetrübter Heiterkeit dahin. Feuerbach schreibt der Gattin Georgs am 24. Juni 1861 in fröhlichster Stimmung:

„Du wirst von selbst ermessen, wie sehr mich das Wiedersehen und Wiedererkennen Deines lieben Mannes erfreut, wie ungemein sein feines, geistreiches und liebenswürdiges Wesen von neuem, ja in noch höherem Grade als vorzeiten mich angesprochen und gefesselt hat. Schade nur, daß das Zusammensein auf so wenige Tage beschränkt war. Deine diätischen Vorschriften habe ich gewissenhaft befolgt, wenigstens, soweit sie befolgt werden konnten, ohne sich despotischer Strenge und Pedanterei schuldig zu machen. Solange man nicht an Ort und Stelle, also in Ruhe und Ordnung, ist es unmöglich, pünktlich nach ärztlicher und weiblicher Vorschrift zu leben. Nur in Bamberg hat Georg ein Glas Bier mehr getrunken, als ich gewünscht habe, hoffentlich ohne Schaden."

Emma Herwegh ließ es sich nicht nehmen, zu den Geburtstagen des verehrten Freundes ihm jeweilig ihre Glückwünsche zu senden. Diese Aufmerksamkeiten erfreuten stets unseren Philosophen, und er gab den Gefühlen, die seine Seele bewegten, in beredten Worten Ausdruck. Dies geschah auch im Juli 1865, als er ihr für ihren Glückwunschbrief mit den Worten dankte: „Ich will Dir nur sagen, daß mir Deine unerwartete briefliche Erscheinung an meinem Geburtstag große Freude gemacht, so große, daß ich, ob ich mir gleich jede Auszeichnung dieses Tages vor anderen gewöhnlichen verbeten hatte, doch unmittelbar nachdem ich Deinen Brief empfangen und gelesen hatte, zu den Meinigen sagte: jetzt willige ich ein, daß wir diesen Abend mit den Schwestern und ein paar Freunden bei Schultheiß verleben! was denn auch ausgeführt wurde, und zwar in einer sehr schlichten und geräuschlosen, aber eben deswegen mir zusagenden Weise. Sagen aber: Du hast mir eine Freude gemacht, heißt bei Leuten, denen Freude andern machen selbst Freude macht, Dank sagen."

Georg Herwegh ging es in Zürich, wo er so lange im Exil lebte, nicht sonderlich gut, und Feuerbach bemühte sich, wie es scheint, vergebens bei der Schillerstiftung, damit dem genialen Lyriker eine Ehrengabe zuteil werde. Er tat dies durch die Vermittlung seines Verlegers und Freundes Otto Wigand in Leipzig. Dieser Gegenstand wird vielfach in dem Briefwechsel zwischen beiden Anfang der 60er Jahre des vorigen Jahrhunderts berührt. Man wird nicht ohne Bewegung die weiteren Auslassungen Emma Herweghs, die durchaus die Zustimmung unseres Philosophen gefunden haben, lesen. Hier nur einige Bemerkungen der Dame aus Zürich den 22. Oktober 1865, wo es u. a. heißt: „Wohl ist es eine Schande, und wir haben ja dies Kapitel bei unserem letzten Wiedersehen besprochen und waren darüber einig, daß es eine Schillerstiftung in Deutschland geben kann, die nicht nur einen Dichter wie Herwegh ignoriert, sondern bei Gelegenheit, wo man ihr ihn in Erinnerung brachte, ihr Veto dekretiert, während Männer wie Gutzkow, Auerbach, Bodenstedt, Seeger alle selbstverständlich ihr Honorar bezogen... Das ist ja das Gräßliche, daß diejenigen, welche mit Leichtigkeit dienen könnten und in einer Weise, die dem Empfangenden keineswegs unfrei machen oder im mindesten demütigen würde, jeder Einsicht, jeder Bescheidenheit, jedes Anstandes bar sind... Ich gestehe, daß ein regelmäßiger Beitrag der Schillerstiftung vor allem mir ein Trost wäre, weil es mir die Möglichkeit gebe, in Ruhe zu sterben, da mir das unselige Testament meiner Eltern so die Hände bindet, daß ich nicht einmal die Macht habe, im Falle ich vor Georg sterbe, ihm auch nur das Kleinste zu hinterlassen."

Sie ist keineswegs damit einverstanden, daß Feuerbach die Hilfe eines Dritten in Anspruch genommen. Es sei kein falscher Stolz, keine Eitelkeit, die sie veranlasse, in diese delikate Sache keinen Dritten einzuweihen, sondern das Gefühl der Menschenwürde. „Ein Wort in die Öffentlichkeit, und alles wäre umsonst, und Georg würde, das weiß ich, nichts annehmen und wenn ihm Tausende angeboten würden... Alle berechnen die Lebensfähigkeit eines Mannes wie Georg nach dem, was er drucken läßt, und da seit Jahren nur hier und da eine Perle erschienen ist, die von der Mittelmäßigkeit und dem Neide totgeschwiegen wurde, heißt es: Herwegh war. Dann sind wohl andere, die sich einbilden, der Dichter müßte im tiefsten Elend sein, um produzieren zu können, und führen zum Beleg in ihrer Dummheit Schiller an, der die Not in der letzten Bedeutung nie gekannt und wahrlich nicht deshalb war, was er gewesen, sondern trotzdem. Was aber ein Geist wie Schiller gewesen wäre in einer freieren Atmosphäre, das fällt diesen Leuten nicht im Schlaf ein, geschweige denn im Wachen. Dann ist wieder eine Sorte, und das ist die schlimmste, das sind die Feierlich-Niederträchtigen, die Sorte, denen der Genius als eine Gabe, die sich nicht erobern läßt, verhaßt ist und die sich freuen würden, uns, ich meine Georg, völlig am Boden zu sehen... Könnte ich den Glauben, den ich in der Brust trage von der ganzen Bedeutung Georgs, könnte ich den übertragen, dann wäre die Hilfe da. Denn so gewiß ich weiß, daß dieser Kampf, wenn er nicht bald endet, ihn vernichtet, so sicher weiß ich, daß Georg, frei von den vernichtenden Fesseln, wie ein Adler seine Schwingen erheben und Größeres schaffen würde denn je. Wie selten kommt Hilfe aber im richtigen Moment."

Die tatkräftige und selbstlose, immer von den edelsten Absichten geleitete Teilnahme Feuerbachs anläßlich dieser Schiller-Stiftungs-Angelegenheit tat dem Herzen Emma Herweghs unendlich wohl, und sie wird nicht müde, ihm Dank und Verehrung zu Füßen zu legen. Aus dem Schatze dieser ihrer Äußerungen mag hier nur ein Passus aus einem Briefe vom 2. November 1865 wiedergegeben werden: „Daß Du inmitten eigener, Dir wichtiger Ereignisse und ernster Arbeiten Zeit gefunden, mir so erfreulich zu schreiben und so lebhafte Teilnahme für das Schicksal des Freundes zu zeigen, würde meine Anerkennung, Verehrung und Zuneigung zu Dir nur steigern, wenn ich dies alles nicht in Dir vermutet, ja, ich kann sagen gewußt... Wohl hast Du recht, daß man den Leuten oft in die Ohren schreien muß, wenn man nicht vergessen werden will, aber diejenigen, auf die das Quantitative wirkt, sind es doch nicht, für die Ihr gewirkt habt und wem der Geist etwas gibt, wem sich der Genius auch in einer Zeile schon offenbart, dem hätte der erste Band der Gedichte eines Lebendigen schon genügen müssen, wenn ihm kein zweiter, nichts mehr, gefolgt wäre, um diesen Eindruck, dieses Geschenk nie zu vergessen. Ich habe mein eigenes Lebsn immer wie eine Mission aufgefaßt, ein schöneres, reicheres, das sich mir zugesellt, zur vollsten Erscheinung, ich kann nicht sagen, bringen zu helfen, denn das wäre dumm, aber nie darin zu stören und nun komme ich mir so namenlos ohnmächtig vor — und hatte doch bestes

Wollen, ein ganzes Leben wahrster Liebe daran gesetzt. Ich sage Dir, Ludwig, ich bin namenlos traurig und ende, um Dich nicht tiefer zu verstimmen. Entbehren sollst, sollst entsagen, dies ist der ewige Gesang, der jedem in die Ohren klingt."

Der letzte, uns erhalten gebliebene Brief Herweghs an Ludwig Feuerbach, datiert aus Zürich, den 26. August 1866, ist nicht minder der Ausdruck einer echten und innigen Freundschaft, die zwischen beiden und ihren Familien bestand. Er schließt mit den Worten: „Ich will Dir nur sagen, daß ich Dich aufrichtig und unwandelbar lieb habe und verehre, und daß ich nicht nur für die Deinen, nicht nur für deine Freunde, an deren Spitze ich mich ohne jede falsche Bescheidenheit gestellt, sondern zum Besten aller gut und hochgesinnten Menschen wünsche, daß Du, wenn möglich, ewig lebst."

Es ist sehr dankenswert, daß die beiden Herausgeber des Briefwechsels noch eine Zuschrift mitteilen, die die Witwe des am 7. April 1875 verstorbenen Lyrikers nach Feuerbachs Tode an eine Freundin (Frau Karl Meyer in Stuttgart) gerichtet hat. Aus dem für die Schreiberin sowohl wie für den Denker gleich ehrenden Nekrolog seien hier nur die nachstehenden Stellen reproduziert: „Welch inniges Freundschaftsverhältnis zwischen unseren beiden Familien seit mehr als 25 Jahren bestand, davon hatte ich Ihnen oft erzählt, aber was jeder einzelne von uns mit ihm verloren, das wissen weder Sie noch jene unserer Landsleute, die bei aller Verehrung für den Unsterblichen sich des bedürftigen Sterblichen erst erinnerten, als die helle Sonne dieses Geistes schon zu schwachen Fünkchen abgebrannt war. Es ist so unendlich traurig, daß das Richtige so selten rechtzeitig geschieht. . . .

So, unter dem frischen Eindruck der Todesnachricht, ruf ich mir unwillkürlich das ganze lebensvolle Bild des lieben Menschen vor die Seele zurück, wie es mir einst vor fast 26 Jahren zum erstenmal entgegentrat. Es war in Heidelberg. Wir waren alle jung und verfolgten gleiche Ziele, jeder in seiner Weise. Bei der ersten Begegnung fiel mir die unendliche, ich möchte sagen rührende Bescheidenheit, die fast an Schüchternheit grenzte, auf, während sein gedrucktes Wort die Geister schon so mächtig ergriffen hatte und diese Schüchternheit verlor sich erst nach und nach bei näherer Bekanntschaft. Dann das eigentümlich schwere Sprechen. Mir machte es den Eindruck, als koste ihm jedes Wort Geburtswehen, als müsse er es erst erfinden und wolle für die Wiedergabe seiner eigensten Gedanken nicht in den vorhandenen Sprach- und Phrasenschatz greifen.

Wenn das Wort „keusch" im Denken wie im Handeln auf einen Menschen unserer Zeit noch paßt, so wär's auf Feuerbach, dessen ganzes Wesen, Streben und Wirken lauter war und wahrhaft bis ins innerste Hirn. Seine ganze Erscheinung hatte, trotzdem er klein war, etwas durch und durch Vornehmes, trug das Gepräge wirklichen Adels und wenn er im vertrauten Gespräch, wie dies ja mit uns oft geschah, nach mühevollem Ringen seinen intimen Gedanken freien Lauf ließ, dann kam er einem vor, als würde er plötzlich groß... Und dabei war dieser „Materialist", wie er sich selbst im vollen Bewußtsein seiner einheitlichen Weltanschauung nannte, und wie ihn seine Feinde, um ihm in den Augen des geistigen Pöbels etwas anzuhängen, zu nennen pflegten, so einfach, so anspruchslos, wie ich überhaupt wenig Menschen kennen gelernt, seinen jungen, ihn überlebenden Bruder Fritz ausgenommen, der ihm an Schlichtheit, Uneigennützigkeit und Güte gleichkommt. „Schein ist das Wesen unserer Zeit!" so rief er einst aus. Nun, er durfte es sagen, denn das seine war es nicht. Er führte das Leben eines Weisen, ohne sich deshalb für besser zu halten als andere.

Und während ich dies schreibe, wird dieses edle, große, warmfühlende Herz zur Ruhe getragen, die ihm im Leben so selten vergönnt war. All das Licht, was von ihm ausstrahlte, hat eigentlich seinem eigenen Leben gefehlt. Die Worte von Leibniz, welche er einst seinem Bruder auf den Grabstein schrieb: „Es ist nicht nötig zu leben, aber nötig, zu denken", drückte so recht seine tiefste Überzeugung aus und was er an Sonnenblicken gehabt haben mag, sie konnten ihm gewiß nur auf diesem Wege kommen. Nun, die größten Gewaltmenschen werden trotz aller bezahlten und unbezahlten Propaganda längst in ihr Nichts zerfallen sein, wenn von dem kleinen Grabhügel auf dem Johanniskirchhof, der jetzt die Hülle unseres lieben Toten umschließt, noch ein helles Licht ausgehen wird und leuchten von Geschlecht zu Geschlecht.

Wenn der Leib in Staub zerfallen,
Lebt der große Name noch."

Diese Charakteristik des Genius Ludwig Feuerbachs aus kongenialer weiblicher Feder hat noch heute ihre volle Gültigkeit.

Der Zerschmetterer des dogmatischen Christentums war der Polizei ein Dorn im Auge, und als er 1851, einer Einladung Otto Wigands in Leipzig folgend, dahin reiste, um allerlei wichtige Angelegenheiten zu erledigen, wurde er — „ausgewiesen". Auf welche Weise dieses Heldenstück der sächsischen Polizei auf ihn wirkte, darüber äußert er sich in einem amüsanten Briefe an Wigand, wo es u. a. heißt:[1])

Bruckberg, den 7. Februar 1851.

— — — Verstimmt und mißmutig über die Ohnmacht, womit man sich jetzt die Niederträchtigkeiten der Polizeiwirtschaft gefallen lassen muß, kam ich gestern abend zur größten Überraschung der Meinigen hier an. Erst trauten sie ihren eigenen Augen nicht, als ich ihnen den Grund meiner plötzlichen Ankunft erzählte. „Es ist nicht möglich," riefen sie betroffen aus. Aber es ist wirklich so, entgegnete ich trocken. Sonst überstieg die

---

[1]) Ausgewählte Briefe, Bd. 2, S. 181 ff.

Möglichkeit die Wirklichkeit, aber jetzt ist es umgekehrt: jetzt übertrifft die Wirklichkeit die Märchenwelt der Möglichkeit, die Hyperbeln der abenteuerlichsten Phantasie. Denkt euch das Lächerlichste und zugleich Niederträchtigste, das man nur immer denken kann, und ihr erreicht damit noch nicht die Lächerlichkeit und Nichtswürdigkeit des jetzigen staatlichen oder polizeilichen Unwesens — — —

Um weiter keine Zeit zu verlieren, bin ich von Erlangen über Fürth direkt hierher gereist und kam um die Gelegenheit, mit meinen Nürnberger Bekannten über die Leipziger Ausweisung zu lachen und zu fluchen. Aber was soll ich machen? — Die einzige adäquate Entgegnung wäre ein humoristischer Artikel. Aber zum Humor gehört Laune, und diese ist so unzuverlässig wie das Wetter. Überdies lernt man auf dem Lande die Welt samt ihren Schlechtigkeiten und Lächerlichkeiten verachten und ignorieren. — — —"

Während er der Reaktion als ein gefährlicher Revolutionär erschien, beschuldigten ihn die professionellen Demagogen der ängstlichen Rücksichtnahme, weil er nicht gegen Kaiser und Könige tobte und eine eigene Meinung zu haben sich erdreistete. Sogar in Frankreichs Presse hetzte man gegen ihn. Der französische Politiker St. René Taillandier z. B. erhob gegen ihn, den „Begründer des Atheismus", den Vorwurf, daß er sich von den politischen Ereignissen feige drücke und sich in Schweigen hülle. Feuerbach blieb dem Angreifer die Antwort nicht schuldig. Hier der Wortlaut, der an Deutlichkeit nichts zu wünschen übrigläßt:

„Herr Taillandier! wenn wieder eine Revolution ausbricht und ich an ihr tätigen Anteil nehme, dann können Sie zum Entsetzen Ihrer gottesgläubigen Seele gewiß sein, daß diese Revolution eine siegreiche, daß der jüngste Tag der Monarchie und Hierarchie gekommen ist. Leider werde ich diese Revolution nicht erleben. Aber gleichwohl nehme ich tätigen Anteil an einer großen und siegreichen Revolution, einer Revolution aber, deren wahre Wirkungen und Resultate sich erst im Laufe von Jahrhunderten entfalten; denn wissen Sie, Herr Taillandier! nach meiner Lehre, welche keine Götter und folglich auch keine Wunder auf dem Gebiete der Politik kennt, nach meiner Lehre, von der Sie aber soviel wie gar nichts wissen und verstehen, ob Sie sich gleich anmaßen, mich zu beurteilen, statt zu studieren, sind Raum und Zeit die Grundbedingungen alles Seins und Wesens, alles Denkens und Handelns, alles Gedeihens und Gelingens. Nicht weil es dem Parlament an Gottesglauben fehlte, wie man lächerlicherweise in der bayerischen Reichsratkammer behauptet hat — die meisten wenigstens waren Gottesgläubige, und der liebe Gott richtet sich doch auch nach der Majorität —, sondern weil es keinen Orts- und Zeitsinn hatte, deswegen nahm es ein so schmähliches, so resultatloses Ende. Die Märzrevolution war überhaupt noch ein, wenn auch illegitimes, Kind des christlichen Glaubens. Die Konstitutionellen glaubten, daß der Herr nur zu sprechen brauche: es sei Freiheit! es sei Recht! so ist auch schon Recht und Freiheit; und die Republikaner glaubten, daß man eine Republik nur zu wollen brauche, um sie auch schon ins Leben zu rufen, glaubten also an die Schöpfung gleichsam einer Republik aus nichts. Jene versetzten die christlichen Wortwunder, diese die christlichen Tatwunder auf das Gebiet der Politik. Nun aber wissen Sie doch, Herr Taillandier, wenigstens so viel von mir, daß ich ein absolut Ungläubiger bin. Wie können Sie also meinen Geist mit dem Geiste des Parlaments, mein Wesen mit dem Wesen der Märzrevolution in Verbindung bringen?"

Achtes Kapitel.

Leben in Bruckberg. — Bankerott der Porzellanfabrik. — Finanzielle Katastrophen. — Feuerbachs Klagen und sein Ringen mit den Schicksalsmächten. — Übersiedlung nach Rechenberg bei Nürnberg. — Traurige Wohnungs- und ökonomische Verhältnisse. — Frau Sorge. — Pater Ildephons Müller. — Eduard Brockhaus, Julius Duboc, Karl Grün u. a. — Erinnerungen Julius Dubocs an Ludwig Feuerbach. — Reise nach Berlin. — Urteile über diese Stadt. — Selbstbekenntnisse Feuerbachs Ansichten über die Frauenemanzipation.

Fast ein Vierteljahrhundert wohnte Ludwig Feuerbach in Bruckberg und hätte wohl nie gedacht, daß er diesen stillen Ort je verlassen würde; doch war's im Schicksalsbuch geschrieben, daß er, durch traurige Verhältnisse gezwungen, am Abend seines Lebens seinem gemütlichen und beschaulichen Heim ein Ade werde zurufen müssen.

War er auch in Bruckberg in finanzieller Beziehung keineswegs auf Rosen gebettet, so sagte ihm doch, wie wir wissen, das Leben in der ländlichen Zurückgezogenheit sehr zu, und er war, wie wir erzählt haben, durch kein Versprechen, keine Aussicht und keine Lockung zu bewegen, seinen Aufenthalt zu wechseln. In diesem Sinne äußert er sich einmal in seinen „Aufzeichnungen": „Ich habe viel Gift in Bruckberg verschluckt, viel entbehrt, viel schmerzlich vermißt, aber doch im ganzen ein glückliches und schönes Leben dort verlebt, meinen Hauptwunsch dort erreicht, wenn auch nur in ländlicher beschränkter Weise." In den ersten Jahren seines Aufenthaltes in Bruckberg ging die dortige Porzellanfabrik, deren Mitbesitzerin bekanntlich seine Frau war, gut; aber Ende der 50er Jahre drohte immer mehr der Zusammenbruch, und Feuerbach war leichtsinnig, d. h. hochherzig und edel genug, Vorschüsse zu leisten, um den drohenden Ruin aufzuhalten. Mit dem Krach der Fabrik büßte er auch sein bißchen mühsam erworbenes Hab und Gut ein. Nun mußte er sein geliebtes Bruckberg verlassen — für ihn bedeutete das den moralischen Tod. Tiefbekümmert schrieb er in sein Tagebuch: „Bruckberg war bei meinen beschränkten Mitteln die Basis meiner Ökonomie, aber die Ökonomie ist die Basis der Philosophie und Moral... Meine Scheidung von Bruckberg ist eine Scheidung der Seele vom Leibe."

Als er Bruckberg verlassen hatte, kaufte die bayrische Regierung das Schloß und richtete darin eine Anstalt für **jugendliche Verbrecher und Taugenichtse** ein; Inspektor dieser Anstalt wurde ein pietistischer Geistlicher.

Durch den Bankerott der Fabrik war ein Aufenthaltswechsel unumgänglich nötig geworden. Unter dem Drange der Verhältnisse wurde östlich von Nürnberg das Örtchen Rechenberg gewählt, wo ein der Familie von Beheim gehöriges Haus, ursprünglich als Sommerfrische erbaut, dem Bedürfnis ländlicher Ruhe und Zurückgezogenheit, bei nicht zu großer Entfernung von der Stadt, dienen sollte. Diese Wahl erwies sich jedoch nicht als eine glückliche. Seine Bodenkammer z. B., die ihm noch die meiste Ruhe gewährte, war im strengen Winter furchtbar kalt. Des Morgens zeigte das Thermometer oft fünf bis sechs Grad unter Null, und das Trinkwasser war dick gefroren. Vergebens drang sein Arzt Dr. Baierlacher auf einen Umzug in die Stadt — er wollte nichts mehr davon wissen. In beweglichen Worten schildert er in Briefen an seine Freunde die ganze Misere seines damaligen Daseins. So heißt es in einer Zuschrift an W. Bolin vom 20. Oktober 1860: „Wie verschieden ist doch schon mein äußerliches Schicksal von dem der nächstvorangegangenen Philosophen, das mich nicht auf den Schultern der Staatsmacht, nicht auf Kosten anderer über die Notwendigkeit, an das Dasein eines andern Ich außer dem Ich des Denkers zu denken, erhoben und auf das Katheder der absoluten Philosophie gestellt hat, das mich im Gegenteil in tiefster

Niedrigkeit, Verlassenheit und Obskurität, aber eben auch deswegen glücklicher Einsamkeit und Selbständigkeit 24 Jahre auf ein Dorf, das nicht einmal — o wie entsetzlich, wie unheilschwanger! — eine Kirche hat, verbannte! Zwei Jahre in Berlin als Student, und 24 Jahre auf einem Dorfe als Privatdozent! Und auch jetzt nicht durch einen ehrenvollen Titel, dem Ich schmeichelnden Ruf an eine Universität oder „freie Akademie", sondern nur durch das schmachvolle Gerassel der eisernen Kette, die den Denker mit dem Menschen, das Ich mit dem Du zusammenhält, aus dem Dunkel aufgescheucht, aus meinem ebenso frei- als unfreiwilligen Exil exiliert!"

Konrad Beyer, der gerade im letzten Lebensjahre Feuerbachs so manchen Tag im Hause desselben verbrachte, gibt uns ein gar trauriges Bild von den ungünstigen Wohnungsverhältnissen, die im Heim des Philosophen vorhanden waren[1]). Nach seinen Mitteilungen war nicht allein das Arbeitszimmer des Denkers unter dem Dache, sondern auch sein sogenannter Empfangssalon nicht heizbar. Die zwölf Jahre — von 1860—72 —, die er in dem einsamen, menschenleeren Rechenberg verlebte, empfand er nicht allein als seelischen, sondern auch als physischen Schmerz in des Wortes wahrster Bedeutung. Wenn Feuerbach seine verantwortungsschwere Tätigkeit beginnen wollte, fühlte er sich plötzlich wie mitten in die Bauernküche des im Parterre wohnenden Beheimschen Gutspächters versetzt, von welcher Bauernküche er nur durch eine dünne Decke getrennt war. Fühlte er sich schon durch die ländliche Beschäftigung des Pächters, durch das immerwährende Bellen des Hofhundes und namentlich durch das von der Nürnberg-Hersbrucker Landstraße herrührende ohrenerschütternde Wagengerassel aufgeregt, so war ihm das Klappern der Gabeln und Löffel, das Hämmern und Pochen unter seinen Füßen

---

[1]) Leben und Geist Ludwig Feuerbachs, Seite 36 ff.

geradezu unerträglich. Mit den Händen den Kopf umschließend trat er oft in den kalten Vorsaal oder lief im Zimmer auf und ab, als er sich verurteilt sah, dies Los ertragen zu müssen!...

Aber auch Frau Sorge stellte sich ein. Die Not des Daseins pochte an die Tür des Denkers, und da er zu stolz war, ein Almosen anzunehmen, kann man sich die traurige ökonomische Lage der Familie denken. Es gereicht der Schiller-Stiftung zur Ehre, daß sie ihm am 12. Oktober 1862 ein Ehrengeschenk von 900 Talern, verteilt auf drei Jahre, gewährte. Ebenso flossen ihm von manchen Verehrern, die nicht genannt werden wollten, Geldspenden zu, die er nicht zurückweisen konnte. Auch Karl Grün, der wiederholt genannte Herausgeber des Briefwechsels und Nachlasses Feuerbachs, erwarb sich ein großes Verdienst um den verarmten Philosophen und dessen Familie, daß er sich, an die Spitze von wohlwollenden Spendern in Wien stellend, dem Meister zu Weihnachten 1871 eine beträchtliche Ehrengabe von seinen Anhängern und Verehrern zukommen ließ. Es geschah dies in Begleitung eines durchaus diskret und delikat gehaltenen Briefes, worin die schönen Worte zu lesen waren: „Es ist uns unvergessen, wie es dem ganzen deutschen Volke unvergessen sein sollte, daß Sie derjenige Kritiker sind, der dem Menschen niemals etwas genommen hat, ohne es ihm doppelt und dreifach wiederzugeben, dessen „Wesen des Christentums" nur die Bereicherung des Menschen, dessen „Theogonie" lediglich die Apotheose der Menschwerdung war... Wenn es mir gelingen sollte, Sie, den allezeit Bedürfnislosen, durch diese Zeilen ein wenig aufzurichten, wenn diese Kundgebung aus der Ferne Ihr Herz wohltätig anmutet, glauben Sie mir, teurer Meister, lange würde ich kein Weihnachtsfest begangen haben, das ich dem heurigen gleichschätzte."

Ohne Zweifel haben die langen und bangen Jahre der Sorge, besonders um die Zukunft der Seinigen, wesentlich dazu beigetragen, daß er während seines Aufenthaltes in Rechenberg verhältnismäßig so wenig Produktives geschaffen. Seine Lebensgeister waren gebrochen, und als man sich endlich dazu verstand, ihm einen Ehrensold zu stiften, wodurch die Zukunft seiner Hinterbliebenen einigermaßen gesichert werden sollte, war es bereits zu spät: er war im Kampf ums Dasein physisch und geistig aufgerieben und sein inneres Gleichgewicht ein für allemal gestört. Kaum hat es einen Philosophen gegeben, der in so eindringlicher Weise die Folgen der bitteren Not auf die Seele und auf das Gemüt des Menschen geschildert hätte als er in seinen Aufzeichnungen zu Rechenberg: „In Nürnberg war ich vom ersten Augenblick an, als ich verhängnisvoller- und bedeutungsvollerweise dorthin verschlagen worden war, verstimmt, versprengt, entfremdet — meinem Wesen und Benehmen nach. Mit der Ruhe des Landlebens habe ich auch die Gemütsruhe verloren. Der Ort ist freilich gleichgültig, wenn man das Vermögen hat, sich einen Ort zu wählen, der den Bedingungen des Geistes entspricht. Je oberflächlicher der Mensch, desto mehr glaubt er, daß man immer und überall das tun könnte, was man doch nur an diesem Ort und in dieser Zeit tun kann. Es ist ein vernichtendes Bewußtsein, nichts zu sein, weil man nichts vermag, und nur deswegen nichts zu vermögen, weil man eben nichts hat. Ich bin allerdings nur sehr wenig — wenigstens für die Welt, aber nur, weil ich sehr wenig habe. Gebt mir mehr und ich bin mehr: **Wer kein Vermögen, hat keinen Willen.**"

Man glaubt, einen **Lassalle, Marx** oder **Engels** zu hören, wenn er mit erschütternden Worten die zermalmende Macht des Kapitals und die Abhängigkeit des geistigen Arbeiters von der gigantischen Gewalt des Mammons schildert; so z. B. in den ehernen Sätzen:

„Wo du vor Hunger, vor Elend, keinen Stoff im Leibe hast, da hast du auch in deinem Kopfe, in deinem Sinne und Herzen keinen Stoff zur Moral."

„Wo die eigentliche Armut, die Not beginnt, wo der Glückseligkeitstrieb so heruntergesunken ist, daß er sich nur auf die Befriedigung des Nahrungsbedürfnisses, auf Stillung des Hungers beschränkt, da schweigt auch der kategorische Imperativ des sittlichen Gewissens. Not kennt kein Gebot. Von hundert Straßendirnen Londons, lese ich in einem Exzerpt aus der Beilage zur Allgemeinen Zeitung von 1858, sind erwiesenermaßen 99 Opfer der Not."

„Wo nicht die Bedingungen zur Glückseligkeit gegeben sind, da fehlen auch die Bedingungen der Tugend. Die Tugend bedarf ebenso sehr als der Körper Nahrung, Kleidung, Licht, Luft, Raum. Wo z. B. die Menschen so aufeinandergepreßt sind, wie z. B. in den englischen Fabriken und Arbeiterwohnungen, wenn man anders Schweineställe Wohnungen nennen kann, wo ihnen selbst nicht der Sauerstoff der Luft in zureichender Menge zugeteilt wird, da ist auch der Moral aller Spielraum genommen. Wo das zum Leben Notwendige fehlt, da fehlt auch die sittliche Notwendigkeit."

Aber darum verkennt er keineswegs, „daß es Menschen gibt, die lieber Hunger leiden oder Hungers sterben, ehe sie sich eines verbrecherischen Schurkenstreiches schuldig machen". Und er fügt hinzu: „Leider gibt es genug Zeiten, wo die Tugend Hunger leidet und nur die Schurken mit Glücksgütern gesegnet sind."

War auch die Anerkennung, die man dem vereinsamten Denker und Menschen in aller Herren Ländern entgegenbrachte, keine gar zu geräuschvolle, und beschäftigte er auch, namentlich in den 60er und 70er Jahren, als politische und gesellschaftliche Fragen die theologischen Probleme, denen Feuerbach seine ganze geistige Kraft und die besten Jahre seines Lebens gewidmet hatte, verdrängten, nicht mehr so ausschließlich die öffentliche Meinung, wie dies in seiner Sturm- und Drangperiode der Fall war, so kargten doch auch jetzt nicht Einzelne wie Körperschaften mit ihrem Beifall, ihrem Lobe und ihrer enthusiastischen Huldigung.

Zu den alten Freunden, wie Christian Kapp, L. v. Henning, Roux, Karl Beyer, Otto Wigand, Arnold Ruge, E. G. von Herder, Friedrich Kapp, Heidenreich, Wilhelm Bolin, Otto Lüning in Rheda und zahlreichen anderen, gesellten sich so manche neue, und zwar aus allen Schichten der Bevölkerung und allen Berufsklassen von nah und fern. Als Kuriosum mag hier erwähnt werden, daß selbst ein geistlicher Herr, ein treuer Anhänger der katholischen Kirche, der Superior Pater Ildephons Müller, eine Zuschrift an den „Atheisten" richtete, der gegen so manche Einrichtungen und Gebräuche der katholischen Kirche in heftigster Weise polemisiert hatte. Obschon Pater Müller von seinem kirchlichen Standpunkt auch nicht um eines Haaresbreite abwich, unterließ er es doch nicht, dem Manne zu huldigen, den in allen seinem Tun und Lassen und seinem ganzen literarisch-philosophisch-kritischen Wirken kein anderes Motiv leitete, als das leidenschaftliche Streben nach Wahrheit und Erkenntnis. In dem aus Marienstein den 11. Oktober 1867 datierten Schreiben des Paters heißt es u. a.[1]): „Teils in periodischen Zeitschriften, teils in andern Werken las ich ganze Zitate aus Ihren Schriften, und ich muß offen gestehen, daß dieselben, auch abgesehen von der anziehenden Form, mich immer sehr angesprochen, obschon Ihre Ansichten meinen religiösen Überzeugungen diametral entgegenstanden, was Sie leicht begreifen werden, wenn ich Ihnen sage, daß ich von ganzem Herzen katholischer Priester bin. Warum aber, werden Sie weiter fragen, hatte ich an Ihren Zitaten besonders Wohlgefallen? Weil ich darin einen Mann von Charakter, der seine persönliche Überzeugung frei und frank auszusprechen pflegt, kennen lernte. Vor solchen Charakteren hatte ich von jeher alle Achtung, während diejenigen, die ihre wahren Gesinnungen, so oder anders, je nachdem es das Interesse des Augenblicks er-

---

[1]) Ludwig Feuerbachs Briefschaften und Nachlaß, Bd. II, S. 193 ff.

heischt, zu bemänteln pflegen, immer im höchsten Grade mich anekeln... Sie werden es, verehrtester Herr, begreiflich und auch verzeihlich finden, wenn eben dieser gerade Sinn, verbunden mit soviel anderen Vorzügen des Geistes und Herzens, schon oft den Wunsch in mir rege gemacht: Utinam, cum sis talis, noster esses! (Da du so bist, möchten wir dich haben!) Dieser Wunsch erwachte aufs neue in mir und wiederholt sich täglich in gesteigertem Maße, seitdem ich Ihr photographisches Bild besitze, das ich schon öfter mit Wärme an mein Herz gedrückt. Ich habe übrigens die festeste Überzeugung, daß, hätten Sie in Ihrer Jugend dem Studium der katholischen Theologie sich gewidmet, unsere Kirche Sie zu ihrem größten Apologeten der Neuzeit zählen würde."

Mögen aus der reichen Fülle bedeutender Persönlichkeiten, die außer den bisher erwähnten mit unserem Denker in den letzten Jahrzehnten seines Lebens in regerem persönlichen oder brieflichen Verkehr standen, noch einige Namen hier hervorgehoben werden.

Dr. Eduard Brockhaus, Chef des bekannten buchhändlerischen Welthauses, bewarb sich um die literarische Gunst des Denkers, ihn bittend, ihm das eine oder das andere Werk seiner Feder zu überlassen; doch nicht allein für den Philosophen schwärmte Brockhaus, sondern auch für den Menschen. Selten hat wohl noch ein Verleger einem Autor so viele schmeichelhafte Dinge gesagt, wie Brockhaus dem Verfasser, dem er sich als Herausgeber seiner Werke anbot. In einem Briefe von ihm vom 29. November 1850 heißt es z. B.: „Ich kenne Ihre Schriften erst seit zwei Jahren, seit Ihren Vorlesungen in Heidelberg. Ich war damals noch unbedingter Anhänger der Hegelschen und Nachhegelschen Spekulation, ich ging in Ihre Vorlesungen — ich darf das jetzt wohl sagen — nur aus Neugierde, um auch diese ‚einseitige, extreme' Richtung der neuen Philosophie kennen zu lernen. Zugleich studierte ich Ihr ‚Wesen des Christentums' und anderes.

Da fiel es mir plötzlich wie Schuppen von den Augen. Ich war früher gläubig und fromm, ich verheimliche Ihnen das nicht, da ich weiß, daß auch Sie die wahre Frömmigkeit in ihrer Art für vollkommen berechtigt halten und dem scheinheiligen rationalistischen Indifferentismus vorziehen. Er kostete mich auch keinen geringen Kampf, aber endlich siegte die Wahrheit, und ich zähle mich seitdem zu Ihren aufrichtigsten Anhängern und Schülern. Es wird Ihnen das nichts Neues sein, daß früher entschiedene Gegner Ihrer Philosophie, sobald sie dieselbe erst wirklich kennen gelernt, sich in Ihre entschiedensten Anhänger verwandelten. Ich sage Ihnen dies nur, weil es mich bei dieser Gelegenheit drängt, Ihnen meine Verehrung auszusprechen. Ich denke, daß sich mir in dem von mir gewählten buchhändlerischen Berufe mannigfache Gelegenheit bieten wird, auch meinerseits den Ideen, deren Vertreter Sie sind, zu nützen und Geltung zu verschaffen. Es soll mich herzlich freuen, wenn auch Sie mich dabei unterstützen wollen. Unser Haus wird es sich zu großer Ehre rechnen, Ihre Werke zu verlegen."

Wir wissen jedoch, daß Feuerbach seinem Verleger Otto Wigand treu blieb und nur an den „Blättern für literarische Unterhaltung" von Brockhaus mitarbeitete und für dieselben die berühmt gewordene Rezension über Moleschotts Lehre von der Ernährung mit dem geflügelt gewordenen Schlußsatz: „Der Mensch ist, was er ißt" schrieb.

Der geistreiche philosophische Kritiker Julius Duboc — geboren am 10. Oktober 1829 in Hamburg und gestorben daselbst den 13. Juni 1903 —, der auch wiederholt Gast Feuerbachs in Bruckberg war, führte mit ihm einen reichhaltigen und inhaltsvollen Briefwechsel über viele philosophische Fragen. Die eingehenden, lichtvollen und sachlichen Auseinandersetzungen des Philosophen beweisen am deutlichsten, welche Achtung er vor Duboc hatte und wie sehr ihn das Interesse, das der junge Denker an dem alten Meister nahm, erfreute. Er ist allezeit bereit, auf alle Probleme des Lebens und der Welt, die Duboc aufwirft, soweit als möglich zu antworten. Gar manches findet sich auch in diesen Zuschriften Feuerbachs, was zur Charakteristik des Verfassers derselben von Bedeutung ist. So erfahren wir z. B., daß Feuerbach von der eigentlichen philosophischen Literatur seiner Zeit, nach der sich Duboc erkundigte, nur in geringem Maße Notiz nahm, weil er nur wenig Bücher las, aus denen er etwas lernen oder für seine Arbeiten brauchen konnte. Das Beste, so meinte er, was noch in dieser Literatur geleistet werde, betreffe allenfalls die Geschichte der Philosophie.

Gegen alles gemachte und erkünstelte Wesen oder Unwesen — gesteht Feuerbach in einem Briefe vom 27. November 1860 — habe er eine unüberwindliche Antipathie, ferner besitze er die antipedantische und antischolastische Kaprize, das Allgemeine nur in concreto, im besonderen, das Gegenwärtige im Vergangenen, den Philosophen nicht im Professorenhabit, sondern im Bettlergewand des Odysseus oder gar in der Mönchskutte eines Luther darzustellen und auszusprechen! Daß er so wenig veröffentliche, verdrieße zwar seine Freunde, aber es sei erklärlich. In Anbetracht der jämmerlichen Urteils-, Mut- und Charakterlosigkeit der deutschen Literatur und Politik müsse ja sein Publikationstrieb fast auf Null herabsinken!

Auch sonst spricht er so manche bittere Wahrheiten über Zeitkrankheiten aus; so meint er z. B.[1]), daß in Deutschland alles, was praktisch sei, nur auf dem Papier stehen bleibe, denn das sei der große Übelstand bei uns, daß wir nur den Feinden der Freiheit und Menschheit das Recht und Geschick zur Organisation und Korporation überlassen, wir selbst aber, trotz unseres theoretischen Materialismus, im Leben ohne materiellen Zusammen-

---

[1]) Ludwig Feuerbachs Briefwechsel und Nachlaß, Bd. II, S. 146.

hang und Bestand, uns ins Nichts der bloßen Gedankenfreiheit verlieren.

Je älter Feuerbach wurde, je weniger liebte er es, aus seiner Reserve herauszutreten und Angriffe gegen ihn und seine Philosophie, mochten dieselben noch so scharf sein, abzuwehren. So aber einer seiner Intimen, wenn von solchen überhaupt die Rede sein kann, eine Lanze für ihn brach, so berührte das sein erbittertes Herz angenehm. Einen solchen Liebesdienst, den im Anfang der sechziger Jahre Julius Duboc ihm erwies, nahm er daher mit lebhafter Freude auf. Er schrieb ihm damals[1]): „Welche bübischen Urteile über mich existieren nicht unangefochten und unwiderlegt in der deutschen Bücherwelt! Zu welcher erbärmlichen Rolle in der Unterwelt der deutschen Literatur hat mich nicht auch der furchtbare literarische Jupiter-Stygilis in Leipzig verurteilt!" Er legte großen Wert auf das Urteil seines jungen Freundes und gestand ihm in einem Brief vom 13. Dezember 1862, als er dessen Aufsatz in den „Deutschen Jahrbüchern", betitelt: „Wider die Grundanschauungen des philosophischen Idealismus", las, daß er ihn früher nur für einen philosophischen Dilettanten gehalten, jetzt aber ihn für einen ernsten Denker erachte; darum habe ihn auch sein Urteil über ihn als ein auf Sachkenntnis gegründetes innerlichst erfreut und ermuntert.

Diese Briefe Feuerbachs an Duboc sind zugleich wertvolle Ergänzungen zu den philosophischen Werken des Meisters. So gibt er in einem Briefe aus dem Jahre 1866 bemerkenswerte Kommentare zu seinem letzten Werke „Gottheit, Freiheit und Unsterblichkeit". Dort kommt er auf die Pointe des Dubocschen Einwurfs, daß Feuerbach die Moral nicht von dem Rechtsbewußtsein abstrahieren könne, zurück, dagegen polemisierend, indem er meint, daß er, Duboc, den Glückseligkeitstrieb nur

---

[1]) a. a. O., Bd. II, S. 146 ff.

erfaßt und festgehalten habe, wie ihn Kant festgestellt habe und nicht beachte, was er, Feuerbach, dagegen sage. Er fährt dann wörtlich fort: „Sie haben ferner nicht beachtet, daß nicht der Eigensinn, wenn auch philosophischer Eigensinn, sondern der volkstümliche, wenn auch aus unserem Volke verschwindende, oder vielmehr menschheitliche Gemeinsinn Basis meines Denkens ist, daß ich mich überall auf Tatsachen, Äußerungen, Offenbarungen der Menschheit, nicht dieses oder jenes Philosophen stütze, daß folglich auch mein Moralprinzip nur der Analyse der uralten, nicht nur alt- und neutestamentlichen, sondern menschheitlichen Aussprache ist. ‚Liebe, deinen Nächsten wie dich selbst' und ‚Was ihr nicht wollt' usw., d. h. was ihr nicht von anderen erleiden wollt, das tut ihnen auch nicht. Mit andern Worten: Der Wille, der keinem Übel tut, weil er usw., ist der positive sittliche Wille. Ich bedaure daher, daß trotz Ihrer sonstigen wohlwollenden Anerkennung, trotz Ihres übrigen richtigen Verständnisses von mir, ich doch Ihre Kritik meiner Moral in die Klasse der verfehlten Kritiken, die bisher über meine neueste Schrift erschienen, versetzen muß, in die Klasse der Kritiker, die nicht das, was ich sage, wenn auch mit deutlichsten Worten, sondern was sie sich selbst von mir in den Kopf setzen, was sie von mir denken, zum Gegenstand ihrer Ausstellung machen."

Nach dem Ableben Ludwig Feuerbachs veröffentlichte Julius Duboc in der Leipziger Zeitschrift: „Der Salon" (1872) sehr interessante „Erinnerungen" an den Meister, denen hier einiges auszugsweise entnommen werden soll:

„Es war im Herbst des Jahres 1853. Goldener Sonnenschein blitzte durch die Baumwipfel und durchschnitt mit Lichtstreifen die schattige Landstraße, auf der ich, von Nürnberg kommend, in einem gemieteten Hauderer langsam dahinrollte. Der gemächliche Schlenderschritt des Fuhrwerks lud zur Betrachtung der anmutigen Gegend ein, aber ich genoß im ganzen wenig von den freundlichen Eindrücken um mich her, da die gespannte Erwartung eines lange beabsichtigten Besuches bei einem verehrten Manne mich in einiger Erregtheit erhielt. Nur freute ich mich der gewissermaßen philosophischen Ruhe, die im Nachmittagssonnenscheine und der milden herbstlichen Beleuchtung über Berg und Tal ausgebreitet lag. Diese Stimmung eines sich selbst genügenden Gleichmuts galt mir als gute Vorbedeutung, sie paßte in meiner augenblicklichen Auffassung aufs beste zu der Wissenschaft, die uns zuruft: nec ridere, nec lugere res humanas fas est, sed intelligere (nicht lachen, nicht trauern soll man über die menschlichen Dinge, sondern sie verstehen lernen), die unsere Seele über Freude und Schmerz hinweg zur Erkenntnisruhe erhebt. Ich vergaß freilich dabei, daß Ludwig Feuerbach, dem mein Besuch zugedacht war, den Philosophen nur gelten ließ als denkenden Menschen, in innigem Verband mit allem menschlichen Leiden und Empfinden, daß auf ihn jener spinozistische Weisheitsspruch daher nur im eingeschränktesten Maße Anwendung finden konnte. Die ersten Werke Feuerbachs erinnerten mich alsbald daran. Denn als ich ihm endlich gegenüberstand, ich, meiner jugendlichen Kindheit mir wohl bewußt, mit einigermaßen verlegenen Blicken zu dem gereiften, mir an Jahren und Wissen so weit überlegenen Manne emporschaute, sagte Feuerbach, nachdem die ersten Begrüßungen ausgetauscht waren, mit Beziehung auf das weite, transatlantische Reiseziel, das ich mir gesteckt hatte: „Ja, ich möchte auch lieber den Spaten führen als die Feder für dies undankbare Geschlecht." Dieser Ausspruch ungeduldigen Eifers, der sich meinem Gedächtnis lebhaft einprägte, konnte auf eine allgemeine, tiefe Verbitterung hinzudeuten scheinen. Aber dem war nicht so. Feuerbach, dem bereits viele literarische Erfolge geleuchtet, dessen Hauptwerk, „Das Wesen des Christentums", mehrere Auflagen erlebt hatte, dessen wissenschaftliche Stellung und Bedeutung überhaupt eine ausgezeichnete und festbegründete war, Feuerbach war weder in der Lage noch in der Stimmung des mürrischen Philosophen von Frankfurt, der während seines ganzen Lebens den Verdruß, von dem „Unsinnschmierer" Hegel[1]) (folgt ein Ausspruch von Schopenhauer) verdunkelt zu sein, nicht verwinden konnte. Die Mißstimmung, die sich in jener Bemerkung Luft machte, entsprang viel eher dem Unbehagen, in der besten Kraft des Mannesalters nicht denjenigen ausgebreiteten Kreis einer öffentlichen Tätigkeit gefunden zu haben, der in vieler Beziehung seinem ganzen Wesen am besten entsprochen haben würde.

Obwohl schon zu jener Zeit durch die langjährige Gewohnheit des in sich gekehrten Philosophierens der Gabe der lebendigen Rede fast entwöhnt, machte Feuerbach doch sofort auf jeden, der ihm näher trat, den Eindruck, als ob die Einsamkeit des beschaulichen Denkerlebens sein Wesen nicht genügend erschöpfe. Eine durchaus wahrhafte, streitbare Natur, von ausgezeichneter polemischer Kraft, von vortrefflichen Gaben des Humors und der Satire, lebhaft angeregt und anregend, gut gelaunt und schlagfertig war Feuerbach nach dieser Seite seines Wesens wie geschaffen dazu, den Mittelpunkt einer akademischen Lehrtätigkeit, eines mit Begeisterung dem Vortragenden folgenden Zuhörerkreises zu bilden. Er selbst hatte zwar nicht die gleiche Überzeugung. Ihn kostete es, wie er noch in der Vorrede zu der Biographie seines Vaters bekennt, immer große Überwindung, aus der Studierstube in die Visitenstube zu treten und dem Publikum seine Aufwartung zu machen, und er meinte, daß sein Tätigkeitstrieb sich weniger am Schreiben und Lehren, als am Lernen und Studieren befriedigte. Aber es ist doch sehr möglich, daß hierbei allerlei unwillkürliche Täuschungen mit unterliefen. Wer die Ergebnisse seiner Studien in zehn starken Bänden niederschreibt und veröffentlicht, bei dem ist es offenbar mit der Abneigung gegen das Lehren und Schreiben nicht allzu schlimm bestellt. Und ebenso, wenn es Feuerbach große Überwindung kostete, vor das Publikum zu treten, so ist es doch andererseits ganz gewiß, daß es ihn noch größere Überwindung gekostet haben würde, dies zu unterlassen. Wie seinen Vater, Anselm v. Feuerbach, der sich selbst höchst „ehrgeizig und ruhmgierig" nennt, aber beides stets nur im Dienst der Gerechtigkeit, Wahrheit und Freiheit war, beseelte auch Ludwig Feuerbach derselbe ehrgeizige, aber den Ehrgeiz nur im Dienst der Wahrheit befriedigende Trieb. Die staatlichen und politischen Verhältnisse machten von vornherein jede öffentliche Tätigkeit für ihn unmöglich und verlegten dadurch den Schwerpunkt seines Wirkens und Schaffens in die Einsamkeit der Studierstube und die Tätigkeit des Privatgelehrten. Feuerbach selbst hat in seinen Schriften mehrfach über den Mangel einer offiziellen Stellung seiner Wirksamkeit gescherzt. Er nennt es eine Signatur eines Philosophen, kein Professor der Philosophie und eines Professors der Philosophie, kein Philosoph zu sein. Aber wenn er dies übersehen konnte und auch wirklich übersah, so war es nicht das gleiche mit dem seiner Naturanlage entsprechenden Bedürfnis einer größeren Schaubühne für seine Tätigkeit. Daß er 1848 dem Verlangen vieler seiner Verehrer, vor die Öffentlichkeit zu treten, nachgab und vor einem gemischten Zuhörerkreis in Heidelberg Vorlesungen über das Wesen der Religion hielt, beweist genügend, daß er gegen Anregungen nach dieser Richtung hin nicht unempfänglich war...."

Feuerbach wandte sich nun den leiblichen Bedürfnissen seines von längerer Fahrt zur Rast gelangten Gastes zu, indem er aus einer Ecke des Zimmers einen Schinken hervorholte und ihm denselben nebst Butter und Brot auf seinen mit mannigfaltigen Schriften bedeckten Tisch vorsetzte. „Während er so mit freundlicher Bereitwilligkeit einen Imbiß improvisierte, hatte ich Muße, das Äußere des wegen seines Atheismus verfemten Denkers, der meistens im Zimmer lebhaft auf und abschritt, zu mustern. Feuerbach war damals 49 Jahre alt. Er war von mittlerem, gedrungenem Wuchs. Seine Bekleidung bestand aus einer grauen bayrischen Joppe und Beinkleidern aus ähnlichem Stoff, und dieser Anzug vermutlich, so wie die markigen, wettergebräunten Züge verliehen ihm in meinen Augen etwas Weidmännnisches. Der Kopf mit dem kurzgeschnittenen dunklen Haar, der mächtigen Stirn, dem festen Mund, den lebhaften, nicht allzu weit geöffneten Augen war sehr gut geformt. Ein gewisser klassischer Ernst beherrschte die strengen Züge, in denen das Lächeln kein allzu häufiger Gast war, wenn auch gewisse Linien um Augen und Mundwinkel die satirische Ader verrieten, die in vielen seiner Kritiken so reich ergiebig sprudelt.

Feuerbachs Wohnort, ein bei dem Dorfe Bruckberg in der Nähe von Ansbach belegenes Schloß, gehörte zu den beneidenswertesten. Es wehte wirklich eine selten reine, gesunde, würzige Luft um die auf mäßiger Berghöhe gelegenen Schloßräume. Rings umher öffnete sich ein freundliches, fruchtbares Land mit Feldern und Wäldern, Tälern und Bächen, und in verschwenderischer Fülle umgab der Segen unzähliger Obstbäume, anderen ehrwürdigen Bäumen gesellt, den anmutigen Wohnsitz des Philosophen. Feuerbach war gewohnt, stundenlang lesend und studierend unter den Bäumen umherzuwandeln, keine denkbare Störung konnte ihm hier begegnen, und nichts zerstreute ihn als etwa, daß er gelegentlich ein paar Rehe mit gefallenem Obst fütterte. Dieses Glück, das ihm in so seltenem Maße zuteil wurde, das Leben im innigsten Vereine mit der Natur mit dem Leben im Gedanken verbinden zu können, verlieh seiner Liebe zu seinem ländlichen Musensitz eine so nachhaltige und tiefe Färbung, daß die später durch äußere Verhältnisse veranlaßte gezwungene Aufgabe desselben erschütternd auf ihn einwirken mußte. Das Leben Feuerbachs war, wie kaum zu erwähnen nötig, ebenso wie seine nächste häusliche Umgebung, seine Einrichtung und seine Gewohnheiten von äußerst einfacher Beschaffenheit. Das lebhafte Interesse, mit dem er die politische Entwicklung verfolgte, veranlaßte ihn, sich den Luxus einer regelmäßig beim Morgenkaffee erfolgenden Lektüre der „Allgemeinen Zeitung" zu gestatten. Er pflegte dabei das, was er im Auf- und Abgehen las, in kurzen, vor sich hingesprochenen Sätzen zu kritisieren und bei dem von dem seinigen weit abweichenden politischen Standpunkt des Augsburger Blattes häufig scharf zu tadeln. . . .

Ein gewisser, stillschweigend ausgesprochener, von geistlicher Seite besonders nachdrücklich aufrecht erhaltener Bann schien den Philosophen im übrigen wie mit einer sozialen Isolierschicht zu umgeben. Wir erlebten, daß, in einem Wirtshaus der Umgegend eingekehrt, der Tisch, an dem wir Platz nahmen, sich alsbald auffallend leerte, so daß wir allein blieben. Feuerbach scherzte darüber, und mir blieb es zweifelhaft, ob in diesem Zurückziehen lediglich Zufall oder Methode war. Jedenfalls stand es mit andern ähnlichen Auftritten in auffallender Übereinstimmung, und konnte bei dem Einfluß der Geistlichkeit auf die ländliche Bevölkerung auch keineswegs auffällig erscheinen. Feuerbach war übrigens nicht geneigt, dies übel zu vermerken. Er war sich seines einsamen Denkerglückes, dem ein inniges Familienleben in schönster Weise ergänzend zur Seite ging, zu wohl und zu stolz bewußt, um anders als scherzend auf die kleinen Steine zu deuten, die Unverstand und Amtseifer ihm in den Weg zu schleudern bemüht waren. Und auch auf sein äußerliches Verhalten blieben derartige Vorkommnisse ohne verstimmenden Einfluß. . . .

Während meines Aufenthaltes in seinem Hause pflegte mir Feuerbach die Nachmittage zu widmen. Wir durchstreiften dann die freundliche, nähere Umgebung [seines Wohnsitzes, wobei Feuerbach mich angelegentlich auf alle anmutigen Punkte aufmerksam machte, namentlich gehörte ein verschlungener Waldweg, der mit einem Wasserfall endigte, zu seinen Lieblingsspazierwegen. Unsere Unterhaltung bezog sich hauptsächlich auf philosophische Gegenstände. Ich hatte mir diejenigen Punkte niedergeschrieben, die mir [besonders wichtig waren, und mit großer Geduld, einer Geduld, die bei seiner natürlichen Lebhaftigkeit das schönste Zeugnis für seine humane Sinnesweise war, ging der Philosoph eben so mündlich auf meine Kreuz- und Querfragen ein, wie er schon vorher die gleiche Mühe brieflich nicht verschmäht hatte. —

Feuerbach hatte gerade damals die Herausgabe des literarischen Nachlasses seines Vaters beendet und ein Werk geschaffen, welches die höchste Objektivität des Verfahrens auszeichnet. Die subjektive Persönlichkeit des Sohnes trat nur in dem einen charakteristischen Umstand zutage, daß er das den zwei Bänden des Nachlasses vorgesetzte Bild ohne die vier Orden erscheinen ließ, welche auf dem Originalbild sichtbar sind. . . .

„Wie eine wahre Wißbegierde", pflegte er zu sagen, „sich auf alles erstreckt, was wert ist, gewußt zu werden, aber auch auf nichts anderes, so sollten die wahren politischen Triebe der Nation sich nur auf Preußen richten und alles andere aus dem Spiel lassen, weil bei dem andern doch nichts herauskommt."

Mit bewegtem Herzen und erweiterter Seele schied ich nach acht Tagen aus der Nähe des verehrten Mannes und der mir lieb gewordenen Umgebung, indem ich eine Erinnerung davontrug, die mir fürs Leben geblieben ist.

Viel später sah ich Feuerbach wieder. Es war vor sechs bis sieben Jahren in Berlin, wo er unangemeldet und unvermutet, aber hochwillkommen, plötzlich in mein Zimmer trat. Ich fand ihn trotz des langen Zeitraums, der zwischen jetzt und damals lag, äußerlich wenig verändert. Nur die Unfähigkeit für den

Meinungsaustausch mittels des lebendigen Wortes hatte noch zugenommen. In Berlin, das stets von einem einzigen gewaltigen Echo des redefertigen Zungenverkehrs zu erdröhnen scheint, war er, wie seinerzeit vor ihm Rückert, gewissermaßen eine Abnormität."

Helle Lichtstrahlen warf in das einförmige fast qualvolle Dasein des Dulders in Rechenberg der Umstand, daß seine Schriften, zumal die älteren, vielfach in fremde Sprachen — so u. a. ins Französische, Englische[1]), Italienische, Spanische, Holländische und Russische — übersetzt wurden. Daß im Lande seiner Sehnsucht und seines Ideals von frühester Jugend an, in Amerika, die Zahl der Feuerbachianer außerordentlich wuchs, erfüllte seine glühende Seele mit immer neuen Hoffnungen für die Zukunft der Menschheit. Er erlebte es noch, daß man jenseits des Ozeans eine Stadt, sowie einen Fluß, der von der Felswand kühn herabbrausend alles zu vernichten scheint, aber in der Ebene angekommen sich mächtig erweitert und lebenspendende Fruchtbarkeit weit hinaus verbreitet, nach ihm benannte.

Wir haben schon wiederholt darauf hingewiesen, daß der süddeutsche Feuerbach eine besondere Vorliebe für Preußen und speziell Berlin, für den geistigen Aufschwung, die hohe Intelligenz und den Unabhängigkeitssinn dieser Stadt, hatte. Als nun im Jahre 1864 anläßlich seines 60. Geburtstages von Spreeathen liebevolle und sinnige Angebinde für ihn einliefen, konnte er nicht umhin, dem Trieb seines Herzens zu folgen und im Sommer des genannten Jahres jene Residenz zu besuchen, wo er, wie wir wissen, etwa vier Jahrzehnte vorher die zwei glücklichsten Jahre seines Lebens verbracht hatte. Jener kurze Aus-

---

[1]) Sogar eine Dame, die ausgezeichnete Schriftstellerin und Dichterin Mary-Ann Evans, die ihre Romane bekanntlich unter dem Pseudonym George Eliot veröffentlichte, übersetzte 1854 sein „Wesen des Christentums".

flug nach der Hauptstadt der märkischen Streusandbüchse bereitete ihm hohe Freude, denn er konnte sich schon während der flüchtigen Zeit seines dortigen Aufenthalts davon überzeugen, daß er keineswegs zu den Vergessenen gehörte. Es gefiel ihm dort so sehr, daß er einige Zeit sogar entschlossen war, mit seiner Familie ganz nach Berlin zu übersiedeln. Zumal nach seiner Rückkehr der entsetzliche Abstand zwischen Rechenberg und den dortigen Verhältnissen und zwischen Berlin und dem dort blühenden geistigen Leben ihm immer schmerzlicher zum Bewußtsein kam.

Nachdem wir bereits früher das Urteil des Jünglings über Berlin in der Mitte der zwanziger Jahre des vorigen Jahrhunderts kennen gelernt haben, wird es gewiß von Interesse sein, auch von den Eindrücken Kenntnis zu nehmen, die die Stadt der „reinsten Intelligenz" auf den Sechzigjährigen machte. Wir finden seine Bemerkungen in einem Briefe niedergelegt, den er im Sommer am 25. September 1864 an Wilh. Bolin richtete: „Der Brief ist gerade an dem Tag geschrieben, an welchem ich von dem schönen Berlin und dem liebenswürdigen Khanikoff, dem einzigen mir bis zum letzten Augenblick meines Dortseins treu gebliebenen befreundeten Wesen, schmerzlichen Abschied nahm. Und noch bis jetzt habe ich diesen schmerzlichen Abschied nicht überwunden, weil das wunderschöne Wetter, das sich unmittelbar nach meiner Abreise von Berlin eingestellt hat, mir ad oculos demonstrierte, daß meine Reise, so schön sie war, so gelungen von Anfang bis zu Ende, so reich an wohltätigen Anschauungen aller Art, doch der Zeit nach eine verfehlte war, daß ich sie, wie es ja anfangs mein Wille war, auf die Herbsttage, die ja gewöhnlich bei uns die schönsten Tage des Jahres sind, hätte aufsparen sollen. Nun bin ich leiblich hier und doch geistig noch immer abwesend. Das schöne Wetter läßt mir keine Ruhe. Ich möchte immer statt lesen, schauen, statt denken, sprechen, statt in der Studierstube sitzen, im Tiergarten oder Unter den Linden oder in den Kunstsälen Berlins herumwandeln. Dabei muß ich mich immer fragen, **was tust du denn hier, wozu bist du denn hier?** Ist es die Natur, ist es die Kunst, sind es die Menschen, ist es der Bücherreichtum, der dich an den hiesigen Aufenthaltsort fesselt? Und ein niederschmetterndes Nein ist die Antwort auf diese Fragen. Zwar habe ich mir immer schon vorher diese Fragen aufgeworfen und mit Nein beantwortet, aber Berlin hat mir doch erst recht lebhaft die Öde, die Sinn- und Zwecklosigkeit meines Aufenthalts dahier zur Anschauung gebracht. Statt über abstrakte Dinge sinne ich darüber nach, ob ich nicht, wenn auch nicht für immer, wenn auch nicht mit meiner Familie, doch allein und auf längere Zeit nach Berlin gehen kann und soll. Bei diesen gemütbewegenden Fragen können Sie sich denken, daß ich jetzt auch noch keinen Sinn für den Leibnizschen und Kantschen Idealismus habe, und Sie daher allein Ihren Gedanken überlassen muß. Alle meine Gedanken weilen noch in der Vergangenheit. Selbst was ich seit meiner Rückkehr gelesen, bezog sich größtenteils auf gesehene Kunst- oder Naturgegenstände; denn auch diesen letzteren habe ich namentlich in dem ebenso schönen, als durch seine Braunkohlenformation interessanten Falkenberg, wo ich acht Tage mit meiner Tochter mich aufhielt und wo diese gegenwärtig noch weilt, meine Aufmerksamkeit während meiner Reise gewidmet, soweit es das leider meist schlechte Wetter und der Mangel an allen Hilfsmitteln erlaubten.

Indem ich in der Erinnerung von der Natur zu den gesehenen Kunstgegenständen übergehe, muß ich Ihnen noch insbesondere und ausdrücklich dafür Dank sagen, daß Sie mich oder, es ist eines, uns — denn wir dreie: Papa, Tochter und Frau von Khanikow waren bis auf die Falkenberger Reise unzertrennlich, so auch Ein Herz und Ein Auge in der Anschauung und Bewunderung der Pietà in Potsdam — auf dieses unvergleichliche, tief ergreifende Kunstwerk aufmerksam gemacht haben, denn ohne Sie wäre es uns sicherlich entgangen, ebenso wie unserem Begleiter, einem livländischen Russen, der schon öfter in Potsdam gewesen war, ohne — noch dazu ein Ästhetiker — das Sehenswürdigste daselbst gesehen zu haben. Sie sehen, wie es sich auch an mir bestätigt: wenn jemand eine Reise tut, so kann er was erzählen; denn ich habe Ihnen noch nie einen so geschwätzigen Brief geschrieben, wie diesen, und wie vieles könnte ich noch plaudern! Sie sehen hieraus zugleich, daß die Reise mir doch gute Früchte getragen hat, wenn auch einstweilen nicht in bezug auf meine Schrift- doch Briefstellerei, daß sie eigentlich nur einen Fehler gehabt hat, den, daß sie zu kurz war. Und warum war sie es, warum ging ich fort von Berlin? Weil ich a priori, in Wort und Gedanken, meiner Reise eine so kurze Zeit gesetzt hatte und nun diesem Wort treu bleiben wollte, um so mehr treu bleiben wollte, weil ich zugleich auch dem Verdacht — nicht etwa anderer, sondern meines eigenen Verstandes —, es könnten am Ende und im Geheimen nur die Reize weiblicher Liebenswürdigkeit sein, die mich an Berlin fesseln, derbe ins Gesicht schlagen wollte. Und so habe ich denn bei meinem freiwilligen Abschied von Berlin vielleicht männlich, aber gewiß höchst unphilosophisch gehandelt; denn der Unterschied zwischen dem A priori und dem A posteriori hat sich auch hier schlagend herausgestellt. Wieviel Zeit zu würdiger und adäquater Anschauung erfordert nicht allein die Bildergalerie! Wieviel bedeutende Bilder habe ich über andere bedeutende übersehen, wie ich zu meinem großen Leidwesen noch an dem letzten Tage meines Aufenthalts aus dem Museumskatalog ersehen! Doch Adieu Berlin!"

Auch mit seinem Freunde Heinrich Beneke unterhielt er sich gern über die schönen Tage von Berlin. Dieser hat seine Aufzeichnungen über dieses Ereignis im Leben Feuerbachs veröffentlicht,[1]) und entnehme ich seinem Aufsatz das Folgende.

Gemeinsam begaben sie sich in die Mauerstraße, um zu sehen, ob das Haus noch bestand, wo Feuerbach als Student gewohnt hatte. An der Dreifaltigkeitskirche vorbeikommend, blieb er stehen, „um sich das Glück seiner Berliner Jugendzeit" zu vergegenwärtigen. „Erhabeneres als in dieser Andachtsstätte" hatte er bis dahin nicht erlebt. Frühzeitig pflegte er sich hier am Sonntag einzufinden, um Schleiermacher predigen zu hören. „Der kleine, in der Schulter halbschiefe Mann ragte aus der Kanzel kaum hervor. Er verlas ein kurzes Textwort und hob dann mit Betrachtungen an, deren Tiefe und Gewalt mit jedem neuen Satz sich steigerte. Da war nichts Gemachtes, nichts Auswendiggelerntes, nichts Salbungsvolles; man merkte es dem Manne an, wie logisch scharf und rednerisch schön er von Gedanken zu Gedanken kam." Vorher nur in allgemeinen Umrissen überdacht, war die ganze Kanzelrede wie das Ergebnis augenblicklicher Eingebung. „Er reihte Glied an Glied mit dem Geschick eines Demosthenes, und man sah, wie meisterhaft der Kunstbau seines Vortrags vor dem Hörer entstand: hier Mystiker, da Pantheist, hier wieder Spinoza, da Plato und Paulus in ein und derselben Ideenreihe. Nichts von Überredung, sondern nur die vollste Überzeugung sprach aus ihm, Probleme lösend und Probleme schaffend, um sie dem eigenen Nachdenken der Hörer zu überlassen. Um dieser Erlebnisse willen ist mir Berlin unvergeßlich und dieser Ort hier, wo wir stehen, eine geheiligte Stätte."

Unter weiteren theologischen Gesprächen waren die Freunde bis zur Ecke der Charlotten- und Französischen Straße gelangt, als Feuerbach nach dem bekannten Weinrestaurant von Lutter & Wegner hinwies und bemerkte, er sei dort einmal mit Hegel

---

[1]) „Tägliche Rundschau" in Berlin, Ostern 1890 und „Ausgewählte Briefe", Bd. II, S. 176 ff.

zusammengetroffen, wobei er, soweit es seine Jugend und persönliche Schüchternheit gestatteten, dem verehrten Meister das Aufkeimen eigener Gedanken über Welt- und Überweltliches eingestanden habe, welche zu einer Ablenkung von seinem System führen mußten. Von hier die Schritte zur Universität lenkend beschlossen die Freunde bei **August Twesten** zu hospitieren, dessen Kolleg über Dogmatik gerade beginnen sollte. Unmittelbar vor Eintritt des Professors in den Hörsaal gelangt und einen bescheidenen Platz dort einnehmend, hörten sie ihn die Lehre von den „bösen Engeln" entwickeln. Zum Schluß berief er sich gar, doch ohne jede Spur pfäffischer Gehässigkeit, auf die gegnerischen Ansichten von **David Friedrich Strauß** und **Ludwig Feuerbach**, sie als gründlich und tiefsinnig, aber in ihrer blendenden Dialektik für gefährlich erklärend, wiewohl ein Einblick in diese Autoren, unter nötiger Umsicht und Achtsamkeit auf den Glaubensgehalt, nicht unstatthaft sei. Auf den anwesenden Erzketzer wirkten diese Erörterungen so humorweckend, daß er seine ganze Kraft zusammennehmen mußte, um nicht in helles Gelächter auszubrechen. Beim Verlassen des Hörsaals begrüßte Twesten den ihm persönlich bekannten Dr. Beneke, mit dem er einige Worte wechselte, während Feuerbach dicht hinter ihnen folgte. Im Korridor verneigte sich Beneke vor den beiden und stellte seinen Begleiter dem nicht wenig erstaunten Professor vor. Dieser begrüßte ihn aufs freundlichste und schloß das liebenswürdige Gespräch mit einer Mittagseinladung zum folgenden Tage, welche bereitwillig angenommen wurde. Die beiden Geladenen hatten im Hause des freisinnigen Theologen einige überaus angenehme und anregungsvolle Stunden, die auch der Wirt mit den Seinen als eine ihnen gewordene Freude genoß, zumal er an seinem Gast, neben seinen gründlichen und umfassenden Kenntnissen, namentlich auf dem Gebiete der biblischen Philologie, auch den gediegenen Menschen wert zu schätzen Gelegenheit gefunden. Nach der Verabschiedung aus diesem Hause meinte Feuerbach scherzend, er müsse sich vor weiterem Hospitieren bei Theologen und Kathederphilosophen hüten, da er sonst, „weil doch alle gegen ihn donnern, aus dem Dinieren nicht herauskommen würde".

Ludwig Feuerbach hat zahlreiche Aphorismen, Reflexionen und einzelne hingeworfene Gedanken hinterlassen, die sich vielfach mit seinem äußeren und innerlichen Leben, wenn auch nur flüchtig, befassen; aber leider hat er es unterlassen, da es seinem bescheidenen Sinn widersprach und er von sich selbst überhaupt nie gern sprach und schrieb, Lebenserinnerungen zusammenzustellen, die gewiß zur Beurteilung dieses seltenen Mannes und seiner Zeit von außerordentlichem Nutzen gewesen wären. Dafür taute er auf, wenn er im Kreise von intimen Freunden beim Glas Bier oder Wein saß und in mitteilsamer Stimmung sich befand. Es bot einen hohen Genuß, den edlen und geistvollen Mann von allem reden zu hören, was sein Herz bewegte und seinen Geist beschäftigte. Konrad Beyer begleitete ihn hin und wieder in die Nürnberger Bierwirtschaften, und der Meister unterhielt sich dort, wie der genannte Gewährsmann versichert, wenn er die ihm zusagende Gesellschaft traf, gern über politische und religiöse Fragen, wobei nicht selten seine lebhafte Indignation oder sein in Sarkasmen sich ergießender Humor zur Geltung kam. Zuweilen aber kam er auch verstimmt nach Hause und erwiderte auf die liebevollen Fragen der Seinigen, ob es ihm nicht gefallen habe: „Ich habe niemand gefunden" — welche sein Gefühl der Einsamkeit inmitten vieler Menschen verratende Worte seiner Frau immer wie eine Sehnsucht nach dem geliebten Bruckberg erklangen, die gelegentlich einer sorgenerfüllten Stimmung des geliebten Gatten sogar einmal die bitteren Worte vernahm: „Ich wollte, ich wäre ein Holzhacker geworden!"[1])

---

[1]) „Leben und Geist Feuerbachs", S. 38.

Ausgiebigeres und reichhaltigeres Material über das Leben und Denken des Weisen von Rechenberg, als in seinen Werken und Artikeln enthalten ist, bergen seine an einige ihm besonders liebe Verehrer und Freunde gerichteten Briefe. Einer solchen Bevorzugung erfreute sich z. B. der ursprüngliche Pädagog und spätere Ökonomieverwalter J. Schibich in Sechwitz bei Znaim in Mähren. Der Philosoph hat diesem über sein Seelenleben, über seine Eigenarten und Eigentümlichkeiten mehr mitgeteilt und enthüllt als irgendeinem seiner Jünger.

Hier nur einiges davon.

Feuerbach schreibt an J. Schibich, der ihm allerlei Titulaturen verliehen, daß er kein Freund derselben sei; die einzige, die ihm entspreche und die er gern höre, sei die, welche die Bauern in der Gegend von Bruckberg ihm gegeben, die ihn schlecht und recht „Herr Feuerbach" nennen. Denn das deutsche „Herr" habe nichts mit einem französischen Seigneur gemein, es sei ein sehr populäres Ding.

Schibich wurde die Ehre zuteil, daß ihm Feuerbach, was er sonst immer ausschlug, eine sehr originelle, ernstlustige Lebensskizze zukommen ließ.

Ich hebe daraus die folgenden charakteristischen Züge hervor.

Seine Tochter, die er unendlich liebe, erziehe er nach den einfachsten Grundsätzen, nämlich vor allem herzlichst seines ländlichen Lebens und Seins sich zu erfreuen, aber auch ernstlich zu lernen und in den weiblichen Künsten sich zu üben. Seine Lebensweise sei höchst einfach, regelmäßig und naturgemäß. Alle seine Werke seien Früchte des Tages, des natürlichen, nicht künstlichen Lichts, der gesunden Nüchternheit, nicht der Aufregung und Überreizung durch Genüsse.

„Nur zwei Tassen nicht besonders starken, schwarzen Kaffees ohne Milch und Zucker trinke ich täglich, eine morgens, die andere nach Tisch, aber jeder geht voran und folgt nach noch ein Glas kalten Wassers. Erst am Abend nach getaner Arbeit, ungefähr um 8 oder 9 Uhr, trinke ich Bier, wobei ich eine Pfeife schmauche, mich unterhalte oder Zeitungen und dergl. lese. Aus dieser diätischen Lebensordnung komme ich nur, wenn ich überhaupt durch besondere Veranlassungen aus meiner Ordnung, meiner Lebens- und Tätigkeitsweise herauskomme. Da haue ich allerdings oft tüchtig über die Schnur, sowohl aus Instinkt, als Grundsatz, um durch ewiges Einerlei den Körper nicht zu verwöhnen und zu verweichlichen, den Geist nicht abzustumpfen, kurz, um in das System der Ruhe und Ordnung zeitweise eine wohltätige Revolution hineinzubringen."

Von jeher habe er das Leben als einen Feldzug betrachtet und darauf Bedacht genommen, sich auf alle Fälle zu rüsten, sich jeder Witterung ausgesetzt, sich stets so leicht als möglich gekleidet, soviel als möglich der Schwäche seiner Natur nicht nachgegeben, sondern getrotzt, sich daran gewöhnt, alles genießen, aber auch, wenn es sein müßte, entbehren zu können. Die Leiden, die ihn im Leben gequält haben, seien Katarrh, Schnupfen, Rheumatismus und Ohrensausen. Er sei weder robuster noch schwächlicher Natur, nicht dick, aber auch nicht mager. Den Wein liebe er sehr, er sei das seiner Natur entsprechende Getränk, aber er betrinke sich selten. Was seine Tracht betreffe, so hasse er in dieser Beziehung alles Schlampige, Nachlässige, Schmutzige, Philisterhafte, ebenso wie alles Gezierte, Geckenhafte, Modische. Der Frack sei ihm unausstehlich, er trage nur Überröcke, am liebsten kurz, oben geschlossen. Er liebe das Schön- oder wenigstens nicht garstig und widerlich Schreiben, aber dieser gute Wille werde meist zu schanden an dem schlechten Zustand seiner Federn, mit denen niemand als er schreiben könne.

In diesen Briefen finden wir auch so manches eigenartige und amüsante Wort Feuerbachs über das „Ewig-Weibliche". Es muß hier konstatiert werden, daß er im Gegensatz zu Arthur

Schopenhauer, der in seiner „Metaphysik der Geschlechtsliebe" und anderen Werken sich über das Weib in wegwerfender und zuweilen höhnischer Weise äußert, die Achtung vor dem schwachen Geschlecht nie verleugnet und von seiner ritterlichen, galanten Gesinnung wiederholt Zeugnis ablegt. In einem Briefe von ihm vom Anfang Juni 1870 an Wilhelm Bolin heißt es z. B., daß er in seinem schwerfälligen, verdrießlichen und schreibunwilligen Alter sich nicht mehr an die Lösung neuer wissenschaftlicher Probleme machen wolle, er könne nichts weiter tun, als seinen Sinn offen und frei für sie zu erhalten und durch teilnehmende Lektüre und Anerkennung dieselben sich aneignen, um sich so geistig jung und frisch zu erhalten. Eine solche Aufgabe sei außer der großen Arbeiter- und Kapitalistenfrage die **Frauenemanzipation**, die seinen Geist und sein Gemüt bewege. Er sagt dann wörtlich:[1] „Ob ich gleich stets die Geschlechtsdifferenz für eine wesentliche, aber nicht nur leibliche, sondern auch geistige gehalten und anerkannt habe, so habe ich doch nie auf eine Inferiorität des weiblichen Geistes geschlossen. Mann und Weib sind nicht nur leiblich, sondern auch geistig unterschieden. Aber folgt aus diesem Unterschied Unterordnung, Ausschließung des Weibes von geistigen und allgemeinen, nicht nur häuslichen Beschäftigungen? — Lassen wir die Frauen nur auch politisieren! Sie werden gewiß ebensogut wie wir Männer Politiker sein, nur Politiker anderer Art, vielleicht selbst besserer Art wie wir. Mad. de Staël, die von mir wegen ihrer „Considération sur la Révolution française" hochgeschätzte, übrigens von mir auch nur aus diesem Werke gekannte Frau, sagt: „Genie kennt kein Geschlecht." — Warum nicht? Aber auch das weibliche Genie ist Genie, ebensogut als die weibliche Heldentat Heldentat ist. Bei jeder glänzenden, sei es im Guten, sei es im Bösen hervorragenden

---

[1] Ludwig Feuerbachs Briefwechsel und Nachlaß, Bd. II, S. 201 ff.

Eigenschaft abstrahieren wir von dem Unterschied des Geschlechts. Die Weiber werden ebensogut als die Männer geköpft; warum sollen sie nicht auch Bürgerkronen verdienen können, warum sollen ihnen nicht die Mittel gegeben, die Bahnen geöffnet werden, solche zu verdienen? Kurz, die Emanzipation des Weibes ist eine Sache und Frage der allgemeinen Gerechtigkeit und Gleichheit, die jetzt die Menschheit anstrebt, eine Bestrebung, deren sie sich rühmt, aber vergeblich, wenn sie davon das Weib ausschließt."

Neuntes Kapitel.

Die Sonne geht zur Neige. — Wiederholte Schlaganfälle. — Feuerbachs letzte Lebensjahre. — Sein Tod. — Seine Bestattung. — Reden an seiner Gruft. — Gedichte auf ihn. — Seine Bilder und Büsten. — Sein Denkmal auf dem Johannisfriedhof zu Nürnberg. — Persönliche Erinnerungen an ihn von Julie Stadler. — Persönliche Erinnerungen an ihn von A. Rau. — Ludwig Feuerbach und sein Bruder Fritz. — Briefwechsel zwischen beiden. — Tod Bertha Feuerbachs und Nekrolog auf sie von Karl Grün. — Ein Gedicht auf sie von Julie Stadler.

Die glänzende Sonne dieses gottbegnadeten Lebens neigte sich zum Untergang. Im Jahre 1866 hatte Feuerbach ein leichter Schlaganfall betroffen, der sich im Juli 1870 erneuerte. Seitdem war seine bis dahin felsenfeste Gesundheit tief erschüttert. Gänzliche Appetitlosigkeit stellte sich ein, die im Frühjahr 1867 in Schwindel, Übelkeit und Erbrechen ausartete. Erholte er sich auch allmählich und kehrte auch die Lust zur wissenschaftlichen und literarischen Tätigkeit wieder, so fühlte doch Feuerbach selbst, daß seine Tage gezählt seien. Vom März bis Mitte Juli 1872 verließ er nicht mehr das Krankenlager. Dann erhob er sich wieder bis zum 5. September. Eine leichte Erkältung artete in Lungenentzündung aus, und am 13. September 1872 starb Ludwig Feuerbach.

Über das Ableben ihres edlen Gatten schrieb später die Witwe an Frau Emma Herwegh: „Ohne die leiseste Bewegung seines Körpers lag er bis Freitag früh halb sechs. Ein krampfhaftes Aufzucken war das Ende dieses uns so teueren Lebens. Ich glaube nicht, daß je ein Mensch so ruhig dahingeschlummert ist wie er. Wir hatten eine wundervolle Mond- und Sternennacht. Das Fenster war die ganze Nacht geöffnet. Abwechselnd saßen ich und Lorchen an seinem Bette, unsere Hände in die seinigen legend. Das Aufhören dieses teueren Lebens war ein heilig schmerzlicher Moment. Unverstellt erhielten seine Züge einen Ausdruck, der wunderbar, ja göttlich war. Das Bild war ganz der Spiegel seines innersten, edelsten Wesens. Dieser Ernst in seinem Antlitz, der so oft mit Wehmut mich erfüllte, blieb ihm ganz eigen. Wir konnten uns nicht davon trennen und mußten es doch."

Am 15. September trug man die sterblichen Reste des Unsterblichen auf den weltberühmten Johanniskirchhof zu Nürnberg zur Ruhestätte Albrecht Dürers, Hans Sachs' und Wilibald Pirkheimers. Eine ungeheuere Menge von Leidtragenden von nah und fern erwies dem verehrten Mann die letzten Ehren. Man schätzte sie auf etwa zwanzigtausend Personen. Die gehaltvolle Leichenrede hielt auf Wunsch der Familie einer der letzten und treuesten Hausfreunde Feuerbachs, der freireligiöse Prediger Karl Scholl. Mögen aus dieser meisterhaften Ansprache nur die nachstehenden Stellen, die die Bedeutung des großen Toten als Denker und Mensch kennzeichnen, mitgeteilt werden: „Was vor drei Jahrhunderten ein Kopernikus, ein Kepler, ein Galilei der Erde getan, indem sie derselben in ihrem Verhältnis zur Sonne und zu allen übrigen Gestirnen den ihr gebührenden Platz im Weltall angewiesen, dasselbe hat Ludwig Feuerbach getan für den Menschen, für die Menschheit. Er ist es, dem wir's verdanken und dem's die Nachwelt noch ganz anders danken wird, vor allem er, der den Vorhang zerrissen hat, der uns getrennt und geschieden von unserem eigenen Selbst, der den Schleier und die Binden weggerissen, die seit Jahrtausenden, zumal durch Priesterhand, um Augen und Herzen der Menschheit gelegt waren, und infolgedessen unser Geschlecht sich eingebildet, wir befänden uns auf unserer Erde als einem Ort des Fluches, einem Jammertal, sich eingebildet, alles Hohe, Schöne, Edle, alles Ewige, Göttliche sei nur außer und über uns, nicht in uns selbst zu finden, sich eingebildet, wir müssen erst sterben, um in den Besitz all dieser hohen und höchsten Güter zu gelangen, denn da droben hinter den Sternen, hinter dem Himmelsgewölbe, da wohne der große Gott, und dort nur sei wahres, ewiges Leben, dort im schönen Jenseits. Dieser Traum der Menschheit ist es, den Ludwig Feuerbach, er wenigstens vor allem, ein für allemal zerstört und zertrümmert hat.

„Angesichts der ewigen, unumstößlichen Wahrheit, daß die Welt eine und eine einzige ist, nicht zerspalten in ein Droben und Drunten, nicht zerrissen in ein Jenseits und Diesseits, nicht hier ein Ort der Verbannung für arme Sünder und droben erst ein ewiges, herrliches Leben, droben Gott, — Angesichts der nicht länger zu bestreitenden Tatsache, daß die Welt ewig und unendlich, daß die Welt, wie der fromme Sirach schon sagt, ‚Er selber,‘ — daß wir außer dieser unendlichen Welt, außer oder über ihr, uns somit kein anderes Wesen, als Personen oder irgendwie, mehr zu denken berechtigt sind, — daß sie selbst uns erscheint als das eine, ewige, ewig schaffende und ewig zerstörende Weltwesen, — daß die höchste Offenbarung desselben, der selbstbewußte Geist in uns, in unserem Gewissen, in unserer Vernunft, in der gesamten Menschheit und unserer Geschichte zur Erscheinung komme, — angesichts dieser nicht mehr zu leugnenden Tatsache hat Ludwig Feuerbach das große und kühne Entdeckerwort gesprochen, daß folglich es auch eine Täuschung war, wenn sich die Menschen bis zur Stunde eingebildet, die Religionen seien übernatürliche Offenbarungen; er hat vielmehr nachgewiesen, daß sie alle ohne Unterschied nicht von außen, nicht von oben her in den Menschen hineinkommen, daß sie vielmehr der Menschheit eigenstes Werk, ihr eigenes Fühlen, Sehnen, Hoffen und Denken, aus ihr selbst heraus entstanden seien.

„So seht denn hin, ihr Frommen, seht hin auf den großen schrecklichen Atheisten oder Materialisten, wie ihr so gern und so selbstzufrieden ihn nennt, — er ist gestorben so friedlich, so sanft, so ruhig, wie es dem Frömmsten unter euch nicht immer beschieden ist! Uns, die wir hier an seinem offenen Grabe stehen, uns ist es Bedürfnis, die Frage uns zu beantworten: was ist es gewesen, das ihn zur Erfüllung dieser seiner Lebensaufgabe, die er für die Menschheit vollbracht hat, was ist es gewesen, das ihn zu dieser Riesenarbeit und Riesentat befähigt, welches ist der innerste Trieb oder Drang seines Wesens, der ihn dazu geführt hat? **Es war seine große, seine unverfälschte, seine unbestechliche Liebe zur Wahrheit**, und sie möge es darum sein, an die wir vor allem an seinem Grabe uns erinnern wollen."

Seines Lebens Not, geht der Gedanke weiter, war ihm der Spiegel des allgemeinen Lebens, der unversöhnte Gegensatz des Daseins.

„Darum hat er von sich selbst aus fühlen gelernt, was es heißt, sorgen und kämpfen müssen ums Allernotwendigste, von sich selbst aus gelernt, die Not und den Jammer und das Elend der vielen, vielen Tausende anderer, die in noch drückenderen Verhältnissen leben, ganz zu erkennen und zu würdigen, und darum hat er sich vor Jahren schon auf Seiten derer gestellt, welche es sich zur Aufgabe gemacht, durch alle geistigen und materiellen Mittel es dahin zu bringen, daß der Not, des Jammers, des Elends und der Verzweiflung weniger werde auf unserer sonst so schönen Erde, daß die klaffende Gruft sich schließe, welche die Besitzenden trennt von den Besitzlosen."[1])

Er schloß mit den Worten: „An diesem Grabe sind alle freisinnigen Parteien vertreten. Lassen Sie uns nicht scheiden, ohne den einen versöhnenden Gedanken uns recht fest und tief einzuprägen: daß über allen Parteiunterschieden es ein Gemeinsames, ein Höheres gibt, und das ist eben die Grundidee, welche

---

[1]) a. a. O., Bd. II, S. 113 ff., und „Leben und Geist Ludwig Feuerbachs" von Dr. C. Beyer, S. 43 ff.

für alle Zeiten an Ludwig Feuerbachs Namen geknüpft ist, die gemeinsame Idee der Menschheit, die immer freier, immer besser, immer gerechter, immer brüderlicher und dadurch immer glücklicher werden will, die Idee der Menschlichkeit, die Idee der Humanität. Je mehr sich die Parteien von dieser Idee durchdringen lassen, desto mehr wird der Kampf ein reiner, ein wahrhaft heiliger werden, — frei von allen bloß persönlichen und kleinlichen Gehässigkeiten, desto mehr wird Feuerbachs Geist unter uns fortleben.

Und so leb' denn wohl, geliebter Freund, leb' wohl, du unvergeßlicher, hochverehrter Lehrer, Vorkämpfer, Vorbild, Wecker, Erlöser!

Deinen Leib geben wir der Mutter heim, die uns alle geboren, Deinen Geist bewahren wir uns als unser heiligstes, unser unentreißbares Vermächtnis. Und daß er immer mehr in uns erstarke, daß er in immer herrlicherer Verklärung seine Auferstehung feiere in jedem einzelnen, in jeder Familie, im ganzen Staat der Zukunft, dafür zu sorgen, daran mitzuarbeiten, bis auch unser Auge bricht, das sei unser schönster Dank für dein in Selbstvergessenheit vollbrachtes Geistes- und Liebeswerk, das sei unser Schwur, den wir mit unsern Kränzen niederlegen auf dein Grab, — und den Schwur wollen wir halten, halten als Männer, als deine Jünger, als Ritter deines Geistes!"[1])

Nach Scholl führte der Prediger der freien Gemeinde zu Nürnberg, Dr. Mock, aus, welche Verdienste sich Feuerbach um den religiösen Fortschritt erworben habe, dabei betonend, daß der große Philosoph nie zur freien Gemeinde übertrat, dieselbe sei vielmehr zu ihm übergetreten und habe sich seinen Lehren und Anschauungen angeschlossen. Es sprachen noch ferner der schon genannte Hausarzt und Freund des Verblichenen, Dr. med. Baier-

---

[1]) Vgl. „Dem Andenken Ludwig Feuerbachs", Nürnberg 1872, S. 12.

lacher, Dr. Conrad Beyer als Vertreter des freien deutschen Hochstifts, Herr von Khanikoff u. v. a. Der Sarg war mit Lorbeerkränzen übersäet.

Mock hatte auch ein stimmungsvolles Gedicht verfaßt, das der Arbeiter Georg Kopp von der Kramer-Klettschen Fabrik vortrug, also lautend:

„Fern sei der Gruft Betrug, Verrat,
Die Lüge schwarzer Geistesschergen,
Wo wir der Wahrheit Rachesaat
In ungeweihter Erde bergen.

Hier braucht es keine Priesterhand,
Um zwischen Gott und Mensch zu rechten,
Der Wahrheit stolzer Feuerbrand
Läßt sich durch keine Formeln knechten.

Republikaner durch und durch,
Ein Atheist vom reinsten Klange,
Der Freiheit und der Wahrheit Burg,
So stand er fest im Wogendrange.

Mit seines Wortes eh'rnem Keil
Zerschlug er Tempel zu Gerölle,
Vor seinem scharf gezielten Pfeil
Zerstob der Himmel, brach die Hölle.

Heut wähnt der Pfaffe, er sei tot,
Den man im Leben totgeschwiegen,
Er lebt! Der Wahrheit flammend Rot
Ist schon aus seiner Gruft gestiegen.

An seinem Grabe steht die Frucht,
Die er gesät: Die freien Denker!
Wir wanken nicht, mit eh'rner Wucht
Zerschmettern wir der Wahrheit Henker."

Nach dem Sprecher der freireligiösen Gemeinde ergriff der damalige sozialdemokratische Führer und jetzige Bauernbündler, Reichstagsabgeordneter und Zeitungsbesitzer Anton Memminger namens der sozialdemokratischen Partei Nürnbergs das Wort zu folgender Rede:[1])

„Geehrte Anwesende!

Devocavit philosophiam e coelo in terram! Er hat die Philosophie vom Himmel auf die Erde herabgerufen. So sagt Cicero von dem berühmtesten Philosophen des Altertums, dem Athenienser Sokrates. Auch von Ludwig Feuerbach, dem berühmtesten Philosophen der Neuzeit, können wir sagen: Er hat die Philosophie vom Himmel auf die Erde verpflanzt. Doch nicht gleich Sokrates, indem er die Gottheit den Menschen zu nähern suchte — er stürmte den Olymp, zertrümmerte die Götzen alle, schlug den Himmel in Scherben und füllte mit ihnen die Hölle aus.

‚Tod, wo ist dein Stachel, Hölle, wo ist dein Sieg?' rufen die Pfaffen von den Kanzeln, wenn sie die finsteren Mächte beschwören und die von ihnen begründeten Lebensversicherungen fürs Jenseits anpreisen. Auch wir rufen triumphierend am Grabe Feuerbachs: ‚Tod, wo ist dein Stachel, Hölle, wo ist dein Sieg?' — Feuerbach hat den pfäffischen Gründungsschwindel entlarvt, er hat das Gebäude des Lugs und Trugs zusammengestürzt und auf seinen Ruinen der Wahrheit und Freiheit einen Tempel errichtet, den Tempel, der das schönste und dauerndste Denkmal ist, das sich ein Sterblicher setzen kann.

Wahrheit war das Wesen Feuerbachs — Wahrheit und nur Wahrheit. Nicht allein in religiösen Dingen war er wahr, er war es überall. Er haßte die Selbstsucht des rohen Materialismus und überließ anderen das Vergnügen, die Galeerenkugel der politischen Heuchelei zu tragen! Feuerbach war nicht bloß Atheist und Re-

---

[1]) Vgl. „Münchener Post", Nr. 171, 31. Juli 1904.

publikaner, für ihn gab es keinen Unterschied der Geburt, der Konfession, des Standes und des Besitzes, für ihn waren alle Menschen gleich, sie waren seine Brüder. Feuerbach war internationaler Demokrat.

Im Namen aller Sozialrepublikaner der Erde, im Namen der internationalen Arbeiter-Assoziation, im Namen der sozialdemokratischen Partei Deutschlands, im Namen seiner Freunde Vaillant, Karl Marx, Johann Jacoby, Bebel und Liebknecht lege ich· den verdienten Lorbeerkranz auf den Sarg des edlen Toten.

Arbeiter! Freunde! Während die Männer der Wissenschaft von dem Toten fernbleiben, weil der Lebende nicht zu ihrer Zunft gehörte, seid Ihr zu Tausenden gekommen, um dem Apostel der freien Wissenschaft die letzte Ehre zu erweisen. Ihr waret es, die den Namen Feuerbach mit Liebe in Euren Herzen getragen, während die anderen ihn verleumdeten, beschimpften und verfolgten. Ihr waret es, die sich seiner erinnerten und nach Kräften annahmen, als die andern ihn totschwiegen und darben ließen, Ihr waret es, Ihr Arbeiter, die sich um die Ehre stritten, den Arbeiter, ihren Vorkämpfer, ihren Leidensgenossen, zu Grabe zu tragen. Ihr werdet es auch sein, die den Namen Ludwig Feuerbach stets im Andenken behalten und ihren Kindern und Kindeskindern überliefern werden, damit ein dankbareres und würdigeres Geschlecht die Saat einheimse, welche er in den Tagen eines undankbaren und mißleiteten Volkes gestreut hat."

Selbstverständlich fehlte es auch nicht an noch anderen tief empfundenen Trauergedichten, von denen nur dasjenige des ihm eng befreundeten Sekretärs des germanischen Museums zu Nürnberg, Enno Hektors, hier besonders hervorgehoben werden soll, also lautend:

„Schreibend: immer wahr und klar,
Sprechend, stets befangen, —
Still, wie all Dein Leben war,
Bist Du hingegangen.

Glaubens-, gottlos nennt man Dich,
Zählt Dich zu den Schlechten,
Und es nennen Christen sich
Diese höchst — Gerechten.

O, Du glaubtest nur zu viel,
Gar an Ideale,
Ein erreichbar höchstes Ziel
Schon im Erdentale.

Zwar des Streitens mit dem Feind
Warst Du längst schon müde;
Sei denn Deinem Staube, Freund,
Friede, Friede, Friede!" —

Mag noch das nachstehende bisher **ungedruckte** Poem auf den Verblichenen mitgeteilt werden:

Eine Rose auf Ludwig Feuerbachs Sarg.

Am fernen Ort, auf düstern Wanderwegen
Vermag ich nicht, wie gern ich auch gewollt,
Den Eichenkranz mit unserm Schwarzrotgold
Verehrungsvoll auf Deinen Sarg zu legen.

Doch selbst der fernste Raum wird überholt
Von eines Menschengeistes Flügelschlägen,
So bring auch ich den letzten Gruß entgegen,
Wie ihn ein Bruder seinem Bruder zollt.

Dir weinet heute manches Tausend nach,
Das aus dem Dunkel Du geführt zum Lichte;
Doch nicht für tot hält Dich die Weltgeschichte.

Sie bettet sanft Dich unters Tempeldach
Und schreibt darauf mit leuchtendem Gesichte:
„In schwarzer Völkernacht ein — Feuerbach."

Vom Main, 15. Sept. 1872.

Seit jener Zeit wurde jedes Jahr am Johannistage das Grab des Philosophen auf dem Johannisfriedhofe von den Arbeitern Nürnbergs pietätvoll geschmückt.

Die Stadtvertretung der alten Noris ehrte sein Andenken, indem sie eine Straße durch seinen Namen schmückte.

Feuerbach ist von zwei Porträtmalern gemalt worden. Das eine Bild wurde von Karl Dahl, dem nachmaligen Professor an der Akademie in Wien, anläßlich des flüchtigen Aufenthalts des Philosophen in München 1850 ausgeführt und befindet sich jetzt im Besitz des freien Hochstifts zu Frankfurt a. M. Das andere stammt von dem Landschaftsmaler Bernhard Fries in Heidelberg, das aber dem Abkonterfeiten nicht gefiel, wie wir dies seinem Briefe an J. Schibich vom 15. August 1851 entnehmen.[1]

Eine meisterhafte Leistung ist die von Johann Schreitmüller aus München im Jahre 1863 geschaffene Büste Feuerbachs, die Züge des Denkers treu und wahr wiedergebend.

Auf dem Johannisfriedhof zu Nürnberg wurde ihm von dem Freiherrn von J. Kramer-Klett, einem reichen Nürnberger Fabrikbesitzer, auf eigene Kosten ein würdiges Denkmal gesetzt. Auf dem Unterbau erhebt sich ein mächtiger Sockel von Dreiecken gekrönt und auf diesen wieder eine Pyramide, alles aus gelblichem Sandstein. Der Sockel trägt eine Bronzeplatte mit der einfachen Inschrift: „L. Feuerbach, geboren den 28. Juli 1804 in Landshut und gestorben den 13. September 1872 in Nürnberg." Auf der Rückseite ist ein Lorbeerkranz in Bronze und Relief angebracht. In der Mitte der Pyramide hebt sich Feuerbachs Porträt ab, gleichfalls in Bronze und in Relief, modelliert von Johann Schreitmüller.

Ludwig Feuerbach starb arm und äußerte sich manchmal in letzter Zeit, er habe die schmerzliche Überzeugung, umsonst gelebt und geschrieben zu haben. Die Grabschrift, die sich sein

---

[1] „Ausgewählte Briefe", Bd. II, S. 186.

Ungedruckter faksimilierter Ausspruch von Ludwig Feuerbach.

Neffe, der berühmte Maler Anselm Feuerbach, gewählt hat, paßt mit wenigen Änderungen auch auf den Philosophen und sein Verhältnis zum deutschen Volk:

      Hier liegt Anselm Feuerbach,
      Der im Leben manches malte,
      Fern vom Vaterlande, ach —
      Das ihn immer schlecht bezahlte.

Doch auch ein schöneres, versöhnlicheres Wort könnte man als Inschrift des Grabsteins Ludwig Feuerbachs anbringen, welches der Philosoph selbst einst in das Album seines jungen Freundes Konrad Beyer geschrieben, das **Hohelied der Toleranz** in Prosa, den — bisher ungedruckten, von Beyer mir mitgeteilten und in Faksimile hier wiedergegebenen — unsterblichen Ausspruch: *„Laßt den andern glauben, was er will, aber fordert dafür auch von ihm, daß er dich nicht glauben läßt, was er glaubt. Diese Forderung ist gerecht und billig; aber ungerecht und verwerflich, verwerflicher noch als die Intoleranz des Gläubigen ist die Intoleranz des Aufgeklärten, welcher von den andern ohne Unterschied verlangt, daß sie zwar nicht so glauben, aber so denken, so frei und gescheut sein sollen, wie er selbst. **Man muß auch gegen die Unfreiheit und Dummheit tolerant sein.**"*

Die in unserem Werke wiederholt genannte Verwandte des Hauses Feuerbach, die jetzt fünfundsiebzigjährige **Julie Stadler** in Groß-Lichterfelde bei Berlin, hatte die große Güte, mir ihre hochinteressanten und zuverlässigen „persönlichen Erinnerungen an die Familie Ludwig Feuerbach" handschriftlich zur Verfügung zu stellen. Gewiß werden diese Aufzeichnungen, von denen wir hier einiges auszugsweise wiedergeben wollen, für unsere Leser von Wert sein.

Im Spätherbst 1833 sei der junge Philisoph Ludwig Feuerbach zum erstenmal im Elternhaus Julie Stadlers im Schloß Bruckberg bei Ansbach, wo sie geboren wurde, erschienen. Lebhaft habe ihr Vater oft diese seine erste Begegnung mit dem Genannnten, sowie die erste Bekanntschaft Feuerbachs mit seiner späteren Gattin Bertha Löwe geschildert. Julie Stadler äußert sich darüber also:

„Auf der Windmühle bei Ansbach, einem Wirtshaus an der Landstraße nach Bruckberg, traf er ihn zufällig mit seinem Freunde, dem Freiherrn Ernst v. Plotho, dessen Eltern im Schloß Bruckberg wohnten. Der Vater des Herrn v. Plotho, ein Preuße von Geburt, war als Oberförster in dem nahen Weihenzell angestellt, hatte sich aber von seiner Behörde die Erlaubnis ausgewirkt, im Schloß Bruckberg wohnen zu dürfen, da innigste Freundschaft ihn und seine Familie mit dessen Besitzerinnen verband. Mein Vater, Johann Adam Stadler, ein junger, sehr geselliger und kluger Mann, leitete für seine Gattin Luise und deren beide Schwestern Bertha und Maximiliane die im Schloß betriebene Porzellanfabrik, da deren Vater Christoph Friedrich Löwe leider sehr früh starb, und ebenso seine beiden Söhne, von denen der älteste die Fabrik übernehmen sollte. Mein Vater lud Ludwig Feuerbach als Gast auf sein Schloß ein und gern und bald folgte dieser der Aufforderung. Der Aufenthalt dort gefiel dem Gaste bei seinem lebhaften Natursinn außerorordentlich, er kam öfter wieder, mietete sich mit der Zeit dort ein, und schließlich hatten ihn nicht nur Schloß und Umgebung bezaubert, sondern auch die bildschöne, liebreizende Jungfrau Bertha Löwe, die noch unverheiratete Schwester meiner Mutter, die nach dem frühen Tode ihrer Eltern und Brüder dieser eine treue Stütze in ihrem kinderreichen Hausstande wurde. Die Jugend von Bertha war eine traurige. Früh verlor sie die geliebten Eltern und zwei Brüder im jugendlichsten Alter. Von ihr gepflegt, starben diese Heißgeliebten in ihren Armen. Sie war die angebetete Fee im Schloß und in der Umgegend und um ihrer Anmut und edlen Gesinnung willen von jedermann wie eine Heilige verehrt. Kein Wunder, daß auch des Philosophen Ludwig Feuerbachs Herz für sie entflammte. Alles, was er in seiner damaligen Lage bedurfte und ersehnte, ländliche Stille und Abgeschiedenheit für die schriftstellerische Ausgestaltung seiner Gedanken, Herzen, die ihn verstanden, und ein liebes und schönes Weib wurden ihm im Bruckberger Schloß zuteil.

Durch diese Ehe wurde den Schloßbewohnern das Glück zuteil, auch andere Angehörige der Familie Feuerbach kennen zu lernen. Ein äußerst anregender geistiger Verkehr, sowie die erhebendsten musikalischen Genüsse ergötzten die Schloßbewohner."

Von der Mutter Feuerbachs, der von uns schon erwähnten Minna (Wilhelmine) Tröster, erzählt Julie Stadler u. a.:

„Sie war bis ins hohe Alter eine gewinnende Erscheinung, von seltener Herzensgüte und Sanftmut. Schon als Kind von außerordentlichem Liebreiz und gewinnendster Munterkeit, tummelte das heranwachsende Kastellanstöchterlein — ihr Vater war auf dem großherzoglich weimarschen Schlosse Dornburg Kastellan — wie ein flinkes Reh in Wäldern und Bergen, die Schloß Dornburg umgaben, so daß oft vorüberfahrende Reisende ihren Wagen anhielten und erstaunt die Kleine beobachteten. So wuchs sie zu einer blühend schönen und kräftigen Jungfrau heran. Ihre mangelhafte Schulbildung wußte sie durch Fortbildung auf eigene Faust zu ergänzen und ihre Eltern waren verständig genug, sie in ihrem Wissensdrang und Eifer gewähren zu lassen. Wenn Vater Tröster im Lehnstuhl sitzend und sein Pfeifchen rauchend nach der Zeitung verlangte, so hatte sie das Töchterchen sicher schon gelesen. Im Hause Tröster war nur ein Spiegel, und der hing so hoch, daß Wilhelmine niemals dazu kam, sich im Spiegel zu betrachten. Erst als sie ihren ersten Ball besucht und dort wegen ihrer Schönheit allgemeine Bewunderung erregt hatte, wurde sie neugierig gemacht und suchte nach ihrer Heimkehr sofort den Spiegel auf.

Auf diesem ersten Balle nun entschied sich ihr Schicksal. Denn ihr glühendster Verehrer wurde dort der jugendliche, geistvolle und hübsche Student Anselm Feuerbach aus Frankfurt a. M., der sogar von seiner ursprünglich heißgeliebten Philosophie zur noch ungeliebten Jurisprudenz abschwenkte, um seine Herzenskönigin möglichst bald heiraten zu können, was denn auch in der Tat geschah. An der Seite dieses Gatten und im Umgang mit dessen Freunden, geistig bedeutenden Männern, vermehrte sich bald ihr Wissensschatz und sie konnte gar andächtig lauschen, wenn kluge Männer redeten. Ihren Kindern wurde sie eine liebevolle, vortreffliche Mutter, auf deren körperliche und geistige Entwicklung sie aber auch mit Stolz blicken konnte. Sie erlebte viel Erfreuliches, aber auch unendlich Schmerzliches, denn sie verlor drei Söhne im kräftigsten Mannesalter, nachdem sie Witwe geworden war."

Allerliebst weiß Julie Stadler von den drei hochbegabten und sangesfrohen Schwestern Ludwig Feuerbachs zu berichten:

„Helene, die älteste der Schwestern, geboren 1808, war schön und hochbegabt und von feurigstem Temperament. Durch eine ungeeignete Heirat mit einem Juristen, dem Freiherrn v. Dobeneck, die mehr dem Wunsche ihres Vaters als ihrer Neigung entsprach, nahm ihr Leben einen sehr bewegten und traurigen Verlauf. Ihr Mann war geistig unbedeutend und in keiner Weise für sie passend, und so wurde die 1827 geschlossene Ehe schon nach drei Jahren in gütlicher Weise wieder getrennt. Ihre reichen Talente wußte sie nicht zu verwerten, was freilich zu jener Zeit viel schwerer war als heutzutage. Sehr sprachgewandt, musikalisch hervorragend und mit einer prachtvollen Stimme begabt, genoß sie eine längere Zeit den Unterricht des berühmten Gesangmeisters Manuel Garcia in Paris. Ihre Bekanntschaft mit dem Geigerkönig Niccolo Paganini erweckte eine leidenschaftliche, aber unerwidert gebliebene Liebe in ihr und so geriet sie in

Julie Stadler über die sangesfrohen drei Schwestern L. Feuerbachs. 357

einen solchen Zustand nervöser Erregung, daß sie in eine Nervenheilanstalt gebracht werden mußte, die sie aber bald wieder verließ. Doch blieb sie stets ruhelos. Auch die Religion gab ihr den Frieden des Herzens nicht. Sie wurde katholisch und oftmals in Rom vom Papst empfangen. Sie zog von Ort zu Ort und starb im hohen Alter in Treviso bei Venedig im Jahre 1889.

Die beiden anderen Schwestern, Leonore (geboren 1809 und gestorben 1885) und Elise (geboren 1813 und gestorben 1883), blieben unverheiratet und lebten mit der Mutter in Nürnberg, die hochbetagt im Jahre 1852 verblich. Beide Schwestern waren graziöse, vornehme Erscheinungen, und namentlich Elise war sehr lebhaft und geistvoll. Die Stimmen der Schwestern waren schon beim Sprechen von seltenem Wohllaut, und wenn sie sangen, nahmen sie vollends die Herzen ihrer Zuhörer gefangen. Leonore hatte eine Altstimme und Elise Sopran. Wenn in den umfangreichen Schloßanlagen in Bruckberg an schönen Sommerabenden ihr herrlicher Gesang ertönte, oder wenn sie im Musiksaal oben bei Klavierbegleitung sangen, da gab es Stunden unvergleichlicher, musikalischer Genüsse. Höre ich heute in meinem Greisenalter die Lieder, die Leonore und Elise Feuerbach im Duett zusammen sangen, steigt das Bild dieses reizenden Schwesternpaares so lebhaft vor meinem Geiste auf, als wäre nicht ein halbes Jahrhundert, sondern erst wenige Monate darüber hingegangen:

> Aus der Jugendzeit, aus der Jugendzeit
> Klingt ein Lied mir immerdar,
> O wie liegst du weit, o wie liegst du weit,
> Was mein einst war!

Besonders meisterhaft sang Elise den ‚Erlkönig'. Dichtung und Komposition konnten nicht ausdrucksvoller und vollendeter wiedergegeben werden. Die Zuhörer wurden wahrhaft überwältigt. Auch die Arie aus ‚Robert der Teufel' — ‚Robert, mein Geliebter' —

war eine der Glanzleistungen Elise Feuerbachs, die jeder Bühne zur Zierde gereicht hätte, denn mit einer prachtvollen Stimme und vollendeter Schule vereinten sich hier Geist und Gefühl. Mein Vater hatte einen schönen Tenor und begleitete oft die Schwestern im Gesang. Das schöne Terzett aus der Weiglschen ‚Schweizer-Familie': ‚Ach wie herrlich ist der Morgen' ist mir noch lebhaft im Gedächtnis. Mein Vater war aber auch ein meisterhafter Vorleser, noch mehr noch sein intimster Freund und Gevatter, Hofrat Christian Kapp, der oft mit Frau und Kindern die Gastfreundschaft im Schlosse genoß.

Die Anwesenheit Ludwig Feuerbachs in Bruckberg, dieses schon damals so glänzend strahlenden großen Planeten am Himmel der Wissenschaft, zog auch viele kleinere Sterne mächtig an. Solch geistreiche und gelehrte Männer und Jünglinge, wie sie zu jener Zeit im Bruckberger Schloß zusammentrafen, habe ich in späteren Jahren nie wieder kennen gelernt. Sie kamen aus aller Herren Ländern nach dem einsamen, und, wie wir wissen, unendlich schwer erreichbaren Heim des Philosophen gepilgert, besonders auch viele Deutsch-Amerikaner, u. a. die Gebrüder Friedrich und Otto Kapp, Neffen des genannten Hofrats Christian Kapp. (Zu diesen zählte, wie unsere Leser wissen, auch der Deutsch-Amerikaner Karl Lüdeking, dessen reizvolle Plauderei über seinen Besuch bei Ludwig Feuerbach wir bereits mitgeteilt haben.) Zu den Gästen gehörten ferner ein Lord Montgomery aus England und der Schriftsteller Dr. Julius Duboc. Dieser Vielgereiste war entzückt von Schloß, Umgebung, dem Denker und seiner Familie. (Die Mitteilungen Dubocs, die er nach dem Ableben des von ihm so hochverehrten Denkers veröffentlicht hat, kennen unsere Leser gleichfalls bereits.) Auch Berliner stellten sich ein. So z. B. Dr. Reinhold Solger, der mit seiner jungen Frau, einer liebreizenden Französin, eines Tages angereist kam, aber leider die Familie Feuerbach verfehlte, denn dieselbe war nach Heidelberg gereist. Da sich Solgers zu längerem Aufenthalt ausgerüstet hatten, machten ihnen meine Eltern das Angebot, einige Zeit bei ihnen zu wohnen, was sie gern annahmen. Reinhold Solger war ein schöner, geistvoller und liebenswürdiger junger Mann, der sich an der revolutionären Bewegung von 1848 beteiligt und dadurch seine Stellung verloren hatte. Wir verlebten einige sehr angenehme Wochen mit dem jungen Paar, das später nach Amerika übersiedelte. Dort wurde Solger mit dem bekannten deutsch-amerikanischen Staatsmann Karl Schurz befreundet und errang sich einen hohen Posten im Staate, starb aber leider sehr früh.

Doch auch einige weniger gelehrte Herren, wie z. B. lustige Studenten und Künstler aus Ansbach und Nürnberg, ließen sich auf Schloß Bruckberg sehen und erheiterten durch ihre Unterhaltung den ernst angelegten Philosophen. Ihr harmloser köstlicher Humor, ihr prächtiger Gesang und ihre ganze Frohlaune boten ihm eine angenehme Abwechslung in dem Einerlei des Tages. Freilich klagte er manchmal auch über damit verknüpfte Störungen in seiner geistigen Tätigkeit, die ihm auf längere Zeit das Arbeiten unmöglich machten. Bei solchen Anlässen unternahm er dann gern Ausflüge in die nächste Umgebung, denn wir wissen, daß neben geistigem Schaffen Naturgenuß und Wandern durch Wald und Flur ihm das höchste Bedürfnis und die liebste Beschäftigung ausmachten.

Die Zeiteinteilung Feuerbachs war eine streng geregelte. Jeden Abend nach dem Essen begab er sich — wie wir wissen — mit Frau und Tochter nach der Schloßwirtschaft, um dort ein Glas Bier zu trinken und aus einer langen Pfeife zu rauchen. Arbeiter, Bauern und Jäger waren dabei seine Tischgenossen. Er hatte für alle und alles Interesse. Der Gemeindevorsteher, Mühlenbesitzer Braun, war täglicher Stammgast an Feuerbachs Tafelrunde. Der Philosoph war im allgemeinen ernst und wortkarg, war ihm aber einmal die Zunge gelöst, zeigte er sich als ein feuerströmender

Feuerbach seinen erstaunten Zuhörern. Seine Gäste wurden natürlich auch stets mit in die Kneipe geführt, und sein intimer Freund Karl Beyer sang dann häufig zur Gitarre seine reizenden humorvollen Lieder — denn unser Denker liebte Humor und Gesang, insbesondere einfache Volkslieder. So trafen sich die Bruckberger Bauernburschen regelmäßig am Sonnabend in mondhellen Nächten auf der Brücke, die beide Ortsteile miteinander verband und sangen gemeinschaftlich ihre Volksweisen. Dann hörte er, an seinem Fenster im Schloß stehend, ihrem Gesang andächtig zu und erzählte beim Morgenkaffee seiner Familie davon. Er hatte ein warmfühlendes Herz für das Volk, darum wurde er auch von aller Welt geliebt und verehrt.

Als ein unendliches glückliches Geschick betrachte ich es, daß ich unter den Augen dieses edlen, großen Mannes aufgewachsen bin. Natürlich kannte ich seine religionsphilosophischen Grundsätze damals noch nicht aus seinen Büchern, aber wie er lebte, so lehrte er auch. Seine Taten, sein stilles Wirken wurden mir vorbildlich. Erst nach vielen Jahren war ich imstande, mich in seine Schriften zu vertiefen, und da habe ich vor allem gefunden, daß nur oberflächliche Leser seiner Werke behaupten können, daß seine Lehren und Ausführungen des Gemütsausdrucks entbehren. Vielmehr zeigt uns richtige Erkenntnis, daß seine philosophische Lebensauffassung unser Gemüt bereichert. Seine Lehren geben uns sittliche Kraft und Mut zum Kampf ums Dasein. Was kann uns denn auch das Leben noch erträglich machen, wenn wir das Liebste und Teuerste verloren haben? Nun, die Menschenliebe und die Liebe zur Natur. Wie herrlich sind doch seine ‚Gedanken über Tod und Unsterblichkeit'. Ihm sind die Trostgründe, die das Herz nur betrügen, um nicht den Schmerz zu fühlen, unheilig, denn auch der Schmerz hat seine Rechte. Wie ergreifend hat er mich und meine Geschwister nach dem Tode meiner Mutter, die auf einer Besuchsreise in Nürnberg starb, getröstet!"

Julie Stadler weiht ein Kapitelchen ihrer Erinnerungen an Ludwig Feuerbach auch dem Ableben ihres berühmten Verwandten. Ihr war es vergönnt, an seinem Sterbebette zu stehen. Nach dem Tode ihrer Eltern fern von der Heimat lebend, war sie die letzten Monate vor seinem Dahinscheiden auf Besuch bei seiner Familie auf dem Rechenberg bei Nürnberg. „Ein sanfter, schmerzloser Tod," sagt sie wörtlich, „war ihm beschieden und der Anblick seiner sterblichen Hülle war von überwältigendem Eindruck. Um viele Jahre verjüngt, wie in sanftem Schlummer lag er da vor uns mit dem vollen Ausdruck seiner geistigen Größe in den Gesichtszügen."

Auch dem Vater Ludwig Feuerbachs und den übrigen hervorragenden Familienmitgliedern widmet Fräulein Julie Stadler mehr oder weniger eingehende Betrachtungen, deren Wiedergabe mich hier jedoch zu weit führen würde. Ich muß mich daher nur auf einige allgemeine Momente beschränken.

Zunächst folge hier ein meines Wissens bisher ungedruckter, sehr bezeichnender Vers, den Anselm Ritter v. Feuerbach, der Vater, im Jahre 1797 in sein Tagebuch geschrieben:

> Ich will kämpfen, ich will siegen,
> Meinen Nacken beug' ich nicht;
> Der Natur nicht unterliegen,
> Dies ist heil'ge Menschenpflicht.
>
> Droht mit Ketten und mit Flammen,
> Stoßt mich in des Kerkers Nacht,
> Häufet alle Qual zusammen,
> Psyche spottet Eurer Macht.

Der älteste Bruder Ludwig Feuerbachs, Anselm, der geistvolle Vater des genialen Malers gleichen Namens, lebte zu weit entfernt, als daß er öfter nach Bruckberg gekommen wäre. „Ich entsinne mich seines Besuches daselbst nur ein einziges Mal. Es geschah dies in Begleitung seiner Tochter Emilie, einer hübschen Blondine. Er hatte ein sehr ernstes, geistvolles Gesicht, umrahmt von reichem, dunklem Haupthaar. Viel öfter erschien ein anderer Bruder Ludwigs, der Jurist Eduard Feuerbach. Er war Professor an der Universität Erlangen und durch ein längeres, zurückgezogenes, ausschließlich der Wissenschaft gewidmetes Junggesellenleben etwas hypochondrisch geworden. Hierzu kam auch der Umstand, daß er nicht aus Neigung, sondern auf den Wunsch seines Vaters Jurist wurde, während seine Vorliebe den Naturwissenschaften galt. Als er einst in den Ferien wieder einmal sich in Bruckberg sehen ließ, lernte er Julie Stadlers älteste Schwester Sidonie kennen und lieben und verlobte sich am Palmsonntag 1840 mit ihr. Die Hochzeit fand im Herbst statt. Leider sollte die sonst sehr glückliche Ehe nur von kurzer Dauer sein. Nachdem Eduard Feuerbach am Palmsonntag 1843 noch der Konfirmation der beiden Brüder Julie Stadlers in Ansbach gesund und frisch beigewohnt hatte, starb er drei Tage später auf Schloß Bruckberg. Es war dies ein furchtbarer Schlag für die Familien Feuerbach und Stadler. Sein Jugendfreund, Professor Schmetzer, der ihn auf dem Familienfest in Ansbach zum erstenmal als Gatten und Vater kennen gelernt hatte, war von dem glücklichen Familienleben ganz hingerissen. Nach seinem so frühen und jähen Ableben widmete er ihm einen ergreifenden Nachruf in Versen, wovon hier nur einige Strophen wiedergegeben werden sollen:

> „Ich schwieg, denn Deinem Glücke hast Du immer
> Gefürchtet eine nahende Gefahr,
> Ich schwieg, — doch sah ich Dich beglückt wie nimmer,
> War's Wunder, daß ich ganz beseligt war?"

Eduard war von kräftiger, mittelgroßer Figur, mit geistig bedeutenden, hübschen, aber sehr ernsten Gesichtszügen. Er hatte schöne, blaue Augen, beschattet von reichem dunklem Haupthaar."

Julie Stadler über Fritz Feuerbach, d. jüngsten Bruder L. Feuerbachs. 363

Von dem jüngsten der Brüder, dem gleichfalls als Philosoph und philosophischer Schriftsteller bekannt gewordenen Fritz Feuerbach schreibt Julie Stadler: „In seinem Äußeren war er von der Natur im Gegensatz zu seinen Brüdern etwas stiefmütterlich bedacht. Bis zu seinem Tode lebte er als Privatgelehrter in Nürnberg, denn, obgleich als Philologe gründlich ausgebildet und hochbegabt, konnte er sich bei seiner Schüchternheit und Bescheidenheit niemals entschließen, eine Berufstätigkeit auszuüben. Er begnügte sich zeitlebens mit einer kleinen Staatspension, die bei seiner Anspruchslosigkeit vollständig ausreichte. Man weiß, daß er einige Bücher in der Richtung seines Bruders Ludwig schrieb, mit dessen Ansichten er völlig übereinstimmte. Auch war er ein trefflicher Übersetzer fremder Sprachen und Kenner des Sanskrit. Am meisten bekannt ist seine Übersetzung des Romans „Manon Lescaut". Sein Herz war erfüllt von Menschenliebe, und doch mied er den Umgang mit Menschen. „Es kommt weniger darauf an, daß man unter Menschen lebt, als vielmehr, daß man für sie lebt," so schrieb er in seinem Werke: „Gedanken und Tatsachen", und so lebte er. Er hauste in einer Gartenwohnung nahe dem Johanniskirchhof mit der Aussicht nach den Plattnersanlagen. Es war nicht leicht, ihn aus seinem Fuchsbau in Nürnberg herauszulocken, damit er in Bruckberg erscheine, aber der Vater Julie Stadlers, der Fritz über alles liebte, brachte das Kunststück doch zuweilen fertig. Den Bedenken von Fritz Feuerbach gegen den vielen geselligen Verkehr auf dem Schlosse und insbesondere gegen die vielen Damen daselbst zerstörte der Genannte durch das Versprechen, ihm ein völlig abgelegenes Quartier anzuweisen. Im kleinen Kreise in der Schloßwirtschaft abends beim Glase Bier taute dann der Einsiedler oft überraschend auf, wurde geistreich und gesprächig.

Eine stille Liebe zu meiner drittältesten Schwester Luise schlich sich sogar in sein schüchternes Herz ein, die Flamme war aber doch nicht stark genug, um seine Abneigung gegen eine Berufstätigkeit zu überwinden, denn von der Staatspension und dem geringen Ertrag seiner schriftstellerischen Tätigkeit konnte er eine Familie nicht erhalten. So blieb er denn Junggeselle. Aus seinem Nachlaß ging noch eine liebe Erinnerung aus Fritzens Liebestraum an mich über: ein perlengesticktes Notizbuch, das ihm meine Schwester nach der damaligen Sitte geschenkt hatte. Von seiner Hand befanden sich darin verschiedene Notizen, u. a. auch der Anfang zu einem Liebesgedicht an Luise, leider in unleserlicher Gelehrtenhandschrift. In voller Zufriedenheit erreichte er ein hohes Alter und starb einige Wochen nach seines Neffen, des Malers Tode, einsam und allein, wie er gelebt."

Schließlich noch einige Bemerkungen Julie Stadlers über den letztgenannten Maler, Anselm Feuerbach: „Nur einmal hatte ich das Glück seiner persönlichen Bekanntschaft. Bei einem Besuch bei den Ansbacher Verwandten bzw. seiner Stiefmutter, einer geborenen Heidenreich, machte er einen Abstecher zu seinem Onkel Ludwig. Wer ihn je gesehen, konnte ihn niemals vergessen. Ein achtzehnjähriger Jüngling, schön wie Apollo, ein echter und rechter Feuerbach, mit herrlichen blauen Augen, feinen, geistvollen Gesichtszügen und dunklem Lockenhaar, voll jugendlichen Frohsinns und von graziöser zierlicher Gestalt. Damals ahnte er noch nicht, welch dornenvolle Laufbahn ihm beschieden war. Man verstand ihn nicht, denn man wollte ihn nicht verstehen, und doch: spricht nicht aus jedem seiner Bilder der Denker, der Dichter, der geniale Künstler? Sein ‚Vermächtnis' zeigt ihn uns auch als brillanten Schriftsteller. . . . Den berührten dornenvollen Leidensweg hat seine Stiefmutter getreulich mit ihm durchwandert, unentwegt in dem Glauben an seine Begabung und in felsenfestem Vertrauen auf sein Genie. Sie hatte das Herz, aber auch den Verstand dazu. Mit zwei Brüdern in Ansbach erzogen, erhielt sie eine klassische Bildung. Ihr Bruder (der von uns schon genannte Dr. Wilhelm Heidenreich), der bedeutendste Arzt in Ansbach, war ein geistreicher Mann,

Maler Anselm Feuerbach.

jahrelanger Hausarzt der Bruckberger Schloßbesitzer und intimer Freund Ludwig Feuerbachs. Die volle Anerkennung ihres Stiefsohnes, dem sie allezeit die innigste Mutterliebe entgegenbrachte, erlebte sie nicht mehr. In der Kunstgeschichte ist jedoch ihr Name für alle Zeit mit goldenen Lettern verzeichnet. Anselm selbst hat ihr in einem überwältigend schönen Bildnis das schönste Denkmal gesetzt, das an malerischer Vollendung und Lebenswahrheit seinesgleichen sucht."

Aus der Reihe der Erinnerungen an Ludwig Feuerbach sei hier nur noch diejenige mitgeteilt, die der Chemiker und Philosoph Albrecht Rau unter dem Titel: „Meine persönlichen und wissenschaftlichen Beziehungen zu Ludwig Feuerbach" in der Feuerbach-Nummer [1]) publiziert hat. Mag der geistvollen Abhandlung hier einiges entnommen werden:

„Nachdem ich — 1860 — Moleschotts „Kreislauf des Lebens" zu Ende studiert und exzerpiert hatte, stürzte ich mich kopfüber in das Studium der Feuerbachschen Philosophie. Die Eindrücke, welche ich von dort empfing, die Ideen, welche sich daraus entwickelten, faßte ich in Briefen zusammen, welche ich komischerweise als ältere Person an mich selbst richtete. Diese Briefe bildeten die Veranlassung, daß ich es wagte, mich an Feuerbach selbst zu wenden, und ihn bat, sie ihm vorlegen zu dürfen.

Die Zeit meines Briefwechsels mit Feuerbach fällt in die schwerste, drangvollste Periode seines Lebens. Es war die Zeit, wo er kurz vorher sein geliebtes Bruckberg hat verlassen und an den Rechenberg hat übersiedeln müssen. Er bekennt von dieser Periode: „Ich komme mir vor wie eine Blume ohne Blumenstock, wie ein Fluß ohne Bett, wie ein Bild ohne Rahmen." Und: „Der Geist Gottes schwebt nicht über Bruckberg, aber den leugnet ja Feuerbach." „Jawohl, der Geist des Geldgottes, der die jetzige Welt regiert, der schwebt nicht über Bruckberg." . . .

---

[1]) Feuerbach-Nr., Leipzig, 1908, S. 5 ff.

Wie groß und weit muß das Herz dieses Denkers gewesen sein, wenn er fast unmittelbar nach solch drangvollen Tagen schon wieder Zeit und Ruhe fand, es den Wünschen, Bedrängnissen und stümperhaften Versuchen eines siebzehnjährigen Jungen zu öffnen und ihm teilnahmsvoll die besten Ratschläge zu erteilen? Ja, groß und weit ist das Herz dieses Mannes gewesen, es war stets und immer geöffnet allem echt Menschlichen. Feuerbach war eben nicht bloß ein großer Denker, sondern vor allem auch ein großer Mensch. Und nur der große Mensch in ihm ist es gewesen, der den Denker zu solcher Höhe erhoben hat. Aber nur das große Herz, das tiefe, für alles menschliche empfängliche Gemüt konstituiert den wahrhaft großen Menschen, nicht das große Gehirn allein. . . .

Der Philosoph Feuerbach gehört zu den so äußerst seltenen Menschen, von welchen man keine Täuschung zu erfahren hatte: er ist als Mensch genau so gewesen, wie man sich diesen aus seiner Philosophie konstruierte. Diese absolute Harmonie zwischen Geist und Charakter, Verstand und Herz, diese vollkommene Einheit seines Wesens, dies ist das eigentlich Große an ihm, nicht der Geist allein, denn der findet sich auch bei ganz anders gearteten Leuten, sondern die Einheit von Geist und Herz, Lehre und Leben, Theorie und Praxis, mit einem Worte: das eminent Sittliche seines Wesens! Das ist es, was Feuerbach in meinen Augen so hoch stellt: er ist für mich das Ideal eines Menschen."

Hier nur auszugsweise einige dieser Briefe L. Feuerbachs an Albrecht Rau.

Rechenberg bei Nürnberg, 11. Nov. 1860.

Verehrter Herr!

Sie haben sich nicht geirrt, wenn Sie von dem Verfasser des Wesens des Christentums voraussetzten, daß er einem ihm entgegenkommenden, nach Wahrheit strebenden Jüngling nicht seine

Hand versagen werde. So sehr ich daher auch nach fast halbjährigen Geistesstörungen und Plackereien aller Art mich danach sehne, endlich wieder auf mich selbst und meine Gedanken mich zu konzentrieren, so bin ich doch gerne bereit, die Resultate Ihres Denkens zu lesen und zu prüfen. Erwarten Sie aber nicht von meinem Urteil, was nur die Zeit mit sich bringt. Die Unentschiedenheit und Verworrenheit des Kampfes ist Sache des Jünglings, die Klarheit und Gewißheit des Sieges ist erst Sache des Mannes. Selbst als Mann den Jahren nach erlebt noch der Mensch den Unterschied zwischen Jüngling und Mann dem Geiste nach. Was ich im Wesen des Christentums oft noch mit meinem Gegenteil, also mit Widerspruch behaftet, kämpfend wie ein Jüngling, das habe ich erst in meinen späteren Jahren und Schriften mit der widerspruchslosen, siegreichen Gewißheit des Mannes ausgesprochen. Verzweifeln Sie also nicht an sich selbst, wenn Sie sich jetzt noch nicht genugtun, noch nicht zur gewünschten Gewißheit und Klarheit gekommen sind. Post nubila Phoebus! In dieser frohen Aussicht

Ihr teilnehmender

L. Feuerbach.

Rechenberg, 31. Dez. 1860.

Lieber Herr Rau!

... Als Jüngling würden Sie besser getan haben, wenn Sie gleich von vornherein einen andern Plan gefaßt hätten, nämlich statt in einer fremden, Ihren Jahren widersprechenden Person an sich selbst zu schreiben, vielmehr als Jüngling an einen anderen Jüngling, aber von entgegengesetzten Ansichten, Ihre Briefe zu adressieren. So würden Sie die beste Gelegenheit gefunden haben, in der Aufklärung des andern Ihre eigenen Gedanken sich klar zu machen, in der Entwicklung und Auflösung seiner Gegengründe Ihre eigene Überzeugung zu begründen und befestigen. Spiritualismus und Materialismus, Theismus und Atheismus verhalten sich allerdings zueinander, wie die Jünglingszeit zum Mannesalter, aber eben deswegen stehen sie ebenso wenig als der Mann zum Jüngling nur in einem feindseligen, sich gegenseitig vernichtenden, sondern auch anerkennenden Verhältnis. Der wahre Atheist widerlegt nicht, wenigstens direkt und unmittelbar, den Gottesglauben, er erklärt ihn, er erkennt die Gründe an, die für ihn sprechen, er begreift ihn als eine — freilich für ihn, d. h. in seinen Augen, nur subjektive — für den großen Teil der Menschheit aber auf ihrem wenigstens gegenwärtigen Standpunkt objektive, ja absolute Notwendigkeit. Ebenso hat der wahre Materialismus die Aufgabe, nicht nur die Gründe gegen, sondern auch die Gründe, und zwar nicht nur die gedachten und gemachten der demonstrierenden Spiritualisten, sondern die inneren psychologischen für den Spiritualismus oder Idealismus zu erkennen, also die subjektive Notwendigkeit derselben aufzuweisen. Hieraus und aus noch anderen, hier nicht zu entwickelnden Gründen ergibt sich praktisch die Pflicht der Gerechtigkeit gegen Theisten und Spiritualisten, solange sie in ihren Grenzen bleiben. Und ich wünsche daher nicht, daß Sie durch meine Gedanken mit Ihren Nächsten in Zwiespalt geraten, geschweige Ihrem Berufe, dem, wie es scheint, die auch von mir innig gepflegten und hochgeschätzten Naturwissenschaften am nächsten liegen, untreu werden mögen.

Rechenberg, 20. Jan. 61.

Lieber Herr Rau!

Als ein siebzehnjähriger Jüngling müssen Sie nicht gleich die Flügel hängen lassen, wenn der erste Versuch der Bewegung in der luftigen Region des Gedankens nicht gleich ein tadelloses Meisterstück ist, wie man es nur von einem Veteran in der Kunst zu fliegen erwarten kann. Dies und nur dies ist in wenigen Worten der Inhalt meines abgegebenen Urteils, das Sie daher mißverstanden haben, wenn Sie durch es Hoffnungen vereitelt sehen, welche Sie an Ihr Manuskript geknüpft haben.. Statt dasselbe mißmutig wegzulegen, arbeiten Sie es vielmehr mutig aus, indem Sie es der Prüfung der Zeit und eigener Kritik unterwerfen, machen Sie das Letzte, nämlich den Standpunkt des Naturforschers, zum Ersten, zum Hauptpunkte, um danach alles andere ordnen, lichten und sichten zu können. Es ist immer das Beste im Denken und Leben, an etwas Bestimmtes, Besonderes sich anzuhalten und von da aus erst zum Allgemeinen überzugehen. Als Pharmazeut haben Sie gerade die schönste Gelegenheit und Grundlage selbst schon zu diesem naturgemäßen und erfolgreichen Gang. Als solcher sitzen Sie ja an der Quelle der neuesten Naturwissenschaft, der wichtigsten bereits gemachten und noch zu machenden Entdeckungen — an der Quelle der Chemie. Wer diese Quelle gehörig benutzt, kommt gewiß mit der Zeit auch auf den großen Strom der Naturwissenschaft obenan zu schwimmen. Also nicht verzweifeln, junger Mann! nicht verzagt, nur vertagt!

Rechenberg, 28. Febr. 1861.

Lieber Herr Rau!

Endlich komme ich dazu, aber auch jetzt nur in größter Eile und größter Kürze, Ihre schon im vorletzten Briefe geäußerte, im letzten wiederholte Frage zu beantworten. Sie fragten mich nämlich, welche Werke Sie studieren sollten, um den Idealismus kennen zu lernen? Die wichtigsten Werke in der Geschichte der neuen Philosophie sind die des Cartesius, Leibniz, Kant, Fichte. Das Studium dieser Philosophen, selbst der letzteren, an und aus der Quelle ihrer eigenen ausführlichen Schriften erfordert aber so viel Zeit und Anstrengung und eine solche Abstraktion des Menschen von sich und seinen fünf Sinnen, daß ich Ihnen, dessen Beruf es ist, nicht ohne Sinne, sondern stets mit und noch dazu womöglich verstärkten und vervielfältigten Sinnen zu denken und zu forschen, nicht dazu raten kann, am wenigsten jetzt, wo Sie noch so jung sind und folglich die Aufgabe haben, die Fähigkeiten auszubilden, welche den Naturforscher konstituieren. Dazu gehört allerdings auch, wenn man nicht an der nächsten einzelnen Scholle kleben bleiben will, die Philosophie; denn nur sie umfaßt das Ganze, nur sie ist prinzipiell und radikal, nur sie bewahrt vor der Charakterlosigkeit und Weibischkeit eines Liebig, Schleiden und Konsorten. Aber vor diesen Fehlern sind Sie ja schon durch das Studium meiner Schriften bewahrt, und selbst über den Idealismus finden Sie namentlich in meinen früheren Schriften, wo ich selbst auch auf diesem Standpunkte stand, hinreichende Belehrung. In neuester Zeit sind, wie Sie selbst wissen werden, eine Menge Schriften wider den Materialismus erschienen; aber was wollen und können Sie aus diesen größtenteils befangenen Parteischriften lernen? Nichts als höchstens das, daß der Streit nicht der Weg zur Wahrheit ist. Konzentrieren Sie sich vielmehr nur auf das Gebiet, welches Ihrem Berufe am nächsten liegt — das Gebiet der Naturwissenschaft. So haben Sie Unendliches vor Ihren Augen und doch stehen Sie zugleich auf dem Standpunkte des Endlichen, dem Standpunkt des Menschen, sicher und fest. So können Sie Theorie und Praxis aufs schönste miteinander verknüpfen. Und nur dieser Bund macht den Menschen glücklich.

Rechenberg, 21. Okt. 1861.
Lieber Herr Rau!

... Die Blütezeit des Gottes- wie des Seelenglaubens gehört der Geschichte der Vergangenheit, nicht der Gegenwart an. Einst war der Gottes- und Geisterglaube Sache der größten Geister, Sache des Genies, jetzt ist er nur noch Sache untergeordneter Geister, das Genie gehört der Welt, der Natur. Mich interessieren daher nur die historischen Quellen des Spiritualismus und Theismus, wenn ich gleich auch, wie sich von selbst versteht, von den Erscheinungen der Gegenwart auf diesem Gebiete Notiz nehme, gelegentlich auch von den verlangten Schriften Notiz nehmen werde.

Friedrich Feuerbach.

Persönlich lernte A. Rau, wie er erzählt, Feuerbach erst auf seinem Totenbett im Jahre 1872 kennen. Schon anderthalb Jahre vorher hatte der Philosoph einen schweren Schlaganfall erlitten, der ihm das Gehen und das Sprechen sehr erschwerte und zuzeiten ganz verhinderte. „Ich traf ihn im Bette an; seine Sprache war sehr undeutlich, es war mehr ein Lallen, das nur von seinen nächsten Angehörigen, seiner Frau und Tochter, verstanden werden konnte. Gleichwohl verriet sein Aussehen und sein sonstiges Benehmen fast nichts von seinem schweren Leiden, namentlich schien sein Gedächtnis noch ganz intakt zu sein; er erinnerte sich, obwohl inzwischen über elf Jahre verflossen waren, noch deutlich an mich und veranlaßte seine Tochter, Fräulein Eleonore, die Briefe, die ich ihm geschrieben, herauszusuchen. Ich las ihm Stellen aus einer Abhandlung vor, die in das Gebiet der Chemie einschlug — es waren Zitate aus seinen eigenen Werken — und ich hatte das Vergnügen, zu bemerken, daß er dabei bestätigend und lebhaft zustimmend mit dem Kopfe nickte. Es ist ein unvergeßliches Bild, welches sich mir darbot: der schöne Mann mit den geistreichen Zügen und den großen, braunen, lebhaften Augen, die so warme Teilnahme aussprachen und mich fast ganz und gar vergessen ließen, daß hier ein dem Tode Geweihter vor mir lag! Ich schied in tiefster Rührung von ihm und seiner Familie. Ich sollte ihn nie wiedersehen."

Der schon wiederholt erwähnte jüngste Bruder Feuerbachs, Fritz Feuerbach, war, wie gesagt, nicht allein ein philosophischer Gesinnungsgenosse des großen Ludwig, sondern stand auch seinem Herzen sehr nahe. Dies beweist u. a. der Briefwechsel zwischen beiden. Mehrere bisher ungedruckte Briefe Ludwig Feuerbachs an seinen Bruder Fritz hat erst kürzlich die Zeitschrift „Menschheitsziele"[1]) mitgeteilt, die von der Herzens-

---

[1]) Monatsschrift für wissenschaftlich begründete Weltanschauung und Gesellschaftsreformen. Leipzig 1908. Heft 1/2, Bd. III.

gemeinschaft der beiden Brüder ein beredtes Zeugnis ablegen. Mag hier zuvörderst auszugsweise eine Zuschrift Ludwigs Feuerbachs vom 2. Dezember 1844, in der er über das bereits oben erwähnte Werk Max Stirners „Der Einzige" sein Urteil abgegeben, ein Plätzchen finden: „Die Schrift, von der ich Dir geschrieben, ist allerdings sehr geistreich und hat die Wahrheit des Egoismus, aber extrematisch, einseitig, unwahr fixiert, für sich. Es ist eben genialer Egoismus, weiter nichts. Und seine Polemik gegen die Anthropologie, namentlich mich, beruht auf purem Unverstand, Leichtsinn oder Eitelkeit, um sich auf Kosten meines Namens einen Namen zu machen. Er meint, wir liebten nur den Menschen, nicht diesen Menschen, das Individuum. Ich werde Dir die Schrift schicken, wenn Du sie verlangst."

Und in einem anderen Brief an Fritz urteilt er über dasselbe Werk Stirners: „Ein höchst geistvolles und geniales Werk, worin er besonders auch gegen uns, die Anthropologen, besonders mich und Baur, polemisiert, mir besonders vorwirft, ich fiele noch in das Christentum, wie alle Anthropologen — er setzt nämlich voraus: Der Mensch sei uns Ideal, ein Gedanke, ein Gott im alten Sinne, nur verlegt in den Menschen, darum um so qualvoller, als er nicht jenseitiger sey — er setzt dagegen: „Sich", den „Einzigen", den „Unaussprechlichen", dieses bestimmte Individuum, das mit keinem zu vergleichen, wie er sich trefflich ausdrückt, „Geltung, Gesetz, Norm" seiner selbst sey, „Eigennutz", „Egoismus" sey sein „Wesen", wiewohl dieser Ausdruck besonders angreife — Liebe — nicht eigennützig, sei ein Unding; ich hätte nur das Subjekt, Gott, weggelassen, aber die Heiligkeit des Prädikats, die Heiligkeit der Sittlichkeit, bestehen lassen, gar nichts sei „heilig". Heilig, Religion sey Gebundenheit. Wir alle wären noch Pfaffen, „Hierarchen". Hierarchie sey Gedankenherrschaft; der Mensch müsse vor allem „gedankenlos und geistlos" werden. Gemeinschaft sey ein abstrakter Begriff usw., ich vereinige mich nur mit anderen Menschen, um meine Macht zu „verstärken"; ich will nur mich, „ich bin Herr von Allem", ich allein, „Herr der Dinge und Herr des Menschen", d. h. des abstrakten."

Ludwig schickte seine eigenen Schriften fast immer gleich nach Erscheinen dem geliebten Bruder zu, und die Kommentare, womit er diese seine Spenden begleitete, sind zuweilen für den Verfasser und seine Philosophie von Wichtigkeit. Aber auch zustimmende oder polemische Broschüren übermittelte er Fritz zu dessen Orientierung. Als er ihm z. B. ein 1841 erschienenes Pamphlet, betitelt: „Die Posaune des jüngsten Gerichts über Hegel, den Atheisten und Anti-Christen", zukommen ließ, schrieb er ihm: „Ich schicke Dir eine Schrift, die Dich im ganzen ergötzen wird, ob sie wohl im höchsten Grade verwegen und alles, auch die Gedanken meiner Schrift, aber nicht im bösen Sinne, dem Hegel aufbürden will, wahrscheinlich um den Haß der Verfolgung von dem Lebenden auf den Toten zu übertragen. Die Schrift ist, obwohl sie in manchen auch stilistisch Dir dunkel und schwer fallen wird, doch köstlich. Sie ist veranlaßt durch meine Schrift. Gib sie auch Daumer zu lesen und wer sie sonst nicht kennt von Deinen Bekannten und lesen will."

Bertha Feuerbach überlebte 11 Jahre ihren heißgeliebten Mann. Sie starb am 19. Juni 1883 zu Aibling. Als die treue Lebensgefährtin des Denkers ihre Augen schloß, veröffentlichte Karl Grün in der „Augsburger Allgemeinen Zeitung" einen sehr hübschen und tiefempfundenen Nekrolog, der das von mir über die seltene Frau Gebrachte in manchen Punkten zu ergänzen geeignet ist und den ich deshalb hier folgen lasse:

„In Aibling — und zwar auf dem höchsten Punkte des Ortes — angesichts der oberbayrischen und Tiroler Alpen — starb am 19. Juni nach längerem Leiden die Witwe Ludwig Feuerbachs im 80. Lebensjahre. Sie war ganz das Herz, welches der Philosoph in seinen religionsphilosophischen Erörterungen dem Verstande entgegensetzte, ganz die Milde und Weichheit, die als Ergänzung des starken Mannes erst den vollen Menschen ausmachen. Wer sie zu kennen das Glück gehabt hat, wird ihr stets ein dankbares, wohltuendes Gedächtnis bewahren. . . . Christoph Löwe, ihr Vater, der die dem Philosophen so fatal gewordene Porzellanfabrik im markgräflichen Schloß Bruckberg bei Ansbach besaß, der Sohn eines Geistlichen, war ein ganzer Mann und der lebendige Beweis dafür, daß der wärmste Patriotismus zur rechten Zeit auch in den deutschen Kleinstaaten aufloderte. Er haßte den korsischen Eroberer und Verächter Deutschlands ingrimmig wie Palm und rüstete, als es zum Kampfe kam, auf eigene Kosten einige Husaren aus. Bertha empfand und bewies für ihren Vater eine an Anbetung grenzende Verehrung. Da sich ihre ältere Schwester früh verheiratete und die Mutter, eine geborene von Streit aus Bayreuth, beständig kränkelte, so wurde sie früh die Seele des ganzen Hauswesens und die zweite Mutter ihrer jüngeren Geschwister und, soweit es der Vater gestattete, die Teilhaberin an dessen Sorgen. Ihre Ausbildung hatte sie an der Töchterschule zu Ansbach erhalten und dort, ihrem Wesen entsprechend und zum Teil auch dasselbe mitbestimmend, eine Zahl jener gefühlvollen und gefühlseligen Freundschaftsbünde geschlossen, wie sie der Zeitrichtung entsprachen. Leider starb der treffliche Vater schon im Jahre 1822, als Bertha noch nicht 19 Jahre zählte. Sie schrieb damals in ihr Tagebuch: „Mit dem Tode meines Vaters habe ich erst empfunden, was eigentlich Leiden ist. Ach, was er mir war, wie sehr ich ihn liebte, kann kein Mensch begreifen! Ich wünsche mir den Tod nicht, vielmehr verbann' ich den sträflichen Gedanken, so oft er sich in mir regt; denn das Leben soll und muß der Mensch, wenn auch leidend, ertragen. Traurig — der Ausdruck ist zu schwach —, erhaben waren die letzten Tage seines Lebens. Ja, etwas Göttliches ist das Sterben eines guten Menschen! Und war auch der Kampf hart und groß, so war doch seine Seele ruhig und ergeben.

Er konnte mit Ruhe und Freudigkeit auf alle Tage seines Lebens blicken. O, laß mich so sterben, aber auch so leben, wie er gelebt und vollendet hat!"

Es ist doch eine psychologisch auffallende und charakteristisch interessante Beobachtung, daß die am ersten zum Pessimismus veranlagten Naturen die größte Lebenskraft entwickeln und den wahren Lebensmut betätigen, während so viele Glückspilze pessimistisch der Weltflüchtigkeit huldigen und eine verderbliche Mode großziehen helfen. Des Vaters Tod war nur der Anfang der Prüfungen, die der Tochter auferlegt werden sollten. Ihre ganze Zeit teilte sich zwischen den Sorgen der Haushaltung und der Pflege der kranken Mutter. Mehrmals begleitete sie die Kranke nach Marienbad, und hier des Altmeisters Goethe ansichtig geworden zu sein, wie dieser scherzend und plaudernd bei den Mädchen stand, welche den Kurgästen den Becher reichten, war ihr stets eine liebe Erinnerung. Im Jahre 1828 starb die Mutter, und nun kamen die jüngeren Geschwister an die Reihe. Der jüngste Bruder starb 1830 mit 14 Jahren an der Auszehrung in Berthas Armen. Ein zweiter Bruder, zur Übernahme des Geschäfts bestimmt, brachte von München den Keim eines typhösen Nervenfiebers mit nach Hause und starb nach dreiwöchigem Krankenlager im 21. Lebensjahre. Diese aufeinanderfolgenden Schicksalsschläge waren sicherlich nicht geeignet, eine heitere Stimmung aufkommen zu lassen; ein Flor lag auf Berthas Gemüt; aber Erhebung fand sie stets in nie ermattender Beschäftigung mit dem Hauswesen, einem großen Gemüse- und Obstgarten und der Landwirtschaft, in den Werken unserer großen Dichter, am Klavier und in der großen Natur. Sie besuchte auch die Kirche, aber, wie sie oft sagte, weniger der Predigt halber, welche sie selten befriedigte, als wegen des Gesanges und der Orgel. Ihre stete Sehnsucht war die Natur, sie liebte mit Leidenschaft die Spaziergänge in den großen Wäldern der Heimat. 1834 schrieb sie in ihr Tagebuch, das ihr nie zu der bekannten

Selbstbespiegelung und zur Ablagerung kranker Sentimentalität diente, sondern stets der Ausdruck ihrer schönen, wahrhaftigen Seele blieb: „Gewiß keine schönere Gottesverehrung als die, zu der man kein Bild bedarf, die bloß aus dem Wechselgespräch mit der Natur aus unserem Busen entspringt." Solche Anschauung war in ihr genährt und gestärkt worden durch die Lektüre Fénelons, Schleiermachers, Herders, Schillers und Goethes, den fränkischen Stammesgenossen Jean Paul nicht zu vergessen. Ja, es finden sich in ihrer Hinterlassenschaft Auszüge aus griechischen Philosophen, die in den Jahren 1829 und 1830 gemacht wurden, vier Jahre vor ihrer Bekanntschaft mit Ludwig Feuerbach....

Frau Bertha zog nach ihres Mannes Tode mit ihrer Tochter Eleonore nach Nürnberg. In ihrer stillen anmutigen Häuslichkeit besuchte ich sie zweimal, zuletzt 1878, in welchem Jahre Mutter und Tochter in das freundliche Städtchen Aibling übersiedelten, wo sich Herr von Khanikoff, ein hochgebildeter Russe, ein alter treuer Freund Feuerbachs, mit seiner Familie ansiedelte, und wo ein trauter gebildeter Kreis sich um Feuerbachs sammelte. Hier sah ich die unendlich gute, bei sichtbarer Kränklichkeit für alles Geistige immer noch empfängliche Frau im vorigen Herbst wieder, mir ahnte, zum letztenmal. Eine Herzwassersucht war deutlich seit längerer Zeit im Anzuge. In den letzten sechs Monaten verursachte sie der Patientin große Qualen. Ihr Geist aber blieb klar. Mit vollem Bewußtsein sah sie dem Tode entgegen und traf selbst für den unvermeidlichen Fall die letzten nötigen Anordnungen. Mit heroischer Selbstüberwindung suchte die Achtzigjährige ihre schweren Leiden vor ihrer Umgebung zu verbergen. Eleonore mußte ihr noch bis in die letzten Wochen täglich eine halbe Stunde aus einer Lessing-Biographie vorlesen — war ja doch ihr unvergeßlicher Gatte in kühnem Gedankengang und hohem Schwung der Darstellung auf Lessings Spuren gegangen.

Wie die Verstorbene den Tod und das Verhältnis der Lebenden

zu dem Toten auffaßte, darüber spricht sie sich in einem für ihre Tochter bestimmten Erinnerungsblatte aus, welches die Aufschrift trägt: „Nach meinem Tode zu lesen." Hören wir einige Zeilen dieses Vermächtnisses: „Sieh den Tod als ein Naturgesetz an, dem wir alle unterworfen sind und fasse ins Auge, was wir unsern theuren Verstorbenen schuldig sind. Nicht durch Tränen sollen wir das Andenken der Toten ehren, sondern in ihrem Geiste leben. Das ist die würdigste Trauer. Ist der erste, herzzerreißende Schmerz vorüber, so werden wir von süßen, erhabenen Empfindungen durchdrungen, wenn wir uns ganz in das geliebte Wesen versenken, das uns für immer entrissen wurde. Suche mit aufopfernder Hingebung überall lindernd und helfend einzugreifen, wo es not tut, so lebst Du in unserm Geiste fort. Wir sind nicht tot, so lange Du unser Andenken im Leben verwirklichst." Wie materialistisch sind doch die Spiritualisten und Spiritisten gegen eine solche einfache, edle und menschenwürdige Auffassung der Unsterblichkeit! Bertha Feuerbach hat bis ins höchste Alter ihr Vollgenügen an dieser Anschauungsweise gehabt, stets Trost, Ermutigung und Weisheit daraus geschöpft, und ein süßer Lohn ist ihr geworden: was sie ihrem Vater gewesen, das war ihre Tochter für sie. Sie ruht nun auf dem Johanniskirchhof in Nürnberg an der Seite ihres Gatten. Was dieser mit allem Verstand der Verständigen gelehrt, das hat jene mit kindlichem Gemüt in Einfalt geübt."

Ein sinniges Poem verfaßte auf sie Julie Stadler, von der wir so manche tiefempfundene und stimmungsvolle Gedichte besitzen. Man wird dasselbe — es ist bisher ungedruckt — gewiß mit Interesse lesen:

Ein Zweig auf das Grab von Tante Bertha Feuerbach.

    Mit Heldenmut und doch, ach, so vergebens
    Rangst mit dem Tode Du, ans Ziel des Lebens
    Warst Du gelangt! Du hast vollendet,

Vom Leben Dich hinweg gewendet
Zur Mutter Erde. In des Grabes Schatten
Ruhst Du vereint mit Deinem großen Gatten.
Dies heiße Herz, das ohne Rast und Ruh
Der Menschheit schlug — die Erde deckt es zu!

Zwei Kinder hast dem Gatten Du geboren —
Mathilde sank ins Grab, nur Leonoren
War Deine Mutterliebe nun geblieben,
Und Euer Leben war ein einzig Lieben.
Die Mühn und Sorgen waren nicht vergebens,
Sie war und blieb die Leuchte Deines Lebens!
Mit letztem Atemzuge hauchtest Du
Noch ihren Namen aus — nun deckt Dich Erde zu!

Als ich vor einem Jahr von Dir gegangen,
War all Dein Sehnen und Dein Bangen,
Das Du vertraut mir: „Wär mir nur gegeben,
Noch manches Jahr mit Lorchen zu verleben!"
Vom Glück erstrahlten Dir die bleichen Wangen
Als ich ermutigte Dein heiß Verlangen.
Dies edle Herz, das ohne Rast und Ruh
Für Lorchen schlug — die Erde deckt es zu!

Es waren friedvoll, heitre Stunden,
Als ich bei Dir mich fühlte ganz gesunden.
Wie weh war mir, als ich dann mußte gehn —
Mir ahnte wohl — auf Nimmerwiedersehn!
Von schweren Tagen, ach! der schwerste Tag,
War jener mir, an dem Dein Auge brach.
Für mich auch sorgte ohne Rast und Ruh
Dein reiches Herz — nun deckt es Erde zu!

Als Greisin noch, es war Dein ganzes Leben
Der Schönheit der Natur warm hingegeben.
Im Waldesdom, an Quellen, Bächen,
Ließt Du in Leid und Lust Dir Segen sprechen.
Drum, als am Grabe Menschenwort verklungen
Hat Dir ein Vöglein trauernd nachgesungen.
Wer liebte diese Sänger mehr wie Du?
Dein reiches Herz, nun deckt es Erde zu.

Zehntes Kapitel.

100. Geburtstag Feuerbachs. — Preßurteile über ihn. — Vorträge und Reden anläßlich des Säkulartages Feuerbachs. — Professor Dr. August Döring und Professor Dr. Friedrich Jodl über Feuerbach als Denker und Schriftsteller. — Anbringung einer Gedenktafel und eines Bildes an seinem Sterbehaus. — Die Errichtung eines Feuerbach-Denkmals in Nürnberg. — Ehrungen für Feuerbach in seinem Geburtsort Landshut. — Widerwärtige Streitigkeiten in der Stadtvertretung Nürnbergs. — Stellung der Freisinnigen und Sozialdemokraten zu Feuerbach. — Schmähungen eines klerikalen Blattes. — Prof. Dr. H. Molenaars Agitation für ein Feuerbach-Denkmal. — Literarische Feiern des Säkulartages in Deutschland und Frankreich. — Ein französisches Werk von Professor A. Levy über die Feuerbachsche Philosophie. — Friedrich Jodls Abhandlung über L. Feuerbach.

Anläßlich des 100. Geburtstages Ludwig Feuerbachs, am 28. Juli 1904, sind in der deutschen und ausländischen fach-philosophischen Presse, sowie in populär-wissenschaftlichen Zeitschriften und Tagesblättern zahlreiche Aufsätze für und wider Feuerbach erschienen. Diese rege Beachtung des Denkers hatte ihren Ursprung nicht allein in dem in unserer Zeit zur Manie gewordenen Feiern der Säkulartage großer und hervorragender Menschen, sondern vor allem in der Tatsache, daß der Philosoph und Schriftsteller noch keineswegs so abgetan ist, wie manche glauben machen wollen. Mit Recht hat Professor Dr. August Döring im Dezemberheft 1904 der damals von dem Grafen Hoensbroech herausgegebenen Monatsschrift „Deutschland" nachdrücklich darauf hingewiesen, daß Feuerbach Gedanken habe, mit denen noch in der Gegenwart gerechnet werden müsse und daß er als Autor Vorzüge besitze, die nie veralten können. Da Dörings Ausführungen treffend die Bedeutung unseres Denkers für unser Geschlecht nachweisen, sei es mir gestattet, einige der Grundgedanken des Verfassers hier auszugsweise wiederzugeben.

Neben der negativ kritischen Seite der Religionsphilosophie Feuerbachs, die nicht nur der spekulativen Umdeutung der Religion, sonderm auch dem echten und ursprünglichen Sinne der Religion entgegentrete, habe diese Religionsphilosophie auch eine positive Seite. Die Religion offenbare die Menschennatur nach ihren Bedürfnissen, Wünschen und Idealen; seien diese auch da unberechtigt, wo sie ins Phantastische, Krankhafte ausschweifen wie die asketische Jenseitsschwärmerei des mittelalterlichen Christentums, so sei doch das Beste der Religion, das ideale Menschentum, keine Illusion. Der Mensch selbst soll durch sein Wissen, durch Beherrschung der Natur zum Wundertäter werden. Die berechtigten Glückseligkeits-Ideale sollen verwirklicht, die sittlichen Ideale realisiert werden. An Stelle der Religion trete Bildung im weitesten Sinne des Worts: der wahre Atheismus sei nicht verneinend und zerstörend, sondern bejahend und aufbauend. Er gebe der Menschheit zurück, was die Religion in die transzendente Sphäre entrückt habe. Die positive Hochhaltung und Verwirklichung des Menschheits-Ideals finde vornehmlich ihren Ausdruck in einer freien Ethik. Das Böse sei der auf Kosten der anderen wirksame Glückseligkeitsglaube. Dieser müsse sozial werden, als Wohlfahrtspflege und Kulturarbeit. Das ‚Du sollst' entspringe aus der Respektierung des fremden Glückbedürfnisses. Nur der Mensch sei der Gott des Menschen; Gott werde. Die Kulturentwicklung sei die wahre Theogonie. Die treibende Kraft des Sittlichen sei das Mitgefühl, das mit dem Gewissen identisch sei; das Gewissen sei der Stellvertreter der Glückseligkeit des andern. So werde er der Pionier und Vorläufer einer religionsfreien, autonom menschlich-natürlichen Moralbegründung.

Den anderen Hauptzug seines Gegensatzes gegen den Hegelschen Vernunft-Spiritualismus, die Betonung der Natur als des ursprünglichen schöpferischen Prinzips, als des Prius des Geistes, habe Feuerbach nur skizzenhaft ausgeführt. Die Gewißheit der

Dinge außer uns beruhe nach ihm auf der Empfindung und dem Gefühl. Unmittelbar gewiß sei uns nur die eigene Leiblichkeit, aber auch das Du in der Liebe. Raum und Zeit seien Postulate der Wirklichkeit. Dies führe dann zur Realität der Naturdinge überhaupt. Die nichtdenkende Natur sei durch eine unendliche Reihe von Vermittelungen der Seinsgrund des Menschen. Nur unter gewissen Bedingungen habe die Natur das Organische und den Geist hervorbringen gekonnt. Aber er wolle nicht Materialist sein, wenn es ihm auch nicht gelinge, die Grenze scharf zu ziehen. Das aus der Natur zutage Tretende, die zweckvolle Gestaltung des Seelischen, das Denken müsse doch irgendwie in der Natur angelegt sein. Tatsächlich sei er wie Haeckel, wie der spätere Büchner, wie der Wirklichkeitsphilosoph Dühring, Hylozoist und Hylopsychist, d. h. die Natur sei ihm lebendig und habe das Vermögen des Lebens und des Geistes in sich. Daß er der Verneinung der Unsterblichkeit, wenn auch mit anderer Begründung als in seiner Hegelschen Periode, treu geblieben, sei selbstverständlich.

Die beiden Spezialpunkte, die die dauernde Bedeutung Ludwig Feuerbachs begründen, seien die folgenden: Der eine betreffe seine Fassung der Religion. Gegenüber der unausrottbaren Unsitte, unter Religion die bloße denkende oder fühlende Versenkung in das All, den Weltgrund, das Absolute oder gar eine irgendwie geartete Hingabe an ein irgendwie geartetes Ideal zu verstehen, sei Feuerbach hier von einem unbarmherzigen Realismus. Religion sei Gunstbewerbung, Erwartung von Wunderhilfe, Beanspruchung persönlicher Aktion der Gottheit in der Linie der Wünsche und Interessen ihres Verehrers. Unzweifelhaft habe Feuerbach persönlich dieselbe Enttäuschung auf dem Gebiete der Religion erfahren, die Goethe in seinem „Prometheus" so ergreifend geschildert:

„Hast du die Schmerzen gelindert je des Beladenen?
Hast du die Tränen gestillet je des Geängsteten?"

Und in diesem einzig urechten Sinne stelle er das Religionsproblem, um es dann in seiner Weise einer negativen Lösung entgegenzuführen. In diesem Sinne perhorresziere er die Umdeutung des Dogmas als Symbol irgendwelcher Philosopheme; in diesem Sinne verwerfe er das „charakterlose, laxe, schlappige" Christentum der neueren Zeit, dessen Glaube ein „durchaus erlogener und ungläubiger Glaube" sei, und verlange als Grundlage jeder Erörterung „die Religion in ihrer differentia specifica", „in ihrer bestimmten, geschichtlichen, positiven Wirklichkeit". In diesem Sinne sei ihm Luther, den er so gründlich kenne und als ganzen Mann verehre, in seinen grotesken Kraftworten („Die Gläubigen sind Fürsten und Herren Gottes" und mit bezug auf die Krankheit Melanchthons „allda mußte mir unser Herrgott herhalten, denn ich warf ihm den Sack vor die Tür und rieb ihm die Ohren mit allen Verheißungen des Gebets" u. dgl.) der eigentliche Typus des Religiösen.

Und habe nicht Feuerbach mit dieser streng historischen Fassung der Religion recht? Erwerbe er sich nicht mit dieser Lösung des Problems ein Verdienst um künftige Diskussion?

Der zweite Spezialpunkt, hinsichtlich dessen Feuerbach wohl eine besondere Würdigung verdienen möchte, sei seine Bedeutung als Schriftsteller. Er sei kein Systembauer, der durch Zergliederung eines Prinzips nach allen Richtungen ein vielgliederiges System errichte. Die einzelnen Schriften führen ihren Gedankengang mehr oder minder essayartig durch. Aber er sei ein sprachgewaltiger Schriftsteller, der sich nicht begnüge, in farblosem Bücherdeutsch seine Gedanken vorzutragen. Er gebe dem einzelnen durch geistvolle Bildersprache, durch Wiederholung und Ausgestaltung in scharfgeschliffener epigrammischer Zuspitzung Körper und Schlagkraft. Wir spüren hinter der Gedankenentwicklung stets den ganzen Menschen; wir atmen den Erdgeruch einer lebendigen Persönlichkeit. Seine besseren Schriften haben ein klassisches Gepräge und verdienen eine Stelle in unserer Nationalliteratur... Er selbst sei sich dieser Eigenart seiner Darstellung bewußt: „Du dachtest als Philosoph," so redet er in der Vorrede zur Gesamt-Ausgabe (1846) sich selbst an, „aber du schriebst nicht als Philosoph, du verwandeltest stets das Gedankenwesen in ein Wesen von Fleisch und Blut. Du stelltest an das Objekt des Denkens die Forderung, daß es zugleich ein Objekt der Ästhetik sei; du wußtest, daß die Philosophie als solche, die bloße Vernunft, der reine Gedanke, nichts für den Menschen ist."

Dankenswert waren auch die Vorträge, die anläßlich des Säkulartages Feuerbachs von mehr oder weniger berufener Seite über ihn und einzelne Momente in seinen Werken und seinem Schaffen gehalten wurden. So sprach z. B. Professor Dr. Friedrich Jodl aus Wien — ein meisterhafter Kenner der Philosophie des Weltweisen — in der Konkordia zu Prag über Feuerbach und die deutsche Literatur. In seiner Rede führte er u. a. aus, wie bahnbrechend der Philosoph auf die soziale Idee seiner Zeit eingewirkt habe. Marx und Engels seien seine bedingungslosen Anhänger, und seine Grundgedanken seien die treibenden Kräfte in der wissenschaftlichen Ausbildung des Sozialismus geworden. Der Marxsche Materialismus sei lediglich ein Pendant zu dem Feuerbachschen Gedanken, daß man die Menschen nicht als bloße Geisteswesen, sondern auch als Naturwesen einer organisch-physischen Wirklichkeit auffassen müsse.

Nürnberg, die altberühmte Stadt der deutschen Kunst und des Kunstgewerbes, zu deren Ruhm Ludwig Feuerbach nicht minder ein Scherflein beigetragen, hat den Philosophen und sich selbst geehrt, indem sie, am Sterbehause des großen Denkers am 14. Juni 1906 am Rechenberg, dem Feuerbachhause, wo der Philosoph 12 Jahre gelebt hat, eine von dem Nürnberger Kunstbildhauer Fritz Zadow modellierte Ehrentafel anbringen ließ, die unter dem wohlgelungenen Relief Feuerbachs die folgende Inschrift trägt:

Reliefbild Ludwig Feuerbachs
(Gedächtnistafel am Rechenberg)
modelliert von Fritz Zadow.

„Ludwig Andreas Feuerbach, geboren zu Landshut 1804, gestorben zu Nürnberg 1872, wohnte am Rechenberg im Jahre 1860 bis zu seinem Tode. Gewidmet von der Stadt Nürnberg im Jahre 1906."

Auch sein Geburtshaus in Landshut, zugleich Wohnhaus seines Vaters, des Kriminalisten Anselm Ritter von Feuerbach, ist auf Kosten seiner Heimatstadt mit einer Gedenktafel geschmückt worden. Ferner wurde eine Straße in Landshut nach dem Namen Feuerbachs genannt. Bei der Beratung über diese Ehrung im Schoße des Magistrats machte sich übrigens die klerikale Opposition bemerkbar. Nachdem nämlich auf Antrag des Bürgermeisters Marschall die Mehrheit des Magistrats beschlossen hatte, eine Straße in Landshut Feuerbachstraße zu taufen, erhob sich der Magistratsrat Weithenauer, um sein Votum dagegen abzugeben. Er sagte u. a.: „Nachdem sich nachträglich herausgestellt, was dieser Feuerbach für ein Mensch war, nachdem auch, wie ich weiß, die Geistlichkeit einen Protest einreichen wird, worin dagegegen Verwahrung eingelegt wird, dem Gottesleugner Feuerbach eine Ehrung angedeihen zu lassen, wird es wohl das Gescheiteste sein, ohne erst diesen Protest abzuwarten, den Magistratsbeschluß, betr. die Ehrung Feuerbachs, einfach umzustoßen." Doch blieb der famose Herr Weithenauer mit seiner Anregung allein auf weiter Flur.

Anknüpfend an diese Kundgebung einer ultramontanen Mannesseele erzählte ein alter Würzburger im „Würzburger Journal" — in der Nummer vom 27. August 1904 — eine kleine köstliche Geschichte, die zu amüsant ist, um hier nicht wiedergegeben zu werden: „Als im Jahre 1859, wie in allen deutschen Städten, auch in Würzburg der 100. Geburtstag Schillers gefeiert wurde, kam die Gewährung eines Kredits von mehreren tausend Gulden zur Ausrüstung einer entsprechenden Feier im Stadtmagistrat zur Beratung. Wie heute noch, so wurde auch damals schon von den die Referate verteilenden Magistratsvorständen ein bürgerlicher Magistratsrat für unfähig zur Übernahme eines Referats gehalten, weshalb einer der rechtskundigen Berufsräte die Vorlage kurz begründete. Ehrfürchtiges Schweigen folgte, wie heute noch, dem Vortrage des Rechtskundigen, bis sich einer der bürgerlichen Räte, ein ehrsamer Gastwirt seines Zeichens, zu der schüchternen Frage aufraffte: „Schiller? — War denn der von hier?" — „Aber Herr Collega", rief der literaturkundige Rechtskundige, „Sie werden doch den großen Dichter Schiller kennen, der die „Bürgschaft" dichtete?!" — „Bürgschaft!" — rief aber darauf entrüstet der Interpellant — „Bürgschaft auch noch! — Einmal in meinem Leben habe ich für einen gut gesprochen und habe mein Geld verloren, keinen Heller bewillige ich mehr!" Sprach's und setzte sich im Gefühl erfüllter Bürgerpflicht. Die Mehrheit seiner Ratsverwandten, die wahrscheinlich noch keine so trübe Erfahrung mit der „Bürgschaft" gemacht hatten, bewilligten aber den Kredit für die Ehrung des Dichters derselben".

Die ultramontane Landshuter Presse sekundierte natürlich dem Magistratsrat Weithenauer, indem sie über das Leben, Wirken und die Bedeutung Feuerbachs „Aufklärungen" zu geben suchte, dazu bestimmt, ihren unsterblichen Landsmann grau in grau zu malen. Das Großartigste hierin leistete sich die „Landshuter Zeitung", die sich dagegen verwahrte, daß die gute Stadt Landshut „an den zerplumpten Triumphwagen dieses Mannes" gespannt werde. Das Blatt wies ferner darauf hin, daß Feuerbach weder auf geistigem noch auf materiellem Gebiete etwas zu Nutzen Landshuts getan habe, und daß auch von einem tieferen Interesse des Philosophen an seiner Geburtsstadt weiter nichts bekannt sei. Welche Art Männer das Blatt und seine Hintermänner überhaupt geehrt wissen wollten, das wurde dadurch verraten, daß man dem Denker Feuerbach den Jesuitenpater Orban, den Stifter des Heiliggeist-Spitals, gegenüberstellte. Belustigend war's, daß die „Landshuter Zeitung" dabei einräumte, daß sie früher von Feuerbach kaum etwas gewußt habe; denn sie schrieb über ihn, „daß selbst Leute, welche die Geschichte der Philosophie studiert haben, nur den Namen oder höchstens nur den Vornamen noch kennen."

Die Angriffe, die in den städtischen Kollegien in Nürnberg und Landshut seitens der reaktionären bzw. klerikalen Parteien gegen Feuerbach laut wurden, kamen auch in einem Teile ihrer Presse anläßlich seines Säkulartages zum Vorschein. Als Pröbchen der gehässigen Gesinnung gegen den ruhmvollen bayrischen Forscher und Schriftsteller sei nur die nachstehende Stelle aus einem bayrischen klerikalen Blatte, der „Augsburger Postzeitung", vom 3. Juli 1904 mitgeteilt: „Der stille Beobachter kann sich eines Lächelns kaum erwehren: Gevatter Schneider und Laternenanzünder nahen sich schüchtern Männern der Wissenschaft, um sich mit diesen derselben Eigenschaften zu freuen; ja, sie sagen allen Ernstes, daß die deutsche Arbeiterschaft die Erbin der klassischen deutschen Philosophie sei. „Wir Feuerbachs sind alle Feuerbäche", hat unser Ludwig einmal gesagt. Er war aber selbst der tosendste, der reißendste, ein Revolutionär im vollsten Sinne des Wortes. Von der Theologie ging er zur Philosophie, von dieser zur Naturwissenschaft über. Er selbst hat seinen eigenartigen Bildungsgang in das merkwürdige Paradoxon gestellt: „Gott war mein erster Gedanke, die Vernunft mein zweiter, der Mensch mein dritter und letzter". Es ist gut, daß wir dieses Bekenntnis haben; darin liegt die ganze Eigenart, zugleich aber auch die ganze Seichtheit der Feuerbachschen Wissenschaft verborgen. Und wenn nun unsere Zeit glaubt, auf die Worte dieses Mannes schwören zu sollen, so stellt sie sich damit ein Zeugnis aus, das an Deutlichkeit nichts zu wünschen übrig läßt."

Nürnberg wollte sich jedoch mit einer Gedenktafel allein nicht begnügen, vielmehr hatte das dortige Gemeindekollegium im

November 1904 dem Antrage des Magistrats zugestimmt, den großen Toten zugleich durch ein Standbild zu verherrlichen. Bei diesem Anlaß sei erwähnt, daß die Frage der Errichtung des Feuerbach-Denkmals im Stadtrat zu Nürnberg zu einem merkwürdigen Redekampf führte, der bezeichnend für den unversöhnlichen Haß ist, womit die Finsterlinge noch immer das Andenken des freisinnigen Kämpfers für Recht und geistige Freiheit verfolgen. Der Antrag des Magistrats ging dahin, daß das einfache Denkmal, das Feuerbach gesetzt werden solle, nahe an der Stelle sein müsse, wo er die letzten Jahre seines Lebens verbracht habe, nämlich auf der unteren Terrasse des Rechenberg, des Mittelpunkts eines neuen Vorort-Villenviertels. Nun war aber für den Gipfel des Hügels schon ein Bismarckturm vorgesehen, und dieses Zusammentreffen führte in der betreffenden Sitzung der Stadtverordneten zu einer langen Erörterung, die stellenweise so lebhaft wurde, daß der Vorsitzende Ordnungsrufe erteilen mußte. Von reaktionärer Seite wurde in der Versammlung die Errichtung eines Monuments für Feuerbach in Nürnberg überhaupt scharf bekämpft, weil dieser ein so exponierter Mann mit so extremer Weltanschauung, ein so grober Materialist gewesen, daß ihn die Sozialdemokraten als den ihrigen reklamierten: es wäre geradezu eine Beleidigung Feuerbachs, ihm ein Standbild am Fuße eines Denkmals für Bismarck zu setzen; es wäre ein Schildbürgerstückchen, zwei Männer von so verschiedener Weltanschauung auf einen Platz zu vereinigen. Von deutschfreisinniger Seite, von der die Anregung zu dem Denkmal und zu der Wahl dieses Platzes ausgegangen war, wurde nun erklärt, diese Bismarcktürme, deren Feuer über Berg und Tal leuchten sollen, seien gar kein Denkmal eines Mannes, sondern Erinnerungszeichen an die große Zeit von 1870/71. Feuerbach sei auch kein Materialist gewesen, sondern ein Idealist, wie nur irgendeiner. Schließlich machte der deutschfreisinnige Vorsitzende, Kommerzienrat Hessé, dem Streite ein Ende mit den Worten: „Er verstehe es weder vom religiösen noch vom demokratischen Standpunkte aus, daß zwei große Männer sich nach ihrem Tode nur in einer Entfernung von so und so vielen Kilometern gegenüberstehen sollen! (Heiterkeit.) Man denke doch nur an die Walhalla bei Regensburg! Das sei ja das Schöne von der Kunst, daß sie die Gegensätze versöhne!" — Die Angelegenheit wurde schließlich mit 43 gegen 8 Stimmen an den Ausschuß verwiesen, das Denkmal also im Grundsatz genehmigt.

Diesen nichts weniger als erbaulichen Streit in der Stadtvertretung Nürnbergs benutzte die bayrische Sozialdemokratie, die Feuerbach für den ihrigen proklamierte, um auch ihrerseits zu der Frage der Denkmalserrichtung Stellung zu nehmen. Das Zentralorgan der deutschen Sozialdemokratie, der „Vorwärts", in Berlin erklärte in seiner Nummer vom 1. Dezember 1904, daß die sozialdemokratische Partei es gewesen, der Feuerbach es zu verdanken hatte, daß er nicht zugrunde gegangen sei. Denn als sie von seiner Notlage Kenntnis erhalten hätte, habe sie für ihn eine Sammlung eingeleitet und sie sei es auch gewesen, die es übernommen, seine sterblichen Reste zur Erde zu bestatten und ihm ein großartiges Leichenbegängnis zu bereiten. Die Freisinnigen hätten sich Feuerbachs bei seinem 100. Geburtstage nur deshalb angenommen, um aus Neid und Eifersucht den Sozialdemokraten ein Schnippchen zu schlagen und ihnen den Ruhm nicht zu lassen, allein an Feuerbach gedacht zu haben. Nur aus dem Grunde habe der frühere freisinnige Abgeordnete für Koburg, Hermann Beckh, den Antrag eingebracht, beim Nürnberger Magistrat anzufragen, in welcher Weise er aus Anlaß des Säkulartages des Philosophen diesem seinen verstorbenen berühmten Mitbürger eine Ehrung bereiten wolle. Der „Vorwärts" bemängelte auch die Art und Weise, wie die Ausführung der vom Bauamt im Auftrage des Magistrats ausgearbeiteten Pläne für das Monument gedacht wurde. „Der Rechenberg" — so bemerkte das sozialdemokratische Zentralorgan u. a. — „der Rechenberg, eine mäßige, breit verlaufende Anhöhe, hat zwei Plateaus: auf dem oberen soll ein sog. Bismarckturm Aufstellung finden und mit einer großen Anlage umgeben werden. Vom oberen Plateau führt eine Treppe auf das zweite Plateau herab, und an der einen Treppenmauer soll nun ein Steinblock eingefügt werden, der das Reliefbildnis Feuerbachs, ein sog. Medaillon, enthalten soll! Feuerbach, der große Menschenfreund und Vorkämpfer der Freiheit, wird also in unmittelbarer Nachbarschaft mit dem Blut- und Eisenmenschen, dessen ganze Tätigkeit nur darauf gerichtet war, das Volk in Knechtschaft zu erhalten, „geehrt". Und wie ist diese Ehrung geschaffen! Das Bismarckdenkmal nimmt den ganzen Gipfel der Anhöhe ein, Feuerbach erhält ein bescheidenes Denkmal an der Treppe, das durch die massigen Formen des ersteren vollständig erdrückt wird. Der Freisinn Nürnbergs kann auf diese geniale Zusammenstellung wirklich stolz sein."

Gegen die hier vorgebrachte unwahre Auffassung, als ob Ludwig Feuerbach Fleisch vom Fleisch und Bein vom Bein der Sozialdemokratie gewesen sei, erklärte sich nun in der Nürnberger Stadtvertretung der genannte Führer der Freisinnigen, Hermann Beckh, aufs entschiedendste. Denn als der praktische Arzt Dr. Seiler sich dort gegen die Errichtung des Monuments aussprach, da es nicht Aufgabe Nürnbergs sein könne, diesen „exponierten Mann, der von den extremsten Sozialdemokraten als einer der ihrigen proklamiert werde", durch ein Denkmal zu ehren, erklärte Beckh, daß es eine Anmaßung und ein Versuch, Feuerbach für die Sozialdemokratie auszuschlachten, sei, wenn die Sozialdemokraten den kühnen und nach oben und nach unten gleich unabhängigen, zu keiner Partei sich bekennenden Denker gleichsam stigmatisieren wollten.

In München hatte sich ein Komitee gebildet, um dem bayrischen Philosophen ein Denkmal zu errichten. Professor Dr. H. Molenaar war besonders eifrig bestrebt, die Errichtung eines Feuerbachdenkmals zu ermöglichen. Er berichtet selbst darüber in der von ihm geleiteten Zeitschrift: „Menschheits-Ziele"[1]):

„Als ich im Jahre 1905 erfuhr, daß das Feuerbachhaus am Rechenberg wahrscheinlich bald abgerissen werde und auf letzteren ein Bismarckdenkmal kommen solle, richtete ich an den ersten Bürgermeister der Stadt Nürnberg, Herrn Hofrat Ritter Dr. G. von Schuh, folgendes Schreiben:

München, Holzkirchnerstr. 5, 25. April 1905.

Hochzuverehrender Herr Bürgermeister!

Euer Hochwohlgeboren erlaube ich mir eine sehr dringende Bitte vorzutragen. Kürzlich besuchte ich den Rechenberg, wo der größte bayrische Philosoph Ludwig Feuerbach lebte, litt und starb. Diese Stätte ist für ewige Zeiten (d. h. solange denkende Menschen auf diesem Planeten leben werden) geheiligt, und spätere Jahrhunderte werden dem Geistesheros, der hier seine letzten unsterblichen Werke schuf, die Bewunderung nicht versagen, die die bornierte Jetztzeit ihm noch vorenthält. Es ist bekannt, daß die erste Auflage Schopenhauers wieder eingestampft werden mußte — heute lesen ihn Millionen — und wenn die erste Auflage der sämtlichen Werke Feuerbachs heute auch noch nicht vergriffen ist, so ist doch sicher, daß in hundert Jahren seine Hauptschriften ebenso Gemeingut aller denkenden Menschen sein werden, wie die des Frankfurter Philosophen, den er an Wirklichkeitssinn weit überragt. Wäre es nun nicht eine Schmach für Bayern, eine Schmach für Nürnberg, wenn das Sterbehaus eines seiner berühm-

---

[1]) Ludwig-Feuerbach-Nummer 1903, Heft 1/2, S. 18 ff.

testen Bürger (des größten nach Albrecht Dürer) dem Erdboden gleichgemacht und der Ort, der mit seinem Namen so eng verknüpft ist, das Denkmal eines anderen trüge, der nicht die allergeringste Beziehung zu ihm hat? Bismarcks Größe anzuzweifeln wäre ebenso einfältig wie undankbar, aber **ihn dadurch erhöhen, daß man einen andern großen** (und zwar nicht weniger großen) **Deutschen erniedrigt, wäre seines Namens unwürdig**, und diejenigen, die sich einer solchen zweifelhaften Ehrung schuldig machten, würden auf sich und ihre Vaterstadt den Fluch der Nachwelt laden. Wie würden wir heute über Weimar und seine Bürger urteilen, wenn dieselben ein Menschenalter nach Schillers Tode dessen Sterbehaus hätten abreißen lassen und etwa ein Denkmal Steins oder sonst eines großen Nichtweimaraners an der Stelle errichtet hätten? **Nürnberg ist im Begriff, ein ähnliches historisches Verbrechen zu begehen**, über das die Nachwelt mit gerechter Strenge urteilen würde. **Noch ist es Zeit, noch ist kein entscheidender Schritt getan.** Beschlüsse können umgestoßen, Pläne können geändert werden, aber ein durch große Erinnerungen geheiligtes Haus kann, einmal zerstört, nicht wieder aufgebaut, ein fertiges Denkmal kann nicht ohne kolossale Kosten transferiert werden. Die würdigste Bestimmung für das Sterbehaus Ludwig Feuerbachs wäre, ein **Feuerbach-Museum** daraus zu machen, die Mittel hierzu wären durch freiwillige Gaben der Anhänger des Philosophen und die Verzinsung durch Erhebung eines entsprechenden Eintrittsgeldes wohl aufzubringen, zumal wenn die Stadt Nürnberg sich hierbei mit einem Beitrag beteiligte. Ein in diesem Sinne abgefaßter Aufruf würde gewiß in ganz Deutschland und darüber hinaus (besonders in Nordamerika, wo Feuerbach viele begeisterte Anhänger hat) seine Wirkung nicht verfehlen. Es wäre nun aber für die Verehrer des Philosophen vom Rechenberg, unter denen sich hochangesehene Männer, z. T. mit Weltruf, befinden, sehr schmerzlich, wenn ihr Appell sich gewissermaßen gegen den Nürnberger Stadtmagistrat richten müßte, falls dieser auf seinem Beschluß beharren sollte, an dem durch das Andenken Ludwig Feuerbachs geweihten Orte ein Bismarckdenkmal aufzustellen und den Philosophen nur durch ein nebensächliches Monument der Nachwelt in Erinnerung zu bringen. Weit schöner wäre es, wenn dieser Aufruf entweder von Nürnberg selbst ausginge oder doch wenigstens im Einklang mit den Intentionen des Stadtmagistrats abgefaßt werden könnte. Für das Bismarckdenkmal würde sich gewiß ein ebenso geeigneter und vielleicht noch weit schönerer Platz in der Umgebung Nürnbergs finden.

Indem ich mit allen Freunden Feuerbachs auf das Wohlwollen und die gütige Unterstützung von Euer Hochwohlgeboren in dieser für Nürnberg, Bayern und Deutschland, ja für die ganze Menschheit so wichtigen Sache fest vertraue und ergebenst bitte, dieses vertrauliche Schreiben in einer nichtöffentlichen Magistratssitzung den Herren Magistratsräten als vertrauliche Mitteilung bekannt zu geben, verbleibe ich in der sicheren Erwartung eines baldgefälligen günstigen Bescheides

Euer Hochwohlgeboren allerergebenster
Dr. H. Molenaar.

Hierauf erhielt ich folgende Antwort:

Auf Ihr Schreiben vom 25. vor. Mts. an Herrn Bürgermeister Dr. von Schuh beehren wir uns zu erwidern, daß Ihre Anregung bezüglich der Ehrung des Philosophen Ludwig Feuerbach dem hierfür niedergesetzten Ausschusse zur weitern Erwägung unterbreitet werden wird, sobald die übrigen Voraussetzungen für Einberufung des Ausschusses gegeben sein werden.

Nürnberg, den 15. Mai 1905.
Stadtmagistrat.
gez. Jäger. gez. Fischer. . . .

An der Absicht, ein Bismarckdenkmal auf den Rechenberg zu setzen und für Feuerbach außer der einfachen Bronzetafel nichts weiter zu tun, scheint sich bis jetzt nichts geändert zu haben, aber noch ist kein Spatenstich getan, noch ist der Rechenberg fast unverändert wie zur Zeit Feuerbachs, noch ist es Zeit, die Schande von der Stadt Nürnberg abzuwenden, einen ihrer größten Geister nicht gebührend geehrt zu haben."

In Nürnberg, München und mehreren anderen bayrischen Städten wurden sehr pietät- und weihevolle Gedächtnisfeiern für Ludwig Feuerbach veranstaltet. Aus der Fülle der Reden, die bei diesem Anlasse gehalten wurden, sei nur diejenige des wiederholt erwähnten Professors Dr. Molenaar zu München, jetzt in Nürnberg, im Lokal des „Sendling Weinbauer" hervorgehoben. Er schilderte mit begeisterten Worten das Werden und Wirken des großen Meisters, dessen Leben ein einziger Kampf um die Wahrheit und ein stetes Ringen nach Befreiung gewesen. Feuerbach sei sicherlich ein großer Zerstörer, doch kein Herostrat gewesen; wohl habe er die Religion geleugnet, aber an ihrem Kern, dem rein Menschlichen, habe er nicht gerüttelt wissen wollen. Seine Lehre führe nicht von Gott zum Menschen, sondern vom Menschen zu Gott. Hinter allen Erscheinungen der Religion suchte und fand er lediglich den Menschen. Das höchste Wesen Feuerbachs sei die fühlende, schaffende Menschheit. Auch er, Feuerbach, glaube an einen Gott und an ein Jenseits, aber beides sei ihm nur der Glaube des Menschen an sich selbst. Diesen Glauben wiedergefunden zu haben, den die Theologie im Nebel des Jenseits verloren hatte, sei das unsterbliche Verdienst Ludwig Feuerbachs.

Von den sozialistischen Jubiläumsartikeln, die Feuerbach an seinem Säkulartage als Philosophen würdigten, war noch einer der besten und objektivsten der Aufsatz des Wiener Sozialistenführers Dr. Max Adler im Feuilleton der „Wiener Arbeiter-Zeitung". Dort

Büste Ludwig Feuerbachs,
modelliert von Jean Schreitmüller.

wurde der sozialistische und kommunistische Grundzug in Feuerbachs Philosophie, auf die unzweifelhaft von Frankreich her der Saint-Simonismus einen stark befruchtenden Einfluß ausgeübt habe, eindringlich hervorgehoben. Besonders bemerkenswert ist der Aufsatz auch dadurch, daß Adler gegen die Unterstellung sich wendet, als ob Feuerbach ein Atheist im landläufigen Sinne des Wortes gewesen sei. Er sagt u. a.: „Die Gottheit nicht zu bestreiten, sondern als ein dem Menschen innerliches Wesen nachzuweisen, die Religion nicht zu verlästern, sondern zu erklären, das ist die Großtat des menschlichen Geistes in Feuerbach, und sie wird erbracht durch eine großartige, psychologische Analyse, die jedoch nicht aus der Eigenart des Individuums schöpft, sondern eben jenen gattungsmäßigen Charakter des geistigen Lebens überhaupt zur Grundlage hat. In der Zurückführung aller Mysterien der Religion auf Gedanken, Wünsche und Empfindungen, die aus diesem gattungsmäßigen Charakter des menschlichen Denkens, Wollens und Empfindens auftauchen, und in der Aufdeckung des eigenartigen psychologischen Prozesses, in welchem sie sich gegenüber dem Menschen vervollständigen und ihm so als überlegene, ebengöttliche Mächte entgegentreten, liegt der Schlüssel zur Erklärung des religiösen Phänomens. ‚Das Geheimnis der Theologie liegt in der Anthropologie.'"

Es ist erfreulich, daß Ludwig Feuerbachs Geburtscentenarium auch in Frankreich literarisch gefeiert wurde, indem A. Levy, Professor am Lyzeum zu Toulouse, ein umfangreiches Werk in französischer Sprache erscheinen ließ: „La philosophie de Feuerbach, son influence sur la literature allemande contemporaine". Der Verfasser, ein tüchtiger Kenner des Denkers, gliedert sein Werk in zwei Teile: erstens die Philosophie, zweitens den Einfluß. Er untersucht die Stellung seines Helden unter seinen Zeitgenossen und sucht gleichsam genetisch darzustellen, wie Feuerbach dazu kam, seine berühmten Sätze zu schreiben: „Einst war mir das

Denken Zweck des Lebens, aber jetzt ist mir das Leben Zweck des Denkens", und „Die wahre Philosophie besteht darin, nicht Bücher, sondern Menschen zu machen". Levy vergleicht ihn mit Auguste Comte, der von einem anderen Lehrmeister, Joseph de Maistre, und von einem anderen religiösen Prinzip, dem Katholizismus, ausgehe und sich zu einem Positivismus bekenne, der demjenigen Feuerbachs in vielem wesensverwandt sei. Der Verfasser vertritt die Grundanschauung, daß die Denker aller Zeiten eine Zeit und die wahrhaften Freunde aller Nationen zusammen eine Nation bilden müßten.

Wir müssen dieses französische Werk, das freilich, wie bisher alle Schriften über Feuerbach, dem Leben des Denkers leider viel zu wenig Beachtung schenkt, schon aus dem Grunde freudig begrüßen, weil es wohl zum ersten Male den Franzosen die Bedeutung Feuerbachs klarzulegen sucht. Friedrich Jodl fragte bei dem Erscheinen der Levyschen Schrift:

„Ein Unterstrom wirklicher religiöser Aufklärung, der heute durch die Ungunst der politischen und wirtschaftlichen Verhältnisse und durch jene ungesunde neue Romantik, mit der man nüchternen Geschäftssinn und militärischen Chauvinismus überkleidet, zugeschüttet scheint, wartet vielleicht nur auf die Gelegenheit, um machtvoll hervorzubrechen. Sollte das nur auf dem Umwege über das Ausland möglich sein? Werden wir nicht einst, wenn wir Frankreichs Beispiel auf dem Wege der praktischen Erfahrung folgen, den Stempel deutscher Fabrikate mit Beschämung erkennen müssen?"

Ich möchte diese Frage in aller Bescheidenheit dahin beantworten, daß ich mich der zuversichtlichen Hoffnung hingebe, daß mein Werk dazu beitragen werde, das große deutsche Lesepublikum für Feuerbach und seine Schriften zu interessieren, ohne daß wir erst einer Anregung dazu von dem Auslande bedürften. Vielleicht wird schon diese schlichte literarische Blume, die ich

auf das Grab des Denkers lege, alle Deutschredenden daran erinnern, wie groß der Mann war, welcher von sich sagen durfte:
„Was ich bin, fragst du mich? Warte, bis ich nicht mehr bin!"

Auch was Fr. Jodl über Feuerbach in den letzten Jahren veröffentlicht hat, mag an dieser Stelle anerkennend hervorgehoben werden. Ich habe bereits seiner mit Bolin besorgten vortrefflichen neuen Feuerbach-Ausgabe — Stuttgart, 1903 ff. —, von der bisher, wie schon im Vorwort hervorgehoben wurde, sieben Bände der Gesamtwerke des Philosophen vorliegen, Erwähnung getan. Ferner veröffentlichte er eine ausgezeichnete Monographie über L. Feuerbach im 17. Bande der „Klassiker der Philosophie" in Stuttgart, sowie in der „Ludwig-Feuerbach-Nummer" einen Aufsatz über unseren Denker, der in knappem Rahmen die Bedeutung des gewaltigen Philosophen zu skizzieren sucht.

Mit Recht behauptet Jodl, daß unsere Zeit mehr dazu angetan sei, Feuerbachs Gedanken als ein Ferment auf sich wirken zu lassen. Zwar sei die heutige Situation nicht genau dieselbe wie damals, als Feuerbachs Ruhm wie ein strahlendes Gestirn am Himmel der deutschen Literatur emporgestiegen sei, aber verwandte Bedürfnisse bestehen auch heute, und in weiten Kreisen sei ein sehnsuchtsvoller Drang nach Befreiung und Aufklärung lebendig, ganz ähnlich dem, welcher einst Feuerbach im Sturm das Herz der Nation habe gewinnen lassen.

Er schließt seine geistreichen Ausführungen mit den Worten:
„Wie mit einem Schlage schnitt der Sieg der Reaktion das Band zwischen Feuerbach und der Nation entzwei. Neue geistige, neue politische Mächte schoben sich dazwischen: bedrängt von draußen, verbittert in sich, hat er nicht mehr die Kraft, mit einem Werk ersten Ranges, dem Wesen des Christentums und den Vorlesungen über die Religion vergleichbar, sich wieder in die vorderste Reihe zu stellen und sein großes Programm: Neuaufbau

der Philosophie auf dem Boden der Naturwissenschaft, zu verwirklichen.

Unter den geistigen Mächten, die sich, wie ich eben gesagt habe, zwischen Feuerbach und das deutsche Volk gestellt haben, möchte ich vor allem jene Rückkehr zur Romantik nennen, welche für das in der zweiten Hälfte des 19. Jahrhunderts langsam zur politischen Macht aufstrebende und mehr und mehr auch ökonomisch saturierte deutsche Bürgertum so charakteristisch ist. Als ihre Wortführer muß man vor allem Richard Wagner und Schopenhauer bezeichnen. Nicht nur deswegen, weil sie in der zweiten Hälfte des 19. Jahrhunderts den tiefsten Eindruck auf die deutsche Bildung gemacht haben; sondern weil sie in ganz besonderem Grade als Folie für Feuerbach zu wirken geeignet sind. In Wagner verkörpert sich gewissermaßen die große Wendung, von der ich vorhin gesprochen habe. Der Abfall von Feuerbach und die Rückwendung zur Romantik vollzieht sich in ihm als ein persönliches Ereignis, bildet ein entscheidendes Moment seiner eigenen Entwicklung. Natürlich; wie hätte auch dieser größte aller Romantiker, er, der die schon in der alten Romantik begonnene Wiederbelebung der alten Sage und ihrer Gestalten vollendet hat, Wagner, dessen ganze Kunstwelt in geheimnisvollem Dämmerlicht zwischen Himmel und Erde, zwischen Natürlichem und Übernatürlichem schwebt, wie hätte Wagner auf die Dauer ein Anhänger Feuerbachs bleiben sollen, des Denkers, der mehr als irgend ein anderer getan hat, um die große Phantasmagorie der Religion zu zerstören, die Welt zu entgöttern, das Übernatürliche auf den Menschen und den Menschen auf die Natur und ihre Gesetzmäßigkeit zurückzuführen. Ganz ebenso groß ist der Gegensatz auf praktischem Gebiete. „Erlösung" ist das große Wort, das zwischen allen Zeilen Feuerbachs und Schopenhauers zu lesen ist: es ist auch das ewig wiederkehrende Leitmotiv der Wagnerschen Kunst — vom Fliegenden Holländer bis zum Parzival — in immer neuen Tonarten erklingend, in immer neuen Gestalten sich verkörpernd. Aber wie verschieden ist der Gehalt, der sich hinter diesem Worte birgt! Erlösung vom Leben, Erlösung vom Wollen: das ist der Sinn der Erlösungsphilosophie Wagners und Schopenhauers inmitten einer Welt, in der es nichts aufzubauen gibt, die nur der bejahen kann, der sie nicht versteht und von der jeder in dem Maße, als ihr tiefster Sinn ihm aufgeht, sich schaudernd abwendet. Erlösung vom Übel, von dem wirklichen, nicht eingebildeten, von den vermeidlichen nicht naturnotwendigen Übeln: das können wir als den Kern von Feuerbachs Gedanken aussprechen. Erlösung durch Erkenntnis und soziale Organisation; durch Verbesserung der Schutzvorrichtungen, durch Erhöhung unserer Widerstandskraft und Bekämpfung der Dummheit und Unwissenheit.

Auch diese Gedanken Schopenhauerscher Philosophie, Wagnerscher Kunst, sind als eine neue Religion verkündet worden. Von Baireuth her schallte schon nach der Aufführung des Nibelungen-Ringes, noch vernehmlicher nach der Aufführung des Parzival, der Ruf an das deutsche Volk, auf dieser Grundlage sich eine neue Kultur zu schaffen. Ist dies ein gangbarer Weg, oder nur ein Ruf aus dem Dunklen ins Dunkle? Wer aus dem deutschen Volke nicht ein neues Indertum, ein Volk von Träumern und Grüblern, sondern eine lebendige Kraft im großen Kulturwerke machen will, für den kann die Wahl nicht zweifelhaft sein zwischen Romantik und Positivismus, zwischen der umgedeuteten alten und der neuen Religion, zwischen Mysterium und Vernunft. Feuerbachs tiefstes und letztes Wort ist: Begnüge dich mit der gegebenen Welt, im Erkennen wie im Handeln.

Es gibt kein Jenseits; weder für deine Gedanken noch für deine Hoffnungen. Der Gott, den du anbetest, das bist du selbst in deinen besten höchsten Stunden; das ist die Menschheit in ihren Idealen, in dem Besten, Heiligsten, was sie je gedacht und erstrebt hat. Das Himmelreich ist hier im Diesseits, in eurer Brust, in eurer Liebe und Barmherzigkeit oder es ist nirgends. Im Weltraum sucht ihr es vergebens.

Aber ist denn dies noch Religion? Ja und nein. Gewiß nicht für den, welchem dieser Name notwendig eine Beziehung des Menschen zu einem Außer- und Übernatürlichen, zu etwas Übermenschlichem bedeutet. Sicherlich jedoch für den, welcher mit Goethe sagt:

> Im Innern ist ein Universum auch:
> Daher der Völker löblicher Gebrauch,
> Daß jeglicher das Beste, was er kennt,
> Er Gott, ja seinen Gott benennt.

Ist uns denn nicht alles Beste, was wir haben, auch unsere Gedanken über das Göttliche, durch Menschen verkündet, überliefert, vermittelt und bewahrt worden? Mußte nicht für die geistigste aller Religionen Gott Mensch werden, um das Erlösungswerk zu vollbringen? Und wir wollten uns sträuben gegen den Gedanken, daß die Menschheitsreligion der notwendige, von der Konsequenz der geschichtlichen Entwicklung geforderte Erbe der Religion des Gottmenschen sein werde?"

Elftes Kapitel.

Ludwig Feuerbachs Philosophie. — Weder Materialist noch Sensualist. — Der Religions- und Moralphilosoph. — Zerstörer der Einheit von Glauben und Wissen. — Seine Menschheitsgedanken. — Wirkung der religionsgeschichtlichen Entwicklung. — Ludwig Feuerbach und David Friedrich Strauß. — Glaube und Liebe. — Moral und Sittlichkeit. — Freiheit und Sittlichkeit. — Feuerbach kein Systematiker. — Der Humanist in ihm. — Kein Religionsfeind. — Über die Liebe. — Feuerbachs Einfluß und Einwirkung.

Nachdem wir das Leben Ludwig Feuerbachs eingehender und erschöpfender, als dies bisher von irgendeiner Seite geschehen ist, geschildert und auch die einzelnen Werke desselben kritisch analysiert haben, erübrigt es noch, seine Philosophie in größeren Zügen zusammenfassend zu skizzieren, sowie seine Bedeutung als Denker in der deutschen Philosophie summarisch darzustellen.

Ich habe bereits hervorgehoben, daß den Religions- und Moralphilosophen Feuerbach sein Lehrer und Meister Hegel mächtig beeinflußt hat, doch blieb er nicht starr an dem Hegelschen System hängen, sondern bildete dasselbe zum Naturalismus aus. Er trieb seine Anschauung vom Naturalismus auf die Spitze in dem angeführten Satze: der Mensch ist nur das, was er ißt. Trotz allem wäre es ein Unrecht, ihn zu einem krassen Materialisten, der vom Hauch des Idealismus gar nicht angeweht sei, zu stempeln. Er ist weder Materialist noch Sensualist. Nach seiner Behauptung bringe der Sensualismus es nur zu einem Gedankenbild der einzigen Wirklichkeit, wobei er über eine bloße Vorstellung nicht hinauskomme. Der Materialismus nehme die bestimmten Erscheinungen oder Kräfte der Materie zum Wesen der Materie, er sei materiell empirische Metaphysik und deshalb leicht zu widerlegen. Beide suchten eine über die Sinnesauffassung hinausragende gleichsam potenzierte Realität, aus der sie nun die den Sinnen zugängliche Welt ableiten wollten. Soweit wir jedoch über die Natur hinausgingen, so weit wüßten wir nichts von ihr, und je mehr man von ihr wisse, desto weniger vermöge man sie mit seiner Phantasie zu überflügeln. Gerade das täten aber die Materialisten. Auch der französische Materialismus sehe alle Metaphysik nur als Physik. An die Stelle der Substanz Spinozas, des abstrakten unendlichen Wesens, trete die Materie.

Professor Max Heinze charakterisiert in der von ihm bearbeiteten zehnten Auflage von Friedrich Ueberwegs „Grundriß der Geschichte der Philosophie seit Beginn des 19. Jahrhunderts"[1]) diesen Standpunkt Ludwig Feuerbachs treffend mit den Worten, daß die neue, d. h. Feuerbachs, Philosophie den Menschen poniere und sich so über den Gegensatz von Materialismus und Sensualismus erhebe. Der Mensch sei an sich etwas Positives, er bestehe nun aus Geist oder Materie. Für diese Philosophie gebe es nur ein organisches Leben, organisches Wirken, organisches Denken. Organismus sei daher der rechte Ausdruck für sie, da es auf dem Standpunkt dieser Naturanschauung keine Tätigkeit ohne Organ gebe, während allerdings der konsequente Sensualist leugne, daß der Denker eines Organs bedürfe. Empfindung sei die Mutter aller Erkenntnis, deshalb sei die Frage nach dem organischen oder unorganischen Ursprung unseres Geistes oder Bewußtseins überflüssig. Denn alle unsere Kenntnisse und Erkenntnisse, durch die erst der Geist sei und sich als solcher betätige, sei doch nur aus dem Gebrauch der sinnlichen Organe, aus Sehen, Hören, Beobachten sinnlicher Tatsachen, uns zugekommen. Mit diesem ausgesprochenen Sensualismus sei aber der transzendente Materialismus als Weltanschauung nichts weniger als anerkannt. Der Egoismus sei allein

---

[1]) Berlin, 1906, Teil IV, S. 174.

berechtigt gegenüber dem Theismus. Nur was den eigenen Nutzen fördere, habe man zu erstreben, da der Glückseligkeitstrieb die Grundlage aller Moral bilde. Nötig sei es allerdings, die Befriedigung dieses Triebes einzuschränken, durch Rücksichten auf die Folgen, die sich aus der Befriedigung ergeben, und durch die Anerkennung, daß derselbe Trieb bei allen andern gleichberechtigt sei, also Liebe zu den Mitmenschen, des Ich zum Du, geübt werden müsse.

Schon diese Ausführungen beweisen unwiderleglich, wie unrecht sowohl diejenigen haben, die die Religionsphilosophie Feuerbachs für eine Art Sensualismus ausgeben, als auch diejenigen, die die Behauptung aufstellen, sie habe lediglich Anschauungen des Altertums, den Epikureismus, wieder aufgewärmt. Zu seinem Unglück, oder besser gesagt, zu dem Unglück seiner Philosophie — denn Feuerbach selbst, ein echter und wahrer Weltweiser, der seines Wertes sich wohl bewußt war und dessen innere seelische und geistige Ruhe etwas Erhabenes hatte, fühlte sich nie unglücklich —, unternahm er nie einen Schritt, um in seiner selbstgewählten stolzen Einsamkeit für seine Weltanschauung Propaganda zu machen und literarische Anhänger oder Cliquen zu werben. Von der hehren Höhe seines philosophischen Standpunktes sah er mit Verachtung auf das Tun und Treiben der lediglich von selbstischen Gründen und Zwecken geleiteten Koterien herab. Seine Weltverachtung und sein Menschenhaß erinnern vielfach an diejenigen Artur Schopenhauers, nur daß er viel höflicher und konzilianter ist, wie der Frankfurter pessimistische Philosoph.

Eine stille, beschauliche, kontemplative Natur, verschmähte er alle literarischen Fehden, alle wissenschaftlichen Polemiken und nur in äußerst seltenen Fällen raffte er sich zu einer Erwiderung, zu einer Antikritik auf, und dies tat er auch mehr in seinen Briefen an seine Freunde und Gesinnungsgenossen, wie in Zeitungen und Zeitschriften, so daß die absurdesten Behauptungen und Entstellungen, die Feuerbachsche Philosophie betreffend, entstehen konnten, und die Legendenbildung sich dadurch immer mehr verdichtete.

Jetzt, wo mehr als ein Jahrhundert seit der Geburt des kühnen Denkers und Schriftstellers im Sturm der Zeit dahingerauscht ist, wo er lediglich als eine geschichtliche Erscheinung vor unser geistiges Auge tritt, ist man endlich dazu gekommen, seine philosophische Eigenart genau festzustellen, um die Verdienste, die er sich um den menschlichen Fortschritt, die wissenschaftliche Erkenntnis und die Wahrheit errungen, besser würdigen zu können.

Vor allem muß ihm die Anerkennung gezollt werden, daß er derjenige war, der in erster Linie die Einheit von Glauben und Wissen, die man im Zeitalter des deutschen Idealismus von neuem hergestellt zu haben meinte, von Grund aus zerstörte und dadurch ebensowohl der Religion als der Wissenschaft die Bahn frei machte. Alle späteren Versuche, die Gegensätze zwischen Glauben und Wissen zu versöhnen und die Kluft, die zwischen beiden gähnt, nicht so sehr zu überbrücken wie zu verkleistern, sind durch die unerbittliche Kritik, die er an einem solchen Gebaren übte, von Grund aus zuschanden geworden. Die Vermittlungstheologen und die Staatsphilosophen haben kein Glück mehr, ihre phantastischen Theorien und Wortklaubereien imponieren den Zeitgenossen nicht mehr, und alle ihre noch so krampfhaften Bemühungen sind nicht imstande, die Wahrheit auf ihrem Marsche aufzuhalten. Mit Recht sagt M. Kronenberg in seiner Schrift über moderne Philosophie,[1]) daß es heutzutage nicht mehr möglich sei, einen andern Standpunkt einzunehmen als den, daß Christentum und moderne Kultur allgemein gefaßt, also Religion und Wissenschaft, völlig getrennte Wege wandeln und sich immer mehr voneinander entfernen. Diese gleichsam mathematische

---

[1]) Stuttgart, S. 162 ff.

Wahrheit sei aber im Zeitalter Feuerbachs keineswegs in ihrer vollen Wesenheit anerkannt worden. Damals, in der Periode des deutschen Idealismus, habe es tatsächlich noch eine solche echte, ungekünstelte, weil aus der Tiefe des Zeitgeistes gewonnene Einheit zwischen Religion und Wissenschaft gegeben. Selbst Kant, der größte der Aufklärer, der schärfer als irgendeiner vor ihm die Einheit von Glauben und Wissen zerstört und kaum einen Schatten übriggelassen, habe dennoch merkwürdigerweise die Möglichkeit einer neuen Vereinigung, einer neuen Restitutio in integrum der Religion, zugegeben, in der er den Geist als Prinzip alles Wirklichen aufstellte. „Diese Einheit," sagt Kronenberg, „konnte erst zerstört werden, als sich zugleich mit der Selbstzersetzung der Hegelschen Schule ein neues philosophisches Grundprinzip Bahn brach. Dieses neue Prinzip war das materialistische oder erkenntnis-theoretisch gefaßte, das sensualistische, d. h. das direkte Widerspiel des Grundprinzips der philosophischen Romantik. Auch Feuerbach setzte an diesen neuen archimedischen Punkt an, indem er das religiöse Leben, das ja auch eine besondere Sphäre der Wirklichkeit beschreibt, zu gewinnen unternahm.... In dem negativen Resultate stimmte Feuerbach durchaus überein mit dem spezifischen Charakter der Aufklärung seiner Zeit, mit dem Naturalismus, der nach der besonderen Art und Gesetzmäßigkeit der Naturerscheinungen alles maß und richtete, aber er unterscheidet sich davon sogleich durch die positive Lösung des religiösen Problems, die er der negativen zur Seite stellt, denn, wie gesagt, Feuerbach war kein Materialist im eigentlichen Sinne. Er konnte auch darum nicht in den Ton der trivialen Aufklärerei einstimmen, der im Gefolge des Materialismus der 50er und 60er Jahre — des vorigen Jahrhunderts — gang und gäbe war. Was ihn daran hinderte, war vor allem der anthropozentrische Standpunkt seines Philosophierens: Der Mensch stand ihm im Mittelpunkte, er war der Ausgangs- und Zielpunkt aller seiner Reflexionen. Auch er ließ zwar mit dem modernen Naturalismus den Menschen untertauchen in dem Gesamtleben der Natur, aber zugleich wies er als einer der ersten darauf hin, daß das menschliche Leben eine neue, und zwar höhere Natur bildet, von der diese letztere erst ihren eigentlichen Wert, ihre Bedeutung, ja im Grunde erst ihre ganze Wirklichkeit empfängt. ‚Der erste Gegenstand des Menschen ist der Mensch' — sagt er im Wesen des Christentums —, ‚der Sinn für die Natur, der uns erst das Bewußtsein der Welt als Welt erschließt, ist ein späteres Erzeugnis, denn er entsteht erst durch den Akt der Absonderung des Menschen von sich.'"

Also noch einmal rekapituliert: Ludwig Feuerbach ist kein Materialist, aber ebenso auch kein Sensualist im gewöhnlichen Sinne. Erkennt er auch die Materie wie die Materialisten als den Urstoff alles Wirklichen und auch die sinnliche Erkenntnis als das Primäre der Vernunfterkenntnis an, so ist ihm doch das spezifisch Menschliche nicht ein Ergebnis bewegter materieller Atome oder Moleküle gleich anderen Gegenständen in der Welt und in der Natur, sondern ein an sich und für sich selbst bestehendes und auf selbständige Bedeutung Anspruch machendes, und zwar aus dem Grunde, weil alle Natur erst aus dem menschlichen Geiste gleichsam geboren werde.

Der Verfasser des bekannten Werkes „Geschichte des Materialismus und Kritik seiner Bedeutung in der Gegenwart", Friedrich Albert Lange[1]), hat das Richtige getroffen, indem er bei allem Bestreben, Ludwig Feuerbach als den Vater des neuen Materialismus hinzustellen, auf den Unterschied zwischen diesem und dem waschechten Materialisten hingewiesen hat.

Er meint, daß die Lehren und Philosopheme Feuerbachs mit denen des genannten vereinsamten französischen Denkers und Menschenfreundes Auguste Comte vielfach zusammentreffen.

---

[1]) Iserlohn 1875, zweite verbesserte und vermehrte Auflage. Leipzig 1908. 3. Aufl., 2. Buch, S. 73 ff.

Auch der Pariser Philosoph spreche von drei Epochen der Menschheit, wie Feuerbach. Die erste sei die theologische, die zweite die metaphysische und die dritte und letzte die positive, d. h. diejenige, in der der Mensch sich mit seinem ganzen Sinnen und Streben der Wirklichkeit zuwende und in der Lösung realer Aufgaben seine Befriedigung finde. Ebenso erkläre ja Feuerbach: „Die neue Philosophie macht den Menschen mit Einschluß der Natur als der Basis des Menschen zum alleinigen universalen und höchsten Gegenstand der Philosophie."[1])

Aber gerade diese einseitige Hervorhebung des Menschen trenne Feuerbach von dem einfachen Materialisten, indem eben doch wieder die Philosophie des Geistes es sei, die uns in der Form einer Philosophie der Sinnlichkeit hier begegne. Der echte und wahre Materialist werde stets geneigt sein, seinen Blick auf das Ganze der äußeren Natur zu richten und den Menschen nur als eine Welle im Ozean ewiger Stoffbewegung betrachten. Die Natur des Menschen sei für ihn nur ein Spezialfall der allgemeinen Physiologie, ebenso wie das Denken nur ein Spezialfall in der Kette physischer Lebensprozesse sei. Er reihe die ganze Physiologie am liebsten in die allgemeine Erscheinung der Physik und Chemie ein und gefalle sich eher darin, den Menschen zuviel als zuwenig in die Reihe der übrigen Wesen zurücktreten zu lassen. Allerdings werde er in der praktischen Philosophie ebenfalls lediglich auf die Natur des Menschen zurückgehen, aber es werden wenige Neigung haben, dieser Natur, wie Feuerbach es tue, göttliche Attribute beizulegen. Auch darin hat Friedrich Albert Lange recht, wenn er ausdrücklich betont, daß die Sinnlichkeit, die bei Feuerbach eine so bedeutende Rolle spiele, nicht identisch mit dem Materialismus sei.[2]) Formen seien nicht minder Gegenstand der Sinne als Stoffe, ja die wahre Sinnlichkeit gebe

---

[1]) Grundsätze der Philosophie der Zukunft. Leipzig 1849. S. 81, § 55.
[2]) a. a. O., S. 76.

uns immer die Einheit von Form und Stoff. Wir gewinnen diesen Begriff erst durch Abstraktion, durch das Denken; durch ferneres Denken gelangen wir dann dazu, ihr Verhältnis in irgendeiner bestimmten Weise aufzufassen. Wie Aristoteles allenthalben der Form den Vorrang gebe, so der gesamte Materialismus dem Stoffe. Es gehöre zu den unbedingt nötigen Kriterien des Materialismus, daß nicht nur Kraft und Stoff als unzertrennlich gedacht werden, sondern daß die Kraft schlechthin als eine Eigenschaft des Stoffes gefaßt werde, und daß weiterhin aus der Wechselwirkung der Stoffe mit den Kräften alle Formen der Dinge abgeleitet werden. Man könne die Sinnlichkeit zum Prinzip machen und dabei doch in der wesentlichen Grundlage des Systems Aristoteliker, Spinozist und sogar Kantianer sein.

Der Mensch ist der Anfang und das Ende aller Dinge, sagt Feuerbach, daher sind auch die religiösen Bestimmungen auf menschliche Bestimmungen zurückzuführen und die Theologie, d. h. die Lehre von Gott, muß in die Anthropologie, d. h. in die Lehre vom Menschen, verwandelt werden. Nur aus dem Irrwahn, daß die menschlichen Bestimmungen einem fremden Wesen beigelegt würden, entsprängen und entspringen alle religiösen Erscheinungen, oder mit den eigenen Worten Feuerbachs: „Die Religion ist das Verhalten des Menschen zu seinem eigenen Wesen — darin liegt ihre Wahrheit und sittliche Heilkraft —, aber zu seinem Wesen nicht als dem seinigen, sondern als einem anderen, von ihm unterschiedenen, ja entgegengesetzten Wesen, darin liegt ihre Unwahrheit, ihre Schranke, ihr Widerspruch mit Vernunft und Sittlichkeit, darin die unheilschwangere Quelle des religiösen Fanatismus, darin das oberste metaphysische Prinzip der blutigen Menschenopfer, kurz, darin der Urgrund aller Greuel, aller schaudererregenden Szenen in dem Trauerspiel der Religionsgeschichte."

Für Ludwig Feuerbach ist, wie man sieht, der Mensch das Höchste, der Inbegriff des Wahren, Reinen und der Moral, natürlich der Mensch im idealen Sinne des Wortes, der sich so gibt, wie er ist, d. h. wie er sein soll, also der Mensch, der klar denkt und urteilt und nur seinem Verstand und seiner Vernunft folgt, aber nicht der im Irrtum des Mystizismus eines dogmatischen Christentums oder einer sonst positiven Religion einhertaumelnde Phantast.

Alle Versuche von reaktionären Mächten, einen solchen Menschen durch die Fessel kirchlicher Zwangsmittel zu entweihen und so gleichsam das Gottesbild im Menschen zu trüben, müßten fehlschlagen. Da helfe nur ein Radikalmittel, so meint er in seinen Erläuterungen und Ergänzungen des „Wesens des Christentums"[1]), um das immer tiefer und weiter um sich greifende Übel der Vernunft zu beseitigen, nämlich sämtlichen Ungläubigen die Köpfe abzuschneiden. „Auch ein lächerlicher Wahn ist," sagt er, „daß nur mit den Bedürfnissen des Magens, nicht mit den Bedürfnissen des Kopfes die Macht der Dinge, das Schicksal der Dinge im Bunde stehe. Welch ein dürftiges Bestreben, die Dampfmaschinen und Runkelrüben-Zuckerfabriken in Bewegung, aber die große Denkmaschine, den Kopf, in ewigen Stillstand versetzen zu wollen! Auch ein Einfall, die religiösen Wirren dadurch schlichten zu wollen, daß man über die religiösen plötzlich nicht mehr denkt, d. h. daß man sie zum Besten der deutschen Nationalinteressen, der Dampfmaschinen und Runkelrüben-Zuckerfabriken in religiösen Dingen stante pede zur Bestie degradiert! Und welcher verwerfliche Gedanke, daß man die Religion, weil sie Sache des Gefühls ist, nicht vor das Forum der philosophischen Kritik ziehen soll! Gerade das Gegenteil! Soweit unser Verstand reicht, soweit geht unser Beruf, unser Recht, unsere Pflicht. Was wir erkennen können, das sollen wir erkennen. Die theoretische Aufgabe der Menschheit ist identisch mit ihrer sitt-

---

[1]) Ludwig Feuerbachs sämtliche Werke, Bd. I, S. 251.

lichen. Nur der ist ein wahrhaft sittlicher, ein wahrhaft menschlicher Mensch, der seine religiösen Gefühle und Bedürfnisse zu durchschauen den Mut hat. Wer ein Knecht seiner religiösen Gefühle ist, der verdient auch politisch nicht anders denn als Knecht behandelt zu werden. Wer nicht sich selbst in der Gewalt hat, hat auch nicht die Kraft, nicht das Recht, sich von materiellem und politischem Druck zu befreien. Wer sich in sich selbst von dunklen fremden Wesen beherrschen läßt, der bleibe auch äußerlich im Dunklen der Abhängigkeit von fremden Mächten sitzen. Wer daher dem religiösen Gefühl im Gegensatz zur Freiheit des Denkens das Wort redet, ist ein Feind der Aufklärung und Freiheit, der redet dem Obskurantismus das Wort, denn alles ohne Unterschied sanktioniert der Obskurantismus des religiösen Gefühls... Es ist demnach eine moralische Notwendigkeit, eine heilige Pflicht des Menschen, das dunkle, lichtscheue Wesen der Religion ganz in die Gewalt der Vernunft zu bringen, und diese Pflicht ist um so dringender, je größer der Widerspruch ist, in welchem die Vorstellungen, die Gefühle und Interessen der Religion mit den anderweitigen Vorstellungen, Gefühlen und Interessen der Menschheit stehen. Wo die Religion im Widerspruch steht mit den wissenschaftlichen, politischen, sozialen, kurz geistigen und materiellen Interessen, da befindet sich die Menschheit in einem grundverdorbenen, unsittlichen Zustand — im Zustand der Heuchelei."

Dem Wahrheitsforscher, der für hohe Menschheitsziele eintritt und der den Adel der Gesinnung und der reinen Ethik und Moral predigt, ist nichts so widerwärtig und verhaßt als die Lüge und die Heuchelei; besonders den Heuchlern unter den Pfaffen und den Pseudophilosophen und -Naturforschern sucht er nach Kräften die Larve vom Antlitz zu reißen. Nichts sei lächerlicher und zugleich jämmerlicher, wie das Gebahren dieser Leute, ihre naturwissenschaftlichen Ansichten und Überzeugungen mit dem Bibelglauben in Harmonie bringen zu wollen! Mit scharfen Worten weist er auf den Widerspruch hin, der sich zwischen der Vernunft und dem Glauben dieser Wahrheitsfälscher bekunde. Diesen Widerspruch erklärt er für den faulsten Streich, ja für den Schandfleck der ganzen neueren Geschichte.

Unser Philosoph hat auch, wie wir wissen, von der Mission der Philosophie eine gar hohe Vorstellung, nicht aber von den zünftigen Philosophen, den Universitätsgelehrten und amtlich bestallten Betriebsleitern der akademischen Weltweisheit auf den Hochschulen. Die Ausfälle, die er sich gegen diese privilegierten Forscher und Lehrer leistet, erinnern vielfach an die bekannten grobkörnigen Angriffe Artur Schopenhauers. In derselben Schrift[1]), wo er sich über den Unterschied zwischen der Religionsphilosophie Hegels und der seinigen ausläßt, meint er ironisch, daß auch darin ein wesentlicher Unterschied zwischen Hegel und ihm bestehe, daß Hegel Professor der Philosophie gewesen, er aber weder Professor noch Doktor sei. Während Hegel in einer akademischen Schranke und Qualität gelebt habe, lebe, denke und schreibe er nur als Mensch, als purer blanker Mensch — es sei daher natürlich, daß er im Gegensatz zur Hegelschen Religionsphilosophie nichts weiter aus der Religion herausbringe als eben den Menschen. „Die Philosophie", so fügt er hinzu, „soll nicht die Wissenschaft einer besonderen Fakultät, keine abstrakte Qualität sein, sie soll das ganze Wesen des Menschen, alle Fakultäten in sich fassen... Die Philosophie als solche in der besonderen Fakultät, als solche des bloßen abgesonderten Denkens entzweit den Menschen. Sie hat daher die übrigen Fakultäten notwendig zu ihrem Gegensatz... Es ist eine Tatsache, daß es bereits so weit gekommen ist bei uns, daß Philosophie und Professor der Philosophie absolute Widersprüche sind, daß es ein spezifisches Kennzeichen des Philosophen ist, kein Professor der Philosophie zu sein, umgekehrt

---

[1]) a. a. O., S. 256 ff.

ein spezifisches Kennzeichen des Professors der Philosophie, kein Philosoph zu sein. Aber der Philosophie gereicht diese humoristische Tatsache nur zum Vorteil. Dadurch, daß die Philosophie vom Katheder herabgestiegen, ist sie eben äußerlich faktisch schon über die armselige Schranke einer Fakultätswissenschaft erhoben, ist sie nicht mehr zu einer bloßen Professor-Angelegenheit, sondern zur Sache des Menschen, des ganz freien Menschen gemacht. Mit dem Austritt der Philosophie aus der Fakultät beginnt daher eine neue Periode der Philosophie. Erst mit Wolf wurde die neuere Philosophie zu einer förmlichen Fakultätswissenschaft. Leibniz, Spinoza, Cartesius, G. Bruno, Campanella waren keine Professoren der Philosophie. Die Universitäten sträubten sich vielmehr aus allen Kräften gegen das Licht der neueren Philosophie; die Universitäten hatten es überhaupt von jeher, mit Ausnahme weniger, schnell vorübergeeilter Lichtmomente in ihrer Geschichte, nur mit dem toten, abgemachten, nicht mit dem lebendigen, schaffenden Wissen zu tun. In Leipzig waren die Professoren der Philosophie einst förmlich verbunden, nicht von der Lehre des Aristoteles abzugehen, selbst nicht einmal in der Dialektik, und die östereichischen Universitäten wurden unter Ferdinand III. sogar eidlich verpflichtet, die Lehre von der unbefleckten Empfängnis der Mutter Gottes zu verteidigen. „Stehen unsere heutigen Universitäten auf einem höheren, freieren Standpunkt? Dank darum, Leute, aufrichtiger Dank den Reaktionen gegen die Philosophie. Sie haben die Philosophie wieder auf ihren ursprünglichen Boden versetzt, auf den antediluvianischen und folglich ante- und antitheologischen Boden des Paradieses, wo mit dem ersten Menschen auch der erste Philosoph geboren wurde. Die neue Periode der Philosophie beginnt mit der Inkarnation der Philosophie... Die Mensch gewordene Philosophie ist allein die positive, das ist wahre Philosophie. Die einfachsten Wahrheiten sind es gerade, auf die der Mensch eben erst am spätesten kommt. So ging dem einfachen

Kopernikischen Systeme das verwickelte Ptolomäische System voraus."

Unser Menschheitsphilosoph Ludwig Feuerbach ist, wie man sieht, eine zweite verbesserte und erneute Auflage des alten Pythagoras, der den Grundsatz aufstellte, daß der Mensch das Maß der Dinge sei. Dadurch steigt aber auch die subjektive Bedeutung des Sinnlichen. Sind die Empfindungen die Basis des Metaphysischen, so müssen sie auch, psychologisch genommen, die eigentliche Substanz alles Geistes sein.[1]) Demgemäß hat er über das Zusammenwirken der Sinne mit den erworbenen Vorstellungen die folgenden Lehrsätze aufgestellt: „Die alte absolute Philosophie hat die Sinne nur in das Gebiet der Erscheinung, der Endlichkeit verstoßen, und doch hat sie im Widerspruch das Absolute, das Göttliche als den Gegenstand der Künste bestimmt. Aber der Gegenstand der Kunst ist Gegenstand des Gesichts, des Gehörs, des Gefühls. Also ist nicht nur das Endliche, das Erscheinende, sondern auch das wahre, göttliche Wesen Gegenstand der Dinge — der Sinn, das Organ des Absoluten. Wir fühlen nicht nur Steine und Hölzer, nicht nur Fleisch und Knochen, wir fühlen auch Gefühl, indem wir die Hände oder Lippen eines fühlenden Wesens drücken; wir vernehmen durch die Ohren nicht nur das Geräusch des Wassers und das Säuseln der Blätter, sondern auch die seelenvolle Stimme der Liebe und Weisheit. Nicht nur äußerlich also, auch innerlich, nicht nur Fleisch, auch Geist, nicht nur das Ding, auch das Ich ist Gegenstand der Sinne. — Alles ist darum sinnlich wahrnehmbar, wenn auch nicht unmittelbar, so doch mittelbar, wenn auch nicht mit den pöbelhaften, rohen, doch mit den gebildeten Sinnen, wenn auch nicht mit den Augen des Anatomen oder Chemikers, doch mit den Augen des Philosophen."

Die innige Liebe zur Menschheit spricht sich in unzähligen

---

[1]) Vgl. Geschichte des Materialismus und Kritik seiner Bedeutung in der Gegenwart von Friedrich Albert Lange, 2. Buch, S. 78.

Stellen der Schriften und der Briefe Ludwig Feuerbachs aus. Sie kommt aber auch in den kurzen und schlagenden Aphorismen und Gedankenspänen, die er so liebte, zutage. Man lese nur seine 1843/44 geschriebenen Grundsätze der Philosophie[1]), wo nachstehende Leit- und Kernsätze mitgeteilt sind: „Was mein Prinzip ist: ego und alter ego — ‚Egoismus‘ und Kommunismus, denn beide sind so unzertrennlich als Kopf und Herz. Ohne Egoismus hast du keinen Kopf und ohne Kommunismus kein Herz... Deine erste Pflicht ist, dich selbst glücklich zu machen. Bist du glücklich, so machst du auch andere glücklich. Der Glückliche kann nur Glückliche um sich sehen... Die Philosophie zur Sache der Menschheit zu machen, das war mein erstes Bestreben; aber wer einmal diesen Weg einschlägt, kommt notwendig zuletzt dahin, den Menschen zur Sache der Philosophie zu machen und die Philosophie selbst aufzuheben, denn sie wird nun dadurch Sache der Menschheit, daß sie eben aufhört, Philosophie zu sein..."

Bei aller Sympathie für die scharfsinnige Feuerbachsche Religionsphilosophie darf man nicht verkennen, daß seine Auffassung der Religion eine einseitige und daß vor allem der geschichtliche Gesichtspunkt bei ihm zu kurz gekommen ist. Er betont viel zu wenig, daß die Religion nicht etwa wie ein Deus ex machina oder wie Minerva aus dem Haupte Jupiters fix und fertig in die Erscheinung getreten ist. Für ihn ist die Religion etwas Festes, Einheitliches, der ruhende Pol in der Erscheinungen Flucht, während sie doch seit Jahrhunderten und Jahrtausenden sich entwickelt und im Strome der Geschichte immer neue Gestaltungen und Formen angenommen hat. Den Koryphäen der geschichtlichen Forschung auf dem Gebiete der Religionsphilosophie, wie seinen Zeitgenossen David Friedrich Strauß, Ferdinand Christian Baur und der Tübinger kritischen Schule überhaupt,

---

[1]) Ludwig Feuerbachs sämtliche Werke, Bd. II, S. 410 ff.

gebührt das Verdienst, daß sie diese Lücke in der Auffassung Feuerbachs ergänzt haben. Doch auch diese theologischen Philosophen, die es mit der Wahrheit und der Forschung ernst und redlich meinten, konnten nicht umhin, zu betonen, daß sie auf den Schultern des Verfassers des „Wesens des Christentums" stehen. Ich verweise u. a. nur in dieser Hinsicht auf die Bemerkungen von David Friedrich Strauß in seinem „Alten und neuen Glauben"[1]), wo er in kurzen knappen Worten die religionsphilosophische Bedeutung Feuerbachs schildert. Der Verfasser des „Lebens Jesu" sagt nämlich: „Der Mensch betet die Sonne oder eine Quelle oder einen Strom an, weil er sich in seiner ganzen Existenz abhängig fühlt von dem Licht und der Wärme, die von der ersteren, von dem Segen und der Fruchtbarkeit, die von den andern ausgeht. Einem Wesen wie Zeus gegenüber, der neben Regen, Donner und Blitz zugleich den Staat und seine Ordnungen, das Recht und seine Satzungen verwaltet, empfindet der Mensch eine doppelte, moralische wie physische, Abhängigkeit. Selbst von einem bösen Wesen, wie das Fieber, wenn er es durch religiöse Huldigungen zu begütigen suche, fühlt er sich schlechthin abhängig, sofern er überzeugt ist, demselben, wenn es nicht ablassen will, keinen Einhalt tun zu können; aber eben es zu diesem Selbstablassen zu bewegen, überhaupt auf die Mächte, von denen er sich abhängig weiß, doch auch wieder einen Einfluß zu gewinnen, ist der Zweck des Kultus, ja ist schon der geheime Zweck davon, daß der Mensch jene Mächte sich persönlich als Wesen seinesgleichen vorstellt. Insofern sagt Feuerbach mit Recht: Der Ursprung, ja das eigentliche Wesen der Religion sei der Wunsch. Hätte der Mensch keine Wünsche, so hätte er auch keine Götter; was der Mensch sein möchte aber nicht sei, dazu mache er seinen Gott. Was er haben möchte, aber sich

---

[1]) Bonn 1877, S. 89 ff.

nicht selbst zu schaffen wisse, das solle sein Gott ihm schaffen. Es ist also nicht allein die Abhängigkeit, in der er sich vorfindet, sondern zugleich das Bedürfnis, gegen sie zu reagieren, woraus dem Menschen die Religion entspringt. Die bloße und zwar schlechthinige Abhängigkeit würde ihn erdrücken, vernichten. Er muß sich dagegen wehren, muß unter dem Druck, der auf ihm lastet, Luft und Spielraum zu gewinnen suchen."[1])

Die beiden schärfsten deutschen Kritiker des dogmatischen Christentums in der ersten Hälfte des 19. Jahrhunderts, Ludwig Feuerbach und David Friedrich Strauß, berühren sich übrigens in ihren ethischen Anschauungen, besonders aber in der Frage, was bei den Gebildeten und Vorurteilslosen an Stelle der Religion treten solle, vielfach miteinander. Beide führen mit beredten Worten und oft mit hinreißender Überzeugungskraft und in schöner poetischer Form aus, daß das Beste der Religion, das ideale Menschentum, kein leerer Wahn sei. Der Mensch, der sich nach seinen Wünschen, Hoffnungen und Illusionen seinen eigenen Gott schaffe, solle durch sein Wissen, durch die Beherrschung der Naturkräfte sich über alles Irdische erheben und gleichsam zum Wundertäter werden. Ihm sei die Macht gegeben, die sittlichen Ideale zu verwirklichen. An Stelle der Religion müsse Bildung im weitesten Sinne des Wortes treten. Der wahre Atheismus im höheren Sinne sei nicht verneinend und zerstörend, sondern bejahend und aufbauend. Er gebe der Menschheit zurück, was die Religion in überirdische Sphären entrückt habe.

Zu den großartigsten Ausführungen im Hauptwerk Feuerbachs, „Das Wesen des Christentums"[2]), gehört der Vergleich der wahren, an kein Dogma und keine Bekenntnis gebundenen Ethik mit der

---

[1]) Vgl. auch „David Friedrich Strauß als Denker und Erzieher" von Dr. Adolph Kohut, Leipzig 1908.
[1]) „Feuerbachs sämtliche Werke", neu herausgegeben von Friedrich Bolin und Friedrich Jodl. 6. Band. Stuttgart 1903.

positiven Religion und dem dogmatischen Christentum. Ich verweise nur u. a. auf das 27. Kapitel, wo der Widerspruch von Glaube und Liebe behandelt wird.[1])

Wie der Bediente in der Würde seines Herrn sich selbst fühle, so auch der Gläubige. Er spreche sich alle Verdienste ab, um bloß seinem Herrn die Ehre des Verdienstes zu lassen, aber nur weil ihm dieses Verdienst selbst zugute komme, weil er in der Ehre des Herrn sein eigenes Ehrgefühl befriedige. Der Glaube sei wesentlich **bestimmter** Glaube. Gott in dieser Bestimmtheit nur sei der wahre Gott. Dieser Jesus sei Christus, der wahre einzige Prophet, der eingeborene Sohn Gottes, und an dieses Bestimmte müsse man glauben, wenn man seine Seligkeit nicht verscherzen wolle; es sei daher notwendig, es liege im Wesen des Glaubens, daß er als Dogma fixiert werde. Die Kirche verdamme Anders- und überhaupt Ungläubige, denn dieses Verdammen liege im Wesen des Glaubens. Der Gläubige habe Gott für sich, der Ungläubige gegen sich, und was Gott gegen sich habe, sei nichtig, verstoßen, verdammt. Glauben sei gleichbedeutend mit Gutsein, nicht glauben mit Bösesein. Der Glaube, beschränkt und befangen, schiebe alles in die Gesinnung. Der Ungläubige sei aus Verstocktheit, aus Bosheit ungläubig, ein Feind Christi.

Wörtlich sagt Ludwig Feuerbach[2]): „Es ist nur der Egoismus, die Eitelkeit, die Selbstgefälligkeit der Christen, daß sie wohl selbst die Splitter in dem Glauben der Nichtchristenvölker, aber nicht die Balken in ihrem eigenen Glauben erblicken. Wesentlich verurteilt, verdammt der Glaube. Allen Segen, alles Gute häuft er auf sich, auf seinen Gott, wie der Liebhaber auf seine Geliebte; allen Fluch, alles Ungemach und Übel wirft er auf den Unglauben. Gesegnet, gottwohlgefällig, ewiger Seligkeit teilhaftig ist der Gläu-

---

[1]) a. a. O., S. 297f.
[2]) a. a. O., S. 304ff.

bige; verflucht, von Gott verstoßen und vom Menschen verworfen der Ungläubige; denn was Gott verwirft, darf der Mensch nicht annehmen, nicht schonen; dies wäre eine Kritik des göttlichen Urteils. Die Mohammedaner vertilgen die Ungläubigen mit Feuer und Schwert, die Christen mit den Flammen der Hölle. Aber die Flammen des Jenseits schlagen auch in das Diesseits herein, um die Nacht der ungläubigen Welt zu erleuchten. Wie der Gläubige schon hienieden die Freuden des Himmels vorausgenießt, so müssen auch hier schon zum Vorgeschmack der Hölle die Feuer des Höllenpfuhls lodern, wenigstens in den Momenten der höchsten Glaubensbegeisterung. Das Christentum gebietet allerdings keine Ketzerverfolgungen, noch weniger Bekehrung mit Waffengewalt. Aber insofern der Glaube verdammt, erzeugt er notwendig feindselige Gesinnungen, die Gesinnungen, aus welchen die Ketzerverfolgung entspringt. Den Menschen zu lieben, der an Christus nicht glaubt, ist eine Sünde gegen Christus, heißt den Feind Christi lieben. Was Gott, was Christus nicht liebt, das darf der Mensch nicht lieben; seine Liebe wäre ein Widerspruch gegen den göttlichen Willen, also Sünde. Gott liebt zwar alle Menschen, aber nur wenn und weil sie Christen sind oder wenigstens sein können und sein wollen. Christ sein, heißt von Gott geliebt sein, nicht Christ sein, von Gott gehaßt werden, ein Gegenstand des göttlichen Zorns sein. Der Christ darf also nur den Christen lieben, den andern nur als möglichen Christen; er darf nur lieben, was der Glaube heiligt, segnet. Der Glaube ist die Taufe der Liebe. Die Liebe zum Menschen als Menschen ist nur die natürliche. Die christliche Liebe ist die übernatürliche, verklärte, geheiligte Liebe; aber die christliche liebt auch nur christliches. Der Satz: „Liebet eure Feinde" bezieht sich nur auf persönliche Feinde, aber nicht auf die öffentlichen Feinde, die Feinde Gottes, die Feinde des Glaubens, die Ungläubigen. Wer den Menschen liebt, der Christus leugnet, der Christus nicht glaubt, verleugnet seinen Herrn und Gott; der Glaube hebt die naturgemäßen Bande der Menschheit auf."

Der Glaube sei wesentlich parteiisch. Wer nicht für Christus sei, der sei wider Christus. Er kenne nur Feinde oder Freunde, keine Unparteilichkeit. Er sei nur für sich eingenommen. Der Glaube sei intolerant, weil mit ihm immer notwendig der Wahn verbunden sei, daß seine Sache die Sache Gottes, seine Ehre die Ehre Gottes sei. Der Glaube kenne keine anderen Unterschiede, als den zwischen Gottes- und Götzendienst. Er allein gebe Gott die Ehre, während der Unglaube Gott entziehe, was ihm gebühre. Der Unglaube sei gleichsam eine Injurie, ein Majestätsverbrechen.

Wie entfernt sei daher der Glaube von der echten und wahren und reinen Moral der Ethik! „Der Glaube", sagt Ludwig Feuerbach wörtlich[1]), „ist das Gegenteil der Liebe. Die Liebe erkenne auch in der Sünde noch die Tugend, im Irrtum die Wahrheit. Nur seit der Zeit, wo an die Stelle die Macht des Glaubens die Macht der naturwahren Einheit der Menschheit, die Macht der Vernunft, der Humanität getreten, erblickt man auch im Polytheismus, im Götzendienst überhaupt, die Wahrheit, oder sucht man wenigstens durch menschliche, natürliche Gründe zu erklären, was der in sich selbst befangene Glaube nur aus dem Teufel ableitet. Drum ist die Liebe nur identisch mit der Vernunft, aber nicht mit dem Glauben; denn wie die Vernunft so ist die Liebe freier, universeller, der Glaube aber engherziger, beschränkter Natur. Nur wo Vernunft, da herrscht allgemeine Liebe; die Vernunft ist selbst nichts anderes, als die universale Liebe. Der Glaube hat die Hölle erfunden, nicht die Liebe, nicht die Vernunft. Der Liebe ist die Hölle ein Greuel, der Vernunft ein Unsinn. Es wäre erbärmlich, in der Hölle nur eine Verirrung des Glaubens, einen falschen Glauben erblicken zu wollen." An einer anderen

---

[1]) a. a. O., Seite 309 ff.

Stelle sagt er[1]): „Der Glaube geht notwendig in Haß, der Haß in Verfolgung über, wo die Macht des Glaubens keinen Widerstand findet, sich nicht bricht an einer dem Glauben fremden Macht, an der Macht der Liebe, der Humanität, des Rechtsgefühls. Der Glaube für sich selbst erhebt sich notwendig über die Gesetze der natürlichen Moral. Die Glaubenslehre ist die Lehre der Pflichten gegen Gott — die höchste Pflicht der Glaube. So viel höher Gott als der Mensch, so viel höher stehen die Pflichten gegen Gott als gegen den Menschen. Und notwendig treten die Pflichten gegen Gott in Kollision mit den gemein menschlichen Pflichten. Gott wird nicht nur geglaubt, vorgestellt als das gemeinsame Wesen, der Vater der Menschen, die Liebe — solcher Glaube ist der Glaube der Liebe —, er wird auch vorgestellt als persönliches Wesen, als Wesen für sich. So gut sich daher Gott als ein Wesen für sich vom Wesen des Menschen absondert, so gut sondern sich auch die Pflichten gegen Gott ab von den Pflichten gegen den Menschen — sondert sich im Gemüte der Glaube von der Moral, der Liebe ..... Weil kein natürlicher, innerer Zusammenhang zwischen dem Glauben und der moralischen Gesinnung stattfindet, es vielmehr im Wesen des Glaubens an sich liegt, daß er gleichgültig ist gegen die moralischen Pflichten, daß er die Liebe des Menschen der Ehre Gottes aufopfert, eben deswegen wird gefordert, daß der Glaube gute Werke im Gefolge habe, daß er durch die Liebe sich betätigen solle. Der gegen die Liebe gleichgültige oder lieblose Glaube widerspricht der Vernunft, dem natürlichen Rechtsinn des Menschen, dem moralischen Gefühle, als welchen sich die Liebe unmittelbar als Gesetz und Wahrheit aufdringt. Der Glaube wird daher im Widerspruch mit seinem Wesen an sich durch die Moral beschränkt: ein Glaube, der nichts Gutes bewirkt, sich nicht durch die Liebe betätigt, ist

---

[1]) a. a. O., Seite 313 ff.

kein wahrer, kein lebendiger. Aber diese Beschränkung stammt nicht aus dem Glauben selbst. Es ist die vom Glauben unabhängige Macht der Liebe, die ihm Gesetze gibt; denn es wird hier die moralische Beschaffenheit zum Kennzeichen der Echtheit des Glaubens, die Wahrheit des Glaubens von der Wahrheit der Moral abhängig gemacht — ein Verhältnis, das aber dem Glauben widerspricht."

Wohl mache der Glaube den Menschen selig, aber so viel sei gewiß, er flöße ihm keine wirklich sittlichen Gesinnungen ein. Bessere er den Menschen, habe er moralische Gesinnungen zur Folge, so komme das nur aus der innern vom religiösen Glauben unabhängigen Überzeugung von der unumstößlichen Wahrheit der Moral. Nur die Moral sei es, die dem Gläubigen ins Gewissen rufe: dein Glaube sei nichts, wenn er dich nicht gut mache, keineswegs aber der Glaube.

Mit schlagenden Gründen zeigt Ludwig Feuerbach den Widerspruch, der zwischen dem Glauben und der Liebe obwaltet. In dem Ausdruck, ,,Gott ist die Liebe", der doch die höchste Wahrheit des Christentums sei, trete dieser krasse Widerspruch ganz besonders auffallend vor Augen. Die Liebe sei nach demselben nur ein Prädikat, Gott das Subjekt. ,,Im Prädikat betätigte ich die Liebe, im Subjekt den Glauben; die Liebe füllt nicht allein meinen Geist aus, ich lasse einen Platz für eine Lieblosigkeit offen, indem ich Gott als Subjekt denke im Unterschied vom Prädikat."

Die Geschichte des Christentums habe diesen Widerspruch hinlänglich bestätigt. Der Katholizismus besonders habe die Liebe als die wesentliche Gottheit so begeistert gefeiert, daß ihm in dieser Liebe ganz die Persönlichkeit Gottes verschwunden sei. Eine durch den Glauben beschränkte Liebe sei eine unwahre Liebe, denn die Liebe kenne kein anderes Gesetz als sich selbst, sie sei göttlich durch sich selbst, sie bedürfe nicht der Weihe des

Glaubens, sie könne nur durch sich selbst begründet werden. Die Liebe, die durch den Glauben gebunden, sei eine engherzige, falsche, dem Begriffe der Liebe, d. h. sich selbst, widersprechende Liebe, eine scheinheilige Liebe, denn sie berge den Haß des Glaubens in sich. Sie sei nur gut, solange der Glaube nicht verletzt werde. In diesem Widerspruch mit sich selbst verfalle sie daher, um den Schein der Liebe zu behalten, auf die teuflischsten Sophismen. Die Liebe sei beschränkt durch den Glauben, sie finde daher auch die Handlungen der Lieblosigkeit, die der Glaube gestatte, nicht im Widerspruch mit sich; sie lege die Handlungen des Haßes, die um des Glaubens willen geschehen, als Handlungen der Liebe aus.

In schärfster Weise geißelt er die sog. spezifische „christliche" Nächstenliebe. Sie habe nicht die Hölle überwunden, weil sie nicht den Glauben überwunden habe. Die Liebe sei an sich ungläubig, der Glaube aber lieblos. Ungläubig aber sei deswegen die Liebe, weil sie nichts Göttlicheres kenne als sich selbst, weil sie nur an sich selbst, als die absolute Wahrheit, glaube. Im Wesen der Liebe liege die Universalität. Solange die christliche Liebe die Christlichkeit nicht aufgebe, nicht die Liebe schlechthin zum obersten Gesetz mache, solange sei sie eine Liebe, die den Wahrheitssinn beleidige, eine abnorme, lieblose Liebe.

„Die wahre Liebe", so ruft der Ethiker Ludwig Feuerbach aus, „ist sich selbst genug, sie bedarf keiner besonderen Titel, keiner Autorität. Die Liebe ist das universale Gesetz der Intelligenz und Natur — sie ist nichts anderes als die Verwirklichung der Einheit der Gattung auf dem Wege der Gesinnung: die Liebe kann sich nur gründen auf Einheit der Gattung und Intelligenz, auf die Natur der Menschheit. Nur dann ist sie eine gründliche, im Prinzip geschützte, verbürgte freie Liebe, denn sie stützt sich auf den Ursprunge der Liebe, aus dem selbst die Liebe Christi stammt. Die Liebe Christi war selbst eine abgeleitete Liebe. Er liebte uns nicht aus sich kraft eigener Vollmacht, sondern kraft der Natur der Menschheit. Sollen wir deswegen uns lieben, weil Christus uns geliebt? Solche Liebe wäre affektierte, nachgeäffte Liebe. Können wir nur wahrhaft lieben, weil wir Christus lieben? Aber ist Christus die Ursache der Liebe oder ist er nicht vielmehr der Apostel der Liebe, nicht der Grund seiner Liebe die Einheit der Menschennatur? Soll ich Christus mehr lieben als die Menschheit? Aber solche Liebe, ist sie nicht eine chimärische Liebe? Was Christus adelte, war die Liebe, was er war, hat er nur zu Lehen bekommen. Er war nicht Proprietär der Liebe, wie er dies in allen abergläubischen Vorstellungen ist."

Ganz anders haben schon große heidnische Philosophen vor und nach Christus den Begriff der wahren Menschenliebe gefaßt. Aristoteles z. B. setze den Sklaven als Menschen auf gleichen Fuß mit dem Herrn, indem er selbst Freundschaft zwischen beiden zulasse. Seien doch hervorragende Philosophen, wie Epiktet und Marc Aurel, der römische Kaiser, Sklaven gewesen. Die Stoiker haben gelehrt, daß der Mensch nicht um seinetwillen, sondern um der anderen willen, d. h. zur Liebe, geboren sei. Die Welt sei ihnen eine gemeinsame Stadt und die Menschen ihre Mitbürger gewesen. Seneca habe in den erhabensten Aussprüchen die Liebe für die Menschheit besonders gegen die Sklaven gefeiert. Mögen hier einige besonders markante ethische Glaubenssätze Ludwig Feuerbachs ihr Plätzchen finden:

„Alle auf eine besondere Erscheinung gegründete Liebe widerspricht dem Wesen der Liebe, welche keine Schranken duldet, jede Besonderheit überwindet. Wir sollen den Menschen um des Menschen willen lieben. Der Mensch ist dadurch Gegenstand der Liebe, daß er Selbstzweck, daß er ein vernunft- und liebefähiges Wesen ist. Die Liebe soll eine unmittelbare Liebe sein, ja sie ist nur als unmittelbare Liebe. Schiebe ich aber zwischen den anderen und mich, der ich eben in der Liebe die Gattung verwirkliche, die Vorstellung einer Individualität ein, in welcher die Gattung schon verwirklicht sein soll, so hebe ich das Wesen der Liebe auf, störe die Einheit durch die Vorstellung eines Dritten außer uns, denn der andere ist mir dann nur um der Ähnlichkeit der Gemeinschaft willen, d. h. um seines Wesens willen, Gegenstand der Liebe: In der Liebe, in der Vernunft verschwindet das Bedürfnis einer Mittelsperson."

Geistvoll und gründlich zugleich verteidigt Ludwig Feuerbach das Recht, das Gesetz und die Wahrheit der Moral schlechthin, die mit der Religion nichts zu tun habe. Er meint, wem die rechtlichen und sittlichen Verhältnisse nicht durch sich selbst heilig seien, dem werden sie nun und nimmermehr durch die Religion heilig. Das Eigentum sei nie dadurch heilig geworden, daß es als eine göttliche Einrichtung in der Vorstellung der Menschen gelebt, sondern weil es durch sich selbst und für sich selbst als heilig gegolten habe, und nur aus diesem Grunde sei es als eine göttliche Einrichtung betrachtet worden. Die Liebe sei nicht dadurch heilig, daß sie ein Prädikat Gottes, sondern sie sei ein Prädikat Gottes, weil sie durch und für sich selbst göttlich sei. Die Heiden verehren nicht das Licht, nicht die Quelle, weil sie eine Gabe Gottes sei, sondern weil sie sich durch sich selbst dem Menschen als etwas Wohltätiges erweise, weil sie den Leidenden erquicke, und ob dieser trefflichen Qualität erweise man ihr göttliche Ehre.

Moral, Sittlichkeit, Tugend und Freiheit, so lehrt Feuerbach, seien an keine Dogmen gebunden, im Gegenteil, durch religiösen Zwang und Abhängigkeit verlieren diese Grundsätze an innerer Kraft und an Einfluß.[1])

Freilich war Feuerbach kein liberaler Politiker im seichten Sinne des freisinnig angehauchten Spießbürgers und Bierbank-

---

[1]) Vorlesungen über Religion, Exkurs Nr. 2.

politikers. Sein politisches Ideal war eine Zeit, in der nicht nur der Glückseligkeitsbetrieb einzelner Klassen, sondern auch der breitesten Massen des deutschen Volkes zu seinem Rechte kommen und die Menschheit in ihre neue Epoche ihres geschichtlichen Daseins eintreten würde. Hierüber spricht er sich in seinem Wesen des Christentums also aus: „Nicht der Adel der Bildung, des Geistes soll aufgehoben werden, o nein, nicht nur einige sollen Adel, alle anderen Plebs sein, sondern alle sollen — sollen wenigstens gebildet werden. Nicht das Eigentum soll aufgehoben werden, o nein, nur nicht einige sollen Eigentum, alle anderen aber nichts, sondern alle sollen Eigentum haben."

War unser Philosoph nun ein Systematiker? Man würde den genialen Schüler Hegels falsch beurteilen, wollte man ihn zu einem so strengen Systematiker, zu einem so haarscharfen logischen Denker oder besser gesagt Sophisten stempeln, wie es Hegel war. Wenn auch in allem, was er vorbringt, System und Methode ist, so war er doch kein strenger Aufbauer, der durch Zergliederung eines Prinzips nach allen Richtungen hin ein eigenartiges und kompliziertes Gebäude errichtet. Seine reichen und wahrhaft üppigen Gedanken bringt er — gleich Nietzsche — zuweilen nur aphoristisch vor, und seine Essays und Skizzen haben etwas Feuilletonistisches an sich. Dafür ist er ein sprachgewaltiger Schriftsteller, der einem Artur Schopenhauer und Friedrich Nietzsche durchaus an die Seite gestellt werden kann. Er zählt zu jenen Autoren, die nicht allein durch ihren glänzenden Stil, ihre frische und kernige Darstellungsweise, sondern auch durch ihre Persönlichkeit, die sich in jeder Zeile kundgibt, interessieren und fesseln. Er gibt, wie A. Döring in seinem Essay zur Würdigung Ludwig Feuerbachs sagt,[1]) dem einzelnen durch eine geistvolle Bildersprache, durch Wiederholung und Ausgestaltung, in scharfgeschliffener epigrammatischer Zu-

---

[1]) „Deutschland", Monatsschrift für die gesamte Kultur Nr. 27, III. Jahrgang, Heft 3, Dezember 1904, Berlin, Seite 365.

spitzung Körper und Schlagkraft. Wir spüren hinter der Gedankenentwicklung stets den ganzen Menschen, wir atmen den Erdgeruch einer lebendigen Persönlichkeit. Seine besseren Schriften haben ein klassisches Gepräge und verdienen eine Stelle in unserer Nationalliteratur.

Ludwig Feuerbach war sich sehr wohl dieser Eigenart seiner Darstellung bewußt: „Du dachtest als Philosoph", so redet er in der Vorrede zur Gesamtausgabe seiner Werke[1]) sich selbst an, „aber du schriebst nicht als Philosoph, du verwandeltest stets das Gedankenwesen in ein Wesen von Fleisch und Blut. Du stelltest an das Objekt des Denkens die Forderung, daß es zugleich ein Objekt der Ästhetik sei; du wußtest, daß die Philosophie als solche die bloße Vernunft der reinen Gedanken für den Menschen ist."

Wie jeder überragende Geist, den die Natur mit einer reichen Gabe von Humor ausgestattet, scherzt er auch über sich selbst und seine Schriften, und dieser neckische Humor verleiht denselben einen noch höheren Reiz. Als Pröbchen dieser Selbstpersiflage sei aus demselben Vorwort nur die nachstehende Stelle angeführt: „Ich fühlte es, sagte eine Verbrecherin, wie mir die bösen Gedanken aus dem Magen aufstiegen. Diese Verbrecherin ist das Bild der heutigen menschlichen Gesellschaft. Die einen haben alles, was nur immer ihr lüsterner Gaumen begehrt, die anderen haben nichts, selbst nicht das Notwendigste in ihrem Magen, daher kommen alle Übel und Leiden, selbst die Kopf- und Herzkrankheit der Menschen. Was daher unmittelbar auf die Erkenntnis und Hebung dieses Grundübels eingeht, ist nutzloser Kram, und in diesen Kram gehören deine Schriften samt und sonders. Leider, leider! Indes gibt es doch auch viele Übel, selbst Magenübel, die nur im Kopfe ihren Grund haben, und ich habe mir nun einmal bestimmt durch innere und äußere Veranlassungen die Ergründung

---

[1]) Ludwig Feuerbachs sämtliche Werke, Bd. I, Leipzig 1846.

und Heilung der Kopf- und auch Herzkrankheiten der Menschheit zur Aufgabe gemacht. Was man aber sich vorgesetzt, das muß man auch tenax propositi ausführen, was man begonnen hat, gründlich, sich selbst treu, vollenden. Ich habe mich daher auch zu dieser Gesamtausgabe nur unter der Bedingung verstanden, daß ich nicht nur meinen eigenen, wenngleich kritischen Antiquar machte, sondern den Bücherstaub meiner Vergangenheit zugleich als Dünger zu neuem, mein Thema wenigstens seinen Grundzügen nach vollendendem Erzeugnisse benutzte."[1])

Es ist ein Irrtum, anzunehmen, daß Ludwig Feuerbach wie die Materialisten pur sang ein Verneiner der Religion und ein Zerstörer und Umstürzler aller religiösen Anschauungen sei. Er will keineswegs die Religion beseitigt wissen, sondern sie bloß von dem Wahn befreien, als ob es für den Menschen etwas Besseres als das Menschliche gebe. Die Religion sei der Traum des menschlichen Geistes, aber auch im Traum befinden wir uns nicht im Nichts oder im Himmel, sondern auf der Erde, im Reiche der Wirklichkeit, nur daß wir die wirklichen Dinge nicht im Lichte der Wirklichkeit und Notwendigkeit, sondern im verlockenden Scheine der Imagination und Willkür erblicken. „Ich tue daher der Religion nichts weiter an, als daß ich ihr die Augen öffne, oder vielmehr ihre einwärts gekehrten Augen auswärts richte, d. h.: ich verwandle nur den Gegenstand in der Vorstellung oder Einbildung in den Gegenstand in der Wirklichkeit."

Dem religiösen Glauben gegenüber, der den Wahrheits- und Tugendsinn vernichte, dringt er auf die unbedingte Anerkennung der sittlichen Verhältnisse, sie sollen heilig sein an und für sich. Darin freilich hat Otto Siebert[2]) recht, daß Feuerbach nicht aus-

---

[1]) a. a. O., Vorwort, Seite XV ff.
[2]) Vgl. Geschichte der deutschen Philosophie seit Hegel, von Otto Siebert, 2. Auflage, Göttingen 1905, Seite 20.

geführt habe, wie diese sittlichen Verhältnisse dem Inhalt nach beschaffen seien. Sei nicht die **ideelle** Allgemeinheit das Wesen, das Prinzip des Menschen, so stelle sich dem Idealismus der Sittlichkeit mit gleichem Recht die Sinnlichkeit an die Seite. Die höchste Forderung, die von hier aus an den Menschen gestellt werden könne, sei nur die, daß er außer den sinnlichen Interessen auch die idealen nicht vergesse; aber auch so bleibe dieses ideale Interesse nur abstrakte Theorie, und zwar nur darum, weil es neben dem sinnlichen liege. Wie es dem Individuum beliebe, überlasse es sich heute dem idealistischen Bedürfnis, um morgen wieder der sinnlichen Leidenschaft um so toller zu frönen. Es schwelge in der Abstraktion des reinen Gedankens ebenso wie in dem Feuer der Leidenschaft. Die Menschen können sich wohl aus Bedürfnis miteinander verbinden, aber dies Bedürfnis sei rein individueller Art. Ehe man die Hand umdrehe, trete wieder der Trieb der Sinnlichkeit hervor, der allen Idealismus mit Füßen zu treten bereit sei.

Feuerbach war kein Atheist im üblichen Sinne des Wortes. Er huldigte, wie schon erwähnt, weder dem absoluten Materialismus noch dem absoluten Sensualismus. Erkannte er auch nur im sinnlichen Wesen ein wahres und wirkliches Wesen und geißelte er aufs schärfste jene Afterphilosophie, die mit Begriffen ihren Unfug treibt, so hat er keineswegs das Recht des Denkens, freilich im Bunde mit Anschauung und Erfahrung, in Abrede gestellt. Eine Abhandlung gegen den Dualismus schließt er mit den bedeutsamen Worten: „Alles sagen die Sinne; aber um ihre Aussagen zu verstehen, muß man sie verbinden. Die Evangelien der Sinne im Zusammenhang lesen, heißt Denken."

An einer anderen Stelle heißt es: „Es ist wahr zu sagen: mit den Sinnen lesen wir das Buch der Natur; aber wir verstehen es nicht durch die Sinne. Nur tragen wir durch den Verstand keinen Sinn erst in die Natur hinein; wir übersetzen und interpretieren nur das Buch der Natur. Die Worte, die wir mit den Sinnen darin lesen, sind keine willkürlichen Zeichen, sondern bestimmte, sachgemäße, charakteristische Ausdrücke."[1])

Feuerbach ist von einem flachen Sensualismus allezeit entfernt gewesen, so daß er es ausdrücklich für einen Mißgriff erklärte, das Sinnliche so aufzufassen, als ob es das unmittelbar Gegebene, das auf platter Hand Liegende, das sich von selbst Verstehende sei. Im Gegenteil: die Menschen sehen die Dinge zuerst so, wie sie ihnen erscheinen, nicht wie sie seien: sehen in den Dingen nicht sie selbst, sondern ihre Einbildung von ihnen und unterscheiden nicht den Gegenstand und ihre Vorstellung von ihm. Darum müsse gesagt werden: Die unmittelbare sinnliche Anschauung, d. h. genaue Beobachtung und Wahrnehmung ohne sinnfälliges Sachverständnis, sei matter als Vorstellungen und Phantasie, und die Aufgabe der Phantasie, der Wissenschaft überhaupt, bestehe nicht darin, von den sinnlichen, d. h. wirklichen, Dingen weg, sondern zu ihnen hin zu kommen, nicht darin, die Gegenstände in Gedanken und Vorstellungen zu verwandeln, sondern darin, das den gemeinen Augen Unsichtbare sichtbar, d. h. gegenständlich, zu machen.[2]) Eben darum sei es ein hoffnungsloses Beginnen, die Wirklichkeit mittels des Denkens vollständig rationalisieren zu wollen. „Das Wirkliche ist im Denken nicht in ganzen Zahlen, sondern nur in Brüchen darstellbar. Dies beruht auf der Natur des Denkens, dessen Wesen die Allgemeinheit ist, im Unterschied von der Wirklichkeit, deren Wesen die Individualität."[3])

Feuerbach gelangt hinsichtlich des Sensualismus (nament-

---

[1]) Vgl. Philosophie und Christentum in Bd. VII der gesammelten Werke Ludwig Feuerbachs, Seite 47 ff.
[2]) a. a. O., Seite 107 ff.
[3]) Zur Beurteilung der Schrift Wesen des Christentums, Bd. VII der ges. Schriften, Seite 272, sowie Friedrich Jodl, Ludwig Feuerbach, Stuttgart 1904, Seite 31.

lich in seinen „Grundsätzen der Philosophie der Zukunft")[1]) zu der Überzeugung, daß Empirismus und Idealismus beide recht haben, jener, wenn er den Ursprung der Erkenntnis aus den Sinnen ableite, und dieser, wenn er im Menschen und nicht in der Außenwelt den Ursprung der Ideen suche. Sie haben aber auch beide unrecht. Der Empirismus vergesse, daß das wichtigste, wesentlichste Sinnesobjekt der Mensch selbst sei, und der Idealismus vergesse, daß man aus dem isolierten, nur als Seele gedachten Menschen, aus dem Ich ohne ein sinnlich gegebenes Du die Vernunft nicht ableiten könne. Zwei Menschen gehören zur Erzeugung des Menschen, des geistigen so gut wie des physischen, nur aus Mitteilung, nur aus der Konversation des Menschen mit dem Menschen entspringen die Ideen.

Nicht allein, nur selbander komme man zu Begriffen, zur Vernunft überhaupt.

Will man Ludwig Feuerbach in seiner Stellung zum Materialismus einer- und zum Spiritualismus andererseits genau kennen lernen, so muß man seine hochinteressante Schrift „Über Spiritualismus und Materialismus" studieren. Er spricht dort geringschätzig von den rohen und plumpen Köpfen, die zwischen den verschiedenen, nicht nur der Zeit, sondern auch der Natur der Sache nach verschiedenen Standpunkten, auf denen ein und derselbe Mensch von derselben Sache handle, nicht zu unterscheiden vermögen, die es daher nicht begreifen können, daß man als Physiker oder als Arzt Materialist, als Philosoph und Denker aber überhaupt Idealist sein kann. „Es ist," so sagt er wörtlich, „ein nicht mit der Wahrheit verträglicher Widerspruch, von der Seele an sich als Philosoph das zu verleugnen, was ich von ihr als Arzt behaupte, aber wohl verträgt es sich mit der Wahrheit, wenn ich von der subjektiven, der psychologischen Seele verneine, was ich

---

[1]) II. Bd., ges. Schriften, § 21, sowie im Vorwort zur 1. Gesamtausgabe, II. Bd.

von der objektiven, der medizinischen, gelten lasse. Ein Ausgleich zwischen diesen beiden Betrachtungsweisen müsse gefunden werden." Der Materialismus existiere schon so lange auf Erden, als es Patienten und Ärzte gebe; denn die für die Philosophen und Psychologen besonders immateriellen, für sich selbst gedachten und betrachteten Geistestätigkeiten werden eben für den Arzt zu Gegenständen der Pathologie, und für ihn gehören, ganz abgesehen von den eigentlichen Geisteskrankheiten, geistige Zustände, Zustände des Gemüts und der Urteilskraft, des Bewußtseins und des Gedächtnisses, ebensogut zu Kennzeichen der Krankheit wie die körperlichen Zustände. Für den Arzt gebe es keinen von dem Körper abgesonderten und unabhängigen Geist. Für ihn sei vielmehr der Geist ebenso wie der Körper ein Leiden und Krankheiten ausgesetztes Wesen. Den einfachen Weg zur Lösung dieses Widerspruchs, zur Vereinigung dieser scheinbar unvereinbaren Ansprüche hat unser Philosoph in dem Gedanken wider den Dualismus gefunden und in prägnanter Weise in den Worten ausgedrückt: „Ich unterschreibe noch heute diese Worte: der Geist ist das Nichts der Physiologie, aber mit dem Zusatze: für sich oder für mich, den im Akte der Geistestätigkeit von der Physiologie nichts wissenden und auch nichts wissenwollenden Denker; denn nur als Pathologie, als empfindliche Geistesstörung und Geisteshemmung kommt im Denken die Physiologie desselben mir zum Bewußtsein."

Ich bin mit Friedrich Jodl der Ansicht, daß Ludwig Feuerbach als Begründer der Theorie von der Identität des Physischen und Psychischen des Menschen, die in der Folge der Fechnerschen Psychophysik die herrschende Anschauung der wissenschaftlichen Psychologie geworden sei, erscheine.[1]

Selbst der panpsychistischen Wendung, die Fechner seiner Identitätslehre gegeben, würde Feuerbach bis zu einem gewissen

---

[1] Ludwig Feuerbach, von Friedrich Jodl, a. a. O., Seite 62.

Grade nicht abhold gewesen sein, wenn auch der Begriff der Weltseele seiner streng nominalistischen Denkweise nicht gemäß gewesen wäre.

Man würde den Manen des gewaltigen Religions-Philosophen entschieden Unrecht zufügen, wenn man ihn etwa als einen Pfaffenfresser im üblichen Sinne des Wortes hinstellen wollte. Gewiß war er kein Freund der Finsterlinge in allen Konfessionen, doch hatte er einzelne Lieblinge unter den Reformatoren, denen er seine Hochachtung nicht versagen konnte, obschon auch sie, dem Geiste ihrer Zeit entsprechend, voll Vorurteile waren und einer öden Buchstaben-Gläubigkeit, sowie dem Dogmen-Kultus huldigten. Zu diesen von ihm bevorzugten Heldengestalten in der deutschen Kulturgeschichte der Aufklärung und Reformation gehörte Martin Luther, dem er unter dem Titel „Das Wesen des Glaubens im Sinne Luthers" in seinen „Erläuterungen und Ergänzungen zum Wesen Christus"[1]) ein besonderes Kapitel widmet.

Natürlich ist er mit den Teufels-Anschauungen und den sonstigen mystischen Ansichten des Reformators nicht einverstanden, macht sich vielmehr über dieselben zuweilen weidlich lustig. Mit seinem feinen Spürsinn hat er aber in den Werken Martin Luthers so manchen Gedanken und manchen Satz aufgestöbert, die er als merkwürdige bezeichnet und von denen er auch eingehend Notiz nimmt.[2]) Gewisse Berührungspunkte zwischen diesen Äußerungen und den philosophischen Lehren unseres Weltweisen sind dabei nicht zu verkennen. Indem er verschiedene, wie gesagt, „merkwürdige" Aussprüche des Reformators anführt, sie glossierend, bemerkt er:

„Die rechte Art und Natur des Menschen ist, daß der Mensch dem Menschen gut ist, denn nur der meint es wahrhaft gut mit

---

[1]) Ludwig Feuerbachs sämtliche Werke, Bd. I, S. 259 ff.
[2]) a. a. O., S. 234 ff.

sich selbst, der es mit den andern gut meint. Haß ist verzehrendes Gift, Liebe belebendes Labsal. Übel tun, macht Übelsein, Wohltun, Wohlsein. ... Nur ein menschliches Herz hat Gefühl für menschliche Leiden, nur ein selbst leidendes Wesen überhaupt Gefühl für Leiden anderer. Aber ist nicht die Macht des Menschen unendlich beschränkt? Sie ist es allerdings, aber die Schranken seiner Macht sind nicht auch die Schranken seines Herzens, seiner Liebe. Wo du auch nicht mehr helfen kannst, da kannst du wenigstens immer noch lieben. Wo dir die Natur kein Mittel mehr bietet, eine Quelle versagt dir nimmer, die Quelle herzlicher Teilnahme, innigen Mitgefühls."

Warum bedarf der Christ eines übernatürlichen Mittels wider den Tod? Weil er von einer unnatürlichen Voraussetzung ausgeht, von der Voraussetzung, daß der Tod eine Folge der Sünde, eine Strafe, das Verhängnis eines zürnenden, bösen Gottes ist, zu dessen Beschwichtigung er daher wider einen anderen, einen guten, gnädigen Gott vonnöten hat. Aber entspricht dieses Mittel seinem Zwecke? Nein! Wider die Schrecken eines unnatürlichen, gewaltsamen Todes vermag auch ein übernatürliches Gnadenmittel nichts. Die Erfahrung beweist es — und diese traurige Erfahrung hat selbst Luther noch zu seiner Zeit machen müssen. Er sagt nämlich in einem Brief an N. Amstorf, daß „die Todesfurcht im Volke um so mehr überhand nehme, je mehr das Leben in Christo gepredigt werde, daß man sich jetzt weit mehr vor dem Tode fürchtet, als im Papsttum, wo die Menschen in Sicherheit und Unwissenheit über die Bedeutung des Todes und zürnenden Gottes dahingelebt hätten, doch hoffe ich, setzt er hinzu, daß auch du die nämliche Erfahrung wie ich machen wirst, daß die Sterbenden fromm und im Glauben Christi sterben werden. ... Im Leben fürchten sie sich wohl und sind schwach, aber sowie es zum Sterben kommt, werden sie alsbald andere Menschen und sterben mutig im Herrn, und das ist auch ganz billig und recht, daß die Lebenden sich fürchten, die Sterbenden aber in Christo sich stärken, d. h. daß die Lebenden fühlen, daß sie sterben, die Sterbenden aber fühlen, daß sie leben werden."

Welch eine gräßliche Lehre, meint Ludwig Feuerbach zu diesen Worten, die ein akutes Übel, um es zu heilen, in ein chronisches Übel verwandelt, die, um uns in den letzten Momenten des Lebens einen Trost wider den Tod zu verschaffen, uns das ganze Leben hindurch in Schrecken und Furcht vor dem Tod erhält!

Wie in besonderen Abhandlungen, so hat Ludwig Feuerbach auch in aphoristischer Form, wie dies bekanntlich so seine Art war, der Macht der reinen, wahren, ich möchte sagen absoluten Liebe gehuldigt und die Bedeutung derselben in fein ziselierten Sätzen hervorgehoben. Aus der Reihe seiner betreffenden Betrachtungen mögen nur einige, die in seinem 1834 bis 1836 verfaßten Tagebuch enthalten sind, hier ein Plätzchen finden.

Was die Liebe sei, so fragt er und beantwortet sie dahin, daß sie die Einheit von Denken und Sein sei. Sein sei das Weib und Denken der Mann. Es gebe nur ein Böses, nämlich den Egoismus, und ein Gutes, nämlich die Liebe. Die Liebe allein löse das Rätsel der Unsterblichkeit. Während die Liebe bei den alten Philosophen ein außereheliches Kind gewesen, das mit dem Kebsweib der Natur gezeugt worden sei, sei sie bei den neueren die rechtmäßige Tochter ihrer Philosophie. Das Weib sei aufgenommen in die Gemeinschaft des Geistes. Es sei das lebendige Compendium der Moral-Philosophie. Wie der Baum, der sich nicht in Blättern, Blüten und Früchten äußere, verdorre, so ersticke auch die Liebe in ihrem eigenen Blute, wenn sie sich nicht äußern könne.

„Glauben sollst du," so sagt er wörtlich, „ja glauben, aber glauben, daß es unter Menschen eine wahre Liebe gibt, auch daß das menschliche Herz unendlicher, allverzeihender Liebe fähig ist, auch daß die menschliche Liebe die Eigenschaften der göttlichen Liebe haben kann.... Liebe, aber wahrhaft, und es fallen dir alle Tugenden von selber zu.... Ist es nicht eine entsetzliche Schwäche, die sinnliche Hinwegnahme geliebter Wesen schmerzlichst zu empfinden? Nein, Schwäche ist es, die Quelle der Liebe, die Schmerzen des Lebens überhaupt nicht empfinden zu wollen. Darum schäme ich mich nicht, auch Qualen der Liebe und Sehnsucht empfunden zu haben, und glaube doch im Wesen ein Philosoph zu sein, denn ein Philosoph muß die Dinge nicht bloß erkennen, er muß sie vor allem erleben.... Der Unsterblichkeitsglaube ist wohl beim Weib ein weiblicher, aber im Manne ein weibischer Glaube.... Die Liebe des andern sagt dir, was du bist. Der Liebende allein hat des Geliebten wahres Wesen in Augen und Händen. Um den Menschen zu erkennen, muß man ihn lieben.... Zum Glück ist kein Wesen bestimmt, aber was lebt, ist eben weil es lebt, zum Leben bestimmt. Das Leben des Lebens ist aber die Liebe.... Glauben kannst du, ohne ein Bekenntnis deines Glaubens durch die Tat abzulegen, denn den Glauben hast du nur für dich, aber lieben kannst du nicht, ohne deine Liebe zu bekennen, zu äußern, zu betätigen, denn die Liebe hast du nicht für dich, sondern für den andern.... Es ist besser, den eitelsten, unwürdigsten Gegenstand mit Liebe zu umfassen, als sich lieblos in sein eigenes Selbst zu verschließen. Aber nur der Gegenstand der wahren Liebe entwickelt und offenbart auch erst das wahre Wesen des Menschen.... Ich liebe dich ewig, d. h. meine Liebe zu dir endet nur mit meinem Bewußtsein.... Wenn du den Egoismus, d. h. die Selbstliebe, schlechtweg verdammst, so mußt du konsequent auch die Liebe zu andern verdammen. Lieben heißt andern wohlwollen und wohltun, also die Selbstliebe anderer als berechtigt anerkennen. Warum willst du aber an dir verleugnen, was du an andern anerkennst?"

Groß war der Einfluß, den Ludwig Feuerbachs Philosophie

auf die Materialisten par excellence, Karl Moleschott, Ludwig Büchner, Karl Vogt, Emil Czolbe, Ernst Haeckel u. a. m., ausgeübt hat. Diese Denker hielten sich mehr an die eine Seite der Feuerbachschen Philosophie, nämlich den Materialismus, während sie den Sensualismus einfach ignorierten. Besser gesagt, zogen diese Epigonen Feuerbachs die letzten Konsequenzen des Materialismus aus dem System ihres Herrn und Meisters. Auch die Ethik der hier Genannten steht im großen und ganzen auf dem Feuerbachschen Standpunkt; so behauptet z. B. Czolbe, daß die Sittlichkeit aus dem Wohlwollen abzuleiten sei, das sich im Verkehr des Menschen mit dem Menschen mit Naturnotwendigkeit entwickle. Das Prinzip der Ausschließung des Übersinnlichen habe einen bestimmten sittlichen Zweck. Für ihn ist der Materialismus überhaupt aus dem sittlich-ästhetischen Keime entsprossen. Und wie Ludwig Feuerbach trotz seiner Anthropologie solchen idealen Anschauungen von der selbstlosen Liebe huldigt, so wendet sich auch Czolbes ganze Natur dem Ideale zu. Mag aus der Fülle der Czolbeschen Ausführungen hier nur der nachstehende Satz, der deutlich genug die Einwirkung Feuerbachs bestätigt, mitgeteilt werden.[1])

„Die aus der Unzufriedenheit mit dem irdischen Leben entspringenden sog. moralischen Bedürfnisse dürfte man ebenso richtig unmoralische nennen. Es ist eben kein Beweis von Demut, sondern von Anmaßung und Eitelkeit, die erkennbare Welt durch Erfindung einer übersinnlichen verbessern und den Menschen durch Beilegung eines übersinnlichen Teiles zu einem über die Natur erhabenen Wesen machen zu wollen. Ja gewiß — die Unzufriedenheit mit der Welt der Erscheinungen, der tiefste Grund der übersinnlichen Auffassungen ist kein moralischer, sondern eine moralische Schwäche, die, wie die Bewegung einer Maschine, den

---

[1]) Neue Darstellung des Sensualismus, Leipzig 1855, Seite 187 ff.

geringsten Kraftaufwand verlangt, wenn man genau den richtigen Angriffspunkt trifft, wie auch die systematische Entwicklung richtiger Grundgedanken oft viel weniger Scharfsinn fordert, als diejenige falscher — so macht der Sensualismus nicht Anspruch auf größere Scharfsinnigkeit, wohl aber auf tiefere, echtere Sittlichkeit."

Man sieht: Feuerbach, der Denker, ist noch nicht tot. Vielmehr wird die Spur von seinen Erdentagen selbst in Äonen nicht untergehen.

www.ingramcontent.com/pod-product-compliance
Lightning Source LLC
Chambersburg PA
CBHW021231300426
44111CB00007B/503